崔海东 著

原儒

——体用视域下先秦儒家的“一贯之道”

图书在版编目(CIP)数据

原儒：体用视域下先秦儒家的“一贯之道”／崔海东著．-- 北京：社会科学文献出版社，2024.9
国家社科基金后期资助项目
ISBN 978-7-5228-2370-6

Ⅰ.①原… Ⅱ.①崔… Ⅲ.①儒家-哲学思想-研究-中国-先秦时代 Ⅳ.①B222.05

中国国家版本馆 CIP 数据核字（2023）第 165314 号

·国家社科基金后期资助项目·

原　儒

——体用视域下先秦儒家的“一贯之道”

著　　者／崔海东

出 版 人／冀祥德
责任编辑／卫　羚
责任印制／王京美

出　　版／社会科学文献出版社·人文分社（010）59367215
地址：北京市北三环中路甲 29 号院华龙大厦　邮编：100029
网址：www.ssap.com.cn
发　　行／社会科学文献出版社（010）59367028
印　　装／三河市龙林印务有限公司

规　　格／开　本：787mm×1092mm　1/16
印　张：27　字　数：438 千字
版　　次／2024 年 9 月第 1 版　2024 年 9 月第 1 次印刷
书　　号／ISBN 978-7-5228-2370-6
定　　价／168.00 元

读者服务电话：4008918866

国家社科基金后期资助项目
出版说明

后期资助项目是国家社科基金设立的一类重要项目，旨在鼓励广大社科研究者潜心治学，支持基础研究多出优秀成果。它是经过严格评审，从接近完成的科研成果中遴选立项的。为扩大后期资助项目的影响，更好地推动学术发展，促进成果转化，全国哲学社会科学工作办公室按照“统一设计、统一标识、统一版式、形成系列”的总体要求，组织出版国家社科基金后期资助项目成果。

全国哲学社会科学工作办公室

序

一日，海东传来新完成的大著《原儒——体用视域下先秦儒家的“一贯之道”》，洋洋四十余万字，构制巨宏，脉络清晰，文字典雅，新论迭出，是一部具有鲜明特点的学术著作。概而言之，如下几个特点或许可以与读者朋友分享。

一是敏锐的问题意识。学术研究成功关键之一，就是能够发现问题，一旦找到了新的真正的学术问题，那么围绕这个问题展开的研究成功率就非常高，而且其学术价值亦由此奠定。时至今日，研究先秦儒家思想的成果非常的繁富，学术观点也是千姿百态。海东在硕士期间便表现出强烈的问题意识，这种优秀的品质延续至今，使其能够不断地提出新问题。在这部著作中，这个优点完美地得到了延续和发扬光大。《论语·里仁》载孔子对曾子说“吾道一以贯之”，那么先秦儒家到底有没有这个完整自洽的“一贯之道”？本书认为是有的，而且先秦儒家诸多的流派、人物和思想都只是这个“客观的”体系的一个发展环节。那么，此体系内在的发展逻辑是什么？本书认为相较于汉唐“有无空之变”、宋明“理心气之变”、清代以降“新旧之变”，先秦儒学是为“一多之变”，其“一”表现为孔子之圆教，而“多”则表现在横向上的孟、荀、庄、墨等对孔门义理的发展，以及纵向上的修身、齐家、化乡、治国、平天下直至参赞化育的发用流行。再者，先秦儒家这个义理体系如何才能恰如其分地予以表达？本书认为可以用体用范畴，通过“本体→工夫→发用”此一序列来予以还原与重建。可以说，本书充满了问题意识，是一部由问题组成的重要巨著。

二是圆融的体系结构。虽然关于儒学体系的梳理已有非常多的成果，但本书还是表现出了很大的不同，此是对儒学研究的重要贡献。本书的目标是“以体用为框架，还原孔门‘一贯之道’，建构儒学基本的‘原始反终’之体系，即一元宇宙实体为道体，道体生生不息、大化流行，下贯演为性体、心体，仁心‘首出庶物’，自做工夫，下学而上达，上达而存养，存养而践履，发用经历下行之修身、齐家、化乡，上行之治国、平天下、参赞化育后，峻极于天，复归道体，由此就形成了‘本体→工夫→发用’此一从无间断、首尾循环、上下对流、内外共生之宇宙生命模式”。那么，本书是否达到了这个目标呢？回答是肯定的。本书以体用为枢纽，分为体论与用论两大部分，依照先秦儒家内在的义理脉络次第展开，每一章自成一个系统，首先论及实体，从道体至性体，至心体；其次论及工夫，自下学上达，至上达存养，至存养践履；再次论及发用，自下行至上行。可以说，每个章节都做到互相呼应、循序渐进。在每个系统的论述中，通过对概念的考察界定、对文本的诠释再造、对义理的剖析梳理，从而环环相扣，由无数个小螺旋构成一个精致圆融的大系统，将先秦儒家的义理体系的圆融性和完整性展示在读者面前。

三是典雅的叙述风格。当今提倡国学复兴的大背景下，学术著作要求体现中国特色、中国风格、中国气派，本书在追求这个目标上也有精彩的表现。从形式上看，不论是标题的遣词，还是正文的行笔，海东的论述均努力塑造一种古典的语言风格，非常端正典雅，文字清新，读起来非常舒适，可读性很强。从内容上看，其关于儒家思想的思考也表现出明显的中国特色。比如“醒觉心体”“反躬性体”“对越道体”，都是直接取诸儒家原典。又如“化乡”的提出，就是对《大学》修齐治平的有益补充，也更符合儒家义理。再如“东亚之茧”“水轮政治”等闪光点，都是基于对中国社会、历史与政治的深刻提炼而形成的颇具启发的思考。而且，本书完全在先秦子学内生性精神视域下，深入文本，反复锤炼，探析先秦儒家的义理体系，形成了厚重的中国气派。故而中国特色、中国风格、中国气派，如何从研究中国哲学的著作中显示出来，本书或许也具有一定的参考意义。

四是严谨的学术态度。由于本书希望以一套完整、自洽之体系，来解读、还原先秦儒家，对儒家义理表现出新的理解，书中涉及的相关概念、命题等都需要做新的解释，在这点上，作者表现出了非常严谨的学术态度。比如，对儒家固有概念、术语如“儒”“帝”“天”“神”“鬼”“道体”“性体”“心体”“家”“乡”“国”“天下”等，作者都进行了词源学与儒家义理的双重界定与交待。又如，作者对后起概念如“体用”“本体”“工夫”等在先秦研究中使用的合法性也予以了论述，认为其在先秦时处于有其实而无其名；另外还区分了实体与本体等，认为所谓本体，是人凭工夫重新认识到的实体，此全新之体证，心之所会为境界，面之所显为气象。再如对于自创概念也予以了说明，如“四维之性”“新性三品”“化乡”等，均能持之有据、言之成理。

五是创新的学术观点。虽然关于先秦儒学研究的成果非常多，关于先秦儒学体系的梳理也不乏其人，但本书仍然表现出了不同的亮点，从本书看来，作者创新欲望非常强烈，提出了一些属于自己的独特思考。比如，对儒家本有名实，但是不成体系的旧有义理予以整理归纳，将道体、性体、心体定为“实体三态”，使三者层层下落，更级级上达，始有系统。又如，将本来或有名实，但是残缺不全，不成体系者予以整理归纳。如工夫三大环节，其中下学而上达、上达而存养，分别是孔子、孟子理论自觉，已经明确提出的，存养而践履则儒家虽有其义但是没有明确提出，故作者予以总结，并将三者归纳为“知→养→行”此一首尾循环、上下对流的体系。并且作者将下学上达、上达存养、存养践履定为“工夫三阶”，将欲仁斯至境、仁民爱物境、天命流行境定为“本体三境”，将君子、圣贤、天地定为“气象三位”。再如，将本有其实，但无其名，散漫零落者予以归纳整理。如儒家之发用本分上行与下行，下行中，除齐家外，当有化乡。乡党是人类栖居的一大环节，化乡又为历代儒家经世之大根大本，舍此几不可言治。然而两千多年来，儒家于此虽有丰富的实践，却由于多种原因，未在理论予以总结，故作者据实定为“教化乡党”，补上此一节目。再如，对本来间有其实，然而混杂不清、不明就里者予以归纳整理。如儒家发用之治国，历来皆政、治不分，作者据公权、治理、分配这三种原则与办法，分为政权、政道，治权、治道，分配权、分配之道三组六项，以此来分析归纳儒家之治国理论。最后，在“平天下”之后，作者又着重提出并表彰“参赞化育”，将其作为儒家发用的最后一个环节，以完成“原始反终”此一进程，这是以往儒家义理研究中重视不够的。可以想象，作者花了非常多的心血，这些创新观点都是难能可贵的。应该说，本书中的新观点触目即是，正是有了诸多新的学术观点，本书才熠熠生辉，其学术价值亦因此而凸显。

六是广采时贤之精华。成功的学术成果，必须建立在对已有的相关研究成果进行认真的考察、仔细的分析、客观的判断以及深入的把握基础上。综览全书不难看出，本书无论哪个章节，都大量地吸收了时贤的成果。比如，对现代新儒家牟宗三、徐复观、唐君毅、钱穆等人的相关义理，作者进行了较为深入的研究与消化。又如，对当代中国哲学研究大家陈来、杨国荣等先生的相关成果，作者也予以认真的学习与吸收。再如，在其他相关领域，包括陈梦家等人的甲骨文研究、许倬云等人的古代史研究、张光直等人的考古研究、冯时等人的上古天文研究等，作者都做了有益的参考与借鉴。对时贤研究成果的关注与引用，使本书立论具有客观的基础，也使本书的论述显得气势恢宏。

七是独特的启发性识见。在典雅的叙述中，本书也不乏予人以启发的学术观点。比如，在陈述道体演变中，作者将庄子、墨子、韩非、《易传》、孟荀视为五种道体分裂之象，为什么这些思想家或著作代表的是“裂变”而不是“一体”？值得大家思考。再如，本书对《礼记》中的《月令》非常推崇，认为《月令》以时的纵贯、令的统摄、物的完成形成了一个相互联系、相互融合、相互促进的有机统一体系，从而将古典儒家参赞化育的生态思想推上一个新的高峰，这也是很值得读者们思考的。

当下关于中国传统思想文化的研究，不外两种情形：一是对传统思想文化进行发掘、梳理和解释，二是试图在研究传统思想文化基础上推陈出新。客观地说，前一方面的工作，我们做得很多很出彩，但后一方面的工作做得比较一般。就前一方面工作而言，本书非常出彩，就后一方面工作而言，本书亦进行了有价值的尝试。就本人学习、研究中国传统哲学特别是儒学的经历而言，我们的思想被某些东西笼罩了几千年，故深切感受到从千年思想传统中开出新气象的必要和重要。海东年富力强，不仅理论基础厚实，而且充满关怀意识，因而希望他再接再厉，为学林贡献更多的佳作，为开创新的传统贡献智慧。

李承贵

目　录

下篇 用论

绪 论

孔子曰："吾道一以贯之。"（《论语·里仁》。下引仅称篇名）《易传》云："原始反终。"（《系辞上》）又云："显诸仁，藏诸用。"（《系辞上》）此三说皆是先秦儒家体用一贯之大纲，总述"本体→工夫→发用"此一不断上下对流、内外共生之宇宙生命模式。

一 关于"原儒"的说明

原儒之名，前贤频用，若撮其要，则章、冯、熊、曹，各呈其雄。[①] 然原儒之事，则肇于汉初，延至今世，众说迭出，颇为繁杂。[②] 综其名实，可分为二。其一，推原儒家之来历，此分文字学与历史学两种进路，前者

① 章太炎有《原儒》，载《章太炎全集·国故论衡先校本、校定本》，上海人民出版社，2017，第108～112、283～287页。冯友兰有《原儒墨》，载《清华学报》1935年第2期，第279～310页。熊十力有《原儒》，上海书店出版社，2009。曹聚仁有《原儒》，载《中国学术思想史随笔》，生活·读书·新知三联书店，2003，第71～81页。

② 参陈来《说说儒》，载陈明主编《原道》第二辑，团结出版社，1995，第315～316页。陈先生列举古今18家原儒之说：1.《淮南子·要略》；2. 司马谈《论六家要旨》；3. 班固《汉书·艺文志》；4. 许慎《说文解字》解"儒"；5. 段玉裁引郑玄及《周礼》解"儒"与"术士"；6. 章学诚《文史通义》；7. 章太炎《国故论衡·原儒》《诸子学略说》；8. 傅斯年《战国子家叙论》；9. 钱穆《先秦诸子系年》、《古史辨》第四册序与《驳胡适之说儒》；10. 胡适《说儒》及《诸子不出于王官论》；11. 冯友兰《原儒墨》；12. 郭沫若《驳说儒》《论儒家的发生》；13. 侯外庐《中国思想通史》；14. 杨向奎《宗周与礼乐文明》；15. 徐中舒《甲骨文中所见的儒》；16. 何新《诸神的起源·"儒"的由来与演变》；17. 刘忆江《说儒》；18. 傅剑平《儒家起源论》。愚按汉初韩婴《韩诗外传》也有释儒之说，其云："儒者，儒也。儒之为言无也，不易之术也。千举万变，其道不穷，六经是也。若夫君臣之义，父子之亲，夫妇之别，朋友之序，此儒者之所谨守，日切磋而不舍也。"参《韩诗外传集释》，许维遹校释，中华书局，1980，第182页。

考“儒”字之变，[1] 后者推儒业之源。[2] 其二，推原儒学之义理，此分三种，一是推原孔子之前儒家产生之思想渊源；[3] 二是集中发明以孔子为起点的原始儒家之义理；[4] 三是各种学术史，或综合或断代，或流派或个人，企自不同角度还原儒家理论之本真，皆集一时之俊彦，极有功于圣门。

愚循此名，乃致敬先贤，乞以客观之了解、温情之敬意、亲切之体证，赓续此事业，唯采取第二种路径，即推原儒家之义理也。

二 儒之本义及儒家名称之形成

其一，儒字之演变。儒本为需，[5] 需本作[illegible]或[illegible]；甲骨作[illegible]（胡厚宣《甲骨续存》1859），从天（人）从水，金文作[illegible]（盂簋），从雨从天，正合《易·需》“云上于天，需”之本义。从天作降落、浸润、弥漫义，从人作沐浴义。故儒在春秋当作**偄**。然汉初隶定却将[illegible]字和与之毫不相干的表示软弱之“耎”[6] 字

---

① 此法“起于许慎‘儒，柔也’，经郑玄‘儒，濡（濡润）也’，包括章太炎‘儒，需也’、徐中舒‘儒，需（濡，斋戒沐浴）也’，何新‘儒，胥也’，以及胡适‘儒（柔），柔逊也’、郭沫若‘儒（柔），文绉绉、酸溜溜也’和杨向奎‘儒（柔），迟缓也’等等”。见丁纪《20 世纪的“原儒”工作》，《四川大学学报》（哲学社会科学版）2003 年第 3 期。

② 此法分三，“一是官守说：起于《周礼》；经刘歆、班固，包括章太炎‘王官说’、冯友兰‘王官失守经职业化再转为儒’说、郭沫若‘史官’说、何新‘胥官’说、刘忆江‘保官’说等等。二是职业说（术士说）：起于许慎‘儒……术士之称’，包括章太炎、郭沫若、杨向奎、徐中舒、傅剑平的‘史巫’说、傅斯年与冯友兰‘教书匠’说、钱穆‘陪臣’说、侯外庐‘顾问’说等等”。上二说见丁纪《20 世纪的“原儒”工作》，《四川大学学报》（哲学社会科学版）2003 年第 3 期。三是殷遗说，胡适仿犹太复国，认为儒本是亡国遗民之宗教，将殷比作以色列，将孔子比作摩西。傅斯年亦有此说。见胡适《说儒》，《胡适文集》第 5 册，北京大学出版社，1998，第 3 ~ 73 页。

③ 参陈来《古代宗教与伦理——儒家思想的根源》，生活·读书·新知三联书店，1996。

④ 参熊十力《原儒》，上海书店出版社，2009。

⑤ 徐中舒云：“需，甲骨作[illegible]或[illegible]，从大从[illegible]或[illegible]，象人沐浴濡身之形，为濡之初文。殷代金文作[illegible]（父辛鼎），与甲骨文略同；周代金文作[illegible]（孟簋）、[illegible]（白公父簠），至《说文》则作从雨从而之篆文[illegible]（需）。上古原始宗教举行祭礼之前，司礼者须沐浴斋戒，以致诚敬，故后世以需为司礼者之专名。需本从象人形之大，因需字之义别有所专，后世复增人旁作儒，为绘事增繁之后起字。”见徐中舒《甲骨文字典》，四川辞书出版社，1989，第 878 ~ 879 页。

⑥ 如《广韵》云：“耎，弱也。”《荀子·大略》云：“偄弱易夺，似仁而非。”《战国策·楚策一》云：“郑魏者，楚之耎国。”《汉书·司马迁传》云：“仆虽怯耎欲苟活。”《汉书·王尊传》云：“坐耎弱不胜任免。”见（东汉）班固《汉书》，中华书局，1962，第 2733、3238 页。又《说文》云：“偄，弱也，从人从耎。”见（东汉）许慎《说文解字》，中华书局，1963，第 166 页。

相混淆，皆作需字。汉代碑文儒、偄杂用，可见当时转写之混乱。[①] 由此导致与之相关的偄、**偄**遂皆消失，变成儒字，此新生儒字便杂浸润与软弱二义。[②] 如今本《荀子·修身》中有“劳苦之事则偷儒转脱”（下引仅称篇名），此“儒”本作“偄”无疑。故至东汉，许慎、郑玄等一流学者释需（儒）皆照录二义，实已不明其中演化，[③] 遑论其后。

其二，儒之为职业。上述需之沐浴义，引而为斋戒祭祀，故《礼记·儒行》曰儒“澡身而浴德”即承此古义。需之弥漫浸润义发展为人神之沟通，故需起初便是专门进行祭礼求雨等仪式的术士。胡适认为，需（儒）可能是殷商即有的一个专门集团，类似于西周的祝史卜宗，[④] 也就是章太炎所说的达名为儒。[⑤] 徐中舒先生认为，甲骨文中的“子需”即是这样的专职之儒。[⑥] 当此义从需中析出后，便加“亻”，由需为儒，即标志着一个民间职业的正式产生，[⑦] 此时当在周人灭殷之后。因儒之工作性质与周人之祝史卜宗相似，皆为掌控祭祀沟通神灵等意识形态者，又由于其乃被征服民族，故其与旧神灵皆被掷下祭坛，从此这些生活在东夷故土世掌此业者没入江湖，地位一落千丈，沦为民间从业者，只能在还顽强地保留着旧信仰的东部新封国内，向旧日同胞断续地以民间方式传播之，如“三年之丧”。[⑧] 由于此集团特别长于礼仪，民间又常以儒术代礼仪，甚至

---

① 如汉《鲁峻碑》“学为儒宗”，以偄为之，即为二字混杂尚未完全统一于“儒”之明证。《康熙字典》云：“儒又与偄同，《隶释》鲁峻、孟郁碑儒作偄。”朱骏声《说文通训定声》云：“《鲁峻碑》‘学为偄宗’，以偄为之，《衡方碑》‘少以濡术’，以濡为之。”

② 详参徐中舒《甲骨文中所见的儒》，载《四川大学学报》（哲学社会科学版）1975 年第 4 期；关长龙《原儒杂俎》，载《浙江大学学报》（人文社会科学版）2001 年第 4 期。

③ 《说文解字》云：“儒，柔也。术士之称，从人需声。”郑玄《三礼目录》云：“儒之言优也、柔也，能安人，能服人。又儒者濡也，以先王之道能濡其身。”（见孔颖达疏《礼记·儒行》所引注）

④ 胡适：《说儒》，《胡适文集》第 5 册，北京大学出版社，1998，第 30 页。

⑤ 章太炎：《原儒》，载《章太炎全集·国故论衡》，上海人民出版社，2017，第 108～109 页。

⑥ 徐中舒在《甲骨文中所见的儒》中提出：“子需是距今三千多年前殷高宗武丁时人，需父辛鼎就是他儿子为他所作的铜器。”武丁时代的卜辞中有“王族”“子族”“多子族”的称呼。子需应该属于“子族”中的一员。“子需为王室主持宾祭典礼，祭祀人鬼（祖先），接待宾客，是一个专职的儒。”载《四川大学学报》（哲学社会科学版）1975 年第 4 期。

⑦ 徐中舒：《甲骨文中所见的儒》，载《四川大学学报》（哲学社会科学版）1975 年第 4 期。

⑧ 直至战国，此过程依然没有结束，如孟子向滕文公推介三年之丧，说明东部封国内上层社会本不信之。

直接将礼书冠名为“儒书”。[①] 既然儒乃东方殷人之旧业，则邹鲁人士多有从事者，孔门亦不例外。[②] 孔子诫子夏“女为君子儒，无为小人儒”(《雍也》)，此儒即用此义。

其三，儒之冠于孔门。儒业形成在前，孔门结聚在后。以儒冠孔，则是墨家后起之事。先秦学派之命名历经漫长之发展。春秋古风未尽，学犹在王官，道术未为天下裂，彼时绝无学派之自觉。至战国，孟子辟杨（朱）、墨（翟），尚以人代学派，至战国末期，韩非著书依名《解老》而非《解道》。至西汉司马迁父子始有自觉总结，为各家取名。然而儒家却是例外，很早便有学派称谓，迥异他者。如墨家即以儒称孔(详见后文)，韩非亦云“儒以文乱法，侠以武犯禁”(《韩非子·五蠹》)，此中原因，并非偶然。其形成之过程如下：一则孔门未以儒自称。在义理上，孔子虽首开私人讲学，然亦只是“祖述尧舜，宪章文武”之“述而不作”而已，未曾以某学派自称。在职业上，孔子虽曾习儒业，但并未独专于此——“吾少也贱故多能鄙事”（牛羊藩、会计当)，成年后有课徒、从政、周游等。故对孔子来说，彼时儒是儒、孔是孔，二者并无必然关系。二则墨家正式称“儒”。墨出于孔，俟其大盛，则攻孔甚剧，更以祭祀丧葬之儒给孔门扣帽子，如其攻孔门“四政”中，节葬即居其一，甚至特立《非儒》一篇专事攻孔。至孟子时尚有墨者夷之攻“儒者之道”，二人所辩论者正是丧葬。故儒名初于孔门，是外来的，是墨者之蔑称。三则此风既盛，孔门后学不得已被动正名。如《礼记·儒行》载，孔子云“今众人之命儒也妄常，以儒相诟病”，鲁哀公亦出于此动机调侃孔子，孔子遂逐项回答儒者言行衣冠义理等问题，哀公叹服云：“终没吾世，不敢以儒为戏。”然此事必非孔子亲

---

① 如《左传·哀公二十一年》记录有“儒书”一说，其云：“秋八月，公及齐侯、邾子盟于顾。齐有责稽首，因歌之曰：‘鲁人之皋，数年不觉，使我高蹈。唯其儒书。以为二国忧。’”此段是记载鲁哀公和齐平公、邾隐公在顾地结盟之事。此“儒书”并非儒家典籍之义，当时所谓儒家尚未形成，此处当用儒之原义，即记载礼仪之书，儒书即如礼书，用今语言之，即是礼仪规范类操作手册。

② 如胡适引《檀弓》，认为孔子为故人原壤妻治丧，弟子子张、子游、子皋、公西赤、公明仪等均从事丧礼司仪。见氏著《说儒》，《胡适文集》第5册，北京大学出版社，1998，第24～25页。

为，而是后学所作。[①] 应是当时有人以堕入民间之儒业来戏称孔门，孔门弟子遂托古以孔子折服哀公来回应此类妄者。然此事已显示孔门后学对儒名无法摆脱，开始正名，调整形成了不同于丧祭旧业的新内涵，即《儒行》中所总结的十六条原则。[②] 四则在儒家内部，由他称向己称过渡。孟子时既见自称又见他称，如“逃墨必归于杨，逃杨必归于儒”（《孟子·尽心下》。下引仅称篇名），其中墨、杨俱以姓氏代学派，唯儒以职业相称。与孟子同时的庄子，也记载了假托与鲁哀公讨论鲁国儒士多少之对话（《庄子·外篇·田子方》），可见彼时以儒冠孔业已成为社会共识。至“荀子”自称频仍，[③] 且在《儒效》中有陋、贱、大、人、雅、俗之细分，说明约定俗成，“儒”已正式成为孔门之正名。延至后世，甚至成为读书人的新称谓。故《周礼·大宰》曰“以道得民曰儒”，扬雄更曰“通天地人曰儒”。

综上，儒本是东方一古老职业，孔门上下均有从事者，墨家便以之攻孔，此称号逐渐流行开来，至孟子时已开始由他称变为自称，至荀子时孔门则完全接受之。至秦汉后，则儒完全扬弃了职业贬称之初衷，获得全新之意义。

三 本书义理综述

拙著之讨论，自孔子始。至于孔子之前相关思想之演变，所谓“祖述尧舜，宪章文武”者，散见各章，不做专门论述。既主先秦，则以战国为下限。

其一，体论。儒家之体分为实体、工夫与本体。所谓实体，真实无妄

---

① 如伊川云：“《儒行》之篇，此书全无义理，如后世游说之士所为夸大之说。观孔子平日语言，有如是者否?”见（宋）程颢、程颐《二程集》，王孝鱼点校，中华书局，2004，第177页。又如吕大临云：“儒者之行，一出于义理，皆吾性分所当为，非以是自多而求胜于天下也。此篇之说，多有夸大胜人之气，少雍容深厚之风，窃意末世儒者将以自尊其教，谓孔子言之，殊可疑。”（清）孙希旦：《礼记集解》，中华书局，1989，第1398页。

② 陈来先生总结为：强学力行，容貌敬慎，居处修身，言行中正，不宝财禄，见利思义，行动果敢，刚毅有节，仁义忠信，安贫守道，穷则持志，宽裕有礼，举贤援能，以善为则，独立中庸，傲毅清廉，交友有义，贫贱不能移，富贵不能屈。见陈来《儒服·儒行·儒辩——先秦文献中“儒”的刻画与论说》，《社会科学战线》2008年第2期。

③ 《荀子·大略》记载孔门之语：“语曰：‘流丸止于瓯臾，流言止于知者。’此家言邪学之所以恶儒者也。是非疑，则度之以远事，验之以近物，参之以平心，流言止焉，恶言死焉。”

之物体也，其就宇宙创生之下贯而言，道体开显，下贯产生性体、心体。道体乃生生之宇宙，由阴阳两股伟力自作生、克、和之运动，其性曰诚、曰不已、曰既济未济。“天命之谓性”，道体化生万物，是为性体，于人而言，又特指人之为人之规定性。人有神、仁、智、气四维之性，可以“存神显仁，以仁摄智，以智助气，协和以群”来概括之。性体演进，发展出心体，即人之大脑，心体有道心、人心之分，道心乃人所独有之载体，由此方可透显道体天地之性。俟道心苏醒，首出庶物，[①] 才展开属人之生命。道体、性体、心体总称为“实体三态”。

所谓工夫，广义而言，人之精神运行与物质实践均是工夫，狭义而言则指针对心性情欲作自我调节、控制与优化的理性的道德实践，以去恶复善，原始返终。其在逻辑上展开为一种“下→上→下……”“知→养→行”连绵不绝之运动，包括下学而上达、上达而存养、存养而践履三大阶段。一是上达道体，在下学即洒扫应对之人伦日用中，求乎上达，首为醒觉心体，次为反躬性体，末为对越道体。二是存养天机，上达后即作心性之存养，存养分为静、动、中三种状态。三是践履发用，即再度下学上达，有不及、过、和三种结果，重做省察，若端绪邪曲，则复做逆觉，若苗蘖端正，则扩充发用。此三阶段总其名曰“工夫三阶”。

所谓本体，是人凭工夫重新认识到的实体。此全新之体证，心之所会为境界，面之所显为气象。与工夫之上达相对应，“醒觉心体”对应“欲仁斯至境”与“君子气象”，“反躬性体”对应“仁民爱物境”与“圣人气象”，“对越道体”对应“天命流行境”与“天地气象”。以上总其名曰“本体三境”“气象三位”。

其二，用论。道心苏醒，仁体方首出庶物，打开属人的世界，开始其自觉的旅行，由己及人，层层发用，开启忠恕之行，经历齐家、化乡、治国、平天下，更代天理物，参赞化育，最终峻极于天。所以先秦儒家之义理，便是原仁之始，返仁之终，体用一贯，本末不二。一则齐家。此即整治家政，宜其家室。首先讨论家之“理的规定”与“势的发展”，其次讨论儒家齐家之步骤，正夫妇为齐家之始，明孝悌为齐家之本。二则化乡。

---

① 拙著借用《易传》“首出庶物”，表明人之走出自然。此义略近于庄子所云之“受命于天，唯尧、舜独也正，在万物之首”（《内篇·德充符》）。

此即教化乡党（民间社会）。首先讨论乡之“理的规定”与“势的发展”，其次讨论化乡之步骤。儒家于封建解纽时，抓住民间社会初步析出之历史机遇，不仅教民明德，化成其俗，而且倡以政治自主，民生互助。三则治国。首先讨论国之“理的规定”与“势的发展”，其次讨论儒家治国之大要。于政权，讨论公权力归属，孟子之公权观尤为深刻。于政道，则讨论公权体现、表达之途径，此是儒家之弱项，无和平建设之办法，唯诉诸革命之颠覆。于治权，则讨论治理权之归属，儒家秉奉贤能治国之精英理念。于治道，则讨论具体治理之办法，儒家依“有恒产则有恒心”→“徒善不足以为政”→“徒法不足以自行”的内在矛盾，展开“恒产”→“恒心”→“制度”→“素质”→“利益”之步骤，开出丰富、深邃、高效之方案。于分配权，儒家则以“明分使群”“维齐非齐”阐述分配正义及分配权之界定，欲建成一个“德能差别→社会分工→差异性分配”的社会。于分配之道，儒家对精英、平民、弱势群体分别拟定分配之方案，以克服“与民同劳同食”之假平等、死平等，此是假仁；克服“世卿世禄”之假等级、死等级，此是假义；建成真平等、真等级，乃是一开放之社会，此是真仁义。四则平天下。首先讨论天下之“理的规定”与“势的发展”，其次讨论儒家平天下之内容。对古代则悬设唐虞，利用传说中的大洪水，塑造先圣与道统。对当下则逐步跃出西周之模式，定归于一。对未来则兴灭继绝，协和万邦，欲易滔滔天下为有道人间。五则参赞化育，先秦儒家于此唯有整体之观照，并无具体之实践，故以《礼记·月令》阐明之。

四　关于以“体用”诠释构建“一贯之道”之说明

孔门“一贯之道”，当时子贡不晓，固是未达，[①] 曾子以为忠恕，亦显囫囵。[②] 愚以为，所谓“一贯之道”即体用之一贯。

---

① 《论语·卫灵公》载：子曰：“赐也，如以予为多学而识之者与？”对曰：“然。非与？”曰：“非也。予一以贯之。”按，子贡以为孔子只是多学而识，此在孔子体系中，只是最初的下学人事，后面还有上达、下开，子贡未能识此格局。

② 《论语·里仁》载：子曰：“参乎，吾道一以贯之。”曾子曰：“唯。”子出，门人问曰：“何谓也？”曾子曰：“夫子之道，忠恕而已矣。”忠者天之道，恕者人之道。立己为忠，推己为恕。所谓立己，正是要挺立德性主体，上达于天。所谓推己，正是要立此天境而后下发开用。由此可知，曾子忠恕正是体用一如。

就先秦之时代或就概念之“一”而言，儒学有许多范畴可以胜任，如道、仁、生等皆是上选。然其说得太高太全，没有分析地讲，太过笼统，不够精密，不太好将儒家义理准确、巧妙地剖析开来。就整个儒学史或就概念之“多”而言，流派众多、时代各异，如汉唐讲名教、训诂，宋明讲理气、良知等，太过琐碎，不够凝练，必须有概念统摄之。至于以现代学科如哲学、政治等来诠释则是归纳式，无法穷尽，也不能体现此“一贯”之脉络。故愚以为，“体用”乃最恰当选择之一。体用之义详见第一章，此处先略做说明。儒家的体用指实体及其功用，体分道体、性体、心体，用分齐家、化乡、治国、平天下、参赞化育。体用范畴成双使用，是演绎式，精密高明，可以极好地将儒家义理全部安排妥帖，说道说仁说生生，最后还得以体用来展开，以天人理气良知或者哲学、政治、经济等展开最后还是要上升到体用来。故体用在一多之间，是一个最佳的平衡点、统摄点。

然则此体用用于先秦是否合法？其实先秦时已有体用。顾炎武即已明言：“《易》曰：‘阴阳合德而刚柔有体’，又曰：‘显诸仁，藏诸用’，此天地之体用也。《记》曰：‘礼，时为大，顺次之，体次之。’又曰：‘降兴上下之神，而凝是精粗之体。’又曰：‘无体之礼，上下和同。’有子曰：‘礼之用，和为贵。’此人事之体用也。经传之文，言体用者多矣。”[①] 至于体用对举，孟子已用其义，如“大体”“小体”，即是根据“心”与“耳目”之用而分。荀子则开始体用并行，其云：“万物同宇而异体，无宜而有用为人，数也。”（《富国》）此正是就实体及其功用而言。舍此之外，先秦儒书中有体用之实而未冠其名者更可谓触目即是。如《论》云“四时行、百物生”，此道体也。《庸》云“喜怒哀乐之未发”，此性体也。《孟》云“本心”，此心体也。《庸》云“九经”，则发用也。《庸》之“三句教”，《学》之“三纲八目”，则体用一贯也。[②]

故体用乃名实相符、纯之又纯之先秦义理，至于后儒以为出于释氏，

---

① （清）顾炎武：《与李中孚手札》，《顾炎武全集》第21册，上海古籍出版社，2011，第302页。

② 本书《中庸》简称《庸》，《大学》简称《学》，《孟子》简称《孟》，《周易》《易经》简称《易》，《荀子》简称《荀》，《礼记》简称《礼》。

孤陋而已。[①] 当然，客观而言，体用在整个先秦儒学中，尚未发育充分，但这并不妨碍它拥有此种天赋与潜质。

五 关于使用后起与自创概念的说明

拙著颇有挪移后起之概念于先秦或自创概念以说理处，先说明于此。

其一，后起之概念。如本体、工夫等，先秦时并未产生，则使用之是否合法？其实在学术史上，以后起之概念诠释古先之学说，极为常见，如今人以阶级释古史、以哲学解诸子等皆是。故需追究者唯在于以此后起者诠释先秦之义理能否成立；如此是否会导致张冠李戴，或者削足适履，甚至指鹿为马之谬误。就此问题先集中回答之。拙著使用之“本体”，与玄佛之“本体”、今之“本体论”风马牛不相及，[②] 乃是对宋儒“本体”所作之补充与发明。宋儒讲“本体”，是指实体本来之状态，但是并未讲完整，这种状态实为借工夫重新抵达的对实体的认识，还表现为境界与气象，故拙著之“本体”，是接着讲而非照着讲，是本体、境界、气象三位一体，与宋儒业已不同。“工夫”表个人或群体之修证，此一概念虽后起，但此义理在先秦儒家却是寻常所见，且是义理之核心，如孔子云“下学而上达”，孟子云“尽心知性知天”，此等并非吾人之新造，故以后起之“工夫”来规范、讨论这些修证体系，并无不当。

其二，自创之概念。拙著希以一套完整、自洽之体系，来解读、还原

---

① 关于体用，自古至今一直争讼不断。古时是纠缠于此范畴是否为中土本有以及何时何人所用。如北宋晁补之云：“体用本乎释氏。”（《困学纪闻》引）南宋魏了翁云：“《六经》《语》《孟》发多少义理，不曾有体用二字，逮后世方有此字。先儒不以人废言，取之以明理，而二百年来，才说性理，例欠此二字不得，亦要别寻二字换，却终不得似此精密高明。”（魏了翁：《答李监丞》，《鹤山集》卷三十六）清李颙亦言体用首见于禅宗，出于惠能，儒家之用则始于朱子。顾炎武驳之，认为“承教谓体用二字出于佛书，似不然。……经传之文，言体言用者多矣，未有对举为言者尔。若佛书如《四十二章经》《金光明经》，西域元来之书，亦何尝有体用二字？晋、宋以下演之为论，始有此字。彼之窃我，非我之藉彼也，岂得援儒而入于墨乎？”并检翻古籍找到中土体用对举之首例，其云：“生平不读佛书，如《金刚经解》之类，未曾见也。然就体用二字并举而言，不始于此。魏伯阳《参同契》首章云：‘春夏据内体，秋冬当外用。’伯阳，东汉人也，在惠能之前。是则并举体用始于伯阳，而慧能用之。”（清）顾炎武：《与李中孚手札》，《顾炎武全集》第 21 册，上海古籍出版社，2011，第 302～303 页。

② 佛教之体用乃性相之义，而儒家之体用乃实体与功用，二者完全不同。今人以为不能以本体说先秦者，是将儒家此体用与后起的“本体”（儒释道各有“本体”）以及现在的“本体论”混淆起来，遂以为不合法。请参本书第一章第一节。

先秦儒家。故孔门已说而当，则复其初；说而未当，则正其谊；隐而未明，则发其奥。鉴于某些旧有概念与义理，或坠于支离而失却一贯，或解之粗疏而不够精密，故拙著自创一些概念与义理来调整补充之，使隐者显而歧者正，以合符节。一则本有名实，然不成体系者。如实体三态，历来言道体、性体、心体者众矣，然汗漫不清，愚强做厘定，使三者层层下落，更级级上达，始有系统。二则本来或有名实，然残缺不全，不成体系者。如工夫三大环节，其中下学而上达、上达而存养，分别是孔子、孟子理论之自觉，已经明确提出者，存养而践履则儒家虽有其义但未明确提出，故愚予以总结，并将三者归纳为一首尾循环上下对流之体系。而验诸圣贤，又证此“知→养→行”之工夫，乃孔门修证之一贯，非愚向壁之虚构也。[①] 三则本有其实，然无其名，遑论体系者。如儒家之发用，本分上行与下行，下行中，除齐家外，当有化乡。乡党为人类栖居之一大环节，化乡又为历代儒家经世之大根大本，舍此几不可言治。然两千年来，儒家虽有丰富之实践，却囿于《大学》“修齐治平”四目，在理论总结上对此熟视无睹，完全遗漏忽略，故愚据其义，定为“教化乡党”，补上此一节目。四则本来间有其实，然混杂不清，不明就里，遑论体系者。如儒家发用之治国，历来皆混杂不清，政、治不分，愚据公权、治理、分配三者之原则与办法，分为政权、政道，治权、治道，分配权、分配之道三组六项，以此来分析归纳儒家之治国理论，或可有补。

六　本书文本选择说明

拙著冀以《易传》为首，《论语》为心，《大学》为骨，《庸》《孟》为血脉，《荀》《礼》为四肢，《春秋》为衣冠，呈一“赤骨所立天理”之孔子。故此几种为主要文本。《易》则周易，不涉连山、归藏。《论语》以张侯本为主，参定州简本等。七十子及后学，则取大、小戴《礼记》，及郭店、上博等几种出土竹简，《周官》乃汉儒增撰，不取，留至汉代再议。《春秋》主取左氏，参《史记》《竹书》与“诸子”书，《公羊》略取，其与《穀梁》则留至汉代再做详议。《国语》《战国策》分别对应春

① 如孔子“五十知天命”是知，“六十而耳顺”是养，“七十从心所欲不逾矩”是行。曾子“格物致知”是知，“诚意正心”是养，“修齐治平”是行。孟子“尽心知性知天”是知，“存心养性事天”是养，“夭寿不贰，修身以俟，所以立命”是行。

秋、战国，亦据实分采。甲骨、金石、简帛等文字及上古三代史部分，非愚力所能及，故只引成说，略做斟酌，不予考辨。《诗》取毛诗。《书》因清华简等尚未整理公布完毕，故只取今文，晚书不论，《逸周书》则酌情采撷。最可疑者，则是《荀子》。历来学者对其歧考繁杂，辨其人者，或为其姓氏，[①] 或为其数目；[②] 析其书者，或为其篇章，[③] 或为其真伪，[④] 莫衷一是，拙著则不做区分，以荀子称其作者，凡引作《荀子》者，皆谓今本《荀子》。

---

① 廖名春：《〈荀子〉新探》，中国人民大学出版社，2014。

② 今人孙景坛先生综各家考，认为当分孙卿与荀卿两人，俱为赵人，孙卿为师，荀卿与李斯、韩非俱为孙卿弟子，孙卿生于公元前340年，卒于公元前250年前后，荀卿约生于公元前290年前后，卒于公元前210年前后。孙卿亡后，荀卿为该派掌门，故弟子编书称二人为子，然以孙卿为师之故，《荀子》一书当为《孙卿子》。见孙景坛《荀子与孙卿子是两个人，〈荀子〉应为〈孙卿子〉》，载《中共南京市委党校学报》2012年第2期。

③ 如宋人王应麟云："荀卿《非十二子》，《韩诗外传》四引之，止云十子，而无子思、孟子。愚谓荀卿非涉子思、孟子，盖其门人如韩非、李斯之流托其师说以毁圣贤，当以《韩诗》为正。"见《困学纪闻》卷十《诸子》，辽宁教育出版社，1998，第211页。郭沫若亦说："自《大略》《宥坐》以下六篇乃弟子杂录，早成定论。"见郭沫若《十批判书·荀子的批判》，东方出版社，1996，第232页。

④ 今本《荀子》，一则由刘向定为《荀卿新书》三十二篇，并说明所校雠中孙卿书凡三百二十二篇，以相校除重复二百九十篇，定著三十二篇，皆定以杀青图简，可以缮写。二则杨倞重新定序，编为二十卷。

上篇

体论

第一章　体论综述

本章主要就“理”而言，将实体、工夫、本体三者打通在一起说，随后各章，则就“势”而言，详述各个发展阶段之义理。

第一节　原实体

所谓实体，即真实无妄之物体。儒家之世界观，首先在于确认山河大地、吾人生存之真实而不虚幻。

一　释体

先秦之体，依词性可分为名、动二项。

其一，体之名词义。体的本义指人之身体。体的正体字为體，體者，形声，从骨，豊声。金文作軆（《中山王鼎》），篆书作體（《说文解字》），隶书作⿰月豊（《睡虎地竹简》）。分别用身（身）、骨（骨）、月（肉）作义旁，但本义皆为身体。《说文》曰：“體，总十二属之名也。”[①]《广雅》曰：“體，身也。”此义在先秦典籍中常见。如孔子云“四体不勤，五谷不分”（《微子》），《大学》云“心广体胖”，孟子云“大体”“小体”（《万章下》），《韩非子》云“桓侯体痛”（《喻老》），等等。后引申为一般实物之躯体。如《诗经·大雅·行苇》“敦彼行苇，牛羊勿践履，方苞方体，维叶泥泥”，此指苇之成形。《庄子·内篇·秋水》“此其比万物也，不似毫末之在马体乎”，此指马的身体。又进而引申为天地万物之实体。如《易传·系辞上》“阴阳合德，而刚柔有体”。孔颖达疏曰：“若阴阳不合则刚柔之体无从而生。以阴阳相合，乃生万物，或刚或柔，各有其体。”

---

① （东汉）许慎：《说文解字》，中华书局，1963，第86页。

此谓阴阳二气氤氲而生万物，万物或刚或柔，皆有其躯体。后世王充亦云“天之与地，皆体也”（《论衡·道虚》），即以此天地为实体。更引申为人类政治、社会之体系、法式、规矩义，如金文《中山王鼎》“君臣之位，上下之体”，[①]《管子·君臣上》“君明，相信，五官肃，士廉，农愚，商工愿，则上下体”，尹知章注曰：“上下各得其体也。”

其二，体之动词义。一则指天地实体的生长义，如《易传》“以体天地之撰”，《中庸》“体物而不可遗”，皆生长万有之义。二则指人的工夫义。首先是对外对上的体契、效法义，如《易传》“君子体人，足以长人”；《淮南子·本经训》“帝者体太一，王者法阴阳，霸者则四时”。其次是对己对下的践履义，如《管子·心术下》“能戴大圆者，体乎大方”。

综上，若以主体分，则体有三义：一是天地及其生长义，此便发展为道体。二是人及其工夫义，此便发展为性体与心体。三是万物（包括人）及其功能义，此义为先秦一直沿用到今日的体用义之一。需要说明的是，儒家所谓体义，如道体、性体与心体，在先秦时不论是“名实相符”或“无此名而有其实”或“有数名而指一实”，均指实体义，而非抽象的根据与原因。

二 释体用

分而言之，体用只是静止、断裂之范畴，体用合璧，刹那便可撑起宇宙滚滚之生命洪流。

其一，何为体用。儒家之体用乃实体及其功用，此是最根本之义，均是实理实事，其皆就一个实有之体立言，再言其用，物曰功用，人曰发用，而绝无超越（一般意义上使用此词，下同）义。

其二，体用之妙义。体用之妙，可借其与形上形下、本末两组概念比较中来看。形上、形下之形成具见后文，其基本与后世所谓理、迹同义，形上之道为超越有形世界的存在之本质与最终依据，形下之器则为其所展示之不完整、不真实的现象界。体用断无此二元之断分，其即体即用，离体自然无用，离用则只是死体而已，况世上本无“死”体，宇宙自是活

① 从身从豊，身与骨同。见方述鑫、林小安、常正光、彭裕商《甲骨金文字典》，巴蜀书社，1993，第318页。

体，则凡体皆有其用，且不以“人”此一尺度为标准。所谓本末，其初义即是木之根梢，引申为事物之基础与发展阶段。《论语》中言本末者，如“君子务本，本立而道生”（《学而》）；“林放问礼之本”（《八佾》）；“子夏之门人小子，当洒扫应对进退，则可矣。抑末也，本之则无，如之何”（《子张》），三者皆指为学之初级与高级阶段。故体用与本末不在一个逻辑层面上，本末是平面的，体用是立体的。若以树为喻，则其根梢为本末，而树身与其功能，则为体用。以体用，可将儒家本体、工夫、发用所有的环节巧妙地融为一完整伟岸亲切之系统。

其三，体用与易混淆概念之区别。今人以为体用不可用于先秦，大半由于将它与以下几组概念相混淆。

一是儒家之体用与玄佛之本体。清陈确云：“本体一词，不见经传，此宋儒从佛氏脱胎来者。”① 其实西汉京房在《京氏易传》解“临”卦时已用此词，② 指由纯阳爻和纯阴爻构成的乾坤本初卦体。③ 当然此并非玄学与佛学所谓本体，亦非儒家之本体。玄佛之本体是超越的本体。汤用彤先生在《魏晋玄学流派略论》中指出：“魏晋之玄学则不然，已不复拘拘于宇宙运行之外用，进而论天地万物之本体。汉代寓天道于物理，魏晋黜天道而究本体，以寡御众，而归于玄极（王弼《易略例·明象章》）；忘意得言，而游于物外（《易略例·明象章》）。于是脱离汉代宇宙论（Cosmology or Cosmogony）而留连于存存本本之真（Ontology or Theory of Being）。”④ 至唐朝，禅宗大师慧海明确提出本体一词。他说：“净者本体也，名者迹用也。从本体起迹用，从迹用归本体。体用不二，本迹非殊。”⑤ 这里的本体与迹用对言，是本质与现象之义。

二是儒家之体用与儒家之本体。儒家也有本体，主要指实体的本来状

---

① （清）陈确：《与刘伯绳书》，《陈确集·瞽言》，中华书局，1979，第466页。

② 西汉京房认为“震入兑，二阳刚，本体阴柔，降入临”；另外，在解释“未济”卦时，又有“阴阳二位，各复本体，六泛交红，异于正象”的说法，这当是“本体”之最早记载。参强昱《本体考原》，载王博主编《中国哲学与易学：朱伯崑先生八十寿庆纪念文集》，北京大学出版社，2004，第284页。

③ 如他解艮卦说：“乾分三阳为长中少，至艮为少男。本体属阳，阳极则止，反生阴象。”参向世陵《中国哲学的“本体”概念与“本体论”》，《哲学研究》2010年第9期。

④ 汤一介：《中国儒学史·总序》，北京大学出版社，2011，第58页注3中。

⑤ （宋）释道原：《景德传灯录》卷二十八，《大正藏》第51册，〔日〕高楠顺次郎：《大正新修大藏经》，大正一切经刊行会，1934，第442页。

态，此与玄佛之本体截然不同。张岱年先生早就说过“本体即是本来而恒常的状况之意义”①，宋明著作中“所谓本体主要是本然状况之意，并无现象背后的实在之意”。② 儒家的本体发端于先秦，如《论语》讲“礼之本”，《孟子》讲“本心”，都是指其本来状态。至西晋司马彪《庄子注》解“而侈于性”（《庄子·外篇·骈拇》）说“性，人之本体也”（《庄子释文》），正式提出此意义上的本体概念。③ 宋明儒则极常见。宋儒中，如横渠云“太虚者，气之体”④，又云“太虚无形，气之本体，其聚其散，变化之客形尔；至静无感，性之渊源，有识有知，物交之客感尔。客感客形与无感无形，惟尽性者一之”。⑤ 此言三事，道体、性体与工夫。又如朱子云：“明德者，人之所得乎天，而虚灵不昧，以具众理而善应万事也。但为气禀相拘，人欲所蔽，则有时而昏；然其本体之明，则有未尝息者。故学者当因其所发而遂明之，以复其初也。”⑥ 本体之明，即指其性体、心体之本来体状之明澈。而为气质所蔽，则要人自做工夫以复其初而已。明儒中，如船山云：“且在性之所谓仁义礼智者，有其本而已，继乎天之元亨利贞而得名者也，在率性之前，不在修道之后。”⑦ “率性之前”即谓本体，而“修道之后”即谓工夫。又如梨洲云：“心无本体，工夫所至，即其本体。”⑧ 更是言工夫对于本体之意义。故儒家的体用是实体及其功用之义，而儒家的本体是指实体的本来状态。

三是儒家之体用与当代之本体论。西学东渐以来，日本学者以中国固有的本体一词去翻译西方哲学的 ontology，此义传入中国，遂使国人生产出一种全新的本体论，研究所谓世界最高最后的原因与根据，以与现象界相对应，事实上其本质同于玄佛本体。而后国人再以此本体论去分别理解中国古代学术以及西方学术。如此一则对西哲 ontology 范畴本身的认识产生偏差，

---

① 张岱年：《中国古典哲学中若干基本概念的起源与演变》，《哲学研究》1957 年第 2 期。

② 张岱年：《中国古代本体论的发展规律》，《社会科学战线》1985 年第 3 期。

③ 张岱年：《中国哲学中的本体观念》，《安徽大学学报》（哲学社会科学版）1983 年第 3 期。

④ （宋）张载：《正蒙·乾称》，《张载集》，中华书局，1978，第 66 页。

⑤ （宋）张载：《正蒙·太和》，《张载集》，中华书局，1978，第 7 页。

⑥ （宋）朱熹：《大学章句》，《朱子全书》第 6 册，上海古籍出版社、安徽教育出版社，2002，第 16 页。

⑦ （清）王夫之：《读四书大全说》，中华书局，2009，第 200 页。

⑧ （清）黄宗羲：《明儒学案·自序》，中华书局，1985，第 9 页。

此问题学界已有说明；[1] 二则对中国古代固有的本体思想亦产生偏差，以此本体论来诠释中国典籍，造成国人对儒家的本体、体用思想形成误读。此问题后引起学界之警惕，如汤用彤先生即认为二者有别，[2] 今人刘笑敢、张汝伦、白欲晓等先生称之为“反向格义”，并详细辨析，此不赘述。[3]

既厘清上述区别，则可明拙著之体用与后起之“本体”“本体论”皆无关，可以安全使用于诠释先秦之义理。

三　实体三态

实体若就宇宙创生的下贯与分殊而言，则有三种渐进的形态：独化之宇宙曰道体，是为第一实体；其化生之万物曰性体，是为第二实体；其开显之人心曰心体，是为第三实体。道体乃浑然之大全，性体乃道体具体而微而暗合者，心体乃性体出类拔萃而醒觉者。

彼时子贡惜曰：“夫子之言性与天道，不可得而闻也。”（《公冶长》）孔子又曰：“七十而从心所欲不逾矩。”（《为政》）可见在春秋时，性与天道以及心是极为常见的讨论概念，故由此可知，我们以道体、性体、心体展开讨论是没有问题的。

第二节　原工夫

先秦时，儒家工夫实际上处于“无其名而有其实”的状态，孔门有着极为丰富的修证理论和经验，只是未以一个概念予以总结而已。

---

① 参刘立群《“本体论”译名辨正》，《哲学研究》1992 年第 12 期；宋继杰主编《BEING 与西方哲学传统》（上、下卷），河北大学出版社，2002；王路《“是”与“真”——形而上学的基石》，人民出版社，2003；萧诗美《是的哲学研究》，武汉大学出版社，2003；俞宣孟《本体论研究》，上海人民出版社，2005。

② 汤一介先生云，汤用彤先生认为中国哲学自有其“本体之学”，而其“本体论”或与西方哲学不同，其道、无、理、太极等虽为“超越性”的，但它不离万事万物，而内在于万事万物，故“体用如一”，而其人生境界又是“即世间而出世间”的。见《中国儒学史·总序》，北京大学出版社，2011，第 58 ~ 59 页。

③ 参刘笑敢《“反向格义”与中国哲学研究的困境》，载《中国哲学与文化》第 1 辑，广西师范大学出版社，2007，第 10 ~ 36 页；张汝伦《邯郸学步，失其故步：也谈中国哲学研究中的反向格义问题》，载《中西哲学十五章》，上海书店出版社，2008，第 50 ~ 60 页；白欲晓《格义探微》，载《宗教学研究》2008 年第 2 期。

一 工夫的词源学考察

关于工（功）夫的由来，学界已多有讨论，[①] 愚据之参以己意，总结如下：工（工人）→功（工程）→功夫（复音节，代工程）→工夫（通假）。下文考察四义之发展。

其一，工。工乃象形字，甲骨文字形作（郭沫若《殷契粹编》137）、（郭沫若《殷契粹编》1273），象工具形。工的本义乃工匠的曲尺。[②] 工、巨（矩）古同字。引申有下三义。一则由工具引申为工匠、工人，即对从事各种手工技艺的劳动者的总称，如“百工居肆以成其事”（《子张》），“工欲善其事，必先利其器”（《卫灵公》）。二则由专业从事引申出擅长之义，如“工文学者非所用”（《韩非子·五蠹》）。三则由从事引申出结果、劳绩、功绩，如“凡师不工则助牵王车”（《周礼·春官》），“此言多资之易为工也”（《韩非子·五蠹》）。

其二，功。工是功的母源字，功是会意字，从力，工声，工兼表义，指用力从事工作。《小尔雅·广诂》云：“功，事也。”《六书故·人九》云：“功，庸也。若所谓康功、田功、土功，凡力役之所施是也。功力既施，厥有成绩，因谓之功。”功有以下几义。一则同工之义，指事情，包括农事、劳役、文事、武事等。如《尚书·无逸》“文王卑服，即康功田功”。二则特指土木工程等，如《尚书·益稷》“启呱呱而泣，予弗子，惟荒度土功”。三则指功绩、功业、功劳、功德，如《荀子·劝学》“驽马十驾，功在不舍”。由上可见，在本义上工指人，功指事，区别甚明；然在引申义上，二者则出现交叉。

其三，夫。一则本义。夫字甲骨文作（罗振玉《殷虚书契前编》5·32·1），在（大，成人）的头部加一横（），代表绾发之发簪，金文承之，篆书作，《说文解字》：“丈夫也。从大，一以象簪也。周制以八寸为尺，十尺为丈。人长八尺，故曰丈夫。”[③] 故夫字本义为成年男子。

---

① 参沈俊《“工夫”与“功夫”》，《辞书研究》1980 年第 4 期；楼观伟《也谈〈“工夫”与“功夫”〉》，《辞书研究》1981 年第 4 期；屠承先《论本体功夫思想的理论渊源》，《中国哲学史》1997 年第 3 期；张学力《“功夫”词义演变研究——兼析“功夫”“工夫”关系》，湖北师范学院硕士学位论文，2013。

② 杨树达：《积微居小学述林》，中国科学院，1954，第 58 页。

③ （东汉）许慎：《说文解字》，中华书局，1963，第 216 页。

二则引申义。首先指女子的配偶，即丈夫。如《庄子·杂篇·让王》“于是夫负妻戴，携子以入于海”。其次泛指人，或特指某一群体的人，如某一职业、官职的人等。如“瞽奏鼓，啬夫驰，庶人走”（《尚书·胤征》）；“射夫既同，献尔发功”（《诗经·小雅·宾之初筵》）；“宰夫陈飨，膳宰监之”（《国语·周语》）。

其四，功夫。工、功、夫，三者各自发展，本自相安。在先秦汉语单音节与多音节的互动过程中，功即率先与夫相结合，成为新词功夫。其义演变如下：一则功指工程，夫指夫役。如据宋洪适《隶释》所载，《广汉长王君治石路碑》有广汉长王君治路“功夫九百余日，成就通达”的碑文。《辞源》和《汉语大词典》解释“功夫”的例证就引用的这句碑文。而《辞源》释功夫，认为功指工程，夫指夫役；《汉语大词典》则认为功夫即指工程夫役。二则夫义弱化，偏在功上，指工程。此最早见于成书于西晋的《三国志》，六见，[①] 皆是承接先秦土功之功义。三则谓造诣、功力和素养。如《南齐书·王僧虔传》中有“宋文帝书，自云可比王子敬。时议者云：‘天然胜羊欣，功夫少于欣。’”之语。[②] 又如南北朝颜之推《颜氏家训·杂艺》云：“吾所见法书亦多，而玩习功夫颇至。”[③] 此指书法。唐赵璘《因话录》云：“诗韵不为新语，体律务实，功夫颇深。”[④] 此指诗歌。唐方干《水墨松石》云：“三世精能举世无，笔端狼藉见功夫。”[⑤] 此指绘画。四则后来功夫又演变出付出的时间和精力之义，如唐元稹《琵

---

① 分别是“吾乃当以十九日亲祠，而昨出已见治道，得雨当复更治，徒弃功夫”（《魏书四·三少帝纪·齐王芳》）；“又陇右取材，功夫不难”（《魏书六·董二袁刘传》裴松之引西晋司马彪《续汉书》）；“闻曹真发已逾月而行裁半谷，治道功夫，战士悉作”（《魏书十三·钟繇华歆王朗传》）；“今见作者三四万人，九龙可以安圣体，其内足以列六宫，显阳之殿，又向将毕，惟泰极已前，功夫尚大，方向盛寒，疾疢或作”（《魏书十三·钟繇华歆王朗传》）；“遂躬率吏民，兴立功夫，一冬间皆成”（《魏书十六·任苏杜郑仓传》）；“汉武有求于露，而由尚见非，陛下无求于露而空设之；不益于好而糜费功夫，诚皆圣虑所宜裁制也”（《魏书二十一·王卫二刘傅传》）。（西晋）陈寿撰，（南朝宋）裴松之注《三国志》，中华书局，1959，第121、177、414、416、511、612页。

② （南梁）萧子显：《南齐书》卷三十三，中华书局，1972，第597页。

③ （北齐）颜之推：《颜氏家训集解》卷七，王利器集解，上海古籍出版社，1980，第507页。

④ （唐）赵璘：《因话录》卷二，上海古籍出版社，1979，第80页。

⑤ （清）曹寅等：《全唐诗》卷六五二，上海古籍出版社，1986，第1645页。

琶》诗“使君自恨常多事，不得功夫夜夜听”。[①] 五则从道教中逐渐发展出修炼之义，如东晋葛洪《抱朴子·内篇》载：“或控弦以弊筋骨，或博弈以弃功夫。”（《金丹》）《外篇》载：“先所作子书内、外篇，幸已用功夫。”（《自叙》）[②] 唐朝著名道士吕洞宾《酹江月》词亦云：“片晌功夫，霎时丹聚。”[③]

其五，工夫。工既为功的母源字，故以工夫通假功夫即不足为奇。工夫首见于上述葛洪，其《抱朴子·内篇》载：“赴为相聚守之徒，妨工夫以崇重彼愚陋之人也。”（《勤求》）又载：“既生值多难之运……徒消工夫。”（《遐览》）[④] 吕洞宾有时也作工夫，如《指玄》云：“此个工夫真是巧，得来平步上天堂。”又云：“一阳气发用工夫，日月精华照玉壶。”[⑤] 可以说，至唐时，“工夫”的使用极为普遍，基本替代了“功夫”的全部含义。愚检《全唐诗》，工夫共三十二见。表时间、精力义，如罗隐《隋堤柳》：“春风未借宣华意，犹费工夫长绿条。”[⑥] 表造诣之义亦是寻常，如王建《别李赞侍御》：“讲易工夫寻已圣，说诗门户别来情。”[⑦] 特别重要的是，开始出现了近似于儒门修证的意蕴，如孟郊《忽不贫，喜卢仝书船归洛》：“日月更相锁，道义分明储。不愿空岧峣，但愿实工夫。”[⑧] 其中的“但愿实工夫”，尤须引起重视。

其六，儒家工夫范畴的正式出现。直到二程开始工夫论转向，才正式地将道教表修炼与民间表时间、精力、造诣、功力和素养的意义引申为表示道德修行、证悟的术语。自此，“工（功）夫”一词便进展为儒家打通体用的一个核心范畴。拙著不再赘述儒家工夫产生后的工（功）夫演化，且统一称为工夫。

二 儒家工夫之界定

工夫乃体用之中介，其主体乃凡庸百姓，其地位则大根大本，其对象乃

① （清）曹寅等：《全唐诗》卷四一五，上海古籍出版社，1986，第1018页。

② （东晋）葛洪：《抱朴子》，上海古籍出版社，1990，第24、335页。

③ （清）曹寅等：《全唐诗》卷九〇〇，上海古籍出版社，1986，第2191页。（清）刘体恕汇辑《吕洞宾全集》卷五，华夏出版社，2009，第148页。此两种均作功夫。

④ （东晋）葛洪：《抱朴子》，上海古籍出版社，1990，第106、146页。

⑤ （清）刘体恕汇辑《吕洞宾全集》卷六，华夏出版社，2009，第160、171～172页。

⑥ （清）曹寅等：《全唐诗》卷六五七，上海古籍出版社，1986，第1660页。

⑦ （清）曹寅等：《全唐诗》卷三〇〇，上海古籍出版社，1986，第753页。

⑧ （清）曹寅等：《全唐诗》卷三八〇，上海古籍出版社，1986，第946页。

常情常理，其方法则实证实修，可谓极高明而道中庸，离开工夫，即无儒学。

其一，何谓工夫。工夫有广狭之分。自广义上来说，整个修齐治平直至参赞化育都是工夫，我们可以《中庸》首章来看，其完整地代表儒家下贯上达的格局。“天命之谓性，率性之谓道，修道之谓教”是所谓道体下贯。“道也者，不可须臾离也，可离非道也”，此说明道乃常道，人生不是悬空形上之理。“是故君子戒慎乎其所不睹，恐惧乎其所不闻。莫见乎隐，莫显乎微，故君子慎其独也”，“慎独”是未发工夫。“喜怒哀乐之未发谓之中……中也者，天下之大本也”，此言本体。“发而皆中节谓之和……和也者，天下之达道也”，此言发用。“致中和，天地位焉，万物育焉”，此言终极上达。但这种扩大往往已经将工夫与发用混而为一了，故为了清晰分判，儒家所谓工夫又主要指狭义的工夫，即针对心性情欲作自我调节、控制与优化的理性的道德实践。如孔子说“下学上达”，曾子说“诚正格致”，孟子说“尽心知性知天”“存心养性事天”，《易传》说“闲邪存诚”，等等。

另外，儒家工夫还有一个重要环节，即处于心性修证与践履发用之间的修身工夫，其乃针对身体之研究与修炼，如武术、气功、体育、医术等，其与心性工夫本是一体之事，然偏在身体，故区别说明更佳。此事历代皆有儒者涉及，但零散断续未成系统，待另书专论，此处且略去。

其二，工夫之目标。工夫是一种人的修证过程，或由他缘（先知觉后知，先觉觉后觉），或由己醒（如见孺子入井则动恻隐之端，见衅钟之牛则不忍其觳觫，皆是良心正性之苗裔端倪在日用处的汩汩流动），而后醒觉心体，反躬性体，上达道体，从而对越于天，体证天境，而后再下开践履。正是由于在发用践履中存在着过或不及的情况，故须针对这些新问题展开新一轮的上达与存养，而后再作践履，从而不断循环，最终优入圣域。故这是一个“自然人→道德（工夫）人→圣贤”的过程，即由一个自然状态下的唯依性体运动的人，去证成圣贤，成为一个自由自为的心、性、天合一之人。

其三，工夫下手处、了手处。所谓工夫下手处，即是在人伦日用中寻得一个端点入手，来捕捉、辨别善恶之苗裔动机，从而对治之，渐渐醒觉心体，开启工夫之旅。《论语》对下手处指示极为亲切，如“内省”，曾子力行之，“日三省吾身”（《学而》），确是一个可常态化执行的方式；又如“观过知仁”（《里仁》），“见过自讼”（《公冶长》），“退而省其私”（《为政》），“君子有九思”（《季氏》）等皆是此义。下手即了手，了手即下手，如此回环反复，终吾人一生。

三　工夫三阶

工夫不可断分，然为说理清晰，强分为三：下学而上达、上达而存养、存养而践履。三者首尾始终，本为一体，在现象上极相似，均为对治当下的私欲、气质之病痛、戕贼、纠缠与淹留等，然其作用与方向则不同。

上达是知，践履是行，存养位于二者之间，形成“知→养→行”之体系。就先秦儒家而言，《论语》是语录，不必证成体系，亦未着意于概念的清晰表达，《孟子》《大学》乃自著，所以就把许多孔门的道理讲细讲透了，并且工夫至孟子已完全自觉，特成系统，如工夫三阶，孟子开口即达：“尽其心者，知其性也。知其性，则知天矣。存其心，养其性，所以事天也。夭寿不贰，修身以俟之，所以立命也。”（《尽心上》）其中尽心、知性、知天，即是下学而上达，存心、养性、事天，即是上达而存养，夭寿不贰、修身以俟、立命，就是存养而践履。以此回看，则孔子“五十知天命”，即是上达尽心、知性、知天，“六十而耳顺”即存心、养性、事天，“七十而从心所欲不逾矩”即是践履之和，夭寿不贰，修身以俟之，所以立命也。孔门“三达德”仁、智、勇，分属养、知、行。而《大学》前四目，诚意正心就是尽心，格物致知就是尽人之性、尽物之性以知天。上述实体、工夫义理可综为图 1。

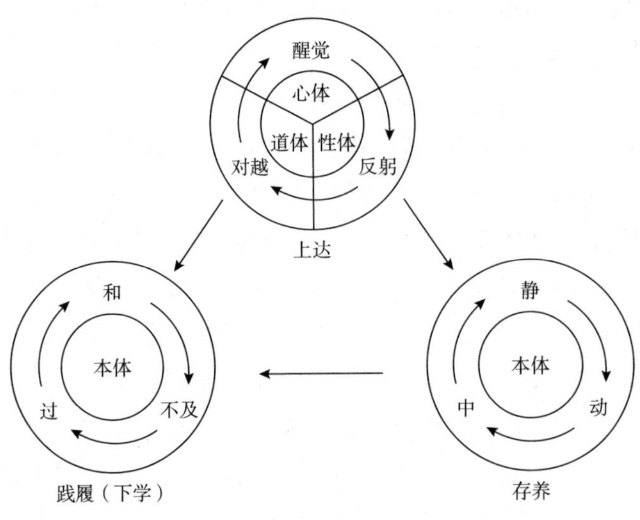

图 1

然实体、工夫二者又与发用为一体之事，若无发用，亦不成工夫，即不成本体。此为后话，不赘。

第三节　原本体

阮籍《乐论》云“八音有本体，五声有自然”，[①] 历来道之自然、儒之本体是极为重要又常被误读的两个概念。所谓自然，常与今言自然界之自然相混淆，其实是自己的样子之义，如老子“道法自然”。然则本体为何？

一　何谓本体

儒家所谓本体，本、体连用，其有两义：一则本、体皆是名词，本对末言，体对用言，本即是体，本即根本，体即躯体，此同于本根。此是实体义，故我们不再讨论。二则本是形容词，体是名词，两者构成偏正词组，则此本体就是本来的体状、性质、功能之义，此亦是实体义。儒家所言本体，尤指后者。

本体在先秦处于有其实而无其名的阶段，如《论语》“林放问礼之本”（《八佾》），此本即是礼之本体义。[②] 又如孟子已提出过本体意义上的“本心”概念（《告子上》），此本心就是指的心的本然状态，也就是心之本体之义。

但是，这还不是真正的鞭辟入里的孔门之本旨。本体虽是实体（道体、性体、心体）本初的状态，但这是须凭工夫所返回的状态。本体，与其说是一个名词，不如说是一个动态的过程。具体而言，孔门所谓本体，乃是本体、境界、气象三位一体。本体，即实体本来的样子，它不仅是对世界“客观的”认识，还包括“境界—气象”二者，内心对世界的本然理解到什么程度，则上达到相应的境界，则外在的容貌言行就会表现出相应的气象，可谓挫宇宙于颦笑，状人生于语默。所以本体是人心对宇宙的理解与践履，就儒家而言，没有作为纯粹客观对象的天，天始终是与人全

---

① 陈伯君校注《阮籍集校注》，中华书局，1987，第 85 页。

② 作为比较，有若曾言“本立而道生”（《学而》），此本乃本末之本，非本体之义。

体融通的天，这时，对宇宙的理解不可避免地要被染上儒者的道德（价值），而此道德并不是人阻隔天命而独自发明出来，它本自产生于天，故实是人以天命之道德以四顾，恍然发现宇宙之真相，直是吾人心中一片光明，曰仁。

二 本体三境与气象三位

本体是工夫所抵达的、对三层实体本来体状的体证，即人心所理解也即生成的宇宙。这种体证，对内表现为境界。所谓境界，是人以智的直觉与世界相互交融的体证结果。我们依其发展，可分为三层，即欲仁斯至境、仁民爱物境、天命流行境。本体三境并非随意划分，其分别对应着对心、性、道之理解：欲仁斯至境对应心体，认识到心体的本然；仁民爱物境对应性体，认识到性体的本然；天命流行境对应道体，认识到道体的本然。此本体三境，欲仁斯至境点而活，其是墨暗中的一点光明之迸击，是一团大心之活火，由此燃开整个生命。仁民爱物境方而智，此是仁心平面的铺开，以忠恕去成就人民万物，以共达天境。天命流行境圆而神，此是仁心立体地撑出，从而参赞天地之化育。

孟子曰："存乎人者，莫良于眸子，眸子不能掩其恶。胸中正，则眸子瞭焉；胸中不正，则眸子眊焉。"（《离娄上》）此容貌辞气、言行举止即是气象。与本体三境相对应，有气象三位，位是位格之义。欲仁斯至境乃君子气象，仁民爱物境则是圣贤气象，天命流行境则是天地气象。境界并不是随心所至，必须做出来、行出来才是，即有践履才行。上达到心之本体——欲仁斯至——存养之，稳定住此境界，再去践履，就会表现出君子气象。依此类推，性之本体对应仁民爱物境，其是圣人气象，道之本体对应天命流行境，其是天地造物气象。

三 实体与本体之别

儒家说体，实杂下贯、上达二义，其中彻上、彻下之别不可不明。有在彻下（创生之下贯）而言实体，有在彻上（工夫之上达）而言本体，当明辨之。

真正的实体，人是无法以理性认识穷尽的，却可以凭德性上达，和它融为一体，即如婴儿无法客观全面地认识父母，但可以感受到与他们同在。故初无本体，唯有实体，由工夫而后方可言本体。实体乃言创生之下贯义，本体乃言工夫之上达义。实体说天，本体言人。所谓实体，真实无妄之物体也，简省曰体。既就下贯而言，则独化之宇宙曰道体，其化生之万物曰性体，其开显之人心曰心体。所谓本体，实体之本然也，即本来之体。实体是“客观的”“虚设的”，本体是“主观的”“生成的”。实体乃真实无妄者，此是儒家世界观、人生观之基础与前提。但是实体的真实性又是可疑而有待证明的，故在没有证明此世界之真实性之前，我们只能说实体是“虚设”的。

人两次“看见”世界。日月星辰，万物生长，此圣庸共见者。圣人见体，凡庸见迹。凡庸所见虽然也是日月星辰，然而未经心性作用，故只是现象。初次用眼，其次用心。初见是凡庸，其次为圣贤。初见据本能，其次凭工夫。初见得现象，其次证本体。初见，不是看见，只是记得——因人是自然之子，有这样的原始记忆，只是潜意识里为了还原在自然母体中获得的原始记忆，而向外喷射、抹涂本能，这种片断与偶然称为现象。只有待道心苏醒，凭工夫层层上达，而后存养之，气质之性交融天地之性，世界与我相互流溢，我方真正看见世界。而再见此世界时，方知此世界当分本体与实体：当下所见，只是本体；既见本体，则知逻辑在先，尚有实体。本体，即实体之本然也，或曰实体本来之体状。而实体，先是一个虚设，一个推理出来的创生者。然虽是虚设，因当下所证本体之真实，亦可知实体之不妄。如孔子曰“我欲仁，斯仁至矣”（《述而》），仁体之存，运乎一心，当下即是。仁心发用，更能“己所不欲，勿施于人”（《颜渊》），“己立立人，己达达人”（《雍也》），此忠恕皆可成为普遍的立法原则，修己立人，治平天下，无所不可。由此仁体之真实，逆推可证实体必不妄。因为若道体虚妄，则其生天生地生人皆假，则吾人之工夫亦无逆觉之挂搭处，必不能感受“欲仁斯至”之真实。故无工夫，则无本体。既无本体，则“无”实体。就逻辑而言，先有实体，后有本体。就（证得）时间而言，先有本体，后有实体。就实际而言，即是本体，即是实体，总名曰体。于圣人处，本体即是实体，实体即是本体。

第二章　实体·道体

本章分为三部分，首先说明前儒家时代即已存在的人伪（伴生）道体——帝天神鬼，其次探究儒家天、地、人三才之道，再次分析儒家在后续发展中形成的五种歧出与分析状态。

第一节　道体正义之一：人伪道体

“阴阳之号也，孰使之？牝牡之合也，孰交之？”（《逸周书·周祝》）先民仰望苍穹，仿若自然与人世均为某种神秘力量所主宰，遂崇拜之、恐惧之、祭祀之、祈福之，并将这些遥不可及的“道体”以一种自己能够理解与交流的方式临摹出来，此神秘的力量便是广义上的神。此举是将宇宙此一实体分析为二，一为主令者，一为仆从者，前为帝、天，后为匍匐的万有，如此将宇宙实体之形式因人格化，其实是将造物降至人所能理解的地步。故而这个道体，是人心的神性能力发展之结果，是人造的拟生道体，是人间力量的自我神化，它的特点是人格化，形成人格神及其谱系。我们借用《荀子》的“人伪”，称之为人伪道体，即人造之义。与此相类，尚有神、鬼，前者在广义上包括帝天与诸神，后者在超越功能上又与神共同组成一个异质之世界，是为伴生道体，故并附于此。

一　殷之帝令

陈梦家曾总结卜辞中的帝字有三种用法：“一为上帝或帝，是名词；二为禘祭之禘，是动词；三为庙号的区别字，如帝甲、文武帝，名词。”[①]此处讨论第一义。甲骨帝字作（金祖同《殷契遗珠》846），金文作

① 陈梦家：《殷虚卜辞综述》，中华书局，1988，第562页。

（井侯簋），篆书作𢂇（《说文》），义为天神。[①]

其一，帝之由来。此说不可尽举，略撮几例。一是“花蒂”说。此以帝为象形。宋人郑樵首出此说：“帝象萼蒂之形，假为蒂。”[②] 清人吴大澂承之：“疑古帝字本作▼，如花之有蒂，果之所自出也。”[③] 又云：“象花蒂之形……蒂落而成果，即草木之所由生，枝叶之所由发，生物之始，与天合德，故帝足以配天。”[④] 王国维亦云：“帝者蒂也……象花萼全形。”[⑤] 郭沫若综之云：“▼是否即帝，虽无确证，然以帝为蒂，（吴氏）实为倡始，特象根枝形之说未为圆满。王谓象花萼全形者，是也……知帝为蒂之初字，则帝之用为天帝义者，亦生殖崇拜之一例也。”[⑥] 愚以为，以生殖训帝者皆以天法地，非也，且卜辞中殷帝并无清晰的创生功能（见后文），此义实后出。

二是“尞祭”说。以为会意尞柴之祭天。叶玉森首出此说，明义士补充，徐中舒等人皆持之。如徐中舒认为，帝“象架木或束木燔以祭天之形，为禘之初文”，释禘：“卜辞不从示，象架木或束木以燔，并于其上加横画一或二以表示祭天。”[⑦] 又言：“禘祭初为殷人祭天及自然神、四方之祭，其后亦禘祭先公先王。禘由祭天而引伸为天帝之帝，又引伸为商王之称号。”[⑧] 然陈梦家指出尞祭之对象多为先公高祖，[⑨] 而对上帝则不用此法。另有学者指出，甲骨文中“帝”“禘”为不同之两字，以禘释帝不当。[⑩]

三是“曼达拉”（Mandala）说。刘半农以帝源于巴比伦，因巴比伦最古老之象形文中有一“𐀀”字，其音为 e－din，其义为天，又有一“✱”

---

① 陈梦家：《殷虚卜辞综述》，中华书局，1988，第 562 页。

② （宋）郑樵：《六书略》，艺文印书馆，1976，第 8 页。

③ 郭沫若：《郭沫若全集》第一集《甲骨文字研究·释祖妣》，科学出版社，1982，第 53 页。

④ （清）吴大澂：《字说·帝字说》，载周法高主编《金文诂林》，香港中文大学出版社，1975，第 48 页。

⑤ 王国维：《观堂集林》卷六《释天》，中华书局，1959，第 283 页。

⑥ 郭沫若：《郭沫若全集》第一集《甲骨文字研究·释祖妣》，科学出版社，1982，第 53～54 页。

⑦ 徐中舒主编《甲骨文字典》，四川辞书出版社，1989，第 7 页。

⑧ 徐中舒主编《甲骨文字典》，四川辞书出版社，1989，第 23～24 页。

⑨ 陈梦家：《殷虚卜辞综述》，中华书局，1988，第 352 页。

⑩ 郑继娥：《甲骨文中的“帝”——中国原始宗教的古文字考察之一》，《宗教学研究》2004 年第 1 期。

字，其音为 din – gir，或 dim – mer，或 dimer，其义为天帝或人王。[①] 当时郭沫若已驳之，认为此字只是星形，与帝无关。[②] 后来张荣明先生继刘氏提出新说，认为帝象征宇宙生成原型，源自人类早期文明中十分普遍的文化现象，即“曼达拉”，其是人类文化史上和人类心灵深处存在着的图式，或为中心图形（十字形或类十字形），或为外围图形（圆圈或方圈），前者最为重要。[③] 愚以为，此图式距甲骨帝字字形过远，不足为凭。

四是北极星象说。此说认为帝字源于北天极区域之星象。美国汉学家班大为（David W. Pankenier）运用天文考古学知识，研究在早商时期（此最适于公元前 2000 年前后），北极天轴处无明亮之恒星，故无法确定北极方位以给地面定位，然如将天轴附近的八颗恒星相连，其交叉点正好是北极，故先民依之作定位器。由此，此神秘天轴区域，即符号化写为“帝”。[④] 作为佐证，班氏引用了冯时先生的研究成果——“龙”字亦源于东方苍龙星宿之连线，[⑤] 以此说明殷人之重要概念惯以星象取字。愚以为此说可从。先民仰望苍穹，白天日出日落，夜晚群星闪烁，整个宇宙都在变动，只有一个区域除外，那就是神秘的拱极区域——北天极。其以静制动，以一御万，整个宇宙围绕它和谐有序地旋转。所以先民便认为此区域乃宇宙之核心、世界之源头，遂对其产生极度之崇拜，视为至上神。后来因缘际会，遂将北天极无可见恒星时之星象符号化为“帝”字。殷人所谓“宾于帝”，即归此北天轴。庄子云“千岁厌世，去而上仙，乘彼白云，至于帝乡”（《庄子・外篇・天地》）亦如此。

另有日神说、大神共名说、鸟飞说、人王说等，不赘。

其二，帝之功能。一是认为此上帝乃至上神，拥有绝对功能，可主宰自然气象与人间祸福。如陈梦家云：“殷人的上帝或帝，是掌管自然天象

---

① 顾颉刚主编《古史辨》第二册上编，上海古籍古版社，1981，第 20 ~ 27 页。

② 郭沫若：《郭沫若全集》第一集《甲骨文字研究・释祖妣》，科学出版社，1982，第 54 ~ 55 页。

③ 张荣明：《中国文化的帝与宇宙生成原型》，《天津师大学报》（社会科学版）1997 年第 4 期。

④ 〔美〕班大为：《北极简史：附帝字的起源》，徐凤先译，见《中国上古史实揭秘：天文考古学研究》，上海古籍出版社，2008，第 328 ~ 359 页。

⑤ 冯时：《文明以止：上古的天文、思想与制度》，中国社会科学出版社，2018，第 285 ~ 290 页。

的主宰，有一个以日月风雨为其臣工使者的帝廷。上帝之令风雨、降福祸是以天象示其恩威。”[①] 胡厚宣亦持此观点。[②] 二是认为帝乃自然神。如陈来先生称之为自然的上帝，“即殷人信仰的神主要反映了他们对自然力的依赖”。[③] 三是认为帝乃商人未完成之神衹，乃思索不成熟之产物。[④]

愚以为，首说可从。至少卜辞已显示殷商时先民已有规范化之神谱，[⑤] 帝虽非唯一神，但在至上神、祖先神、自然神中排于首位，否则《诗经》不会有“帝立子生商”（《商颂·长发》），卜辞与典籍中也不会有诸多“宾于帝”。[⑥] 另，帝对人世采取令此一人格化十足的方式。令者，《说文》解曰：“发号也。从亼、卩。”[⑦] 为命令之义。如：“帝令雨足（年）”（明义士《殷虚卜辞》1382）等，[⑧] 故帝令实是人格化的神谕。

二 周之天命

王国维云：“中国政治与文化之变革，莫剧于殷周之际。”[⑨] 盖周革殷命，上帝坠落，为了解释政权转移、安抚殷人，周便提出天命说。

其一，以天代帝。陈梦家认为殷时已有“天”字，但绝非至上神；[⑩] 徐中舒认为殷时天字多作“大”解；[⑪] 徐复观认为天字殷已有之，且为至上神义；[⑫] 郭沫若认为殷前期只以帝为至神，虽有天字，然为别义，至殷

---

① 陈梦家：《殷虚卜辞综述》，中华书局，1988，第580页。

② 胡厚宣：《殷卜辞中的上帝和王帝（下）》，《历史研究》1959年第10期。

③ 陈来：《春秋时期的人文思潮与道德意识》，《中原文化研究》2013年第2期。

④ 朱凤瀚：《商周时期的天神崇拜》，《中国社会科学》1993年第4期。

⑤ 陈梦家将卜辞中殷人神灵观念分为三类：“甲、天神　上帝；日、东母、西母、云、风、雨、雪；乙、地示　社；四方、四戈、四巫；山、川；丙、人鬼　先王，先公，先妣，诸子，诸母、旧臣。”见氏著《殷虚卜辞综述》，中华书局，1988，第562页。

⑥ 如“帝令雨足（年）”（《明》1382），“今三月帝令多雨”（《前》3.18.5），“今二月帝不令雨”（《铁》123.1），“帝令雨”（《乙》1894，6256，6666；《河》118，《安》6.2）；“羽癸卯帝其令风——羽癸卯帝不令风”（《乙》2452，3094），见陈梦家《殷虚卜辞综述》，中华书局，1988，第580页。另典籍如《楚辞·天问》有“启棘宾商（帝），《九辩》《九歌》”；《山海经·大荒西经》有“开（启）上三嫔于天，得《九辩》与《九歌》以下”。

⑦ （东汉）许慎：《说文解字》，中华书局，1963，第187页。

⑧ 陈梦家：《殷虚卜辞综述》，中华书局，1988，第562页。

⑨ 王国维：《观堂集林·殷周制度考》，中华书局，1959，第451页。

⑩ 陈梦家：《殷虚卜辞综述》，中华书局，1988，第562页。

⑪ 徐中舒：《甲骨文字典》，四川辞书出版社，1988，第3~4页。

⑫ 徐复观：《中国人性论史·先秦篇》，上海三联书店，2001，第16~17页。

末方以天为至上神，周人承之。[①] 愚以为，天字殷已有之，乃会意字，指人头顶上端之处，故周承之，继而引申为至上神，以取代殷人之帝。另周人又以命代令，命者，《说文》解曰："使也，从口从令。"[②] 容庚认为"令，孳乳为命"。[③]

其二，天命之义。天命此一概念既生，其义在儒家之前已有诸多演进。一则天为帝廷之所在，故天命初义依是至上神之神谕、命令，用来说明政权转移在于天之所命之必然性，殷人丧之，周人得之。故周人初兴时对天极尽讴歌，如云："天休于宁王，兴我小邦周。"（《尚书·大诰》）宁王即文王。至西周末年，国祚告罄，周人遂始疑天命，如云："昊天不佣，降此鞠讻。昊天不惠，降此大戾"（《诗经·小雅·节南山》）。相比而言，殷人之帝乃殷人专属之至上神，只保护殷人，血缘是唯一标准。而周人之天则具有普遍性，超越某族之上，成为全人类的至上神，德性是唯一标准，凭德方能配天，由此天命亦可赓续。如《左传·宣公三年》所载，楚庄王伐陆浑之戎，至洛，观兵周疆，问九鼎之大小轻重，周使王孙满云："周德虽衰，天命未改，鼎之轻重，未可问也。"二则天为命运之主宰义。陈来先生认为，周人信仰的最高代表是天，甚至是天命。以文王为代表的祖先神的地位有所上升，而帝廷的观念似乎逐渐在减弱。特别是，在《尚书》周书中，以及周人修改过的虞夏书商书中，反复出现的主题是把天更多地理解为历史和民族命运的主宰，更接近于旧约的信仰特质——"历史中的上帝"。[④] 三则天扩充转变为大自然之代称。周时智者[⑤]俯仰宇宙，品类万物，知天行有常，命之为道。如邓曼认为"盈而荡，天之道也"（《左传·庄公四年》），又如伍子胥认为"盈必毁，天之道也"（《左传·哀公十一年》），此义极众，不赘述。四则命转变为人生之命运。此指制约人生生死福禄等之无限。如《尚书·召诰》云："今天其命哲、命吉凶、命历年。……王其之用，祈天永命。"此是言人王之寿命、幸福，包括聪明、吉凶等均祈于天之所命。五则命转变为生命。如《左传·成公十三

---

① 郭沫若：《青铜时代》，《中国古代社会研究》，河北教育出版社，2004，第248、251页。

② （东汉）许慎：《说文解字》，中华书局，1963，第32页。

③ 容庚：《金文编》卷九，中华书局，1985，第641页。

④ 陈来：《春秋时期的人文思潮与道德意识》，《中原文化研究》2013年第2期。

⑤ 自周公至孔子，其文化表现为人文、自然、理性主义兴起，其中产生诸多智者，故可名为智者时代。

年》云："民受天地之中以生，所谓命也。"

三　神之演变

其一，神之本义。徐中舒先生解申字云：叶玉森谓甲骨文申字象电耀屈折形。……许君曰："申，电也"与训"申，神也"异，故申象电形为朔谊，神乃引申谊（《殷虚书契前编集释》）。[①]《甲骨金文字典》认为甲金之申字或从申之雷字，都是象电耀屈折形状，先民以申（雷）的威力为神奇，故以申（雷）表示天神。鬼神，如陈贶簋"恭寅鬼神"；天神，如㝬钟"隹皇上帝百神"。[②] 可知，神源于申，申初义有二，一则象形闪电，为"電"字原形；二则由模拟闪电，代指天神，为"神"字原形。后"申"义扩充，遂加"雨""示"，表"電（电）""神"。申字甲骨文作（刘鹗《铁云藏龟》163.4），金文作（即簋）。神字，金文作（㝬钟），篆书作（《说文》）。

其二，殷周之神。殷神见前文。西周则分三类，一是祖先神。殷人常言"宾于帝"，周人亦如此，如《诗经·大雅·文王》"文王陟降，在帝左右"。二是其他诸神。如禹是首位上帝派到人间之大神，以平息水土，详见后文。其他则如"百神尔主矣"（《诗经·大雅·卷阿》）。三是神之后裔。如《诗经·商颂·玄鸟》云"天命玄鸟，降而生商"，故契为神裔；《诗经·大雅·生民》云"履帝武敏歆"，故稷是神裔。《诗经·小雅》中有"以御田祖"（《甫田》）、"田祖有神"（《大田》），此田祖即周人所崇拜的稷神。[③]

其三，春秋之神。至春秋，除帝天之外，神尚有多义，我们以《左传》为例，略举几则，以窥前孔子时代之鬼神观。一是五行之神，如《昭公二十九年》载："有五行之官，封为上公，祀为贵神。"二是山川江河之神，如《昭公十三年》载："（共王）乃大有事于群望而祈。"三是掌管某些特殊项目的大神，如主宰盟约，《襄公九年》载："要盟无质，神弗临也。"四是祖先神，如《昭公七年》载："昔尧殛鲧于羽山，其神化为黄熊，以入于羽渊，实为夏郊，三代祀之。"五是其他神灵，如《昭公七

---

① 徐中舒：《甲骨文字典》，四川辞书出版社，1988，第1059～1600页。

② 方述鑫、林小安、常正光、彭裕商：《甲骨金文字典》，巴蜀书社，1993，第12页。

③ 详见杨宽《西周史》，上海人民出版社，2003，第18～19页。

年》载："侯主社稷，临祭祀，奉民人，事鬼神，从会朝。"

四 鬼之演变

其一，殷周之鬼义。鬼字之甲骨文字形可参徐中舒《甲骨文字典》，其认为鬼有地名（如鬼方）、人名、死者三说。[1] 一般认为，鬼字[illegible]在卜辞中专指"鬼方"，如《易·既济·九三》"高宗伐鬼方，三年克之"，与今鬼神之鬼无涉。[2] 故我们主要讨论[illegible]字，其义如下：一是怪兽象形说。1936年沈兼士承章太炎认为甲骨文中鬼、禺同形，本义为"似弥猴之怪兽"。[3]《诗经·小雅·何人斯》有"为鬼为蜮"，蜮，《传》曰："短狐也。"正与"弥猴"相配。二是巫祝（方相）象形说。即认为"鬼头"，象戴面具作法之巫祝[4]或驱傩之方相。[5] 三是死人象形说。徐中舒先生云："鬼，象人身而巨首之异物，以表示与生人有异之鬼。……郭璞注《尔雅》引《尸子》：'古者谓死人为归。'《说文》：'鬼，人所归为鬼，从儿，田象鬼头，从厶。……'殷人神鬼观念已相当发展。鬼从人身，明其皆从生人迁化，故许慎所释与殷人观念近似。"[6] 至于鬼头⊞，或以为只是与生人相区别，如牛马一样区别只在头部；[7] 或以为是人死之骷髅特别是骷髅头之象形；[8] 或曰人死埋尸之田说。[9] 四是鬼宿之冠名，此说以人法天，颇类帝、天、神之所出，待考。

愚以为第三说可从，古代典籍多支持此说，如《列子·天瑞》云："精神离形，各归其真，故谓之鬼。鬼，归也。"《礼记·祭义》云："众生必死，死必归土，此之谓鬼。"故鬼之初义，即为死去之人，特指祖先。

---

① 徐中舒：《甲骨文字典》，四川辞书出版社，1988，第1021～1022页。

② 地名之鬼，一般都作[illegible]，而不作[illegible]（参于省吾主编《甲骨文字诂林》，中华书局，1996，第870页），后来二字合并为一个字［参余少红《说"鬼"、"⊞"》，《宁夏大学学报》（人文社会科学版）2009年第1期］。

③ 沈兼士：《沈兼士学术论文集》，中华书局，1986，第186～202页。

④ 郑宇：《释鬼》，《晋中学院学报》2007年第1期。

⑤ 国光红：《殷商人的魂魄观念》，《中原文物》1994年第3期。

⑥ 徐中舒：《甲骨文字典》，四川辞书出版社，1988，第1021～1022页。

⑦ 李孝定：《金文诂林读后记》卷九，台北："中研院"历史语言研究所，1982，第348页。

⑧ 姜亮夫：《古文字学》，浙江人民出版社，1984，第85页注。

⑨ 此说不合事实，上古人是不埋的。参程邦雄《"鬼"字形义浅探》，《华中理工大学学报》（社会科学版）1997年第3期。

其二，春秋之鬼义。我们依略举《左传》来看前孔子时代之鬼义。一是本族之祖死去为鬼。如《僖公三十一年》载："鬼神非其族类，不歆其祀。"二是野鬼。如《宣公三年》载："民入川泽山林，不逢不若。螭魅罔两，莫能逢之。"三是厉鬼。如《昭公七年》载："匹夫匹妇强死，其魂魄犹能冯依于人，以为淫厉。"四是鬼神连用，表超越之义。如《昭公二十六年》载："不知天之弃鲁耶，抑鲁君有罪于鬼神，故及此也?"其后不断演化。在主体上，继超出祖先引申为具有超出常人能力的、喜作祟害人之厉后，又超出人，变成物之精，如《淮南子·本经》"仓颉作书鬼夜哭"，《论衡·订鬼》"鬼者，老物之精也"，至后世，物精之义更为突出。

以上是儒家之前的人伪道体，儒家对其处理请见第三章第六节之"存神显仁"。下面开始探讨儒家之道体观。

第二节　道体正义之二：天道曰圆

道体本为圆满态，诸子分有一端，所谓"道术为天下裂"。就儒家而言，若强而分之，则层层下落，有天、地、人三才之道，天道指宇宙之浑全道体，地道特指大地此一生物圈，人道指人之生存。其中，天道曰圆（《淮南子·天文训》），道法自然，故圆；地道曰方（《淮南子·天文训》《大戴礼记·曾子天圆》），群生各守其规则，强调差异性，故方；人道曰和，这些差异主要由人来弥合，故曰和。

一　混沌实体与道之分解

道体乃第一实体，是一个无形无象、无性无对而又万形万象、万性万对之"圆球"，即宇宙。宇宙是一混沌实体，其阖辟翕张，创生万物，自在自为，综本末、源流、体用、形而上下等，绝无断分。

其一，混沌实体。先秦之道体，无此名而有其实，老子曰道，孔子曰天（有数名而指一实），老子自理上抽象着说，生一生二生三生万物，孔子自迹上寻常着说，四时行焉百物生焉，其实一也。道体不是形上，不是形下，不是形式，不是质料。先秦儒家的道体并不是世界存在运行的最高根据或原因，后者只是为了认知之便而立的暂时态、分别态而已，如"形而上者谓之道”。同样，道体也不是质料，如“气”。既曰道体，必综形式与质料而言，必合形而上下而言。推而论之：就时间而言，道体不是过去，不是现在，不是将来。就空间而言，道体不是源头，不是途中，不是归宿。就过程而言，道体不是种子，不是花朵，不是果实。就状态而言，道体不是本然，不是实然，不是应然。道体只是一。《庄子》曾云本根，[①]以道为自本自根者，已在相当程度上弥合了上述诸种分裂。然而，既曰本根，已是舍去枝干，已非生生之活体，而为一截肢或斩首。故道体不是本根，不是主干，不是枝蔓。道体只是道体，只是其自己。此种完满、圆顿之道体，愚称为混沌型。此实为先秦所共持者，孔子曰天，天何分哉，庄子之凿混沌[②]七窍而亡正对此分裂而言。故道体必综子游之“本末”、子夏之“始卒”（《子张》）与孟子之“源流”（《离娄下》）等而言。后来程颐不得已而云：“以形体言之谓之天，以主宰言之谓之帝，以功用言之谓之鬼神，以妙用言之谓之神，以性情言之谓之乾。”[③] 又云：“盖上天之载，无声无臭，其体则谓之易，其理则谓之道，其用则谓之神。”[④] 诸如此类，即是发明此义。并且，言道体，既已包含用在内。因道体是第一序列，故不可谓道体有其用，此又是裂析、剥削、坠落之语。

其二，道体之分解。道体分殊，演为万有，此是自然之事。由混沌而做分解，则是人伪之力。儒家往往又要将此混沌道体予以分解说明。首先，由于要处理善恶之现实，儒家的进路是由人间上溯至宇宙，将恶归于自然属性之过与不及者——逼出气质，从而保证道德属性之至善——逼出相对独立的天理。故《乐记》言“不能反躬，天理灭焉”。其次，道体是一，然下贯至性体则一分为二（自然属性与道德属性），此分判乃针对凡庸而言（圣人生知安行不思不勉，无分判），而性体的二分最后正是要凭

① 《庄子》云：“夫道有情有信，无为无形；可传而不可受，可得而不可见；自本自根，未有天地，自古以固存；神鬼神帝，生天生地；在太极之上而不为高，在六极之下而不为深，先天地生而不为久，长于上古而不为老。”（《大宗师》）又云：“惛然若亡而存，油然不形而神，万物畜而不知，此之谓本根。”（《知北游》）此处“本根”即本原、本体之义，相当于儒家本末之本。张岱年先生已注意到本根与本体的区别，以及当时哲学界所谓本体与宋儒本体的区别，特别是认为后者是本然之义，符合宋儒原义。见氏著《中国哲学大纲》，江苏教育出版社，2005，第37～45页。

② 拙著之混沌不同于浑沌，浑沌出于庄子，故涉庄子者，皆作浑沌。

③ （宋）程颢、程颐：《遗书》卷二十二上，《二程集》上，中华书局，2004，第288页。

④ （宋）程颢、程颐：《遗书》卷一，《二程集》上，中华书局，2004，第4页。

心体的工夫再度合而为一。

道体特征无限，见仁见智，如老子法其自然，荀子偏在人伪，就儒家大要而言，略述其几层特征。

二　生生为一

儒家之道体，为生生之宇宙。道体之形态曰一，其特质则曰生。

其一，典籍所载。在《论语》中，道体表述为天，孔子述道体者，则以“天何言哉，四时行焉，百物生焉”（《阳货》）为关聚，言其下贯、分殊义，实为吾人开出天命流行境。孔子下一“行”字，以示天之大公，大化流行；下一“生”字，以示天之大爱，生生不息。天本西周之至上神，孔子祛其魅，不仅剔除其人格神意义，所谓敬而远之，不予讨论，而且又非客观之认识对象，认为其主要作为一个混沌本体——生生不息，创生万物（言其下贯、分殊义），乃人物诸性之来源。所以孔子的混沌之天，与后世分解型的道体不同，其完全是一创生实体，而无形式因与质料因的分判。

儒家之道体，为生生之宇宙。道体生物，永不停息。此义承《诗》《易》而来，《大雅·文王》云“上天之载，无声无臭”（郑玄注云：“读曰栽，谓生物也。”），此二无是说宇宙阖辟，实为一生命的洪流在流转飞舞。《周颂·维天之命》亦云“维天之命，於穆不已”，同于此义。《易传》云“天地之大德曰生”，“生生之谓易”，“天地细缊，万物化醇。男女构精，万物化生”，又云元亨利贞，正述道体之生发永无停止。后来七十子及后学多能发明此义，如《中庸》云：“天地之道，可一言而尽也。其为物不贰，则其生物不测。天地之道，博也，厚也，高也，明也，悠也，久也。”博厚言地之德，高明言天之德，悠久则时间之绵延，综之则为一混沌型的道体。“为物不贰”言其生道一以贯之，“生物不测”言其品汇流行，以至不测之境。故天地之道，曰博厚高明悠久。又如郭店楚简即在宇宙创生角度言自然生命与天地万物皆属同一序列者，如“有天有命，有地有形”“有天有命，有物有名，有物有容，有称有名”（《语丛一》），“有天又有命有生”“有命有生呼生”“有命有生呼名”（《语丛三》）。

其二，一即生。道体宇宙乃一混沌实体，其阖辟翕张，创生万物，自在自为。其本身乃是一大流行之生命体，其化生生命，只是自己成为自己。宇宙生命实体之特征如下：一是自在。宇宙自在永在，表现为一种常态。宇宙依照自性存在着，是一活泼泼的大化流行，既非不增不减、不生不灭的抽象存有，亦非仅是形下发生的物理化学过程，只是一自然本然、是其所是、自在永在、自生自成的实体。二是自是。宇宙是其所是，它的一切规定性只来源于自身，而绝无外假。三是自生。宇宙的自在自是表现为自生自成。宇宙自身规定性就是“生”，其自生，表现为宇宙自身的自我生长，开出万有大千世界，实现无机向有机之转变，化生具体之生命及智慧。郭象解老云“独化于幽冥之境”者，“块然自生”者，深契之。四是自成。宇宙的生长发展，生命及智慧衍出，对宇宙而言只是自己成为自己，自己实现自己，在此过程中，展开一切意义。此自在、自是、自生、自成，可概括为两个层面，从表态言，为自然（本然），自原因言，为自性（自力）。

故凡言儒家之本体，特别是道体者，生为拔本塞源之第一义、终了义。

三　生克之两

上述道体之生，是由第二序列的生、克两股伟力去磨洗铸成。道体自我分解为相辅相成的两个对立面相互运动展开，曰阴阳、曰乾坤、曰阖辟。《易传》云：

> 一阴一阳之谓道。
>
> 乾坤，其易之缊邪？乾坤成列，而易立乎其中矣。乾坤毁，则无以见易；易不可见，则乾坤或几乎息矣。
>
> 乾坤其易之门邪？乾，阳物也；坤，阴物也。阴阳合德，而刚柔有体，以体天地之撰，以通神明之德。
>
> 是故阖户谓之坤，辟户谓之乾，一阖一辟谓之变，往来不穷谓之通。

阴阳偏在气而言，乾坤偏在象而言（在天成象，在地成形），阖辟偏在势而言。阴阳与乾坤详见本章第七节，此处对阖辟略做交代。道体——宇宙生命的展开表现为一动态进程，即为势，一阖一辟。当道的复杂性被阶段性展示出来，由辟至阖，道体又将展开新一轮的阖后之辟。此阖辟之生力，无穷无尽，互为根底，均是道体自我实现。此阖辟可与老子所言之“天地之间，其犹橐籥乎”（《道德经·第五章》）对比，依老子，则道体只是宿命之圆体，仅能在一个封闭系统内，按规定路线无限重复孤独之游戏。而《易传》之阖辟则是吐故纳新、自我成长之意，故只讲元亨利贞，既济之后更是未济，表明宇宙生生乃无穷之可能，并非自限于幽暗之堡垒。

而生克乃道之用，生克非生灭，不是诞生、消亡，生乃万有之相互支持、转化，克乃万有之相互牵联、克制。无生不克，无克不生，譬如食物链即如此，万物相生相克维系着整个食物链的均衡。后来横渠云“有象斯有对，对必反其为，有反斯有仇，仇必化而解”（《正蒙》），[①] 即较为圆满地解释了生克的内涵。生、克、和三者是道体自我实现的三阶段，此系统相生相克均衡才能达到天地位焉、万物育焉的和谐状态。

四　三大特征

在儒家视域中，道体之特征众多，此处仅讨论三个由“生”所派生者。一是创生永无止境，故曰不已（不息）；二是创生真实无妄，故曰诚；三是创生平等均有，故曰公。

其一，不已（不息）。道体创生的过程是一个展开的无限，没有成住坏空，只有元亨利贞。这个过程，总其名曰易，即“生生谓易”。天道永久，故曰不息，先秦义理遍言此义。如《诗》言“於穆不已”“纯亦不已”。孔子上达天境，即言不息。如其言“四时行焉”，观七曜之行，春秋之序，道体流行何曾有断。天命流行，浩浩汤汤，无处无时不在。又如“子在川上曰：‘逝者如斯夫，不舍昼夜。’”（《子罕》）此“逝者”乃喻道体，非叹时间。孔子目观澜而心扩充之，此宇宙大化是为道体，乃有本者，正唯生生无穷，方能不舍昼夜。孔门后学中，《中庸》则言“至诚无息”；《易传》则云“天行健，君子以自强不息”。

其二，诚。诚即真实不妄。道体乃一真实不妄者，其变化有稳定呈现之规律。孔子云“四时行、百物生”，这个世界实体的运行有着必然性，

① （宋）张载：《张载集》，中华书局，1978，第10页。

故四季轮运，本是宇宙大心之公。而每个生命的活泼，无不透显着宇宙的生机，故百物代生，尽是宇宙仁心之爱。道心即宇宙，大吾心则与天地合。《中庸》承之，将此真实不妄释为“诚”，其云：“诚者，天之道也。诚之者，人之道。”后来真西山解之曰：“诚者，真实无妄之谓也。昼必明，夜必暗；夏必热，冬必寒；春必生，夏必长，亘千万年如一日，不曾有少差缪。此天地之诚也。”[①] 可谓知言。《荀子》之天道则有“变→常→诚”之结构。其云：“天行有常，不为尧存，不为桀亡。”（《天论》）又云：“变化代兴，谓之天德。天不言而人推其高焉，地不言而人推其厚焉，四时不言而百姓期焉。夫此有常，以至其诚者也……天地为大矣，不诚则不能化万物。”（《不苟》）此“常→诚”关系，可以补充《孟》《庸》之体系。后儒即将此常抽象为形而上者，曰道曰理。

其三，公。天道实是大公无私者。孔子云：“天无私覆，地无私载，日月无私照。”（《礼记·孔子闲居》）《中庸》亦云：“辟如天地之无不持载，无不覆帱；辟如四时之错行，如日月之代明。万物并育而不相害，道并行而不相悖。小德川流，大德敦化。此天地之所以为大也。”道体生物公平公正，赋予每个个体完成自己的天然权利，此正如《易传》所云“乾道变化，各正性命”。乾道变化，使万物各正性命，使各物最终成为自己，故就道体而言，万物之性体皆为道体所化生，高低贵贱只是过程中的人伪之划分而已，就天地言，众生平等。

第三节　道体正义之三：地道曰方

相比天道之圆满，地道是有限的，即有规则的，故地道曰方。

一　物之正义

上文引《易传》云：“乾道变化，各正性命。”而老子则云：“天地不仁，以万物为刍狗。”（《道德经·第五章》）是孔子代表天地之心，还是老子方出造物本意？辩证而言，宇宙实体的自我实现采取“自我分化→有序竞争”的途径。

---

① （宋）真德秀：《西山文集》，《四库全书》第1174册，上海古籍出版社，1987，第481页。

其一，自我分化。《列子》云："天地万物，与我并生类也。类无贵贱，徒以大小智力而相制，迭相食，非相为而生之。人取可食者而食之，岂天本为人生之？且蚊蚋噆肤，虎狼食肉，非天本为蚊蚋生人、虎狼生肉者哉。"（《说符》）宇宙之生物，由单细胞衍至飞禽走兽，飞禽中又演化出劲喙之肉食者与食草之弱羽，而走兽中，孰又知捕食之虎与被食之马同出一祖？那狮虎吞噬羚鹿，猎人捕杀狮虎，虫豸分解猎人，岂有善恶？宇宙生化万物，使之相吞，究竟何意？横渠云"有象斯有对，对必反其为，有反斯有仇，仇必化而解"（《正蒙》），方是正解。道体分化自己为万有，万物皆有生的权利，此即物的正义。然而大化流行，是为了道体的自我实现，万有之个体只是其中一节，其所能为者，是顺从、参与此伟大的生命过程，以完成宇宙实体的自我实现，而非超越之、阻断之、另辟途辙。《中庸》云"参赞化育"，此四字大义，不可不察。那爱与恨，情与仇，生与死，捕食与被食，一阴一阳之谓道，宇宙间，生命的滚滚洪流，滔滔向前，就是宇宙在推进自己。所有的食，物相食，皆是造物自食；所有的色，物交媾，都是造物自色；所有的物都生，就是造物之死；现存的物都要死，方展开新一轮的阖辟。

其二，有序竞争。若有生无死，结果是众生皆亡，这个万有之进路就被逼止。为了完成道体的自我完成，需要一种有序的竞争，此方是生之本义。有序指的是，在植物、草食动物、肉食动物和细菌之间，前者依次成为后者的食物，即营养源。当然这种有序与竞争无关，这种顺序是天意，竞争无法改变。竞争指的是，每一类生物中的强者才可以享有生存优势，如更优质更充足的食物，或者更大数量的交配对象，或者活得长久甚至享其天寿。当然竞争形成了本物种的顺序，强者为贵为尊，弱者为贱为卑。由是，天地间产生了一架令弱者毛骨悚然的宿命机器——食物链。食物链只是一个巨大的胃。植物回收到食草者的胃，食草者回收到食肉者，食肉者回收到细菌，细菌之于阳光与土壤，而阳光与土壤正是天胃。食物链还是一个大写的性器，"玄牝之门，是谓天地根"（《道德经·第六章》），生物演化程度越高道体就赐以越精致、复杂、激烈的性快感来诱导它们交媾，从而在回收的同时，又生产出源源不断的新食物。食物链只是一个回归者，一个生殖者，物竞天择，弱肉强食，本非对错，无关善恶。就此境遇而言，万有皆是宇宙阖辟的一个表现，每个个体都处于上一级的统摄之下，又绝无高低贵贱之分。

二 种群正义

《荀子》云："凡生天地之间者，有血气之属必有知，有知之属莫不爱其类。"（《礼论》）又说人类能够调配万物，以供养人自身，是谓天养，顺福逆祸，是谓天政（《天论》）。其实《荀子》此处揭示出一个物种的生存法则——正义。此正义又分为种的正义与群的正义。所有的生物分为两大类：种、群。物分万种，种分万群。

其一，物种正义。每个物种利用、克服他种，以损益、提升自己，此乃种之正义。如虎吃牛马、牛马吃草、人吃虎牛马。万物同源，本应该合而无争，然道既然分化自己为万物，则要反者道之动，故物种之间采取了竞争——表现为矛盾、冲突、屠杀等，以食物链的形式不停上升来完成道的客观化与具体化。这似是一个矛盾，又是一个必然。从而，不同种间，屠杀、利用异种以生存发展自己被视为天经地义，合乎正义，如虎吃牛马、牛马吃草、人吃虎牛马。只有待条件成熟，最后万物化育，才能重新合于天道。所以孟子下列之理想，是为人此一物种之正义，而非他物自选之宿命："不违农时，谷不可胜食也；数罟不入洿池，鱼鳖不可胜食也；斧斤以时入山林，材木不可胜用也；谷与鱼不可胜食，材木不可胜用，是使民养生丧死无憾也；养生丧死无憾，王道之始也。五亩之宅，树之以桑，五十者可以衣帛矣；鸡豚狗彘之畜，无失其时，七十者可以食肉矣；百亩之田，勿夺其时，数口之家可以无饥矣。"（《梁惠王上》）其二，群的正义。《诗经·邶风·击鼓》云："击鼓其镗，踊跃用兵……从孙子仲，平陈与宋。"《礼记·檀弓》云："父之仇，弗与共戴天。兄弟之仇，不反兵。交游之仇，不同国。"又云："军有忧，则素服哭于库门之外，赴车不载櫜韔。"一个物种，群与群之间要展开竞争，以推动本物种的发展。在同群（于人为族）中，除竞争外，仁爱占主流，是为群内正义。超出本群，皆是敌人，非我即敌，唯有消灭或驱逐（于人还有奴役）。

以上论断成立的前提，是人"首出庶物"。万物中出现人，人的大心苏醒，反躬自省，而后由这仁心道心领着，方能代天理物，超越种群，参赞化育，峻极于天。

三　人之正义

《礼记·礼运》云："故人者，其天地之德、阴阳之交、鬼神之会、五行之秀气也。……故人者，天地之心也，五行之端也，食味、别声、被色而生者也。"《荀子·王制》亦认为人"最为天下贵也"。此皆是强调人在天地中的至高地位。但是人有两大基本生存需求——食、色。前者我们可以通过对其他物种的掠夺来完成，所有的美味都是对其他物种生命的剥夺、尸体的加工，我们人类却许之以诸多皇皇桂冠。而后者则主要针对同物种，所以就带来了政治、伦理道德与法律等一系列问题。人此一物种的发展遵循下面的路线可能性：

A 绝对敌对→B 有序竞争→C 爱有差等→D 绝对平均

其中 A、D 是极端。独任 A 则一切外人都是敌人，物种自相残杀，有一起毁灭之可能，故绝对敌对是禽兽状态，是人必须蜕变的遗壳。孤执 D 则无法产生效率，社会在短期公平后迅速崩溃并退回至动物水准，即"人"的灭亡，为生存又开始进入 A，互相敌对，人与人是狼。只有 B、C 是互为表里，"有序竞争""爱有差等"就等于"一阴一阳之谓道"。

就爱有差等而言，物种为何又进化出不忍之仁心？有不能生于无，此仁心若前溯，亦潜存于物中，动植矿气递而减之，只是开显不同而已。就有序竞争而言，天道自动均衡纠偏，使万物都能得到生存机会，人世亦然。故而有序的竞争，就是生。《中庸》云"致中和，天地位焉，万物育焉"，中和位育一定要通过万物并育而不相害，即有序竞争的途径来达到，和而不同，这就是典型的对"四时行、百物生"的解释。

人异于物，不仅在于能群，更在于大心苏醒，实现群的正义，即有序竞争、爱有差等，即做到仁民。但是人目前尚没有办法超越种的正义，还必须利用其他的物种以克服自己的气质之性，即不能达到彻底的爱物。人的目标在于物的正义，即最终的仁民爱物。仁民爱物对人类来说，不可能一蹴而就，必须依靠以仁摄智，在良知的指导下发展技术。

以上物种正义就先秦各家而言，庄子谓万物群生、人兽相杂即物种之正义，然此只是自然而然的食物链，人兽互食的初级低级之存在方式，各种各群之间，彼此绝对敌对，人心无苏醒。至于墨、法皆孤执一端，唯儒家持中庸之道，既曰爱有差等，又曰有序竞争。

第四节 道体正义之四：人道曰和

既言天道、地道，然则人道为何？孟子曰：“仁也者，人也。合而言之道也。”（《尽心下》）则人能行仁，是为人道。此处人道与后文性体有别，此处是综合体用以说人，故曰人道，后者则主要讨论人性。

一 四维之性——人的四种能力

天命之谓性，其降衷于人，心性合一，本自足全备，然囿于后天条件，其表现潜显不同，开闭亦异，故可强分如下：仁、神、智、气。此如表1所示。

表1

<table>
<tr><th colspan="2">四维之性</th><th colspan="2">理</th><th colspan="2">势</th></tr>
<tr><td rowspan="2">气</td><td>欲望（欲）</td><td rowspan="6">↓</td><td rowspan="6">于理，当由低级向高级，由有限向无限发展</td><td rowspan="6">↑</td><td rowspan="6">于势，却是从上至下，逐渐展开</td></tr>
<tr><td>感觉（觉）</td></tr>
<tr><td rowspan="2">智</td><td>理性（智）</td></tr>
<tr><td>知性（知）</td></tr>
<tr><td rowspan="2">神</td><td>神性（神）</td></tr>
<tr><td>灵性（帝）</td></tr>
<tr><td rowspan="2">仁</td><td>个体（圣）</td><td colspan="4" rowspan="2">存神显仁、以仁摄智、以智助气、协和以群</td></tr>
<tr><td>社会（群）</td></tr>
</table>

此处借用《管子·牧民》中的“四维”概念，提出“四维之性”或“性之四维”。维者，柱也，正是此四性共同支撑起大写的人。四性在本质上都是生，只不过分别说来，仁是动机，智是方法，气是材质，群是目的；然就终极而言，和光同尘，去锐解纷，动机、方法、材质、目的是混一而不可分的，故曰和。仁是圣性，后文专门讨论，此处先论

其余三者。

其一，气。气指人的生理基础，是谓气质之性。此处讨论者主要有二。一是欲望，即人性之本能需求，如食色等。二是感觉，即感官系统所谓五觉对外物之反应。此二者动植皆有，只是开显不同，无须赘言，故我们再上翻一层来看人的能力。

其二，智。智即理性能力，可分为智与知，[①] 它们都追求世界万物的本质与规律。一是形下的分析、具象能力——智。智乃求真，求个体的、当下的、作为物的存在的真，其可以还原事实，甚至可以预测不久的将来。这种能力要求“以物付物”，深入个体与局部，力图得到“部分”的最接近真相的信息。我们可以借用两个概念更好地理解之。首先是工具理性，通俗而言就是实验科学性质者，其可带来暂时的清晰与明确，所谓实证性、他证性与证伪性等。其次是牟宗三先生“分解的尽理精神”[②]，此处尽理指尽隔离的事物之理（如从时间中、从整体中抽离出当下物、个别物），暂时抽去其“价值”。分解的尽理精神在现实生活中作用很大，舍弃之往往有体无用。然其局限有三：就主体而言，人的理性能力是有限的，即作为测量工具的理性能力本身的释放是历史的，人的认知理性是过程的、有限的发展。就对象而言，万物数量无限多，一物信息无限多，注定此种能力捉襟见肘。就结果而言，第一是具象性，采取逐个细究的手段，无法通过加法得到关于整体（即道体）的最终答案。第二是时效性，已知答案已在不断修改中。第三，虽然理性能力的审查结果——阶段性的真理可以解决人的暂时、某方面的存在，且在理解宇宙的过程中亦足以显示出人性的庄严和崇高，但是并不一定给人类带来的就是幸福（如技术的灾难）。所以，以上分解的工具理性的途径，虽能得到分解的知识，但提撕不起来，还需要一种更高级的能力。同样，所谓的工具理性，并不是人类所独有的，比如加工、使用工具这种纯粹的理性能力在许多灵长类动物那里显著存在。所以我们就必须再向上翻一层，需要综

① 《荀子》云：“所以知之在人者谓之知，知有所合谓之智。”（《正名》）知是人的一种基础能力，用来认识世界的能力。而智则是知识运用合宜。拙著只是借用此对概念，但性质内容则不同。

② 本节对牟宗三先生包括康德术语的借用，只是粗浅地用其概念来表明己意，并不打算精准地使用其本义，因为那将牵涉不必要的也是繁琐的比较。

合的理性。

二是形上的综合、抽象能力——知。这种能力力图对宇宙、人生等提炼出最简洁的公式——理论、图式、符号、方程等。理论如《易传》云"一阴一阳之谓道"，老子云"反者道之动"，图式如河图、洛书、五行、八卦等。不论对错，它们均透显着构建宇宙整体模型的努力。我们也可以借用两个概念来更好地理解它。首先是康德之知性，人拥有先验统觉，凭之处理杂多，从而综合、抽象，超越现象而得出"公式"。其次是牟宗三先生"综和的尽理精神"，它不是情绪的宣泄，也不是灵性的膜拜，而是去客观的抽象，虽然不免猜测与比附。与其说这是一种原始的猜测，不如说是一种终极的沟通。它暂时舍弃对部分的信息的精准化追求，而做一种抽象的整体的观照。智性能力是一种分解的尽理精神，其以抓住部分的信息以及部分与部分之间的区别为主。而综合的尽理精神则是向上提升抽象，层层综合，以追求共同点为主。从知性能力开始，就进入了人类独有的能力辖区。由此向上翻一层就是仁，此项后文详论，姑且略过来看神性之能力。

其三，神。此神，即是宗教学语境中所指人的灵性能力。其采取了"天启"模式，对超自然能力——终极无限逐级抽象，依泛神、多神与一神拾级而上。神与现世的关系则分为三类。一是相分，此是社会发展浅演，人之生活与神各行其道，神往往只是一个令人惊诧的对象，而与人世无太多关系。① 二是相关，此阶段宗教往往驻跸生活，然而生活毕竟还只是神的行宫，除了在一些关键性的领域内（如农业生产、气象灾害、战争国运等大事件），神往往只远在天上。人间的帝王会以神之子的名义僭越，人神生活在同一世界的不同地点，如地面与天上。三是超越，许多宗教秉持两个世界，如上帝之城与尘世之城、此岸与彼岸。人神之间，不再是一个世界的不同地点，而是两个异质世界。现世生活因皆罪恶或痛苦，故无意义，必须通过外在之途径获得超越。

① 如刘半农引用案例称，西印度各民族，直到现在还没有"帝"或"上帝"或"天帝"一类的名称，若要向他们解释一个"帝"字，只能指东画西说"星"、说"日"、说"大"、说"善灵"、说"不欺之善灵"等。他们非但不知道"帝"，而且竟没有一个抽象的"天"，要向他们说明一个"天"，只能借用实物，说"云上头的""星中间的""上面的地""在上""星与日""高高的"等。参顾颉刚主编《古史辨》第二册上编，上海古籍出版社，1981，第23页。

其四，各自发展之优缺点。若以理分，当是从低至高，依次发展，但事实上，人类各族群由于种种原因，并没有按顺序展开，而是各任其势，不均衡地展开。其现实的状态，各个族群（以文化分）是混合在一起的，主次表现则不一样，故而产生了不同的结果。

一是以气质为主，遂有感性、杂多的生存。此自发的生活，混迹于禽兽，过或不及，只有极少之朴实头可偶然暂处中正状态。二是以灵性为主，神使人敬畏，促使人将能总结到的关于神圣的法则汇集形成森严的神法，其组织化载体——宗教往往使组织因此而具有凝聚力。而在社会层面，超自然的人格神崇拜，使人知尊奉，特别是祖先神，又可使民德归厚。但是信仰（灵性）——神学体系，它的缺点是若发展至极端，则易以神灭仁、灭智、灭气，以外在的无限之权威压制人的主体性，神性禁锢了人的创造力，并且使自觉自由不易开显，使社会处于一种自我封闭状态。三是以知性为主，遂有形上之道与形下之器的二分。知性能力构成了形上学体系，但它主要是一种价值设准，它仅凭自身并不能客观化，往往沦于有体无用。四是以智性为主，遂有对物、个体的人（身与心）、人的群体（家庭、社会、国家）的理性研究，形成实证科学体系。其局限在于智性独大、以智驭气，没有知性之综合与提升，没有德性之领袖与朗润，则存在无方向与意义。

二　儒家之人道

上述人心之能力或寡或众，其单独投射之结果非买椟还珠则顾此失彼。与它们都不同的是儒家之德性，其统摄以上诸性，予以贯通、提缀，仿佛将散落的珍珠串拢起来，而非否定抹杀之，并且总是鼓励处于低谷的某一种能力积极起来达到正常水平，反之亦然。儒家深知，健康的生存，必须由这几种能力所共同造就。故儒家以仁心看宇宙，从而将人的诸种能力由自发的单打独斗发展为统一体系，第一次抓住了坚实的人性基础。其于个体曰圣，此是打通上下包含无余者。于族群曰群（社会性），综天地人物而言，和谐地生活在一起，代天理物。儒家的人道，可以下面十六字明之：存神显仁、以仁摄智、以智助气、协和以群。《中庸》已经明确地表达了儒家此原则，“极高明而道中庸”者，存神显仁；“尊德性而道问学”者，以仁摄智；“致广大而尽精微”者，以智助气；“致中和，天地位焉，万物育焉”者，协和以群。存神显仁详见第三章第六节，其余三者详见第三章第七节，此处略述之。

其一，存神显仁。仁对神性，在“存而不论”“敬而远之”之外，尚有自作主宰。儒家亦认同无限之存在，然与宗教之别在其途径，好比二人均见泰山之崇，然选择登山之途径不同。宗教是“外在的超越”，前提是二元对立，其立一个人格化神祇，让你做外面的事功修行去崇拜祂。但是德性是一种智的直觉，自作工夫，可以下学而上达、上达而存养、存养而践履，依靠人的主体性，原始反终，使天地位育。宗教诸职能，儒家工夫均有相应者，唯无宗教悬设之彼岸，因持一个世界之观点也。

其二，以仁摄智。此谓圣性与理性之异同。二者俱超越感性，然方式不同，理性采取的是逐个的、当下的、分解的认识，而德性追求的是至善（圆满），则采取整体的认识，即感悟。孔子明确地提出“以仁摄智”此一原则，如云：“知及之，仁不能守之，虽得之，必失之。”（《卫灵公》）这个智是为政的理性，不是纯粹认知理性，但是我们可以据之推出此准则。《中庸》则归纳为“尊德性而道问学”。

其三，以智助气。儒家从不否定人的情感、生理需要，而是要以仁培养之、扶正之，以智助气。如孟子即肯定“内无怨女，外无旷夫”（《梁惠王下》）之社会，此是要满足人性需要与种的繁衍。故而儒家制定婚配制度，使之规范化，就是理性的选择与建构。又如古代儒者“不为良相，即为良医”，亦是“以仁摄智，以智助气”之佳例。

其四，协和以群。群是社会性，又对前三者起反作用，若无人群之社会，人的前几种能力都存在，不会自动消失，然只是潜存或开显不足而已。

三 儒分为五——道体之五大歧出

夫子在世时，门人荦荦大者已分四科五子。① 身后孔门之分析流变，

① 四科如《论语·先进》载，子曰：“德行：颜渊、闵子骞、冉伯牛、仲弓；言语：宰我、子贡；政事：冉有、季路；文学：子游、子夏。”《述而》又载：“子以四教：文、行、忠、信。”五子则为庄子所塑造。《艺文类聚》卷九十引《庄子》佚文曰：“老子见孔子，从弟子五人，问曰：‘为谁？’对曰：‘子路为勇，其次子贡为智，曾子为孝，颜回为仁，子张为武。’”（唐）欧阳询：《艺文类聚》，上海古籍出版社，1965，第1558页。

更是众说纷纭。[1] 如《荀子·儒效》分为大儒、雅儒、俗儒，《非十二子》又将孔门后学分为一主（仲尼、子弓）、四歧（思孟、子张氏之贱儒、子夏氏之贱儒、子游氏之贱儒）。《韩非子·显学》则将儒分为八（子张之儒、子思之儒、颜氏之儒、孟氏之儒、漆雕氏之儒、仲良氏之儒、孙氏之儒、乐正氏之儒）。太史公则仅述其辈或隐或显，适于四方。[2] 后世则又有其他说法，不一而足。此皆持势之归纳，拙著则主理之判定。孔子之后，道术为天下裂，域内尽“不该不遍，一曲之士”。然则完满道体析出的每一面都有一个流派承载、发展之，儒门守中，凡在一定范围内之丰富与发展皆属正常且应当，如孟子言性善，荀子重礼制。然若过或不及即为歧出。根据人心的诸种能力，有且只能有五种歧出。一是道体的郁而不发，离弃生生之大化流行，处于混沌之状态，此是庄子一派，唯徜徉于本能，未能“首出庶物”，蔽于天而不知人。二是神性之歧出，此是墨子一派，重新祭出帝天鬼神，以神灭人。三是知性之歧出，此是《易传》之形而上下，其析道体为二元，虽有助于认知道体之特征，然未能合之，毕竟不圆融。四是气质之歧出，此是法儒（儒徒式法家），尽心农战刑名，以气吞仁。五是仁性之歧出，此是孟子、荀子等，将仁性发展超出必要限度，发育为圣王崇拜，妄自独尊。

然需特别说明者，此处只是检讨五种过或不及之思想，并非全面否定持此思想之儒者或流派。如《易传》乃先秦儒家之荦荦大者，光辉灿永，拙著冀以《易传》为首，只是检讨其形而上下思想之弊，而不及其他。

第五节　道体分裂之一：浑沌之截停——庄子之自然

庄出于老，老庄并称，此自太史公以来，似无疑义。然庄出于儒，自

---

① 具体可参宋立林《出土简帛与孔门后学新探》，中国社会科学出版社，2018。

② 如云：“七十子之徒散游诸侯，大者为师傅卿相，小者友教士大夫，或隐而不见。故子路居卫，子张居陈，澹台子羽居楚，子夏居西河，子贡终于齐。如田子方、段干木、吴起、禽滑厘之属，皆受业于子夏之伦，为王者师。”（汉）司马迁：《史记》卷一百二十一《儒林列传》，中华书局，1959，第3116页。

唐以来，说者屡出，又自成一脉。[①] 愚以为，庄自庄矣，非孔老所能柙囿，然庄出于儒，又学于老，当属公允。然则不论庄子后期对儒家臧否如何，将其列入儒家道体之歧出亦可成立，因儒家道体第一种歧出正是庄子之浑沌。在庄子理想处，存在无所谓天人、心性、体用之分，只有原始的统一状态，此名曰“浑沌”。庄子立于宇宙之视野，批判圣人起意截断“自然”，凭空凿出“文明”，要求重建自然人性，回归理想社会，极力将人类保持在初出草莱之浅演阶段，守护浑沌之道体。

一 对圣人作乱之批判——文明对自然之戕贼

大地广阔，人却先立墙，再开门，寻找出路。庄子对圣贤式文明之发展，有沉痛深刻之反思。

---

① 如韩愈云：“盖子夏之学，其后有田子方；子方之后，流而为庄周。故周之书，喜称子方之为人。”（《送王埙秀才序》）王安石以为庄子并非真批孔，而是伤时之变，故“思其说以矫天下之弊而归之于正也”，庄子深谙圣人之道，只是“其矫之过矣”（《庄周》）。苏轼认为庄子对孔子“实予而文不予，阳挤而阴助之”（《庄子祠堂记》）。二人以儒治庄实有开创之功，故南宋学者楼钥公允表彰：“王荆公之《论》，苏文忠之《记》超出先儒之表，得庄子之本心。……窃以为前此未有发此秘者。”杨时则认为：“子夏之后有田子方，子方之后为庄周，则其去本浸远矣。”（《中庸义序》）“圣人以为寻常事者，庄周则夸言之。庄周之博，乃禅家呵佛骂祖之类是也。如《逍遥游》《养生主》，曲譬广喻，张大其说。论其要，则《逍遥游》一篇，乃子思所谓无入而不自得；而《养生主》一篇，乃孟子所谓行其所无事而已。”（《语录》）朱子认为庄子“自见得道体。盖自孟子之后，荀卿诸公皆不能及。……度亦须承接得孔门之徒，源流有自”（《朱子语类》）。明僧觉浪道盛认为庄子“非老聃之嫡嗣，实尧孔之真孤”（《庄子提正》）。章学诚认为“荀、庄皆出子夏门人”（《文史通义·经解上》）。谭嗣同认为“孔学衍为两大支，一为曾子传子思而至孟子，孟故畅宣民主之理，以竟孔之志；一由子夏传田子力而至庄子，庄故痛诋君主，自尧、舜以上，莫或免焉。不幸此两支皆绝不传，荀乃乘间冒孔之名，以败孔之道”（《仁学》）。郭沫若怀疑庄子本是“颜氏之儒”（《十批判书》）。钟泰认为，史学（司马迁、班固、刘歆）以庄附老，庄则半晦，玄学道教（《南华真经》、成玄英、褚伯秀）以方技之神仙解庄，则庄学全晦。他明言“庄子之为儒而非道，断断然矣。……庄子之学，盖实渊源自孔子，而尤于孔子之门颜子之学为独契，故其书中颜子之言既屡见不一，而若‘心斋’，若‘坐忘’，若‘亦步亦趋’，‘奔轶绝尘，瞠若乎后’云云，皆深微精粹不见于他书。非庄子实有所闻，即何从而识之？更何得言之亲切如此？故窃谓庄子为孔门颜子一派之传，与孟子之传自曾子一派者，虽同时不相闻，而学则足以并峙”（《庄子发微》）。具体可参彭昊《论“庄出于儒”》，《湖南大学学报》（社会科学版）2006 年第 3 期。另杨海文先生有多篇论文详细考证，见其《庄子本颜氏之儒：郭沫若“自注”的思想史真相》，《江苏行政学院学报》2016 年第 3 期；《“庄生传颜氏之儒”：章太炎与“庄子即儒家”议题》，《文史哲》2017 年第 2 期；《庄子儒家化的思想史八卦》，《社会科学论坛》2017 年第 1 期。

其一，圣人截断历史。庄子认为，从“自然”跃至“文明”，是以圣人之鼓吹推行为标志的。圣人带领人类走出自然状态，开启了人类的骈枝生涯。其云：

> 夫至德之世，同与禽兽居，族与万物并。恶乎知君子小人哉！同乎无知，其德不离；同乎无欲，是谓素朴。素朴而民性得矣。及至圣人，蹩躠为仁，踶跂为义，而天下始疑矣；澶漫为乐，摘僻为礼，而天下始分矣。故纯朴不残，孰为牺尊！白玉不毁，孰为珪璋！道德不废，安取仁义！性情不离，安用礼乐！五色不乱，孰为文采！五声不乱，孰应六律！夫残朴以为器，工匠之罪也；毁道德以为仁义，圣人之过也。(《外篇·马蹄》)

庄子认为，人类文明经历了三大阶段，自然→圣人创制→天下大乱。人类初始生活在自然状态之饱满周全中，俟圣人作乱，剪断历史，道术为天下裂，方进入骈枝阶段。所谓骈枝，指骈拇枝指与附赘悬疣，即躯体血肉相生而歧出之多余甚至有危害之器官。黄帝导以仁义，尧舜继之礼乐、法度，却不能管缨人心，不得不以战争形式来暂时解除矛盾。然危机积至三代，终至天下大乱。

其二，多骈旁枝。圣人作法引起大乱原因在于造就了世间的骈枝状态，庄子认为民性本抱一守朴，圣人凭空生凿，生成所谓骈枝式文明。庄子骈枝之对象，实指争鸣之百家，其内容则不一而足，有时束之为四，明、聪、仁、辩（《外篇·骈拇》），有时则散为八，明、聪、仁、义、礼、乐、圣、知（《外篇·在宥》）。综《庄子》而言，此骈枝可分为三种。一是歧于气质者，是为礼（明）乐（聪），以离朱、师旷为代表。二是歧于德性者，是为仁义，以曾参、史鱼为代表。三是歧于知性者，首先是相仍之法度，以欢兜、三苗、桀、纣为代表；其次是智巧，以工倕为代表；再次是名辩，以杨朱、墨翟为代表。此骈枝又是由人心大乱所引起，此见下文。

其三，大盗孪生。圣人作法引起大乱的第二个原因却是大盗。其《外篇·胠箧》详论之，令人难料的是，圣人与大盗乃一体两面、共生始终之关系，圣人是自然的终结者，圣人开启了新的“历史”，同时也生造出自己的孪生兄弟——大盗，圣人既出，大盗亦应运而生，正好收割打劫“文明”，上有夏桀，下有盗跖。一则正是由于有了圣人切割纯朴，民众方生出智巧、争于名利，其中之甚者为大盗。二则圣人设计名物制度本是为了天下苍生，但其实只是为大盗打包，给大盗一锅端的机会。而为了对付大盗，刑罚又应运而生，这样恶性循环，人类的生存每况愈下。故仁义礼制只是大道坠分之后的歧出状态，所以“圣人不死，大盗不止”。而为了对付大盗，又不得不运用战争、刑罚此一极端手段，天下涂炭，所谓文明必然走向异化，反向吞噬自己。故庄子悲观预言：“大乱之本，必生于尧、舜之间，其末存乎千世之后。千世之后，其必有人与人相食者也。”（《杂篇·庚桑楚》）庄子此义，可以图 2 略表之。

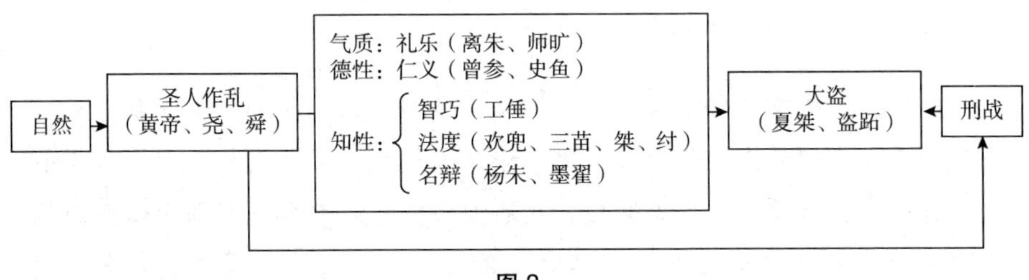

图 2

上述之骈枝，下面依气、知、仁、神四层，逐一言之。

二 对气质骈枝之批判——“吾丧我”

前文已述气质之性指人之生理基础与感觉系统。天然的气质内向完满、本然自足，是不能批判的，如庄子言“同乎无知，其德不离；同乎无欲，是谓素朴”（《外篇·马蹄》），但“文明”社会往往以气质之心鼓动感官系统放纵生理功能，使气质之性放纵、膨胀而歧出。

其一，心性交迫，天下大乱。在庄子理想处，自然本性完满自足，无须再设一心体来叠床架屋，故持心性一体，强分则是性本心末，此是庄子心性论之关键处。然由于气质之歧出，庄子亦说到心性。在老子处，心是气质之心，如云“五色令人目盲，五音令人耳聋，五味令人口爽，驰骋田猎令人心发狂，难得之货令人行妨”，单纯的感官系统并不能导致如此后果，其原因在于“心使气曰强”，此心即气质心。孔门之心，有孟子之大体小体、荀子之道心人心。其中小体之人心，出于五觉，病于私欲（此详心体部分），即同于老子之心。在庄子处，心也有孔门之两种，“心斋”

之心是典型的大心，其余所论则相当于老子之气心、孔门之人心。庄子明言“性者，生之质也”（《杂篇·庚桑楚》）。人有自然本性，如果没有人心之放纵，此性与禽兽一样收发由天。但是人心发动，情况大异。庄子云：“且跖之为人也，心如涌泉，意如飘风，强足以距敌，辩足以饰非。顺其心则喜，逆其心则怒，易辱人以言。”（《杂篇·盗跖》）人心有计算之功能与喜怒之表达，若不能向上提撕超越小我之私，而斤斤泥之，则它推动其余之感官作得失之判定，凡目鼻口耳触必尽其兴，且不断调升上限，永无止境。如此则人之生存由性至欲，陷溺于强作妄为。此即老子“心使气曰强”。由此心性交迫，导致天下大乱。庄子认为本来感官要通透不堵塞，但眼、耳、心等过分地追求功能的最大化，必然造成无法挽回的危害，其云：“且夫失性有五：一曰五色乱目，使目不明；二曰五声乱耳，使耳不聪；三曰五臭熏鼻，困惾中颡；四曰五味浊口，使口厉爽；五曰趣舍滑心，使性飞扬。此五者，皆生之害也。”（《外篇·天地》）此是说，是非好恶取舍乱心，使自然本性变质，飞扬跋扈，放纵烂漫，后果是人心之喜怒失位、居处无常，导致天下大乱。庄子又在《外篇·缮性》中说，治世民性之乐，乱世民性之苦，均非自然，故而自燧人、伏羲至神农、黄帝，再至唐尧、虞舜，德下衰之势不已，人的自然存在被不断破坏，又不断补救，如此恶性循环，终于无法克复其初。

其二，“吾丧我”。庄子云：“自事其心者，哀乐不易施乎前，知其不可奈何而安之若命，德之至也。”（《内篇·人间世》）此是大其心而自做主人。其又云，人心被剪除伤害，人性随之被异化（《内篇·人间世》）。故其发问，世人相与皆谓这是我，又如何知道我是不是真的我呢？（《内篇·大宗师》）此对自然本性丧失之发问。其又云，自然属性既失，五觉系统俱已变异。因为所有的自然属性，都是以自足而非以愉悦他人为全部目的（《外篇·骈拇》），对于这种完全丧失自我的情况，“夫不自见而见彼，不自得而得彼者，是得人之得而不自得其得者也，适人之适而不自适其适者也”（《外篇·骈拇》），这里我们借用庄子的“吾丧我”（《内篇·齐物论》，庄子本义不是如此，借用而已）来表达这种忧患。对于统一、整全、自足的存在支离于感官系统，以孟子言之，此皆小体也，须先立其大，即人的大体之心豁然苏醒，才能从此气质中拨云见日。然庄子选择的“諆大”是向后，而非向上。

其三，返朴归真。上述之弊，何以治之？便是收其心性，返朴归真。庄子云：“吾愿君刳形去皮，洒心去欲，而游于无人之野。”（《外篇·山木》）又云：“以目视目，以耳听耳，以心复心。若然者，其平也绳，其变也循。古之真人，以天待人，不以人入天。古之真人，得之也生，失之也死；得之也死，失之也生。”（《杂篇·徐无鬼》）此是认为，绝不企图超过感官的能力范围，这样才能恢复气质之性的天然状态。具体来说，就是“擢乱六律，铄绝竽瑟，塞瞽旷之耳，而天下始人含其聪矣；灭文章，散五采，胶离朱之目，而天下始人含其明矣”（《外篇·胠箧》）。

三 对知性骈枝之批判——“机事者必有机心”

庄子的视野是整个人类文明，他反对知识意义上的“智性”。人对三个对象会产生所谓智性，一是自然物，加工产品为机械；二是社会，形成结果为法度；三是思维本身，产生形态为名辩。故庄子对知性之批判即包括此三者。囿于篇幅，此处只讨论机械之外物。

其一，纯白不备。万物与我一体，在庄子处，人物不分，本是一个平等的互通关系，但现实中物却成为人的加工处理对象，以满足人的私利，这其实是人的智性畸形发展的结果。老子曾云“使民复结绳而用之”（《道德经·第八十章》），他为什么要持这样的一个貌似开历史倒车的结论呢？庄子详细地回答了此问题。其曾列举“圃者拒机”的寓言。子贡在汉阴见一位老人在浇田时费力凿隧入井、抱瓮出灌，便向他推荐机械，“凿木为机，后重前轻，挈水若抽，数如汤，其名为槔”，但是老人却回答说：“吾闻之吾师，有机械者必有机事，有机事者必有机心。机心存于胸中则纯白不备。纯白不备则神生不定，神生不定者，道之所不载也。吾非不知，羞而不为也。”（《外篇·天地》）从中可见，庄子对人类在所谓的征服自然的过程中不断创造出来的人造物并非全盘否定，如对“井”“瓮”这样较为原始者庄子即表示赞同，而“槔”这样较为精巧、有一定技术含量的人造物庄子则表示否定。庄子为什么会如此警惕乃至如此否定机械？

其二，人被物的异化之虞。机械本是人类运用理性认识自然、改造自然的产物，往往标志着人类生产力的发展水准。但是机械与朴素是相对立的，朴素是存在之原初的完满状态，而机械则是一个“智巧→机心”的歧出状态。对机械的依赖会造成人的异化，即物化，也即物的奴化。一是物欲横行，战争频仍。往往跟随物后而来的，即是欲望的极度膨胀，而后产生人与人的相互争斗，乃至国与国的征伐。此人造物尤其指各类机械，因为在东周时，机械主要是用来作为杀人的工具。战国征伐频仍，孟子描述之为“争地以战，杀人盈野；争城以战，杀人盈城”（《离娄上》）。故机械越发达，杀人越多。《墨子·备城门》即记载了众多的攻防机械，此不赘引。所以对机械的否定，主要是为了避免必然产生的此类人的存在之危机。二是机械对人的异化。对机械的使用，又一个后果是使人的主体性丧失，对机械的依赖性增强，人被物异化，成为物的奴隶。我们的天性本来自足完满，现在使用机械，则是生成一个妄象来蒙蔽住吾人勃勃的大体之心，其进而扰乱内心之纯白状态。这样，先天之道的完满性就受到损伤，我就不再是自本自根意义的我，而是被放逐为一个大地上的他者。先是役物而生机心，而后必然在此机心的驱动下，由役物发展为役人，又最终发展为役己，自己成为自己欲望的奴隶。故庄子对此态度非常鲜明，其言：“物而不物，故能物物。”（《外篇·在宥》）又言：“物物而不物于物！”（《外篇·山木》）此是要求人做物的主人而不是相反，被物所奴役。

其三，乘物以游心。庄子对机械的处理方案与老子的“结绳记事”是一脉相承的。其对文明发展而形成的人造物取舍之判断标准即人造物是否伤害天性：凡会伤害天性的人造物，如“落马首、穿牛鼻”者则不用；“井”“瓮”之类则予以保留。如此，他就在对物的使用上形成了一定的限度。此限度在利吾生与“吾丧我”之间保持平衡，即使用一些简单的初级的工具来襄助吾人的生活，但是拒绝使用较为高级的机械。庄子如此，不仅可以复吾纯白，保持天性的完满，而且可以“乘物以游心”（《内篇·人间世》），为高扬主体性的“逍遥游”去除了束缚。

四　对仁性骈枝之批判——“击鼓以求亡子”

老子云：“失道而后德，失德而后仁，失仁而后义，失义而后礼。夫礼者，忠信之薄而乱之首。”（《道德经·第三十八章》）庄子承此，针对圣人崛起，将仁义视为道德的退化状态。

其一，圣人横生仁义。庄子认为，人本有真实的生存之道，但是这种“常然”往往会伤于所谓的仁义，自从圣人以仁义缨络人心后，一切都变异了。“自三代以下者，天下何其嚣嚣也……屈折礼乐，呴俞仁义，以慰天下之心者，此失其常然也……则仁义又奚连连如胶漆缠索而游乎道德之间为哉！使天下惑也！夫小惑易方，大惑易性。何以知其然邪？自虞氏招仁义以挠天下也，天下莫不奔命于仁义。是非以仁义易其性与?”（《外篇·骈拇》）故而“毁道德以为仁义，圣人之过也”（《外篇·马蹄》）。

其二，仁义之弊。一则仁义并非人之规定性，而是对自然道德的谋杀。庄子在《外篇·天道》中假托孔老对话，孔子认为仁义是人之规定性，但老子认为恰恰相反，以人伪之仁义取代自然之道德，好比杀子而后击鼓求之。二则实施仁义引起功利虚伪，又须以赏罚对治，导致天下大乱。庄子在《杂篇·徐无鬼》中强调，因为仁义恰恰诱生了人的功利与虚伪，长此以往，人以相食。为了对治此虚伪功利，又不得不行赏罚，所以大乱一发不可收拾。三则仁义只是窃国大盗的护身符。庄子云：“田成子一旦杀齐君而盗其国，所盗者岂独其国邪？……彼窃钩者诛，窃国者为诸侯，诸侯之门而仁义存焉，则是非窃仁义圣知邪?”（《外篇·胠箧》）圣人仁义治国本为防备大盗，然而大盗窃国者为诸侯，又袭仍仁义以自饰，仁义变成其护身符。四则仁义其实是大道的一个退化状态。庄子此义甚众，如云：“道德不废，安取仁义！性情不离，安用礼乐！五色不乱，孰为文采！五声不乱，孰应六律！夫残朴以为器，工匠之罪也；毁道德以为仁义，圣人之过也。”（《外篇·马蹄》）五则仁义是自然正性的无用骈枝。庄子认为“多方乎仁义而用之者，列于五藏哉，而非道德之正也”（《外篇·骈拇》）。六则仁义是对逍遥至境的戕贼。在《内篇·大宗师》中，庄子假托意而子与许由对话，并借许由之口表明，仁义是非好像是黥刑和劓刑，失去面、鼻之人如何可以达到逍遥之境。七则仁义至多只是方便法门，临时偶用，用完即弃，不可久处。庄子云：“仁义，先王之蘧庐也，止可以一宿而不可久处。”（《外篇·天运》）所谓仁义，只是通往逍遥至境的一个旅馆而已，不可淹留，否则适得其反。

其三，屏退仁义。既然如此，则对于仁义，最好是坐忘之，“堕肢体，黜聪明，离形去知，同于大通，此谓坐忘”（《内篇·大宗师》），这样才能达到“齑万物而不为义，泽及万世而不为仁，长于上古而不为老，覆载天地、刻雕众形而不为巧，此所游已”（《内篇·大宗师》）之境。故而，应该回归天然之道德，取消人伪之仁义。庄子云：“外天地，遗万物，而

神未尝有所困也。通乎道，合乎德，退仁义，宾礼乐，至人之心有所定矣！”（《外篇·天道》）

五 对神性骈枝之批判——本根之气

对于人类文明高度发展的产物——神，庄子继承老子的本根之道，向前逆溯，以本根之道，将后起之神扫荡一空，将存在的本质拉回神性之先。

其一，本根之道对传统神性的涤荡。此处之神主要指传统之帝、天，老子已用本根之道来代替人格神的谱系，庄子则承之，以道的至上、分殊、超越来否定传统的神本思想。老子云：“道冲而用之或不盈。……吾不知谁之子，象帝之先。”（《道德经·第四章》）庄子承之云：“有先天地生者物邪，物物者非物。”（《外篇·知北游》）又云：“夫道有情有信，无为无形；可传而不可受，可得而不可见；自本自根，未有天地，自古以固存；神鬼神帝，生天生地；在太极之上而不为高，在六极之下而不为深，先天地生而不为久，长于上古而不为老。”（《内篇·大宗师》）在《外篇·知北游》中又分析了道的分殊，所谓“在蝼蚁”“在稊稗”“在瓦甓”“在屎溺”，这种每下愈况正表明道的完整与无所不在。上述皆表明道是居于第一位的存在之本根，如此即将神性涤荡一空。

其二，本根之道——气。庄子既去神，又以气构建宇宙模型。他认为万物皆“游乎天地之一气”（《内篇·大宗师》），如此则“人之生，气之聚也。聚则为生，散则为死”，“故万物一也”，所以“通天下一气耳”（《外篇·知北游》）。可见在庄子处，道气是一体的，道也并非虚幻玄远的形上义理，而是本根之气。

其三，以境代神。但是庄子的确会有一些类似于后世神仙的描写，如云：“藐姑射之山，有神人居焉。肌肤若冰雪，绰约若处子；不食五谷，吸风饮露；乘云气，御飞龙，而游乎四海之外；其神凝，使物不疵疠而年谷熟。”（《内篇·逍遥游》）此类描写在庄子笔下尚有多处，此不赘引。此类描写并不是后世所谓神仙术，而是对生存境界的比喻。庄子明确区分道、德，道指天道，德指人德即自然天性，这里的至人、神人和圣人①即

① 此种语境下的圣人不同于前文所批判之儒家式圣人，而是自然人的极致状态。

是道人，也是真人。他认为“古之真人，以天待人，不以人入天”（《杂篇·徐无鬼》），“不以人助天”（《内篇·大宗师》），故而这种境界恰恰是对人对自然天境的回归。

六 对自然之回归——至德之世

文明和自然，庄子常以泉和江湖来比喻。如云：“泉涸，鱼相与处于陆，相呴以湿，相濡以沫，不如相忘于江湖。”（《内篇·大宗师》）又云：“鱼相忘乎江湖，人相忘乎道术。”（《内篇·大宗师》）此是说，有两种生存方式，一种是流，为溪泉，涓涓细流，随时枯涸，即文明；一种是源，为江湖，苍茫浩荡，渊渊本本，即自然。与其执着于泉之干涸之挣扎，不如回到江湖之完满。故庄子终极之目标，是将人类带出人造之文明，回归天设之自然。

其一，知天之乐。一则，庄子立在造物主的高度来取消人世诸般分别，通一于道。首先取消万物的自然属性之差别。如《内篇·齐物论》中提到，泰山与秋毫之大小、莛与楹之长短、彭祖与殇子之寿夭、厉与西施之美丑等自然属性，就道而言，均通为一，没有区分。其次取消人伪的主观所谓贵贱、功过之别。如《内篇·秋水》云：“以道观之，物无贵贱；以物观之，自贵而相贱。”再次取消所谓客观的彼此、是非之别。如《内篇·齐物论》云：“物无非彼，物无非是。自彼则不见，自知则知之。”因为这种判分貌似客观，其实还是主观之取舍而已。二则，庄子取消分判，就是为了回到浑沌，此境界庄子多有描述，如《内篇·齐物论》所载之庄周梦蝶，又如《内篇·应帝王》所描绘的“泰氏其卧徐徐，其觉于于。一以己为马，一以己为牛”。此种境界即所谓“天地与我并生，而万物与我为一”（《内篇·齐物论》）；“人与天一”（《外篇·山木》）。达到物化之境，则此天性是自足完满的，我们需要做的，就是“道法自然”，在后天的生存中，遵从它，绽放它，而不是怀疑它，叛逆它，乃至戕贼它，毁灭它。故庄子称此遵从为“知天乐”，其云：“以虚静推于天地，通于万物，此之谓天乐。”（《外篇·天道》）此是说，如果每个个体的生存能充分服从天性，则可通过尽己之性从而感通万物之性，从而能超越天地，回归道体本身，达到无限的至乐状态。

其二，理想存在。庄子保持高度的警惕与清醒，认为人类文明走出自然状态，凭空创造出本来没有的社会状态、政治状态，这其实是违背了人类最适合的生存道路。人不一定非要过高度组织化的社会生活，还有一种更适合人类的道路——自然状态。这种回归是对人的重新“发现”。其云：“古之人，在混芒之中，与一世而得淡漠焉。当是时也，阴阳和静，鬼神不扰，四时得节，万物不伤，群生不夭，人虽有知，无所用之，此之谓至一。当是时也，莫之为而常自然。”（《外篇·缮性》）此类文字在庄子文中还有很多处，此不赘引。这些方案，貌似是排斥殷周后的一切文明，而向往殷前文化浅演的初民部落，实质上，“如此则即使有君，实已无治。个人各顺其性，各行其是。虽群居共处，而毫无组织拘束。此无治之理想泯义务、忘权利，实一绝对自由之境界”。①

综上，庄子以为，取消了圣人之文明，人类才能回归浑沌：“故绝圣弃知，大盗乃止；擿玉毁珠，小盗不起；焚符破玺，而民朴鄙；掊斗折衡，而民不争；殚残天下之圣法，而民始可与论议；擢乱六律，铄绝竽瑟，塞瞽旷之耳，而天下始人含其聪矣；灭文章，散五采，胶离朱之目，而天下始人含其明矣。毁绝钩绳而弃规矩，攦工倕之指，而天下始人有其巧矣。削曾、史之行，钳杨、墨之口，攘弃仁义，而天下之德始玄同矣。彼人含其明，则天下不铄矣；人含其聪，则天下不累矣；人含其知，则天下不惑矣；人含其德，则天下不僻矣。”（《外篇·胠箧》）人含其明、人含其聪、人含其知、人含其德的状态，就是玄同，就是浑沌。

七　庄子浑沌之反思——天地一巨婴

庄子之截停大化，止于浑沌，实则将人之存在逼为巨婴而已。荀子认为庄子“蔽于天而不知人”（《非十二子》），实际上，庄子既蔽于天又不知人。

其一，庄子对天之遮蔽。在庄子看来，往前，人类无法走出生天，可是为什么人类会从浑沌走出来？此是宇宙阖辟，大化流行，此正是自然。庄子欲逼停道体之展开，要求人的存在停留在历史上某个时间节点，此实

① 萧公权：《中国政治思想史》，新星出版社，2010，第121页。

是刻舟求剑，更是截断自然。故庄子是以人的自然之名义反对天的自然，老子云“人法地，地法天，天法道，道法自然”（《道德经·第二十五章》），此大道之流行如何能停？人类的生存断不会一直停止在太初之时，因为七窍已开，浑沌已死，人类已不可能再回归原始之初，只有继续向前，待潜存于浑沌中的诸种气、智、仁、神等一一生长，并以儒家之人道来规范之。

其二，庄子对人之遮蔽。从人制造出第一件自然中没有的“工具”开始，“自然”就被自己的儿子以“子弑母”的“化伪”状态所覆盖。庄子看到发展的阴暗面，却小看了仁心生天生地之能力。正是按照天命之谓性的教诲，人类逐渐释放正义的力量，直至弥纶天地。另外，庄子的理想社会——自然状态也是人类的婴儿状态。正如无法让婴儿不长大一样，人类文明也不会永远停留在草莱蒙昧中，必须成长，否则势必变成天地间的巨婴，而巨婴患者，鲜有不灭亡的。故庄子的自然人性，如果是指恢复到原始状态，那是不现实的，如果是指人类文明有赘疣骈枝之歧出，要回归健康发展之自然，那是可以的，然此健康之发展则又非儒家之方案而不可。

其三，圣人的悖论。庄子将一切问题归结于圣人，正是圣人截断历史，生成诸多思想、制度，以规范人心，这才造成天下大乱。那么，圣人是如何造成的呢？圣人又如何能扭转乾坤，改变道之演化，变自然为人伪？如此岂非等同于造物主？在这个问题上，庄子和孟荀是差不多的，是不能自洽的，详见本章第九节，圣人崇拜之歧出。

第六节 道体分裂之二：神性之歧出——墨子之天志、明鬼

道体分裂的第二种形态乃是以墨子为代表的神性之歧出。墨子之天志、明鬼思想与诸子迥异，保留了几乎与《左传》相同的鬼神观，在此点上，墨子可谓时代之逆行者。

一 墨出于儒

墨子名翟，生卒不详，太史公仅附述二十四字：“盖墨翟，宋之大夫。

善守御，为节用。或曰并孔子时，或曰在其后。”① 任继愈先生考其约活动于战国之初。② 然墨子出于儒家，此无疑义。

其一，流派授受典籍多有记载。如《淮南子·要略》云：“墨子学儒者之业，受孔子之术，以为其礼烦扰而不说，厚葬靡财而贫民，（久）服伤生而害事，故背周道而用夏政。”甚至郭沫若认为墨子是受了子张的影响。③ 不仅墨子本人出于儒门，司马迁记载墨子弟子如禽滑厘也是子夏之弟子。④ 方授楚先生则认为墨子学于史角之后与儒者。⑤

其二，儒墨义理相关。墨家言必称仁义、例必举圣王（尧舜禹汤文武），此与儒家全同，义理相类者则有“亲士”“修身”“所染”“尚贤”“尚同”“非攻”，针锋相对者则有“天志”“明鬼”“兼爱”“非礼”“非乐”“节用”“节葬”，可见墨学乃对儒学激烈反思、批判、损益之产物。早在荀子批判俗儒时就说：“其衣冠行伪已同于世俗矣，然而不知恶者；其言议谈说已无以异于墨子矣，然而明不能别。”（《儒效》）可见战国时儒墨义理相近几为定论。《吕氏春秋》亦云：“孔墨之弟子徒属，充满天下，皆以仁义之术教导天下。”（《似顺论》）韩愈亦认为儒墨理论相近，“同是尧舜，同非桀纣，同修身正心治天下国家，奚不相悦如是哉？余以为辩生于末学，各务售其师之说，非二师之道本然也。孔子必用墨子，墨子必用孔子，不相用不足为孔墨。”⑥

其三，后世往往儒墨并称。如庄子云：“仲尼、墨翟，穷为匹夫，今谓宰相曰‘子行如仲尼、墨翟’，则变容易色，称不足者，士诚贵也。”（《杂篇·盗跖》）韩非云：“世之显学，儒墨也。”（《韩非子·显学》）《淮南子·道应训》云：“孔丘、墨翟，无地而为君，无官而为长，天下丈夫女子，莫不延颈举踵而愿安利之者。”《吕氏春秋·不侵》云：“孔、墨，布衣之士也。万乘之主、千乘之君，不能与之争士也。”

---

① （汉）司马迁：《史记》卷七十四《孟子荀卿列传》，中华书局，1959，第2350页。

② 任继愈：《中国哲学发展史（先秦）》，人民出版社，1983，第208～209页。

③ 郭沫若：《十批判书》，东方出版社，1996，第119页。

④ 子夏赴西河（济水、黄河间）讲学，司马迁云：“如田子方、段干木、吴起、禽滑厘之属，皆受业于子夏之伦。”（汉）司马迁：《史记》卷一百二十一《儒林列传》，中华书局，1959，第3116页。

⑤ 方授楚：《墨学源流》，上海书店、中华书局，1989，第17～18页。

⑥ （唐）韩愈：《韩愈集》卷十一《杂著·谈墨子》，岳麓书社，2000，第156页。

正因如此，萧公权认为“墨子乃一平民化之孔子，墨学乃平民化之孔学”[①]，可谓知者。至于班固谓“墨家者流，盖出于清庙之守”，乃自官职讨其出身，与义理渊源并无矛盾。墨出于儒已无疑义，则可讨论墨者道体之歧出。

二　墨子重塑鬼神之原因

关于此原因，前贤已自各种角度予以探讨，可分为以下四种。

其一，绝不信仰，借神压王。如翦伯赞先生认为，战国时七雄并峙，周天子事实上已经丧失天下共主之地位，降为诸侯之附庸，无法无天，故而此时之农民，就幻想一个最高权力来制裁他们，于是墨子之天志即应运而生。[②] 孙中原先生则从另一角度出发，认为墨子欲推行自己的学说，又因自己力量弱小，不足以驱动王侯，故在旧文化中“拣来了现成的上帝崇拜和鬼神迷信观念，然后加以改造、重铸”，从而使其代墨子立言，监督人间，检察谬逆。[③] 此说过于简单，如郭沫若就认为恰恰相反是墨子借神权为王权护航，[④] 当然郭氏又以为墨子真心信仰鬼神，自相矛盾。愚以为墨子自身之定位当是弥赛亚而非帝王师，其是为了重新安排宇宙苍生之秩序，故不当是屈君以申天。

其二，神道设教，方便法门。此说认为墨子基于实用主义，只是借助传统宗教以及大众的迷信心理，在社会中推进其学说。的确，墨子即表示过就算没有鬼神，也可以借祭祀的聚会机会和牺牲物品，增进乡党共同体之情感，所谓:“虽使鬼神请亡，此犹可以合欢聚众，取亲于乡里。”（《明鬼下》）故王桐龄先生认为“墨子所以极力主张有鬼者，非原本于绝对的迷信，不过借以为改良社会之方便法门”。[⑤] 邢兆良先生亦认为，先秦诸子对墨子之评价皆不及天志明鬼，故可知诸子咸明墨子用意只在宣传主义、传播思想也，且不是主要之形式。[⑥] 阐述此观念最典型的是梁任公，他认为，“墨子讲天志，纯是用来做兼爱主义的后援。质言之，是劝人实行兼

---

① 萧公权:《中国政治思想史》，新星出版社，2005，第 85 页。

② 翦伯赞:《中国史纲要》，商务印书馆，2010，第 369 页。

③ 孙中原:《墨学通论》，辽宁教育出版社，1993，第 50 页。

④ 郭沫若:《十批判书》，东方出版社，1996，第 97 ~ 98、101 ~ 102 页。

⑤ 王桐龄:《儒墨之异同》，上海书店，1933，第 26 页。

⑥ 邢兆良:《墨子评传》，南京大学出版社，1993，第 83 页。

爱的一种手段罢了”[①]，“至于鬼神有无的问题，他并不在学理上求答案，乃在极粗浅的经验论求答案，实在没有甚么价值”[②]。但郭沫若反对此说法，认为墨子诉诸经验只是一种论辩术。[③]

其三，代表平民，重建信仰。如方授楚先生以为，墨子代表贱人阶层欲推翻旧秩序，则首先要粉碎旧信仰，遂以“非命”破旧之宿命论，以让民众昂首挺胸，而又以“天志”“明鬼”树立新信仰。[④] 愚以为重建信仰并无问题，然墨子并非完全代表所谓农与工肆之人，其自言“义不从愚且贱者出，必自贵且知者出”，“夫愚且贱者，不得为政乎贵且知者”（《天志中》），最完善的政治只能出自贵则智者即天，而非愚则贱者即民，则不论天命孰归，他所代表的绝不可能仅仅是平民，更不可能仅仅为其创立新信仰。

其四，真心信仰，创建宗教。或认为墨子虔诚信仰鬼神。如郭沫若认为“孔子否认传统的鬼神，而墨子则坚决地肯定传统的鬼神，这神有意志，有作为，主宰着自然界和人事界的一切”[⑤]，“墨子是一位虔诚的信仰者，看他翻三覆四地证明鬼神之有，又翻三覆四地斥责主张无鬼无神论者之妄，也就尽足以证明他的诚意了”[⑥]。或认为其建立了一种比较低级的宗教。如章太炎认为：“墨家者，古宗教家，与孔老绝殊者也。”[⑦] 蔡尚思先生认为其是“一种最浅薄、最原始、最不像样的中国式宗教”。[⑧] 或认为其建立了一种可与西方一神教并立的宗教。如李绍昆先生认为“天乃主宰之天，全知全能至圣至洁高高在上，领袖诸鬼，统驭万物，简直就是天主教对上帝的描述”[⑨]，“墨子是一个有神论的宗教信仰者”。[⑩] 蒋维乔先生认为墨学教义与基督教教义相似，“耶稣可谓西洋之墨子，墨子可谓

① 梁启超：《墨子学案》，商务印书馆，1923，第48页。
② 梁启超：《墨子学案》，商务印书馆，1923，第51页。
③ 郭沫若：《十批判书》，东方出版社，1996，第100页。
④ 方授楚：《墨学源流》上海书店、中华书局，1989，第97、106页。
⑤ 郭沫若：《十批判书》，东方出版社，1996，第100页。
⑥ 郭沫若：《十批判书》，东方出版社，1996，第97页。
⑦ 章太炎：《诸子学略说》，转引自杨俊光《墨子新论》，江苏教育出版社，1992，第213页。
⑧ 蔡尚思：《中国古代学术思想史论》，广东人民出版社，1990，第183页。
⑨ 李绍昆：《墨学十讲》，台北：水牛出版社，1990，第47~48页。
⑩ 李绍昆：《墨学十讲》，台北：水牛出版社，1990，第51页。

东洋之耶稣”。[①]

三 墨子鬼神存在之证明与分类

愚以为，墨子是发自内心真诚相信鬼神之存在。

其一，神之证明。对此墨子并无严密理论之推明，只有浅演经验之佐证。墨子有“三表法”，下面就以《明鬼》为例，将其鬼神存在之证据，以三表法略述如下。一是上本之于古者圣王之事。他认为古圣王、精英相信认可鬼神之说。首先武王必以鬼神为有，是故攻殷伐纣，使诸侯分其祭；其次圣王行政都是先鬼神后人事；再次古圣王信鬼神所以记录在史书里；最后分举《诗经·大雅》《商书》《夏书》的例子证明彼时圣王都相信鬼神。二是下原察百姓耳目之实，即普通民众所亲见亲闻。他所持证据有五条，周宣王冤杀其臣杜伯，杜伯之鬼在宣王一次田猎中射杀之；神句芒亲见郑穆公，传达上帝旨意；燕简公冤杀其臣庄子仪，后者之鬼在一次驰祖途中杖杀简公；宋文君之臣袥观辜事奉厉鬼，后者怨其祭祀不合规格，附于巫子身上杖杀观辜；齐庄君之臣王里国、中里徼讼三年而未决，庄君使二人共一羊盟于齐之神社，结果祧神出现，击杀中里徼。此上五条皆为民众当时当场亲见亲闻，并记录于各国的历史书中。三是“发以为刑政，观其中国家百姓人民之利”。墨子认为，鬼神能赏贤罚暴，举桀、纣荼毒天下，上天派出汤武救民水火以证明之，所以鬼神为“兴天下之利、除天下之害”的唯一途径。

其二，鬼神之分类。一是天与上帝。此至上神的特征如下。首先创造宇宙万物、掌握人世演化。如《天志中》云：“磨为日月星辰，以昭道之；制为四时春秋冬夏，以纪纲之；雷降雪霜雨露，以长遂五谷麻丝，使民得而财利之；列为山川溪谷，播赋百事，以临司民之善否；为王公侯伯，使之赏贤而罚暴；贼（赋）金木鸟兽，从事乎五谷麻丝，以为民衣食之财。自古及今，未尝不有此也。”其次改变天命，如三代之相替，“天命殛有苗”“天有酷命于桀”“天不序纣德”。再次直接派神灵帮助人事。天命令禹克有苗、汤克桀、武王克纣并派神灵助之。最后赏贤罚暴，通过自然现象降灾。无时无处不在，比如“林谷幽门”之中，甚至于整个时空发

① 蒋维乔编《杨墨哲学》，商务印书馆，1928，第193页。

生作用于人事，明必见之（《天志上》）。墨子多处提到上帝，此不赘引。然此天与上帝鬼神之关系，墨子并未明示，愚推其意，大概天是至上神，无形无象，不能具指，故不能祭祀只有祈福，而上帝鬼神则是具指，有主位，所以可以祭祀。二是神与天鬼。神大部分情况下与鬼连用，且常常上帝、山川、鬼神三者并列。如云："自古及今，无有远灵孤夷之国，皆犓豢其牛羊犬彘，洁为粢盛酒醴，以敬祭祀上帝、山川、鬼神。"（《天志下》）但也有单独用神之时，此特指地位、能力次于至上神的一般神灵，如《明鬼下》有"句芒"之神。另外墨子又有一类"天鬼"，如云："若国家治，财用足，则内有以洁为酒醴粢盛，以祭祀天鬼。"（《天志中》）此类天鬼当即天与鬼神之综称。三是鬼神与厉。墨子的鬼有三类，"古之今之为鬼，非他也，有天鬼，亦有山水鬼神者，亦有人死而为鬼者"（《明鬼下》）。天鬼已如上言。山川之鬼，即墨子常常上帝、山川、鬼神三者并列中的山川，即自然神祇。人死为鬼，此为传统说法，往往又特指厉，《左传》中常见，见前文。鬼之特征有三类，可直接为人所见闻，拥有超越常人的能力，可直接奖善罚恶，不必通过中介。

四 墨子鬼神之渊源与目标

其一，墨子鬼神有两大源头。一是三代之鬼神观。相比而言，墨子之天更多地继承了西周之天而非殷人之帝。因为上帝永远只是个冷冰冰、高高在上、不可僭越者，殷人对他并没有对祖先神那么亲近，他们与上帝之间的关系近于单向的、非感应的。而西周之天，则是统摄自然、社会、人生的至上神、人格神，其与人民之间是双向感应的，具有政治性、道德性等特征，民可通过祭祀、敬天保民等影响此至上神对自身的态度，天则可爱民厚民，亦可通过灾变或直接惩罚等形式影响人事。二是宋地夷人之风俗。太史公既云墨子为宋人，历来学者对此亦多有考论，宋为殷后，"殷人尊神，率民以事神，先鬼而后礼"（《礼记·表记》），故其深沐此风。

其二，墨子之目标，在于建立新的宏伟的宇宙等级，以重新安排苍生之秩序。墨子神鬼可以图 3 综而表之。

墨子之天志、明鬼各执行明确之功能。一则天志乃是为了树立人间的

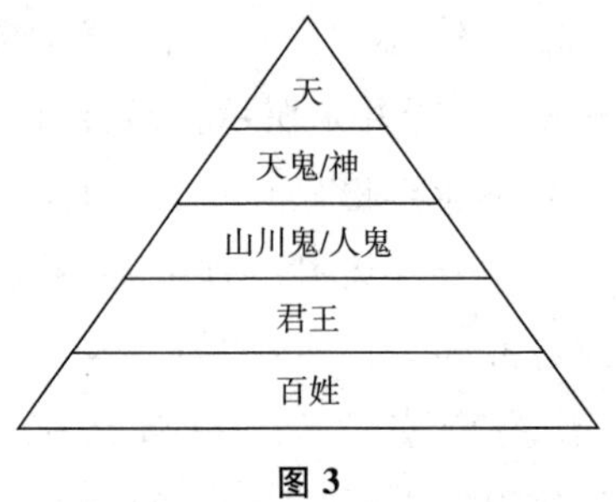

图 3

生存原则，以表达兼爱、非攻之神圣性。对于天下大乱的原因与对策，如果说儒家以为在于内无道德以挺立之，法家以为外无政刑以赏罚之，则墨家以为在于上无信仰可钳制之。故墨子之天志，与其说是人格神，毋宁说是自然法。其立于代天理物之高度，反思人类之生存方式，舍兼爱互利之外，说即是邪说，途即是歧途。故于儒而言，为政“譬如北辰，居其所而众星共之”，于墨而言，则天志如杲日，高高在上，凛然不可犯也。天志体现的即是墨子本人所倡之兼爱非攻等思想本身，墨子从多个角度予以了论证，综如图 4。

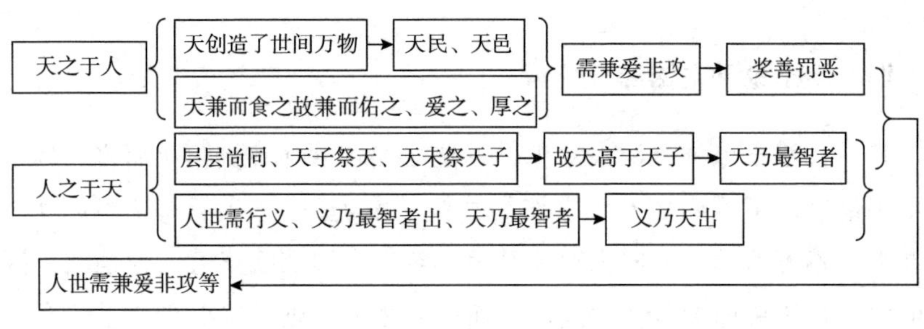

图 4

二则明鬼乃是为了执行赏罚，以执行兼爱非攻。打一比方，正常的人间社会“法律”“法官”“警察”三个角色缺一不可，不管他们具体叫什么名字。在墨子这里，天志即是“法律”；上帝则是“法官”，按天志断案；神鬼则是“警察”，具体执行法官的裁决。故墨子明鬼即重新建构鬼神之赏罚体系，执行相应的社会功能。故其云：“今若使天下之人，偕若信鬼神之能赏贤而罚暴也，则夫天下岂乱哉！”（《明鬼下》）

故综而论之，墨子只是借旧宗教的形式来建构其信仰体系而已。综观墨子之理论（兼爱非攻）、行为（苦行救世），不能不承认，墨子其实是具有伟岸意识的思想家，其反复言“我有天志，譬若轮人之有规，匠人之有矩”（《天志上》）；“子墨子之有天之（志），辟人无以异乎轮人之有规、匠人之有矩也”（《天志中》）；“故子墨子置立天之（志），以为仪法，若轮人之有规，匠人之有矩也”（《天志下》），如此信誓旦旦，可见他是真诚地相信，认为自己即是先知，得到了神启，掌握了天志，又以三表验之，准确无误，方建立起信仰，欲拯天下苍生。

五　墨子鬼神之反思

墨子之鬼神，虽有初衷，然收效甚微，原因就在于其理论存在着诸多缺陷，略言如下。

其一，理论的逆时代性。春秋已由巫觋时代发展至礼乐时代又至耕战时代，鬼神已渐消解，墨子却逆时代而行，其为解决耕战时代之问题竟又祭出巫觋时代之超自然力量，企图构建起“天（鬼）→君→民”这样的治理结构，然而至上神经过数百年的祛魅，不论是庙堂还是民间，均已盛况不再、难堪重任。

其二，理论的平面肤浅。就理论形式而言，没有形成一套庄严、崇高、严密之义理体系。墨子真心信鬼神，欲安排宇宙苍生之秩序，但其鬼神观最大的缺陷还是一个世界的产物，如无来生、无彼岸，即无另一个超越之世界，特别是未给普通人一个成神之机会，现存神鬼只是冷峻赏罚之他者，则生民今世所有之苦痛无彻底解脱之可能，所有努力亦均属唐捐，这也是同样苦行，佛教、道教可以兴盛，墨家却寂寂无闻的重要原因。

其三，理论的不严密。如在墨子天人互动中，人有两种行为可以影响天——祭祀与执行天志。[①] 然则二者次序如何，是分主次还是并行不悖？分主次则孰为第一？若并行，具体如何操作？这些墨子均未明言。

其四，就世俗功利而言，其苦行生存也没有什么现实的功利、好处以

① 祭祀如云：“昔三代圣王禹、汤、文、武，欲以天之为政于天子，明说天下之百姓，故莫不犓牛羊，豢犬彘，洁为粢盛酒醴，以祭祀上帝鬼神，而求祈福于天。”（《天志上》）执行天志如云：“顺天意者，兼相爱，交相利，必得赏。反天意者，别相恶，交相贼，必得罚。”（《天志上》）墨子又有二者并列的表达，如云：“天子为善，天能赏之。天子为暴，天能罚之。天子有疾病祸祟，必斋戒沐浴，洁为酒醴粢盛，以祭祀天鬼，则天能除去之。”（《天志上》）

引诱凡夫俗子，故墨子之鬼神对精英与凡庸均无吸引力，则徒以鬼神唬人，舍感动自己外，民众初觉新奇瑰丽，久之则必然一哄而散。

故而与前述儒家义理相比，墨家同欲安排人间之秩序，却转寄希望于外在之鬼神，而非内在的人之自觉，然则除了在暴政之上又安排了一个主子外，并没有终结人间为奴的状态，总之，墨子始终没有发现做自己的主人才是正道。墨学作为先秦之显学，后世却烟消云散，唯墨子之鬼神被葛洪录入《神仙传》，亦可谓求仁得仁也。

第七节　道体分裂之三：知性之歧出——《易传》之形而上下

道体歧出的第三种形态是将其一解为二，析成现实之器世界与其原因之道世界。

一　形上之道

早在《诗经·大雅·烝民》“天生烝民，有物有则”中已经形成了初步的物、则两个含有形而上下区分的范畴。《荀子》云：“夫天生蒸民，有所以取之。”（《荣辱》）此是对“有物有则”的解释，天生众人，必有所本之道。孔子之天，虽为混沌型道体，其实又已包含了后世分解的萌芽，如“四时行”，则标明此世界客观运行，不为尧存，不为桀亡，故当有四时行之理。故自《易传》开始，道体则开始二分——分为形上之道与形下之器。

其一，乾坤二元。《彖传》提出元，其实际上是一个表形式因的概念，而且它又将统一的道体分成了生与成，即乾与坤两部分。一是乾元。《乾·彖》云：“大哉乾元，万物资始，乃统天。云行雨施，品物流形。大明终始，六位时成，时乘六龙以御天。乾道变化，各正性命，保合太和，乃利贞。首出庶物，万国咸宁。”此数语发明生道。首先自万物之生长（品物流形）到完成态（保合太和），其次人类的走出自然（首出庶物）到完成态（万国咸宁），皆一以贯之，可谓光辉灿永，陵迈时空，震烁万古。然此处之天，已偏在形下之自然界而言，乾元则偏在形上之理而言，而且乾元是统天者。二是坤元。“至哉坤元，万物资生，乃顺承天。坤厚载物，德合无疆。含弘光大，品物咸亨。”首先与乾元“大哉”相比，坤元只是“至哉”，大言其始之极光辉博大义，至言其终之极丰富浑远义。其次与乾元“资始”的创生义相比，坤元只是“资生”，此是过程中的襄助义。最后，坤元无利贞义，只有“亨”义，即完成义，所谓“品物咸亨”。故坤元是对应于乾元创生义的完成义。而且坤元是顺承天，此与乾元统天又完全不一样，处于臣位、妾位、客位。

其二，形而上下。标明此分解型道体最著名的还是《系辞》“形而上者谓之道，形而下者谓之器”。此乃儒家主动吸取道家、阴阳家以完善自身之结果，其比乾坤二元更进一步，清晰提出了道器两个世界之观点。

一是形上之道之纯化。《系辞》中道凡二十八见，大致有以下几重含义，首先是为人之道，如“君子之道”“易有圣人之道四焉”“道义之门”；其次是天地人自然之道，如“弥纶天地之道”“三极之道”“有天道焉，有地道焉，有人道焉”“日月之道”“昼夜之道”；再次是指抽象意义人世社会之道，如“道济天下”“冒天下之道”；最后是最高的存有范畴，如“一阴一阳之谓道”“知变化之道”“道有变动，其道甚大”“此之谓易之道也”“为道也屡迁”“道不虚行”“形而上者谓之道”。从道的这四层含义均出现于《系辞》中，依次阶及道体，可见道的纯化是逻辑之必然。而此完成亦是源于道家的影响。春秋时本已有“天道”向“道”之变化。智者时代“天道”概念频频见用，如郑子产所言“天道远，人道迩”（《左传·昭公十八年》），郑裨灶论陈国将亡“楚克有之，天之道也”（《左传·昭公九年》），苌弘答景王“岁及大梁，蔡复楚凶，天之道也”（《左传·昭公十一年》），范蠡“天道皇皇，日月以为常，明者以为法，微者则是行”（《国语·越语》），等等。“天道”二词连用，表明道依然是天之属性，道从属于天，尚未成为独立实体，主要指的是理性的宇宙法则，可解为规律，此直至老子方彻底改变。老子将天与道分开，使天坠为第二序列，只是自然之天，是为“人法地，地法天，天法道，道法自然”（《道德经·第二十五章》），唯如此，道再不属于天，相反却置于有形的天地产生之前，此已具有了极本穷源之义。然而老子的道还是一种混沌型道体，具有宇宙生化之源与万有存在之本这两个内涵，一名二指，且在后一内涵上与气范畴交叉，故而后来韩非将二者分开，只赋予道生化之源的含义，如“道者，万物之所然也，万理之所稽也。理者，成物之文也；道也，万物之所以成也”（《韩非子·解老》），即表明战国时流行的道观已完全形上化。

二是器之形成。《系辞》中的器凡十见，大致具有三重含义：首先是具体的人造物，如“乘也者，君子之器也”，“弓矢者，器也”；其次是承孔子之器观，如“备物致用、立功成器，以为天下利，莫大于圣人”；最后是最高的现实世界的抽象概括，如“形乃谓之器”，“形而下者谓之器”。第三义明显地承接于老子的器观。现有的资料表明，至少在五经系统及智者时代，“器”尚未成为一个表示物质存在的抽象范畴，其形成始于老子。本来“器”于老子处亦作为经验层面的词语，如《道德经》有“夫兵者，不祥之器”（《第三十一章》），又言“朴散则为器”（《第五十七章》），第一次明确地将“器”作为有形的物质世界之最高范畴。《文子·道原》对此有较为详细的论述：“有形者，遂事也。无形者，作始也。遂事者，成器也。作始者，朴也。”这里的“作始者”，即庄子“道者，万物之所由也”（《庄子·杂篇·渔父》），故而“朴散则为器”第一次阐明了道与器的关系，已暗含了《易传》形上之道化而为形下之器之内涵（此朴即道，在老子处为混沌型道体）。

三是形之提出。关于“形而上者谓之道，形而下者谓之器”，孔颖达《周易正义》曰：“道是无体之名，形是有质之称。凡有从无而生，形由道而立，是先道而后形，是道在形之上，形在道之下。故自形外已上者谓之道也，自形内而下者谓之器也。形虽处道器两畔之际，形在器，不在道也。既有形质，可为器用，故云‘形而下者谓之器’也。”① 孔氏以无中生有来解道体虽为歧出之义，但“形在器，不在道也”可谓深谙其义。在《系辞》以前，道、器之范畴均已发展出来，然而尚缺少一中介将二者相联系，则《系辞》自觉提出形范畴，从而贯联道器，打通上下。此形乃著形之义，指具有广延性的存在。参之“形乃谓之器”更可看出，“器”指的正是此有“形”之实体，即指现实世界存在发生的事物，故而“形在器”。

《系辞》以形为界，即逻辑地以质料为界，将推动衍生质料的动力总原因向上抽象概括为道，而将此原因作用于质料之结果的现实世界概括为器，则此质料即是气。

---

① （唐）孔颖达：《周易正义》，中国致公出版社，2009，第279页。

二　形下之气

其一，释阴阳。阴阳深刻揭示出宇宙生生不息之最根本原理，察其起源：一则据典籍。梁任公考证，在代表殷周文化经典的“五经”系统内，《仪礼》中全无“阴”“阳”二字，《诗经》中言“阴”者八处、言“阳”者十四处、言“阴阳”者一处，《尚书》中言“阴”言“阳”者各三处，《周易》中言“阴”者一处，但此“所谓阴阳者，不过自然界中一种粗浅微末之现象，绝不含何等深邃之意义”。[①] 二则据出土文字。有学者总结道：“通过殷商和西周出土文字的探查，可以得出，在我国阴阳两个概念早就在殷周和西周时广泛流行，阴阳二字作为矛盾对立的概念连在一起使用，应当上推至周初，二字有多种写法，涵义交叉重叠，说明尚处于演变过程中，未完全定型，这是它们成为鲜明的哲学概念以前必要的过渡。”[②] 故可得知，在西周初期阴阳作为揭示宇宙法则深刻矛盾的概念尚未出现，[③] 只有到了西周末年及春秋时代，则阴阳概念作为哲学范畴方大量出现，如西周末幽王三年（前 779）史官伯阳父论地震曰：“夫天地之气，不失其序。……阳伏而不能出，阴迫而不能蒸，于是有地震。”（《国语·周语上》）又如公元前 644 年，周内史叔兴解“六鹢退飞过宋都”为“是阴阳之事，非吉凶所生”（《左传·僖公十六年》）。

其二，释气。从上引之伯阳父论地震已可看出，作为抽象质料的“气”是与阴阳同时出现的。在智者时代，人们已经从不同角度用“气”解释世界。一则解释自然现象，如周灵王二十二年（前 550）谷、洛二水同时泛滥，威胁王宫，太子晋反对灵王欲用壅的方式来防止水患，认为“川，气之导也”，要疏通之，“以导其气”（《国语·周语下》）。二则解释生理现象，如“气在口为言，在目为明”（《国语·周语下》）。三则更有一些智者以气配五行来解释天地，如单襄公言：“天六地五，数之常也。”（《国语·周语下》）

其三，阴阳与气之结合。二者作为抽象的哲学范畴在智者时代已经出现，但是作为完整的体系尚需至《道德经》“万物负阴而抱阳，冲气以为

---

① 梁启超：《阴阳五行说之来历》，载《古史辨》第五册，上海古籍出版社，1982，第 347 页。

② 赵士孝：《〈易传〉阴阳思想的来源》，《哲学研究》1996 年第 8 期。

③ 《尚书·周官》载周成王“论道经邦，燮理阴阳”，然属晚书，故不取。

和”方克告成。一则阴阳已具形上性质，其是一种抽象在“上”的，与万物本来先天相分离而为万物后天所必具的，因为万物是后天形成的。二则阳主阴辅。三则万物“冲气以为和”，此冲是动词，而不是所谓阴气阳气之外的第三种气——冲气，冲指的是阴阳作用于气，万物必须以气为质。四则万物只有以气为质料、以阴阳为属性才能生化演习达到“和”的境界。在智者时代，史伯已说过“夫和实生物，同则不继。……故先王以土与金、木、水、火杂，以成百物”（《国语·郑语》），史伯以五材杂成百物，而最终达到“和”的境界与状态，但是并没有揭示内在的宇宙是如何“杂成”的，老子答之曰阴阳而已。从中我们可以看到，原始五行观在老子处已得到进一步抽象发展，而在哲学史上更关键的则是宇宙创生之“质料”因与“功能”因第一次结合在一起。

综上，由形上之道推动质料之气，最终形成形下之器世界。

三　形而上下之反思

此二元之分析，对理解、表达道体是一种极大的进步，它提供了新的概念工具与思维抓手，可以让我们更深刻地理解与表达原始的混沌实体。此提法先秦时期并没有充分地发展起来，其在程度上是初级的，在性质上是价值的，在地位上是辅助的，直至宋儒方才巍峨崇高起来，开出天理之范畴，又引起宋明道学“理→心→气”三者之发展链条，形成一个完整的逻辑圆圈。但是，此二元划分，只是一种可能性的假设，它不仅不是宇宙实体的最后真相，而且其恰恰给真实的世界画下鸿沟，造成隔离与对立。如后世三纲之所以成立，即由此二元论提供合法性。《系辞》云：“天尊地卑，乾坤定矣。卑高以陈，贵贱位矣。”正是以悬设之天象为人世立法，由天象之“天、地→高、下”推论天理之“乾、坤→统率、顺承”，从而得出人世之“贵、贱→君臣、男女（夫妻）、父子……”，从而绵延数千年，贻害无穷。又如后世天理之于人欲，森然相峙，为祸不浅。故此二分，实违背了孔子之一如圆境，则如何敉平之又赖后儒之艰苦努力。

第八节　道体分裂之四：气质之歧出——法儒之出现

所谓气质之歧出，指儒家内部一直有一股决破德性、纯任气质之冲动。所谓法儒，即指出身儒门之法家，前有李悝（克），后有韩非。李悝出子夏，以尽地力之教谋民食，略疏教化，然去儒不远。韩非出荀况，摒道德而宗气力，集法术势之大成，则尤为突出，故本节主要讨论后者。韩非（前280～前233），战国时韩国之公子，愤宗邦之危弱而欲谋富强，“与李斯俱事荀卿”。其出儒因洞其弊，觉道德之迂远无助于乱世之救亡，又博采商君、慎到、申不害之说；其入法而总其成，铸法术势互成犄角，以为战国图存之良途。其理论概言之，驭万民之性情，定君主于一尊。

一　时代背景

儒家与法家，分奉王霸之道，王道者，仁政也，霸道则力政。法家简言之：其理论基础，以趋生避死之人性铸赏罚二柄，以刑名法术外在之压迫打造利出一孔；其对内之统治则行法术势，法以制民，术以驭臣，势则握于人主；其对外之争霸，则富国强兵驱民于农战；其目标乃君主专制，欲权力自上而下贯彻控摄无遗，制万民以奉一人。此种流派，有两大源头：一是中原之传统，此为前代之渊源。首先是姜齐，周初既已滥觞，[①]春秋时又由管仲谋得大发展。其次是三晋，萧公权先生曾予以总结。[②] 二

① 《吕氏春秋·长见》载：“吕太公望封于齐，周公旦封于鲁，二君者甚相善也。相谓曰：‘何以治国?’太公望曰：‘尊贤上功。’周公旦曰：‘亲亲上恩。’太公望曰：‘鲁自此削矣。’周公旦曰：‘鲁虽削，有齐者亦必非吕氏也。’”《淮南子·齐俗训》载：“昔太公望、周公旦受封而相见，太公问周公曰：‘何以治鲁?’周公曰：‘尊尊亲亲。’太公曰：‘鲁从此弱矣。’周公问太公曰：‘何以治齐?’太公曰：‘举贤而尚功。’周公曰：‘后世必有劫杀之君。’”《史记·鲁周公世家》载：“鲁公伯禽之初受封之鲁，三年而后报政周公。周公曰：‘何迟也?’伯禽曰：‘变其俗，革其礼，丧三年然后除之，故迟。’太公亦封于齐，五月而报政周公。周公曰：‘何疾也?’曰：‘吾简其君臣礼，从其俗为也。’”

② 萧公权云：“法家之发源地似以晋为中心，而卫郑为附庸。卫国康叔始封为周司寇。既无周礼之背景，重法复为开国之遗训，则应晚周之趋势而发为商鞅之学，事亦可能。郑介居大国之间，图存之术，刑政长于仁义，子产之褚衣冠、伍田畴已略近法家。而昭公六年之铸刑书则直开任法之风气。宜乎不出四十年而邓析作竹刑，百年之后法家大师申不害复生于桓公之故封也。三晋之环境，尤适于法家之萌长。唐叔所受之法，虽未必为刑书，而昭公二十九年则铸刑鼎矣。足见春秋之世，晋已有任法之风，与郑相似。且晋离鲁较远，而与郑秦接壤。洙泗之礼俗，自难被及。故优施教骊姬谗申生已有‘为仁与为国不同’之语。箕郑对文公问复有‘信于令’‘信于事’之说。晋之再霸诸侯，一部分之原因殆可于此求之。加以公族世卿之衰亡，据现存之记载观之，于晋似特为迅速。及三家分晋，韩、赵、魏争雄于列国之间，于是魏有李悝，韩有韩非，（转下页注）

是儒家之歧出，如上述李悝、韩非之属，此为时代之刺激。[①]

太史公认为孟子“迂远而阔于事情”（《史记·孟荀列传》），其实这毋宁是对战国儒家整体之批评，因为时异势急也。孔门之救世策略，如“为政以德”，如“道之以德，齐之以礼”，如“庶富教”，如“选贤与能”等，皆文质彬彬、渐进改良之和平法，具有超越时空之永恒价值，但在“周失其鹿，群雄逐之”的据乱世中则不一定能快速落实，故春秋已不见用于天下，何况诸侯混战，杀人盈城、盈野之战国。既然儒家此一套和平法不适于时，则为战国量身打造之新方案即横空出世、密集抛出，此即法家也。

韩非学于荀卿而出儒门，就是晓悟此时势之变化。他在《五蠹》中将整个历史分为三个阶段：一是上古之世，人民稀少，猛兽横行，所以有巢氏之圣人出，教人民建构房屋以避之。彼时生食，人民易病，燧人氏之圣人出，发明钻燧取火，此二圣人均得以王天下。二是中古之世，洪水来袭，大禹治水，故王天下。三是近古之世，夏桀、汤纣暴乱，而商汤、周武征伐之，故王天下。既如此，“夫古今异俗，新故异备，如欲以宽缓之政，治急世之民，犹无辔策而御駻马，此不知之患也”。一代有一代之时势与相应之治策，如果还用上古建巢取火之类的旧方法来因应新时代的桀纣问题，肯定一败涂地，同样，在战国之世，再行孔孟之道不是刻舟求剑，即是守株待兔。韩非以庶富教太慢太低效，而最快速高效之道路，即是法术势。

二 理论基础

韩非承接前期法家，其治理方案，正是基于人性（情）的好利恶害、贪生怕死，行赏罚之二柄，成君治之一孔。

《管子》已云：“夫凡人之性，见利莫能勿就，见害莫能勿避。”（《禁藏》）商鞅也说过：“人生有好恶，故民可治也。……夫人情好爵禄而恶

(接上页注)而学兼道法之慎到则出于赵。管仲为齐相桓公以定霸业，‘而齐俗急功利，喜夸诈，乃霸政之余习’。法家思想，于此发端，事诚可能。惟《管子》一书，作者为谁，尚无确论。若乃战国时人所伪托，则难据以断定法家思想先见于齐矣。”见氏著《中国政治思想史》，新星出版社，2005，第20~21页。

① 李悝的真正知音与传人正是商鞅，《晋书·刑法志》在叙李悝著《法经》后，又云“商鞅受之以相秦”。

刑罚，人君设二者以御民之志，而立所欲焉。”（《商君书·错法》）韩非承之反复强调，最详备的则是其《八经》之“因情”，其认为人情有好恶，故应之以赏罚，由此可以建立整个牧民治国体系。

三　具体内容

就法家而言，君臣民乃利益完全不同之阶层，故要差别对待，分别以势术法相对应。

其一，势。此取慎到。所谓势即国家权力，韩非要求君主当牢牢控制之，勿为宵小所浸染。此是充分吸取田氏代齐、三家分晋的历史教训。其对象是解决上层权臣与社会精英，终结封建余孽之觊觎僭越。韩非在《功名》中强调“夫有材而无势，虽贤不能制不肖”，并举例，如将“尺材”立于高山之巅，此短木非有所长，仅位居高位，故可下临深谷。同样，夏桀为天子，之所以能宰制天下，并非由于其贤能，而是势之重也。相反，尧为匹夫之时，甚至不能正三家之众，此亦并非其德行不肖，而是出于他的位卑无势而已。而后，韩非又在《难势》中苦口婆心道：“吾所以为言势者，中也。中者，上不及尧舜，而下亦不为桀纣。抱法处势则治，背法去势则乱。”此即是说，大部分君王不是尧舜或桀纣那样的极端人物，一般都是中人之君，故而对他们来说，抱势就更重要了。另外韩非教君主许多具体固势之办法，如《主道》，此不赘述。

其二，术。此取申不害。所谓术，一是御臣之术，韩非云：“术者，藏之于胸中，以偶众端，而潜御群臣者也。”（《难三》）其具体实施，如“去好去恶，群臣见素”（《二柄》），即君王要深藏自己的好恶，不向群臣暴露任何弱点与可乘之机。二是统御官僚机构之办法，如云：“术者，因任而授官，循名而责实，操杀生之柄，课群臣之能者也。”（《定法》）此是以一套任免、考核、赏罚等办法解决中层之官僚队伍的管理，杜绝其犯上作乱。因为就法家而言，“君臣之利异”（《内储说下》），而且“人臣之于其君，非有骨肉之亲也，缚于势而不得不事也。故为人臣者，窥觇其君心也，无须臾之休”（《备内》）。

其三，法。此取商君。所谓法，即治民之法，此是解决下层民众之统治问题。韩非认为，一则“法者编著之图籍，设之于官府，而布之于百姓者也”（《难三》），此是说，法的性质指成文法，而非旧日习惯之礼俗，要由官府制定，并明确广泛地在社会公开颁布。二则法要公平公正。"法不阿贵，绳不挠曲"，"刑过不避大臣，赏善不遗匹夫"（《有度》），此则充分体现法家治理方式自人情至国法的客观化转向。故太史公亦承认"法家不别亲疏，不殊贵贱，一断于法"（《史记·自序》）。三则法的兑现方式简洁，赏罚分明。"诚有功，则虽疏贱必赏，诚有过，则虽近爱必诛。"（《主道》）四则法的作用强大。他认为"释法术而任心治，尧不能正一国"，正好比"去规矩而妄意度，奚仲不能成一轮，废尺寸而差短长，王尔不能半中"，如果"中主守法术"，就好比"拙匠执规矩尺寸，则万不失矣"（《用人》）；"国无常强，无常弱。奉法者强，则国强。奉法者弱，则国弱"（《有度》）。这里韩非提出一个新问题，如何在一个中下之主的政治常态中求得长治久安、富国强兵？答案就是法治。因为圣主以德，暴君以力，然圣主不世出，暴君亦不必然，故治民当另辟新径。另外，韩非认为法治树立了一个比较客观、普遍、稳定的治理模式。其比较对象，除了道德之外，还有贤能，尚贤的危害在于，如果君主可通过贤臣来治理民众，这样恩惠易为权臣所窃取，任法则直接治理民众，取消中间环节，避免了此风险。

上述势术法三者要配合使用，互为犄角，不可偏废，韩非于《定法》篇中详论申商之弊可知，不赘。

四 法儒之反思

法儒不可视为奸险之小人，其动机均在救民水火、治平天下。李悝身先士卒，有古圣遗风不论，韩非亦是诚悫博大之人。如王先谦认为，韩非乃是焦虑"弱韩危极"，故欲强主，以钳制"奸猾贼民，恣为暴乱"，"肃朝野而谋治安"，故"其情迫，其言核，不与战国文学诸子等"，其目标是"明法严刑，救群生之乱，去天下之祸，使强不陵弱，众不暴寡，耆老得遂，幼孤得长，此则重典之用而张弛之宜，与孟子所称及闲暇明政刑，用意岂异也"。[①] 早期法儒之法，如李悝，偏向于社会规范，晚期如韩非，则重在严刑峻法，因为时代之任务各异，一为开拓，一为救亡。其效果之富国强兵，绝非早期儒家之温吞可比，可谓立竿见影。然一弊除，一弊

① （清）王先谦：《韩非子集解序》，中华书局，2013，第2~3页。

生，作为孔门独任气质之歧出，其病略言如下。

其一，任气质而遗道德。政府之基本合法性来自有效保障民众之生存发展，韩非却以基本生存权作为要挟，驱民入农战，此尤不可恕。儒家素以道德素质优先，辅以法律等外在规范。而法儒完全背离此路线，尽数删除人之道德属性，不仅仅是纯任生理，更是孤注一掷，绑架生理属性，教唆、放纵、鼓舞之，威胁、利用、迫害之，完全背离正义，将群体之生存逼入黑暗之恐怖主义。此争于气力之霸政，实际上又将人类文明拉回丛林时代。

其二，势之批判。太史公云："魏用李克，尽地力，为强君。"① 则李悝之初衷，舍为民衣食外，又务在强君。韩非更不待言，他认为依当时之局势，必须建立起强大之君主国，方可整饬内政、外抗强秦。实际上他们都是注重治国之效率，而又将效率之宝押在君主身上，以君主来犁平乱世、重建太平，然而却不知君权独尊之日，便是另一种治乱循环之始。法儒重视治道之效能而忽略政权之合法，公然对抗天下为公之理念，倡导君主独裁，此乃强据神器，其所谓法治乃极端之人治，因其法乃一家一姓之私法。其不仅柙以牢笼，困民为兽，更将民众独立自由之精神世界尽数删除，降民为机器，纯为君主提供工具，在人间生造出主奴关系。

其三，术之批判。正是君主为大盗，窃天下为己有，故又引起诸多小盗之效仿，则此种御臣之术，君王层层设防，向下监视压迫，一旦没有利用价值便兔死狗烹，将臣子一网打尽，故权臣亦势必予以反制，层层伪饰，向上窥视，一有机会便巧取豪夺，谋而代之。相比而言，儒家强调忠，忠于公事，忠于公共权力之职位，而非某个具体的个人，由此还原政治之公共服务与管理之本质，方可跃出死局。

其四，法之批判。韩非在《显学》中认为，法律与道德之区别，于性质而言，道德鼓励行善（社会认可之善），法律禁止为非（君主所定之非）；于对象而言，法针对绝大多数的民众，德则针对少数优秀者；于效率而言，法简单、快捷、高效，外在限制调整，整齐划一，德则强调潜移默化、从内而外、缓慢的自我控制，由点到面的过程。然而韩非之法治，固然有其一视同仁、清晰明快之优点，其客观性又超出基于血缘、地缘之

① （汉）司马迁：《史记》卷三十《平准书》，中华书局，1959，第1442页。

习惯法，短时内效果明显。然其最主要的问题是将天下奉为君主一家之私器，而非三代以上无法之法，此详见黄宗羲《明夷待访录·原法》。

其五，为政之结果，混淆战时急救与和平建设。战国时势危急，故以富国强兵为指导求生存、务发展，此是战时之急救法，不能否定之。然法儒眼界短，以战争代和平，认此为万世法，则埋下大乱之根。如此急功近利的结果，必然是孔子所说之“民免而无耻”，严刑峻法并不能完全禁民，否则历代革命也不会发生，只要君主之私法稍有漏洞，御用之压迫力量稍稍变弱，民众即会揭竿而起，秦二世而亡即是明证。故法家之政只是饮鸩止渴，以透支民众之生力元气为代价，我们若将一邦国族群之历史拉长至百千年比较，自可现其优劣。

第九节　道体分裂之五：仁性之歧出——孟荀以王者为圣

若论我国文化超越之符号，则畏帝、敬天、拜神、法祖（鬼）、圣王崇拜是为典型概括。帝、天、神、鬼几种人伪（伴生）道体，就儒家而言皆能存而不论，敬而远之，保持理性与情感的动态平衡，唯圣王一道却有歧出。圣为仁之至善，其歧出有三层发展：一是将孔子奉为圣人；二是塑造道统，形成圣王崇拜，将人类生存发展完全归功、羁系于圣王；三是由圣者为王转而承认现实中的王者为圣，末一点即为歧出。对儒家而言，圣人为一理想人格，最好不要落实至具体个人，以保持其超越性。但是即便落实到具体个人，形成圣王之道统也可以接受，毕竟此道统诸圣以不世出之德才对人类做出最为杰出之贡献，亦有相当之超越性。然而最终由圣王歧为王圣，沦为为尊君张目，又远悖孔门之初衷。

一　何为圣人

圣字本义具有神秘性，指可以沟通神灵者，乃巫觋文化之遗物，此详见第三章第三节，孔门改造之，使拥有新的内涵与评定标准。若论圣人之内涵，则孔门不语怪力乱神，圣人乃超越早期神圣个体聪明神通之表象，孔子将之设定为仁的完成，即个体之人甚至是智慧生物所能达到的最完满状态。故孟子以为尽伦，荀子所谓尽制，即内圣而外王。所谓圣人，或曰圣王，以朱子形容孔子之语乃“赤骨所立之天理”，或“上帝”在人间之具体而微者，其代天理物，使天地位焉、万物育焉。

至于圣人之标准，须有体有用，其耳目之聪明只是“小体”而已，还需挺立道心，与命与仁，在现实世间安排苍生之秩序，最终参赞化育。故孔子认为，“如有博施于民而能济众”，则“何事于仁！必也圣乎！尧舜其犹病诸！”（《雍也》）参赞化育是人类永恒之使命与责任，故圣人其实是一种理想状态、价值设准，不能落实在具体的人间的某个人或某个“职分”上，否则，圣人即被具象，便失去了对现实之批判力以及对理想之召唤力。孔子深明此义，故云“圣人，吾不得而见之矣”（《雍也》）。而且孔子非常清醒，虽然提出并塑造了圣人标准，然自知无治平天下之功、博施济众之业，不当忝列圣位，故言“若圣与仁，则吾岂敢”（《述而》）。

二　圣王崇拜之成因

人间圣化现象形成之原因主要有以下五点。

其一，自人性之崇拜强者而言。此是出于弱者对强者——魅力型领袖奇里斯玛（charisma）——的崇拜与自愿屈服、追随。尤其在据乱世中，弱者命运悲惨却无力改变，故或幻想弥塞亚来拯救，或幻想通过宗教途径去往彼岸极乐，或幻想有一全能式人间强者来带领自己及同类去革命，过上如愿生活，此后者即是圣王。

其二，自人格神之退隐而言。周初出于对帝天不可捉摸之恐惧与疏远，故以祖先亲近之，至东周智者时代，贤达又以理性知识来解释世界，人间运命亦被修德所化解，则诸神隐退，最高权威在人间处于一种历史的暂缺状态。此时便由儒家用传说中的古圣王及时补上此位。因为古圣王以其不世出的德才对人类社会有极大的贡献，与殷周相比，仿佛是至上神在人间的真正代表，其更能遥契人格神的伟大。孔子之时，天则自然、超越、义理兼有。至后学则建立了一个宇宙的“权力—秩序”网，其中孟子倡价值之天，荀况主自然之天，《易传》则使之形上化，三者同时消解其超越性，从而促使了人间圣王的“天化”，最后发育为圣人崇拜。

其三，自英雄人物之作用而言。在“层累地造成的中国古史”之背景下，几乎所有的人类文明，均被假托于某些上古英雄圣王之创造或引领，如《易传》歌颂伏羲、神农、轩辕、后稷、大禹等先圣王之丰功，庄子、韩非则歌颂有巢氏、燧人氏之伟绩，此皆众所周知，不赘引。

其四，自圣人之超越性而言。孟子曰：“五百年必有王者兴，其间必有名世者。”（《公孙丑下》）又认为舜乃东夷之人，文王乃西夷之人，时空相隔甚远，但由于道的普遍性，圣人超越时空而不断出现，“得志行乎中国，若合符节。先圣后圣，其揆一也”（《离娄下》）。

其五，自天赋之先知而言。孟子云：“予天民之先觉也。”又云“先知觉后知，先觉觉后觉。”(《万章上》）天地之性的苏醒，唯自觉他觉。自觉者为先知，他觉者依先知。此类先知先觉在实践中未经明显的理论学习或老师传授而体悟大道，将良知良能自潜存发用为现实。故先知先觉对人类之文明厥功至伟，历史的许多大跃升是由先知来推动的。当然，承认先知对人类文明的推动作用并不等于无条件接受其成为君王，更不意味着默认王者为圣。

三 七十子及后学圣化孔子

圣王歧为王圣之演化，迄自七十子。孔子既殁，七十子之徒，既不能超越仲尼（或仅有一体，或具体而微），又要维护师尊（反击污毁孔子实属正常），则弟子已经开始圣化孔子并开始圣人崇拜。如《论语》载子贡曰：“无以为也！仲尼不可毁也。他人之贤者，丘陵也，犹可逾也；仲尼，日月也，无得而逾焉。人虽欲自绝，其何伤于日月乎？多见其不知量也！”(《子张》）《孟子》亦载，宰我曰：“以予观于夫子，贤于尧、舜远矣。”子贡曰：“自生民以来，未有夫子也。”有若曰：“自生民以来，未有盛于孔子也。”（《公孙丑上》）七十子后学承此路线，将孔子圣化。以孔子之境界与贡献，立为一文化之圣人殊为平实，然不论其持何种立场与动机，如此做还是违背孔子对圣人之界定以及孔子视圣人为理想人格之初衷，而且一旦将圣“位”归于具体的个人，就立即引发层层下坠，最终孵化出意想不到的圣王向王圣之歧出。

四 孟子“格君心”之王圣转向

其一，道统圣化。道统实由孔子开启，本极庄严伟岸，请参第十四章第三节，其形式化则由孟子开始。一则孟子出于辟杨墨、为儒家辩护之立场，整理上古传说，塑造出儒家尧、舜、禹、汤、文、武、周公、孔子之道统诸圣，此是以“历史”证实圣人可修证而成，并以超越时空出现证实圣人之普遍性，然则圣人如北斗，为现实世界指示理想之方向。但是其弊端则是将圣人此一理想之超越人格落实至具体、现实之个体，不仅有悖孔子“尧舜犹病诸”之立场，而且此个体更与君主相结合，从而引发层层之下坠。二则将圣人王化。孟子鼓吹圣者为王，道统诸圣皆是人间之王者，孔子有德无位也被世人公尊为素王，圣人最宜为王，此无问题，然圣王一体，二者捆绑的危险就在于滑向承认王者为圣，圣王变为王圣，此正为荀子所落实。三则提出治乱循环，并将打破循环的希望寄托在圣王身上。孟子对于古史虽杂私说，然亦极有洞见，如首出治乱循环之说，言“天下之生久矣，一治一乱”（《滕文公下》）。然孟子只是描绘此治乱之表象，所反思之病因仅为暴君代作，给出的解决方案又是五百年必有王者兴。荀子也有类似之治乱循环，千年必复。此与《中庸》“人亡政息”相类，世道完全系于人为，历史完全靠二三圣王来推动。他们对于人类历史发展的深层原因没有反思力，一直在等待明君圣主之出现，自然更不能提出解决方案。当然，此非先秦巨子之个案，更是历代儒家之共业。

其二，“格君心”之王圣转向。战国时君权上升，君主之中央集权已呼之欲出。孟子虽有“民贵君轻”震烁万古，同时也有“格君心”之无奈转向。一则开始承认王者为圣，作现实考量，将圣人具体落实在人间的“职分”——君王上。孟子引《尚书》“天降下民，作之君，作之师，惟曰其助上帝宠之，四方有罪无罪惟我在，天下曷敢有越厥志”（《梁惠王下》），从而认为：“霸者之民，欢虞如也。王者之民，皞皞如也。杀之而不怨，利之而不庸，民日迁善而不知为之者。夫君子所过者化，所存者神，上下与天地同流，岂曰小补之哉！”（《尽心上》）虽然此是不得已之现实考量，但也是对“圣者为王”的一大歧出。二则具体表现为格君心以得君行道。孟子一边说“说大人，则藐之”（《尽心下》），强调士之自尊，一边又四处干君，以格君心。如云：“惟大人为能格君心之非；君仁莫不仁，君义莫不义，君正莫不正；一正君而国定矣。”（《离娄上》）至于其与梁惠、齐宣、滕文诸事，不做具引。在彼时的时代条件下，治道发动力全在君主，故孟子格君心，视君主为人间政治之核心动力，此是圣王向王圣转化之实质步骤。

五 荀子之王者为圣

至战国末，君主专制已摆脱幼儿至少年，天下一统之势甚明，则荀子拥君色彩极为浓厚。

其一，安排圣人在人间之至上位置。一则荀子假托孔子之口，将生人分为庸人、士、君子、贤人、大圣五类，圣人居于人类排序的最顶端。其云："所谓大圣者，知通乎大道，应变而不穷，辨乎万物之情性者也。大道者，所以变化遂成万物也；情性者，所以理然不取舍也。是故其事大辨乎天地，明察乎日月，总要万物于风雨，缪缪肫肫，其事不可循，若天之嗣，其事不可识，百姓浅然不识其邻，若此则可谓大圣矣。"（《哀公》）这样的人，与其说是圣，毋宁说是神。二则认为圣王具有最高智慧、能力。其云："圣王之用也：上察于天，下错于地，塞备天地之间，加施万物之上，微而明，短而长，狭而广，神明博大以至约。"（《王制》）

其二，认为圣王创造了人类生活与社会组织。其云："百姓之力，待之而后功；百姓之群，待之而后和；百姓之财，待之而后聚；百姓之势，待之而后安；百姓之寿，待之而后长。父子不得不亲，兄弟不得不顺，男女不得不欢。少者以长，老者以养。故曰：'天地生之，圣人成之。'此之谓也。"（《富国》）天地生万物，圣人代其理治，使此万物之生得以遂成，以完成元亨利贞。然而这绝对不是孔子的原意，孔子舞雩之"老安少怀"，与此仿佛，但也只是强调民众的自由生长，并非出现圣人力量的垄断式投射。具体而言，荀子认为圣人对人类社会之贡献如下：圣王制礼为政（《性恶》），作民之师（《修身》），兴仁义之兵为民除害（《议兵》），为政效果极佳（《正论》），得到民众的普遍拥护，"故民归之如流水，所存者神，所为者化"（《议兵》）。

其三，认为圣人拥有诸多特权。一是唯圣人才能拥有天下、作天子，如云："故非圣人莫之能王。"（《正论》）二是认为圣王享有终生的最高权力、最优渥的物质待遇。如："知夫为人主上者，不美不饰之不足以一民也，不富不厚之不足以管下也，不威不强之不足以禁暴胜悍也，故必将撞大钟，击鸣鼓，吹笙竽，弹琴瑟，以塞其耳；必将雕琢刻镂，黼黻文章，以塞其目；必将刍豢稻粱，五味芬芳，以塞其口。然后众人徒，备官职，渐庆赏，严刑罚，以戒其心。"（《富国》）《荀子》此类描述极多，此不赘引。

荀子之尊君说得极为堂皇，认为人间无圣君则民众弗能活，而让圣君过好则是为了更好地治理民众。此说与孟子“民贵君轻”相比，真不啻霄壤。上述之圣王，就是降临于人间的神。事实上，《荀子》也是如此称谓的，“如是，百姓贵之如帝，高之如天，亲之如父母，畏之如神明”（《强国》），“夫是之谓大神”（《王制》）。荀子认为圣王——人世间的导师与君王，是人类文明的永恒发动机。故荀子之圣王崇拜，实是孔子圣王思想的歧出，与法家丛林法则下的独尊君主并无二致。故清儒说二千年之政乃荀政，并未冤枉他。[①]

① 梁启超:《论支那宗教改革》，载《饮冰室合集·文集》第一册，中华书局，1989，第54页。谭嗣同:《谭嗣同全集·仁学》，三联书店，1954，第54页。

第三章　实体·性体

上章言道体，重在天，本章则言性体，重在人，故与前章的人道有别，人道曰和是综合体用说人，整体地分析人的能力与分化类别。本章则主要说人性，在儒家的视域中，并未否定神性，只是为仁所融，是为存神显仁，故而主要讨论人的其余三大属性，即天地之性（仁）、气质之性（气）、智识之性（智），此三者组成了以仁摄智、以智助气的“性三品”。

先秦儒家性体之发展，孔孟荀说人性，越来越具体。孔子说性近，同是一己，已含二性；孟子精说在我、在外，又涉及才、智；荀子则详细许多，不仅说到材，即质料，又说到智识之性，对心之讨论亦甚见精微，涉及志意、知虑、血气、德性等，所谓材性知能。

第一节　性体正义之一：何为性体

春秋战国时代流行的若干抽象名词，在甲骨文中，往往毫无迹象，如仁、爱、性，其在周代，有一个演进发展之过程。

一　释性

于理而言，道体为生，性体亦当为生。于迹而言，甲金无性字，先秦多以生训性，故性者生也。

其一，生字意义之演进。生，篆文作[illegible]，《说文》云：“生，进也，象草木生出土上。”① 《广雅》云：“生，出也。” 《广韵》云：“生，生长也。”《诗经·小雅·信南山》云：“生我百谷。”则生字当取意于草木由地下生发长出，此为造文初义。后引为生命，始见西周金文，迄今最早一

① （东汉）许慎：《说文解字》，中华书局，1963，第127页。

例是恭王时《史墙盘》铭文："烈祖文考弋贮，授墙尔□福怀祓禄，黄耇弥生，龛事氒辟，其万年永宝用。"[①] 王国维云："《卷阿》云'俾尔弥尔性'，《传》云'弥，终也。'案《龙姞敦》云'用蕲眉寿，绾绰永命，弥厥生'，《齐子仲姜镈》云'用求考命弥生'，是弥性即弥生，犹言永命矣。"[②] 后来生更衍为生活之义，已极常见，不赘。

其二，性字之义。《说文》中，性字篆书作𢘓，许慎解云："人之阳气，性善者也。从心，生声。"[③] 先贤造字，以心加生成性，断非许慎所云之阳气，而是表示存于本心的生生之机。一则性字初义表生命，此是道体下贯性体的第一义，特别指代具体的、个别的生命。二则引申义表万物的特性，此已是道体下贯性体的第二义，自实体中有了一层抽离，此中又特指人的规定性。故儒家说性，并不是仅仅局限于这种平面的生，而是欲立体地，将人性之源头提起来，立在天道之深远宏阔处，"则天之明，因地之性"（《左传·昭公二十五年》），故这个生，是人承道体，自生生人，成己成物，此方是人之生的本义。

二　天人直贯

宇宙创生的下贯与分殊分为三个阶段，独化之宇宙曰道体，其化生之万物曰性体，其开显之人心曰心体。此处言道体化生万物之过程。

其一，自然生成论。人的形成，儒家持一种自然生成理论。认为人在天地中，天生地养，自然而然所生成者，绝无上帝创世、盘古开辟之神话。故孔子直接说"人之生也直"，此处之直，一是直接而不折曲，本是自然之直生，不劳神怪之曲说；二是道体向下直贯之义；三是源源不断、源泉混混，有本有体之义。《中庸》云："天命之谓性。"郭店简《性由命出》详析之云："性自命出，命自天降。道始于情，情生于性。"这就构成了天→命→性→情的天人直贯之系统。天即是宇宙道体，命即生命，原义上的性体，性即经分解后的人性，情是性发物应之情感（情与心物有关，第四章心体详析）。

---

① 王辉：《商周金文》，文物出版社，2006，第147页。

② 刘翔：《中国传统价值观念的诠释——以"生死"与"命"为中心》，载《传薪集》，北京大学出版社，2004，第95~101页。

③ （东汉）许慎：《说文解字》，中华书局，1963，第217页。

其二，气矿植动阶进论。先秦诸子有一种说法，认为气、矿物、植物、动物的演化并无阶级，而是平行的，如《列子·说符》云："天地万物，与我并生类也，类无贵贱。"儒家却与之相反，认为人是气矿植动阶及而来，为天地演化之最优秀者。如《礼记·礼运》云："故人者，其天地之德、阴阳之交、鬼神之会、五行之秀气也。……故人者，天地之心也。"《荀子·王制》亦言人"最为天下贵"。

三 两层分离

其一，天命普降。春秋言道体之下贯义已云："民受天地之中以生，所谓命也。"（《左传·成公十三年》）这种天命不是针对某人或某族群，而是普降的，故在儒家的立场上，当持"人皆可为尧舜""涂之人为禹"，也可以承认先知觉后知的差异性，但是绝对不会认同"上帝选民"之类的说法。

其二，首出庶物。第一层分离，天与物的分离，天圆满，物有未尽；第二层分离，人与物的分离，人苏醒，尽心知天，是为"首出庶物"。

其三，两层分离。前言道体生生，品物流形，乃是综人物而言。性体一词，已是降在第二序列，指万殊（第一层分解，或曰分殊，是道体至万物，各成个体，是为性体），万殊本来是实体与功能兼备，然为了剖析清晰，性体即有两层分解，一是特指本质规定性，二是特指人的本质规定性。故专就人论之，则道体分有（下贯）而赋成人者则为性体，即性体主要说的是人的规定性。

四 先天后天

天地之性，此是先天之道德，道体贯于人者，是超越而又在场者。气质之性则是先天之生理属性，智识之性则是先天之认识理性。而后天之性，即指源于先天能力的、在后天环境中培养而成的社会属性。如《荀子·劝学》云："干、越、夷、貉之子，生而同声，长而异俗。"这个异俗，就是后天环境所造成。故《荀子》的化伪之性，是后天习染综合而养成，已非性体，虽然它不能脱离先天性体所筑就的轨道。其甚者，大部分时间人表现出来的是制度属性，此又是社会属性中较为集中者。

在思孟体系中，天地之性→道德之性，皆是先天属性；荀子体系中，气质之性→化伪之性则是社会属性。故而虽然荀子也认同道德性，但这种道德已是后天的社会性，与思孟不同。性体之性，乃是先天之性，不讨论后天之性。

第二节　性体正义之二：天地之性曰仁

《论语》言仁达109处之多，自孔子楬橥，仁遂成为儒家标志性概念，儒家以仁来概括人之规定性。

一　何谓天地之性

天地之性，即完满的道体所赋予人者。此概念出自《左传》，[①] 后为道教所承，宋儒又援引之，遂成为儒家术语。[②] 其有以下几个特点。

其一，共生共荣。所谓天地之性是源自天地、人物共享之性，故共生共荣。天地之性具体而微至万殊，亦是百分百完满，只是透显程度不同而已。如草木禽兽皆负阴而抱阳，其生机于人无一丝逊色。只是由于气质材料的局限，人物对此共性的透显程度不一样，人为天地之心，能尽心知性知天，即尽得之，而矿植动物则各有遮蔽，不能尽显。

其二，良知良能。此性于人，即孟子所云之“良知良能”，“人之所不学而能者，其良能也。所不虑而知者，其良知也”（《尽心上》）。此处之良，当训为大、至，此天地之性是人之大知、至能。

其三，潜存与现实。人是凭天地之性方才自万物的气质之性中一跃而出。但这个天地之性普降在各个人身上，又往往处于潜存状态，故凡庸多是凭气质之性来衣食住行、柴米油盐般生活着。然或因己悟，或由外缘，可能有一天，此性苏醒，则由潜存变而为现实。我们以孟子所述的舜为例来看：“舜之居深山之中，与木石居，与鹿豕游，其所以异于深山之野人者几希。及其闻一善言，见一善行，若决江河，沛然莫之能御也。”（《尽

① 《左传·襄公十四年》云：“天之爱民甚矣。岂其使一人肆于民上以从其淫，而弃天地之性？必不然矣。”

② 宋初道士张伯端云：“欲神者，气质之性也，元神，乃先天之性也。形而后有气质之性，善反之则天地之性存焉。”《正统道藏·洞真部·方法类·玉清笥青华秘文金室内炼丹诀》卷上第八（参侯外庐、邱汉生、张岂之主编《宋明理学史》，人民出版社，1984，第112页；龚杰《张载评传》，南京大学出版社，1996，第17～18页）。后张载、二程借用之。

心上》）舜居深山之时，就是人类的早期，也就是庄子的理想社会，与野人即未开化的人形动物无异，但是某日天地之性启动，则开始了翻天覆地的变化。

此天地之性，孔子以仁来表述之，又名之为德、为诚，不再赘述。

二　仁之形义

关于仁的字形字义之源流演变，前辈今贤多有论述，[①] 愚据之略疏如下。

其一，仁之字形。《说文》记载了三种仁的字形：一是“小篆作仁，亲也。从人，从二”；二是“忎，古文仁从千心”；三是“𡰥，古文仁或从尸”。[②] 结合甲金竹简，综言如下。一是主要字形。甲骨文中的“仌”，当是仁字初起字形之一，乃人之重文，后重文标为“二”，后世遂误以仁字为从人从二。西周晚期《夷伯夷簋》、春秋早期《鲁伯俞父簠铭》、战国中期的《中山王鼎》均已出现从亻从二的仁字，此字形成为后世主流。二是其他字形。因尸、人同义，故此字后来又写作𡰥，从尸从二。[③] 儒家素重心性，如郭店简中大量名词均加心字底，以表示从心之义，故仁字又被写作从尸从心，尸人同义。后又转写成“上身下心”，此“身”字后又误为忎，从千从心。[④] 后来这些字形逐渐消失。故仁的字形演化如下：仌→从人从二→从尸从二→从尸从心→从身从心→从千从心。

其二，仁之字义。综各家所说，仁字本为东夷旧俗，意指亲亲尊尊，[⑤]

---

① 武树臣：《“仁”的起源、本质特征及其对中华法系的影响》，《山东大学学报》（哲学社会科学版）2014 年第 3 期。

② （东汉）许慎：《说文解字》，中华书局，第 161 页。

③ “带有重文符号的［尸二］字形见于《兮甲盘铭》和《睘卣铭》，也可能是‘仁’字的一种过渡字形”，见武树臣《古文字中的“仁”》，《殷都学刊》2015 年第 1 期。

④ 白奚推测“千”应当是“身”字的省变，见白奚《仁字古文考辨》，《中国哲学史》2000 年第 3 期。

⑤ 许慎云：“唯东夷从大，大，人也，夷俗仁，仁者寿，有君子不死之国。”见（东汉）许慎《说文解字》，中华书局，1963，第 78 页。庞朴先生考证，仁原写作尸心，尸即人，隶定不同，故古仁字为尸（无心），原为东夷之族风。义在亲亲尊尊。至子思时代，儒家有一大发展，一则将字形从心，由尸心变为身心（有的省略被误读为千心），二则将此概念由东夷一部落扩充至天下人之于普遍价值。此见庞朴《“仁”字臆断——从出土文献看仁字古文和仁爱思想》，载《寻根》2001 年第 1 期。梁涛先生则总结了比较有代表性的仁字说法，认为古仁字有二，一作𡰥，一作忎。因尸人同形，故前者发展为现在通用的仁，从人从二。后者即自爱、成己之义。故二者爱人、成己，是为仁之内涵。见氏著《郭店竹简与思孟学派》，中国人民大学出版社，2008，第 60 ~ 68 页。

后来方超越东夷一族而至天下，超越血缘一隅而至普世，成长为道德之一目。爱人、亲人是仁字最普遍常见之义，上引金文外，典籍所载极众。如《诗经·郑风·叔于田》云“洵美且仁”；《左传·昭公三年》云“仁人之言，其利博哉”；《国语·周语下》云“言人必及人、爱人能仁”。

其三，仁之本质。以上均由字源入手，延至伦理、政治之事，未及道体之存有层面，下面我们便深入或曰提撕地来解仁之极本穷源义。一则仁是人的根本规定性。孟子曰：“人之所以异于禽兽者几希。”（《离娄下》）又曰：“仁也者，人也。合而言之，道也。”（《尽心下》）所谓人禽之别，不在感性、理性等天性，不在语言、工具诸能力，亦不在生产方式、组织社会等特征，此等方面人与禽兽只有量的等差而无质的区别，人所擅者，禽兽亦能为之，此类事例极多，无须赘引。人之唯异于禽兽者，是他们能苏醒过来，理解自己在宇宙间的地位、作用与意义，责任、义务与权利，从而超越物种的天堑，去服膺天命，担当责任，去修齐治平，代天理物，去参赞化育，安排苍生的秩序。相比而言，庄子所云“落马首、穿牛鼻”未行之时的自然人性，其实正与禽兽无二，并非人禽之别，更非人的根本规定性。借用庄子“吾丧我”，如果这个世界，我们不能理解并践履意义与价值，那我们只不过是它的奴仆，永远等同于禽兽，再厉害也是一具智能机械，而非主人翁。二则以生、爱释仁。仁，以性言之，则曰生。仁训为生，乃彻上彻下之终了义。《易传》云“天地之大德曰生”，故此生生不息之天道贯于人性，依是一个生字，以生释仁最好。后儒举果仁、麻木不仁之例，此亦甚好。仁便是种子意，种子便浑是春机、全是生意，活泼泼的。故曰：天人内外，仁义礼智，生也。仁，以情言之，则曰爱，爱之而欲之生。父母之爱子女，甚至可以舍却生命，以让他们成长。又如养宠物、莳花草，均是此意。故这个爱心推出去就是为天下苍生谋永福。所以，孔门以仁标明人最本质的特征，就是以仁生天生地，参赞化育，彻上彻下。

三　仁之发用

仁是天地之性，故袭有道体的所有特征，即是生心，即是公心，即是真实不妄。其发用则有以下几层。

其一，如何行仁。仁曰生曰爱，如何行仁，则曰忠恕。忠恕是一贯之道，是一个可以普遍立法的形式性原则。孔子在《论语》中提出“忠恕观”。子曰：“参乎！吾道一以贯之。”曾子曰：“夫子之道，忠恕而已矣。”（《里仁》）其中“忠”即“己欲立而立人，己欲达而达人”（《雍也》），“恕”即“己所不欲，勿施于人”（《卫灵公》）。此处舍去对忠恕二者关系之讨论，而将之视为一整体，从而得出此“忠恕观”体现了三个原则。一是独立的主体原则，在承认主体自身价值的前提下将自我价值与他人价值的实现相统一。首先，己所不欲表明此主体拥有不欲被伤害、侵占、剥夺之权利、价值；其次，己立、己达表明此主体有立、达人生价值之天然权利、价值；最后，此主体有勿施于人的道德义务。二是推己及人原则，将主体道德内涵的权利与义务相统一。一方面保护自己、他人的权利、价值不受伤害；另一方面在成就自己的权利价值的同时有帮助别人实现价值的义务。三是心理感受原则，将主体主观心理感受与外在的伦理规范相统一。一方面己所不欲：自己有不想被别人侵犯的价值与利益，着重点在“欲”上，己心之发动；另一方面立人达人：自己有想要立与达者，同样着重于“欲”。综此三者，“忠恕观”将主体价值之实现立于人的心理基础上，使主体道德权利义务之统一与帮助别人相统一，即成己与成人相统一，且只有在后者完成的前提下前者才算最终完成。忠是立人达人，忠是天地之性。恕是勿施于人，恕是气质之性实行的原则。仁者忠恕，能尽恕者，便是忠始。忠是天地之性，立人达人。恕是控制气质，使成为普遍适用之立法原则。推己及人，主体道德尚具有“忠恕”之向外的兴发力，道德之源泉动力既在自身，则人自可充分发挥其主体性，行“忠恕”之道。

其二，仁之本末。就孔门义理而言，仁是体，为仁是用。仁性本为爱、为生，仁体之发用，则为爱人、生物。仁者生生之心无大小，然爱之发用有差等，故义之推行亦有远近，而终其目的，则包举天人，遍该万物。仁是爱心，义是推心，礼是敬心，智是分别心，故而能够从内而外推出来。整个体阶段，就是一个仁心在做工夫，这个仁心即是忠恕，己立立人己达达人，己所不欲勿施于人。于此克制私欲，反躬天地仁性，再对越道体，抵达天命流行境。在用中亦如此，就是一个仁心在作用，分解为不同的角色，彰显不同的功能而已。知性知天，推发出去，从亲人至外人，至天下人，至动植物，再至泛天地宇宙而言，也就是仁民爱物。故此发用之始终，乃一同心圆：我→宗（家）族→乡党→邦国→天下→万物→天。仁心之第一层修身，第二层齐家，第三层化乡，第四层治国，第五层平天下，第六层参赞化育。因为仁首先是血亲内部的天然情感纽带，故事亲是仁体发用初始阶段之重。故《论语》云“孝弟也者，其为仁之本”（《学而》）；《中庸》云“仁者，人也，亲亲为大”；《孟子》云“亲亲，仁也”（《尽心下》）。而后是推己及人于社会层面，故《论语》云“仁者爱人”（《颜渊》），“以友辅仁”（《颜渊》）；孟子云“怀仁义以相接民”（《告子下》），“为天下得人者谓之仁”（《滕文公上》）。参赞化育是仁体发用之目标，孟子云“亲亲仁民爱物”（《尽心上》），只有在爱人与爱物共达，仁方最终完成。此如《中庸》云“致中和，天地位焉，万物育焉”，即“一日克己复礼，天下归仁”。只是孔子说人，子思人物并进至天位。

第三节　性体正义之三：仁生诸德

在仁的基础上，先秦儒家又发展出仁义、三达德（仁智勇）、四常德（仁义礼智）、五行德（仁义礼智圣）等几种说法，为行文简洁，此处只略述义、智、勇，余下德目，分解于其他章节。

一　义、义之内外与义利之辨

义、礼、智，这三个范畴本来都是外在者，直至孟子才开始使之内附于心。

其一，孟子之前“义”的字义衍化。此处之前指逻辑在前，即义内之前。一是义之初义。义正体作義，是仪（儀）之本字，甲骨文作義（郭若愚《殷虚拾掇》2.49），由羊和我组成，羊字头表祭祀，“我”即戉（钺）表征战，正合《左传・成公十三年》所云之“国之大事，在祀与戎”，则义之本字表示神圣的征战仪式。后由此崇高、神圣、吉祥转成正义、道义、意义等，表示一外在之标准，如《诗经・大雅・荡》云“而秉义类，强御多怼”，义为善。二是义外。义在儒门，首先表示一种外在行为的合理性、正当性，即后来韩子所谓“行而宜之”，这在孟子之前乃是共识。如孔子云：“（子产）使民也义。”（《公冶长》）后来此义又被用来与仁并举，分称内外，形成仁内义外的模式，如《郭店楚简・六德》：“仁，内也。义，外也。”此义外，彼时为诸家所共持，如《管子·戒》云：“仁从中出，义从外作。”《庄子·杂篇·天下》云：“以仁为恩，以义为理。”《孟子》某些章节亦有此义，如《公孙丑上》云：“内则父子，外则君臣。父子主恩，君臣主义。”故与孟子同时之告子持此观点即不足为奇。

其二，义内。然至孟子则有一转向，将义内纳于心，认为义乃仁之推发，而后行而宜之，仁宅义路礼为门。孔子说义时，已经留有此线索，如“君子喻于义，小人喻于利”（《里仁》），“见利思义”（《宪问》），“见得思义”（《季氏》）。思孟一系开始纳义归心。我们可据《告子上》所载孟告之辩来看此变。告子以自己感受的形成来源分界，凡是由自己内心发出的感受，是为仁内；相反，仅仅是出自对对象特征之采集，如年长、肤白之类，则为义外。孟子则提出伦理价值判断，区分人性与动物性。我们在讨论马这些非人的对象时，固然可以用比较客观的态度来对待，采集其客观数据与特征，但是我们在讨论自己——人的时候，就不能将这些特征单纯视为冰冷之数据，而应将之纳入伦理道德。皮肤之黑白，就人与马而言，勉强可说是无区别的，然而长幼之序与肤色不同，其属于伦理价值之分判。盖孟子认为，事物的自然特征与人的伦理道德属于不同的领域，后者是人的本质特征，故由此推出义内。

其三，义利之辨。儒家容易给人留下反利之迂阔印象，实际不然，儒家的义利之辨有以下内涵。一则义利以公私区别最分明，义指公义，利指私利。前言仁乃众生而非独生，则义就是此众生之如何可行，则其标准即是兴公利除公害，兴公利为义，私而妨公则为害。此是周人之共识，如《左传·昭公十年》晏婴云：“义，利之本也。”儒家据此而言义利，则无甚迂阔，皆是天经地义之理。如孔子云“君子喻于义，小人喻于利”（《里仁》）；孟子反复说“何必曰利”（《梁惠王上》《告子下》）。二则义利以生生言，最妥帖。利是气质之性，每个个体都倾向自我生存与发展，此是天性，不可批判，然一味追逐私利而伤害他人利益乃至公共利益，以独生害他生则为过。故儒家从不否定个体之利，只是要将之纳于公义的统摄之下。义则是天地之性，以共生为目标，故《中庸》云“义者，宜也”，义是应该如此，是绝对判断，是普遍的道德立法原则。所以孟子解义正接着《中庸》说，义是推心，由己及人，由人及物，从而使宇宙万物各遂其生，完成其正命，元亨利贞。所以，我们以生以公来深入儒家血脉，则投刃皆虚，判定特清晰。

二　其余德目

其一，三达德。此即仁智勇。如《论语》载：“仁者不忧，知者不惑，勇者不惧。”（《子罕》）《中庸》载：“知、仁、勇三者，天下之达德也。”这里的智，是明乎仁，而勇，则是行仁，是践行之德，故仁者，爱人，无我，满心而发，皆是生人成全之意，焉有戚戚之忧哉。勇者，此非血气之刚，乃有本者，即谓仁义之有诸己，故能盈科后进，浩浩荡荡，如鱼龙游于江海，沛然莫之能御。仁者通过对自身德性生命的打通，从而率智（纯粹理性，不同于仁义礼智之智）、勇（庄严之进取精神）；上接灵性，以服膺天命；下安生性，以调适生命；从而安顿苍生万物之性命。

其二，四常德。孟子并言仁义礼智，此即四常德。此四性之间并非并列平行之关系，而是本于仁性，是为逻辑有上下，时间无先后，形成“爱→推→敬→别”之关系。一则仁是“爱及不爱”，因为首先“仁者爱人”（《离娄下》），其次“仁者以其所爱及其所不爱”（《尽心下》），所以必须由所爱达于所不爱才算是仁之真正完成。二则义是“不为达为”，因为“义，人路也”（《告子上》），义的要求即是落实仁，具体是“人皆有所不为，达之于其所为，义也”（《尽心下》），此正是孔子“推己及人”、孟子“推恩”之“推”也。三则礼是“相互尊重之道德契约”，因为“礼之实节文斯二者（仁义）是也”（《离娄上》），“礼，门也”（《万章下》），义是仁心之路，则礼在逻辑上又比义上了一层，是节制仁义二者使之“文”者，乃是仁心之发生由“爱及不爱”“不为达为”之过程中，需经的人之于自我、他人、社会、生物、宇宙等多个关隘之门。此门为何？“恭敬之心，礼也。”（《告子上》）“以礼存心……有礼者敬人。”（《离娄下》）礼门即是敬也。敬与礼是内外源流的关系，敬是礼之本也，故而礼只是敬心，尊重对方平等独立之主体价值。反之，“礼人不答，反其敬”（《离娄上》），如果脱离了此尊重的前提，则是反礼之精神，可以拒之，“故王公不致敬尽礼则不得见之”（《尽心上》），同篇还提到如果对方挟贵、挟贤、挟长、挟有勋劳、挟故而问，虽在所礼而皆不答也，因为礼的前提是对彼此主体人格价值之尊重。人皆有敬心，能尊重对方，尽礼，从而在一定限度内转让自己权利，使礼暗含着道德契约关系。故而礼只是敬心，若发诸形下，则形成以彼此尊重为核心形成的系列道德契约与规范。四则智是性体之智，判别之理性。在孟子思想中，仁不是外行的，而是自内而外的，所以“智之实，知斯二者（仁义）弗去是也”（《离娄上》）。第一层是“知斯二者”，己心内道德选择判断与价值赋予之能力，必须知晓人之所以异于禽兽者，知晓何为仁义礼者，而能做自主之判断。第二层“弗去”，这是一种自觉的道德践行能力，“莫之御而不仁，是不智也”（《公孙丑上》），没有任何阻力却不仁，认识到必须由“爱及不爱”是仁却不行，是为不智，故而，智在四性内的本义是指辨别、判断、选择、存养仁、义、礼三者的道德理性。所以仁、义、礼、智“四性”本只是一个仁性，因为要“爱及不爱”则在逻辑上生出动力是推心，乃义也，标准是敬心，乃礼也，判断是辨别心，乃智也，此“四性”同属于人之本心形上本体，层层递进，若发诸形下事实上虽是同时，但逻辑上实有上下。

四德亦有本末/发用之层次。仁之本末前文已述。义的第一层是事亲、事君等人伦：“义之实，从兄是也”（《离娄上》）；“敬长，义也。无他，达之天下也”（《尽心上》）；“未有义而后其君也”（《梁惠王上》）。义的第二层则是形成社会之共同标准，如公义，“治于人者食人，治人者食于人，天下之公义也”（《滕文公上》），这里的“义”是本质上为整个社会所遵循的标准。礼发用开去，于人事而言，即形成系列以彼此尊重为前提的道德契约与规范制度。第一层是人与人之间的交往礼貌，所谓“礼之于宾主也”（《尽心下》），“迎之致敬以有礼”（《告子下》）；第二层是就整个社会制度层面而言的礼仪制度，如“士之托于诸侯，非礼也”（《万章下》）。智发在人事上，则是选择判断人事之是否合乎仁义礼，“治人不治，反其智”（《离娄上》），治人、为政均要合乎仁义礼三者，故智乃就德性之贤而云，由此更可见，孟子“四德”中的智乃指伦理道德层面上的选择判断培护仁义礼。四德之发生逻辑必然要层层推开，“亲亲而仁民，仁民而爱物”（《尽心上》），由身边之亲人而推至民众再推至万物。一方面是因为“仁者无不爱也，急亲贤之为务”（《尽心上》），作为个体之人，必须遵循此认识践行之顺序，方可由爱有差等最终达无差等。另一方面是因为“万物皆备于我”（《尽心上》），主体之我与宇宙间万物本是不可隔阻，只有真正去对万物行忠恕之道，才能近乎人之所以为人之仁，所以推己及物也是本然之要求。

其三，五行之德。思孟又有仁义礼智圣五行之德，即荀子所批判之“思孟五行”。[①] 前四德上文已述，此处来看圣德。一则圣之本义。甲骨文“聖”（）表大耳（）之人（），又有加表口宣天音。故圣者，口耳通达，上达天听者也，本指聪明杰出之人。在上古之巫觋时代，所谓圣者，无疑即巫觋，彼辈专司与神沟通，譬如在巫舞中，俟神明降临。如《诗》云“母氏圣善”（《邶风·凯风》）。拥有如此神圣能力的人才能为王，如孟子犹记载尧在考验舜时，将舜纳诸风雨大麓而不迷失，足见其神通。二则儒家之圣德。上述之圣具有神秘性，乃神圣之圣，而非儒家语境中的圣德。孔门不语怪力乱神，已剔除其神通，将之作为个人修证发用之至境。《尚书·洪范》云“睿作圣”，《传》云“于事无不通谓之圣”。《说文》云“圣者，通也”。[②] 圣之标准在孔门也有明确界定，即博施济众、参赞化育，也即《中庸》所云“经纶天下之大经，立天下之大本，知天地之化育”，“肫肫其仁，渊渊其渊，浩浩其天”。思孟五行，仁义礼智，均是修齐治平的人间事务，这也是孔子的圣人标准，圣收其功，即意味着圣是仁的完成状态，由人道而通达天道。此正如郭齐勇先生所言，“圣高于智，德高于圣，仁义礼知四行和合生成善属人道层面，对于人道的体悟、理解和分别叫作智。仁义礼智圣五行和合生成德，属天道层面，对于天道的体悟、理解，叫作圣”，圣德“是对宇宙本体、生命本体的体悟，是对超越天道的神契”。[③]

---

① 《中庸》云：“唯天下至圣，为能聪明睿知，足以有临也。宽裕温柔，足以有容也。发强刚毅，足以有执也。齐庄中正，足以有敬也。文理密察，足以有别也。”《孟子》云：“仁之于父子也，义之于君臣也，礼之于宾主也，智之于贤者也，圣人（愚按，人字衍）之于天道也，命也。”（《尽心下》）《郭店楚简·五行》云：“五行：仁形于内谓之德之行，不形于内谓之行。义形于内谓之德之行，不形于内谓之行。礼形于内谓之德之行，不形于内谓之行。智形于内谓之德之行，不形于内谓之行。圣形于内谓之德之行，不形于内谓之行。”此仁义礼智圣即儒家之五行。详见庞朴《帛书五行篇研究》，齐鲁书社，1980，第95～88页。

② 段玉裁注云：“凡心所能通曰圣……天道者，凡阴阳五行，日星历数，吉凶祸福，以至于天人性命之理。人有通其浅者，有通其深者，有通其一隅者，有通其大全者，有绝不能通者，其间等级，如弈者之高下。”（清）段玉裁：《孟子圣之于天道也说》，《经韵楼集》，上海古籍出版社，2008，第82页。

③ 郭齐勇：《再论“五行”与“圣智”》，《中国哲学史》2001年第3期。

第四节　性体正义之四：气质之性曰气

气质之性是针对个体而言的成一己之性，即是生理属性，则人成于斯也限于斯，它有自己的作用，也会被自己所局限。

一　何为气质之性

气质之性，是万物之自然属性，其赋坠人身，故足有奔走、手有攫取等，心之官亦有其运作的特性——如知觉与思考——虽然这是一种高级的能力，然这些都是在生理即气质意义上所说之性。它们的运动，可以不受天地之性的控制，如一个自然状态下的人也可以自如地生活，但此情形下的“心、性”非儒家所言的心性合一。气质之性此一概念成熟于宋儒，但是拙著之气质与其略异。宋儒所说的气质之性有两层：一是人与物，人得五行之秀气，此气已甚优良。二是人与人，圣人更是得气之清者，而凡庸则得其浊，即组成万物特别是组成各种人的质料有好坏，故在表现天理上有精粗，如幼儿出生，则或勇猛或懦弱，或聪明或愚笨。故宋儒用天地之性配气质之性，亦可圆洽，然他们如此处理人性，智识之性始终也包含在气质之中，没有单列，如此判别不很清晰。拙著之气质，则不偏指组成万物的质料之精粗，这虽然是事实，但是指人作为动物而具有的与其他动物一样的生理属性，不究其精粗。气质之性具有外在性，重在其自然属性。气质虽然貌似是我们自己的身体诸性，但是它的维系与完成却是依靠外在的系统供给的，如饮食男女。故子夏曰“死生由命，富贵在天”(《颜渊》)。

二　气质之性之演变与性质

《广雅》云“性，质也”，此质即质料之义。

其一，气质之性在先秦儒家演变如下。一是孔子之血气。孔子云：“君子有三戒：少之时，血气未定，戒之在色；及其壮也，血气方刚，戒之在斗；及其老也，血气既衰，戒之在得。”(《季氏》)这个血气，其实就是气质之性的春秋称谓。二是七十子及后学。《礼运》言“人得五行之秀气”。《郭店楚简·性自命出》则云：“喜怒哀悲之气，性也……好恶，性也。”三是孟子之气。孟子屡言养气。如果就儒家内部资源而言，则宋儒所谓天地、气质之分来源于孟子“志”与“气”的二分，“变化气质”也来自孟子的“养（浩然之）气”。孟子的浩然之气，即清通之气，为天地之正气贯于我者，浩然乃言此气之博大贞定状。四是荀子之气——材朴知能。《荀子·修身》也说“扁善之度，以治气养生，则身后彭祖”，这个治气养生，就是气质之性；又说“彼人之才性之相县（悬）也”，这个才性也指气质之性。所以气质之性之名虽然后起，但早有其实。

其二，气质之性的性质，荀子认为其是完全天赋的、不得掺杂任何人为后天因素者，如感官系统、生理欲望等，此人皆相同。如云：“性者，本始材朴也”（《礼论》）；“生之所以然者谓之性……不事而自然谓之性”（《性恶》）。荀子还非常强调人性的不学而知、不学而能，此语甚众，如“凡性者，天之就也，不可学，不可事。……不可学，不可事，而在人者，谓之性”（《正名》），余则不赘引。从上我们可以明确看出来，荀子的性仅仅指与禽兽相同的生理属性，气质之性。如前所言，孟子也强调良知良能是人不学而知、不学而能者，可见孟荀之间，是各执一边耳。

三　气质之性之合法性

人的气质之性，即生理属性，源于天地，它是一种力求维系自我生存的属性。此生理基础本身是合法的，是不能被批判的。气质之性本无不当，但在人心（小体之心）的引诱下，会趋于不当。这种人心驱使气质之性所造成的不当包括过与不及二者，正常的气质之性是本能，过曰欲望，此皆不必多说，须注意者，气质之性之不及亦为非，如身体发肤故意饿乏之，为一己之私自寻短见、自残自暴，或者故意禁欲、不生育等，此类皆是截断大化流行，未及正道。故而孔子所说的“克己复礼”，这个“己”是气质之性的恶化状态。正常的“己”，孔子并不否认。孔子从来都非常重视人的气质之性的正当性，以之作为整个社会发展的基础。儒家一直认为对人民气质之性需要的满足，是为政者的当务之急，如庶、富、教（《子路》），人的繁衍与物质生活的富足排在前面，教育则居后。《中庸》亦云“如好好色，好恶恶臭，勿自欺也”。孟子亦如此，如《梁惠王下》在与齐宣王的对话中，孟子肯定所谓好货、好色都是人的正常属性，不必为之烦恼，但不要陷溺其中，而要光大、推广此性，与民同之，以安定众生。

四 气质之性之善恶可能性

气质之性不一定必恶，其没有道心之指导，可能为本然的善（初级的、平面的善），也可能为恶（一则独任性体，误而为恶，二则人心驱使，故意为恶）。

其一，气可以为恶，但不是必然为恶。如有一种人，任着性体运作，可能会终身未自觉，但也不作恶，暗合天理，此只是朴实头。一则自然状态下，各种生存资源与生理需要得到平衡与满足，便无恶。只有到了资源不能满足不断增长的人口需要时，争斗开始，恶才出现。二则在社会状态下，也不一定都是恶。如果资源得到满足，富而好礼，也不会为恶。即便得不到充分满足，也可以贫而无怨。而人自可动用仁性，戒急用忍，开发智性，或者提高生产，获得资源，动态满足（孟子所谓“五亩之宅”）；或者改革分配方式（孔子所谓“均无贫”）。所以，人之所以超越动物的地方就在于，由自然状态进展到社会状态。

其二，气不会主动为恶。这个恶，并不是气质之性自己所为，而是心加工的结果。孟子云：“乃若其情，则可以为善矣，乃所谓善也。若夫为不善，非才之罪也。……仁、义、礼、智，非由外铄我也，我因有之也，弗思耳矣。故曰：‘求则得之，舍则失之。’或相倍蓰而无算者，不能尽其才者也。”（《告子上》）性善，遇物而发，是情，即恻隐等四端，故情就其根本来说，本无不善。才是能为此者，是形而下者，先天之性实现的要素之一。不善的主要根源在于人放其心，即让私欲蒙蔽，从而不能明明德，不能推而行之，而不是能不能的问题，人只要能反思能认识到，就能扩充之。故孟子又云：“富岁子弟多赖，凶岁子弟多暴。非天之降才尔殊也，其所以陷溺其心者然也。”（《告子上》）所以我们看到，在孟子眼中，恶与才无关，而与心有关。此详见心体章。

第五节 性体正义之五：智识之性曰智

孔子云：“工欲善其事，必先利其器。”（《卫灵公》）此论机械、政治之理性，可推至纯粹的认知理性。

一　何谓智识之性

其一，智识之性。孔子云："知及之，仁不能守之，虽得之，必失之"（《卫灵公》），此知即智识之性，其是一种分解的理性精神，即纯粹的认识理性。其不同于前文所述四常德、五行德中的智，后者只是仁的一种衍生态。而智识一词，则取自《韩非子·解老》："故视强则目不明，听甚则耳不聪，思虑过度则智识乱。"智识之性是一个中立者，拥有相对独立的工具性，它是针对事实的纯粹的理性判断力，力求客观地分析对象，得出其内部规律与外部关系，它遵循客观的标准（虽然客观说到底也是一种主观能力）。智识之性的来源是天地之性，其对象则为自然、社会、人生、智识思维自身形式等。其局限则在于分解性：一则宇宙无限，人永远不能对宇宙分解完毕；二则真理无限，已经分解之结果不断会被证伪与修改；三则即便分解完成，部分与部分之和亦不等于整体。故吾人永不能凭此智识之性抵达道体，唯摹写仿佛而已。

其二，智识之性的中立。智识之性是一种工具理性，是中立的，谁都可以拿来用。《墨子·公输》载，公输盘为楚国打造攻城器械准备攻打宋国，墨子至楚，与公输盘进行沙盘推演，结果公输盘屡试皆负，楚王即打消了攻宋的念头。从中可以看出，智识之性可以为善，亦可以为恶，关键看其被道心还是被人心所掌握。其本可便利人生，但若疯狂追逐这种便利，则人生又堕入另一种歧途，被这种便利之欲望所异化，故对机械之理性，道家持警惕乃至反对，而儒家则宽容以待，强调为道心所控。

二　智者利仁

仁心仁性是种子，全是生机与春意，然而没有恰当的阳光土壤等条件，这个种子只能永远处于冬眠的潜存状态。

其一，智者利仁。孔子说"仁者安仁，智者利仁"（《里仁》），前文已述，天地之性纯善无恶，气质之性过或不及则为恶，但是只说这二者是极为孤立的。性善之秘在于：好动机加好方法才能达成好的成果。仁者无智，只能安于动机之纯正博大，面对现实之困难，甚至一筹莫展，只有智者才能选择正确的方法，而达到仁之结果。此如鲧塞禹疏，动机相同，方法各异，结果殊别。对好的途径的追求，就必须加强对智识之性的思考。性恶之秘在于：生理属性如果发而皆中节却正是善，而过或不及才是恶。然则对气质之性的恶，如何拯救？又如何采取恰当的方法，使之发而中节呢？光靠天地之性，此即对内心的工夫是不行的，还需要在实际生活中的智识之性来提供正确的方法与途径，以技术和制度的双重手段才能正之。所以，不存在简单平面的性善性恶问题，而是立体的性三品。要在性善性恶之外，加一个非善非恶、可善可恶的工具理性——看它据于谁手，是天地之性控制，还是气质之性控制。此与道体之无善无恶不同。我们需要一种客观的、平静的使物各付物的能力，而这种能力又非外铄，那就根植在我们每个人的天赋中，即性体中，它的名字就是智识之性。

其二，物各付物。此是格物致知之理路：一是对外在的自然万物。此项我国唯古之墨家、后之道教等较为着意，儒家则亦甚关心，然采取够过就好的态度，至后儒才专门讨论。二是对个体的人。首先是治心，了解人类自己，控制、优化、精进精神，此涉及心性工夫，儒家于此特别发达。其次是治身，了解并维系、优化人之身心健康等，如医学、体育学等所涉及者，此事儒家亦从事之，只略输道家（教）。三是对人的群体。针对人类社会的生存法则与组织模式，此是政治理性，儒家于此极为发达，详发用。

三 先秦儒家的智识之性

先秦儒家的智识之性，主要表现在以下几个方面。

其一，对神话采取理性态度。儒家乃一圆教，下抑禽兽，上格宗教，“子不语：怪、力、乱、神”（《述而》），既还原其事实，又保持其功用。我国古代极早步出宗教，用阴阳、五行、八卦等来解释宇宙，即体现了理性的力量。自智者时代始，人格神业已化为所谓“历史的上帝”，即宇宙秩序，故作为人神关系之礼，则成为此宇宙秩序之体现，故曰“礼也者，理也”（《礼记·仲尼燕居》）。如祭礼虽然联结人神，然此实乃上古之遗绪，随着人文之昌明，祭者并不确信有神鬼之存在，祭礼只是一种对宇宙秩序敬畏与依从的情感投射。如孔子云：“祭如在，祭神如神在。”（《八佾》）祭者乃明知鬼神乃气魄之自然也。至于祖先神，亦如此，孔子云：“祭祀之礼，主人自尽焉尔；岂知神之所飨？亦以主人有齐敬之心也。”

(《礼记·檀弓下》)此是说，主人其实是知道并无祖先神灵来飨所祭，只是表诉尊敬思念之情而已。

其二，对自然万物积极认知。按儒家义理，必然要重视智识之性，如《中庸》认为智识之性乃是“成物”者，其云：“成己，仁也；成物，知也。”诚乃天道，一统仁智，仁者成人（己），智者成物。二者分清主次，不可偏废。而成物之知，就要以物各付物的客观精神，去分析物、了解物、促进物。孔子曰：“小子，何莫学夫诗？诗可以兴，可以观，可以群，可以怨。迩之事父，远之事君。多识于鸟兽草木之名。”(《阳货》)此正是对自然万物的了解与学习。儒家虽然没有发展出体系化的科学类型，但纯粹的认知理性始终是未缺席者，如六艺即有算术。《墨子·公孟》称孔子“博于诗书，察于礼乐，详于万物”，《左传·哀公十二年》载冬十二月蝗虫成灾，季孙问于孔子。孔子云，火星下沉以后昆虫皆已蛰伏，现在火星还经过西方，必是司历官之过。可见孔子具有相当的天文知识。又如《国语·鲁语下》记载武王灭商之后，“肃慎氏贡楛矢、石砮”，孔子认出肃慎之事，亦可证明孔子之智性能力。同样，孟子在致良知之余，也提到此理性精神，如认为探究星辰之规律，“千岁之日至，可坐而致也”(《离娄下》)。荀子则表现得更明显，如云：“星队木鸣，国人皆恐。曰：是何也？曰：无何也！是天地之变，阴阳之化，物之罕至者也。怪之，可也；而畏之，非也。夫日月之有蚀，风雨之不时，怪星之党见，是无世而不常有之。”(《天论》)

其三，对人性及人的思维“形式”的客观思考。如《荀子》有名学部分，前辈学者如牟宗三先生之《名家与荀子》已有详析，请参之，此不赘述。

其四，对政治的客观认识与制度设计。先秦儒家于此极发达。如孔子有文章，即制度设计，教颜回四代之制，以及举直错枉之选举思想等。孟子对社会、政治、经济等方面透显着相当的智识之性，如他与许行讨论社会分工，显示出相当之智识，物各付物之精神得到完整体现；再如他对禅让的批判，对公共权力性质的探讨，完全超越时代，可以说处于先秦政治思想的最高点。当然，荀子为政之理性亦甚有力，俱见后文。

相比而言，墨家有着纯粹的为知识而知识之主动追求，道家则保持强烈的戒心，此是两个极端。至于法家之智乃私智，即仅为君主之私利而用智，设计出诸多变态制度来囚禁人性、饫肥君主，此是一种智性的误用。然而儒家对智识之性毕竟不够重视，没有纯粹的足够的热情，仅满足于实用，此详见性体歧出部分。

第六节 性体正义之六：存神显仁

第二章已述前儒家时代之人伪（伴生）道体帝天鬼神，又论及儒家之人道有存神显仁之一环，此处则对其集中论述。

一 飞去来——先秦儒家对人伪道体之认识

孔子曾云“吾与史巫同涂而殊归也”，然相区别者，在于“吾求其德而已”（马王堆汉墓帛书《易传·要》）。儒家对人伪道体，一则视至上神之帝天为创生父母，二则视义理之天命为价值源头，三则视自然之天为客观对象，四则对超验之鬼神则敬而远之。此处只讨论一、四，余见他章。

其一，一个世界与三维空间。先秦的超自然力量，是一只看不见的手，支配着儒家视野下的人生。儒家认可一个世界，即体即用。如孔子曰“苟有用我者，期月而已可也，三年有成”（《子路》）；“如有王者，必世而后仁”（《子路》）。儒者不将当下的病因定于前世，不将今生的目的放在来生，不将此世的出路置诸彼岸。但是这个完整的世界，已被先民划分为三个部分，帝天、鬼神与人，上帝高高在上永居北天轴之天庭，神人则分居，前者栖于名山大川，鬼与人杂居以暗观疵，人则处于现世之万家灯火中。相比帝天清冷峻远，能够表现出形象（在天为形，在地为象，人摹为状），神鬼则功能强大、幻化不定，但古人相信其与自己共用一个空间，人随时可以感受他们，并通过祷告、祭祀等形式与其沟通，如此形成一个三维世界。孔门对此并没有完全否认批判，而是承接之。如孔子说：“禹，吾无间然矣。菲饮食而致孝乎鬼神，恶衣服而致美乎黻冕，卑宫室而尽力乎沟洫。禹，吾无间然矣！”（《泰伯》）鬼神指祖先，黻冕代上帝，沟洫为民生，此三者方构成儒家统一的世界。其中所谓神是自然神祇，鬼则为死去的祖先，“孝”字则简扼明了地表达了孔子对鬼神之态度。凡言孝者，是祖先神，凡言敬者，是自然神。

其二，“飞去来”。儒家对帝天神鬼力求保持理性与情感的动态平衡，其对人伪道体的处理，最像澳洲土著的武器飞去来。中国并没有西方一神教式的信仰与崇拜。中国的神，不存在超越的创世者、唯一的主宰者。《诗经·大雅·大明》云“上帝临女，无贰尔心”，是言上帝与我们在一起。在中国人看来，包括祖先的“来格”，或祖先的“宾于帝”，这都说明此界与彼界是可以相互来往的，神鬼是与我们居住在一个世界中的，虽然分为三层，但还是一个世界，只是我们看不见他们而已，但是他们可以看见我们，听见我们的呼声，甚至时时刻刻与我们在一起，共用一个空间。而中国人心的功能，它执行一种设准（想象移植），圣化，自求安慰与圆满。根据人生界想象出来一个神圣界，移植人类不能拥有的诸项能力。一是对自然力的敬畏，按人间秩序分列诸神。二是对自然的控制力，即超自然力，如求雨、治水，凡与大河浇灌农业生产有关的需要，都被想出来，每项对应一个神灵。三是对自然中的危害人类的猛兽的降服力，或者塑造出神，或者人类自己的强者上升为神。四是对人间的歹徒的惩罚力，同上。五是对人间英雄的感恩，上升为神。六是对祖先的崇拜，对人类不死的终极追求——鬼。而在这么多神鬼中，中国人显然认为拥有血缘关系的祖先是最可靠的，故形成祖先崇拜、祭祀万能的习惯，鲜明地表达了中国的灵性的人伦性。要满足的功能，一是实用功利性，如求雨、除害等；二是感恩，圣雄崇拜；三是思念，亲朋祭祀。故中国人对神鬼的所有思想与行为，类似于飞去来，貌似是掷向远处的目标，其实接受者还是自己。只不过从祭祀（“祭如在”）这面镜子中看见另一个平时生活中不太出场的自己——大写的、庄严的、抛去低级物欲的人。

二　亲天地——乾父坤母

其一，亲近沟通。道体生成我们存在的这个世界，儒者认为道体是人可以随时沟通交融的父（乾）母（坤）。此种亲近有加是儒家所着重说明也是反复体证的。如《论语》载，孔子言“获罪于天，无所祷也”（《八佾》）；又说“不怨天，不尤人，下学而上达，知我者其天乎”（《宪问》）；“颜渊死，子曰：‘噫！天丧予！天丧予！’”（《先进》）以上可见，孔子视天为最亲近者，唯一的知音，将自己比作孩子，一腔赤诚完全向其袒呈，向其祷告、倾诉，时而哀其不能尽如己愿，时而信其必知己心。孟子也描述了“舜往于田，号泣于旻天”（《万章上》），讨论尧舜相禅时也说

“使之主祭而百神享之，是天受之”（《万章上》），这都是从人格神意义上而言。当然与一般宗教的彻底崇拜不一样，儒家对天，则是有着自主性与独立性的，在儒家的视野中，人自降生之后便有了一份独属于自己的尊严。仰望苍穹，即如慈父，慈父之目的，亦在于子女之茁壮成长最终能参赞化育，绝不是要子女终身为奴，匍匐足下。

其二，学习效仿。天道至教，永远是人学习、效法的对象。《礼记》云此甚众，如“天垂象”（《郊特牲》），“天有四时，春秋冬夏，风雨霜露，无非教也”（《孔子闲居》）。再如《易传》的乾卦、坤卦精神，所谓自强不息、厚德载物，不赘述。

三 辟鬼神——敬而远之

其一，敬而远之——采取理性认识的态度。帝天鬼神，产生在孔子之前，通行于孔子之世，繁盛于孔子之后。对于鬼神，殷是敬鬼神而事之，周是修人德以配之，孔子是敬鬼神而远之，《易传》是敬天地而法之，荀子是制天命而用之，鬼神的地位有一个明显的下降路线。一是存而不论。孔子尚提及，警惕鬼神过分干涉人世的生活。如“子不语：怪、力、乱、神”（《述而》）；“务民之义，敬鬼神而远之，可谓知矣”（《雍也》）；“季路问事鬼神。子曰：‘未能事人，焉能事鬼？’‘敢问死？’曰：‘未知生，焉知死’”（《先进》）。孟子对鬼神几乎不讨论，如云“圣而不可知之谓神”（《尽心下》），这里的神已不是外在意义上的鬼神。二是完全否定。荀子认为鬼神的产生首先是人的感觉系统错误的处理结果，《解蔽》举例有涓蜀梁者，明月夜行，见自己地上的影子和立起来的头发，以为鬼魅，恐惧万分，到家时已被吓死。三是理性解释。以气来解释宇宙万物之生长运行，故鬼神只是气之运行状态。如《礼记外传》云“人之精气曰魂，形体谓之魄”，《礼记·郊特牲》则云“魂气归于天，形魄归于地”，则所谓死亡只是气之归去而已。此外，儒家又将鬼神解为道体生化运行之莫测。如《易传》云“阴阳不测谓之神”，“神也者，妙万物而为言者也”。

其二，神道设教——承认鬼神存在的现实功用。针对当时的神鬼体系，孔门并未尽斥，故言“未知生、焉知死”，转而承认其社会功能，让其在一定范围内存在。其作用，一是使民德归厚。《论语》载，子曰“非其鬼而祭之，谄也”（《为政》），孔子在鬼神中，厚取祖先鬼，其余一概敬而远之，因为祖先之谱系代表人间的温情与秩序，亲情是仁的基础，秩序是礼的追求。故曾子补曰：“慎终追远，民德归厚矣。”（《学而》）《乡党》有一条记载意味深隽：“乡人傩，朝服立于阼。”古人认为灾疾或为疠、疫之鬼所为，故举行巫术予以驱逐，此即为傩。庙则是供奉、祭祀祖先神主所在，阼为其东阶（东向为主位）。朝服则为上朝言政所着之官服。此处大可玩味的是，面对同样的对象——先民想象中的恶鬼，“乡人”与“孔子”采取两种不同的文化观，“乡人”是行傩，此代表人类蒙昧时期的巫觋文化；“孔子”则是“朝服立于阼”，“庙阼”代表纵向的人类经验的积累与传承——家族，而“朝服”则代表了横向的人类有组织的社群生存方式——政治，此二者形成后进的礼乐文化。孔子虽未怀疑超自然力量的存在，然而其对人的自我力量的苏醒、壮大——其所曰之“成人”君子，对于人间组织的集团力量、组织形式——家和国，已变得更具自信。由此，以“朝服”和“庙阼”为符号，儒家即以“祛魅”的政治形态粉墨登台。二是政治文饰。荀子认为祭祀的本质就是促进人道，是政治文饰的需要，所谓：“君子以为文，而百姓以为神。”（《天论》）

四　与命与仁

《论语·子罕》载“子罕言利与命与仁”，主流的注释均作孔子罕见论及私利、天命、仁，误，句读当为“子罕言利，与命，与仁”。[①] 此处之“与”不作连词而作动词，为肯定之义，同于“吾与点也”(《先进》)。此章正阐明儒家在天命与道德之间之中行。儒家将人生的领域分为两大部分，一是外在的天命，一是内在的道德。天命乃超越具体时空的、人所不能把握的无限，仁则指人之所以为人的最为高贵处，亦是天所赋予我者，正是在此二者的紧张中凸显人的尊严。

其一，与命——求之在外者。此是肯定、敬畏天命的超越、无限性。孔子云“五十而知天命”（《为政》），“畏天命”（《季氏》）。不同于一神教之独断、多神教之杂众，又别于物质主义的法家之完全世俗化，儒家在

---

① 参拙文《杨伯峻〈论语译注〉句读商榷》，《江苏科技大学学报》（社会科学版）2013 年第 3 期。

亲天地、辟鬼神之外，尚认可道体是超出人类所能完全理解、把握的无限，作为有限之生物，吾人不能僭越，而应承认之、敬畏之。如个体之人生，须分两层，一是自然生死之人生，此乃纯粹之自然行为，无可祈求，故云“哀生事死，以待天命”（《左传·昭公二十七年》）；二是命运控制之人生，如生于何阶层何家庭，死于何年龄何方式，吾人皆不能掌控，另在人生之过程中有所谓福禄贫贱者，此亦不能全为人所主宰。故而整个人生中，生死与其中之过程皆为超出个人经验所能自约者，此即为命运之人生。在此意义上，孔门有所谓“生死有命，富贵在天”（《颜渊》），个体如此，整个人类之存在发展亦受此天命之制约，如孔子说：“道之将行也与，命也；道之将废也与，命也。公伯寮其如命何！”（《宪问》）

孟子则将人生实现的终极原因分为“在我者”与“在外者”，指出天、命以及人的自然属性之本质与实现（即福）均属于“在外者”，而人的道德则是“在我者”。天命与人之间的对峙相待，可由“在我者”道德的创生朗润以为津渡。首先人生有“求之有道，得之有命，是求无益于得也，求在外者也”（《尽心上》）。人生受制于外在的超越个体、族群、自然、社会乃至时空的综合原因，这就是天、命，所谓“吾之不遇鲁侯，天也”（《梁惠王下》），“若夫成功，则天也”（《梁惠王下》），“莫之为而为者，天也；莫之致而致者，命也”（《万章上》）。其次孟子将人的自然属性也归于“在外者”。孟子意识到自然属性与道德属性有着不同的本质与实现方式，故他将自然属性之本质“天化”，所谓“形色，天性也”（《尽心上》），人的自然属性乃是天所赋予者，自然生成实非人力可为；同时他将人的自然属性之实现“命化”——以他律的方式，如“口之于味也，目之于色也，耳之于声也，鼻之于臭也，四肢之于安佚也，性也。有命焉，君子不谓性也”（《尽心下》），口目耳鼻四肢之于味色声臭安佚乃是天所赋予人之自然属性要求，即所谓“福”也，但正是因为这些属性乃受之于天，故福的实现尚制约于诸多异己的超验的宇宙必然法则，所谓命也。

其二，与仁——求之在我者。天命本无限，然人心可自由。孔子认为在天命之外，尚有一个属人的世界，这是造物所唯一许可人类自由运行、自作主宰的领域。孔子说“仁远乎哉？我欲仁，斯仁至矣”（《述而》）。仁非外铄，本来具足，一念之及，全体遍该。相比于气质之性的有待而言，天地之性是完全操之在我的属性，欲仁斯至，正表明此属性的终极自由，它的操控却正是人的本心。吾人唯一能自掌者，为德性，求仁得仁，求义得义，可杀身成仁，可舍生取义。故仁，乃吾人栖居家园中唯一能完全操舍之能力，操之在我，发之在我。

孟子认为人生有“求则得之，舍则失之，是求有益于得也，求在我者也”（《尽心上》）。此“在我者”即是人的道德创生、价值赋予。如云“仁之于父子也，义之于君臣也，礼之于宾主也，智之于贤者也，圣人之于天道也，命也。有性焉，君子不谓命也”（《尽心下》），仁义礼智圣等五种内在德行的实现虽然也有外在条件所谓“命”的制约，但其成否操之在我，因为它们是求之在我的本“性”，故君子不以“命”为最终制约者，只要能“修身以俟之”，即可“立命”，“顺受其正”（《尽心上》）。天命之于道德，不再是不可克服的异己力量，人凭其道德善性充其极可达天地境界，抵达超验的必然法则。

荀子同样在天命与人力中展开人的辖区与尊严，其云：“夫贤不肖者，材也；为不为者，人也；遇不遇者，时也；死生者，命也。”（《宥坐》）当然，荀子更将天视为自然之天，持天人相分，甚至欲制天命而用之，则歧出此道，详见后文。

其三，服膺天命、修证性命。儒家亦认为，天人、外我、仁命之间并非完全分割，是可以打通的。许多宗教采取避世的策略，而儒家极高明而道中庸，在此世中建设天国，在人伦中完成人。儒家拥有不逊于任何宗教的圣洁、虔诚，只是更直接地将这种仁心，用来做工夫自我修证，表现在辞气、容貌、举止，再发用至人伦、社群、万物。所以，相比于宗教采用的“集中”（地点、人物、方式、时间等）的仪式，儒者则无时、无地、无人、无物不在“仪式”中。许多宗教对情欲，采取或纵欲或苦修的态度，儒家则是中行，承认气质之性的合法性，但敬畏之、控制之、践行之，敬畏而有限度，自主而有分寸，使之发而皆中节。把对神的祈祷、赞美、敬畏、歌颂、奉献、牺牲，转向人世，开出积极有为、有所克制的中行途径，例如将华丽、繁琐的宗教仪式，转为人间活泼泼的婚嫁生丧。

故就个体来说，可以工夫之逆觉，体证天命流行。“天命之谓性”（《中庸》），天降衷于人，为性为心，人若能大其心，则可刹那间与宇宙道体无限沟通，尽体造物本意。人可以凭工夫上达道体，对越在天。孔子频言上达，孟子尽心知性知天、存心养性事天（《尽心上》）等均说此事，详见工夫章。

第七节　性体正义之七：新性三品

本节主要说明仁、智、气三者之间的关系。

一　新性三品

其一，人性之三分。性体本一，然而一则人既为“首出庶物”，从大自然中走出，其性体即开始分判；二则为了说明人性善恶，指出工夫进路，亦须将其分析开来，故而有性体诸说。旧说孟子性善、荀子性恶、扬子善恶混、韩子性三品等，皆各有所偏。宋儒拈出天地、气质之性，以善归于天地，以恶归于气质，主要是为了解决善恶之工夫问题，亦不周全。愚借韩子之名，重命性之三分。新性三品，指的是在儒家的视域下，于人道四维神、仁、智、气中，对神灵之性存而不论，只取余三者，天地之性、智识之性、气质之性，讨论其重要程度与相互关系。

其二，三者之分类标准。旧的三品说，是就结果而言，于纵向分上中下，是混着说，综合地说；新说则是就性质而言，横着截开来，清晰地说。其分类是以不能合并为原则。如仁义礼智的后三者均可收纳于仁，故归为一类，而智识、气质之性，则不可以与仁在同一逻辑层面上合并，故分为三。

其三，三者之重要程度。三者均非外铄，我固有之。但按人禽之辨，可分别其重要程度之差异。气质之性是人禽共有者，人与动物对它的需要程度不分伯仲。智识之性也是人禽共有，只是开显程度不同，如许多动物也会制造、使用工具，只是逊于人而已，其区别仅在量而非质。唯有仁，方可区别人禽，此天地之性彻上彻下，乃人所独显者，是大的整体的生，共生共荣者，只有人才能超越血缘、地缘乃至物种，去扩展至全人类乃至天地苍生。故三者之主次，当是天地之性重于智识之性，智识之性重于气质之性，反之则乱。

其四，三品之关系。以仁摄智，以智助气。气为基础。气质之性的触角伸得越长，能抵达的自然秩序的边界就越远。在气质未著形之前，天地、智识都无以呈现与作用，此二者唯有在对气质之性的完成中方完成自己，否则就无用武之地，就是“退藏于密”，未进入自然界的秩序。但是若徒有气质之性，余二者潜存，人则弱肉强食，混迹禽兽。若气质、智识发达，而无天地之性控制，则或歧出助纣为虐。若只有气质、天地，智识之性不开，则亦可为好人、善人，但不会成圣人，因为其无法去发用，去修齐治平。若天地、智识均开，而气质之性郁而不彰，则也无以为圣，因为他根本不能真实地感受喜怒哀乐，如好好色，如恶恶臭，不能深入抵达世界的真实，不能了解自己，更不能了解别人，遑论解救。所以，圣人是三性合一咸发达者，他在情感的每一个侧面都比常人走得更远，如孔子甚至“食不厌精、脍不厌细……”（《乡党》）。

二　仁气关系——以仁主气

孔子云“吾未见好德如好色者也”（《子罕》），此即仁气之辨。

其一，共生与独生。天地之性与气质之性都是生，但是前者是全体的生，后者是个体的生。气质仅仅关照自己的生存发展，它的正常发展是服从天道的，也就是说，气质之性不偏不倚地达到满足，即与天地之性合二为一。唯有圣人才能达到这种境界，如孔子云：“七十而从心，所欲不逾矩。”（《为政》）荀子亦云：“舜曰：‘维予从欲而治。’”（《大略》）但是气质之性往往有一个歧出，为了自己的生去挑战道——宇宙秩序之大化流行，或独生，掠夺他物的生；或自杀，是误解，亦是软弱；或永生，是妄想，亦是僭越。人正是在控制气质之性的过程中，才能展示天地之性的尊严。

其二，直生与曲成。二者同源于道体。如人有食色，此是气质之性，亦是天地之性。同源于道体生生。故天地之性与气质之性之目的相同，均是生。但是二者轨迹不同，天地之性是直的，而气质之性则是围绕其上下波动前行。当其不及时，就必须上行，过时则必须下行，这个统率纠正指挥作用是由天地之性来完成的。此如图 5 所示。

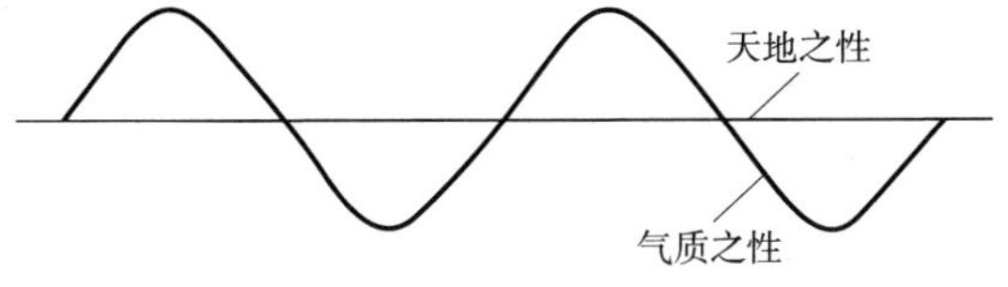

图 5

这种统率作用虽然天然存在，但不是一定都会呈现。即每颗心都完整地具备天地之性，理应对气质之性进行指挥调节，然而并不是每一颗心都能够完整地唤醒、运作、完成之。更多的时候，它都处于一种潜伏、睡眠、阖闭状态，心性皆然。而要唤醒它，或由外缘，或因己悟。因为不可能全天下之人都作沉睡，故必有先知先觉，则先知觉后知，先觉觉后觉，此是外缘。个人在人生际遇中，突因某事某物而慨然自醒，此是己力。故外缘之助，究竟还是己力所成。要之，皆是发明本心，刹那反躬性体，若能由此阶及，则可上达道体，对越于天。故而，对天地之性而言，它是一个直生，孔子说“人之生也直”(《雍也》)，即是在天地之性上说。而气质之性是一个曲成，它只能曲曲折折地完成自己。

其三，创生与工夫。孔子云“克己复礼”(《颜渊》)，又云“为仁由己”(《颜渊》)。则同是一己，已含二性，然既是一人，何来二性？我们分别自创生义与工夫义来看。

一是创生义之气质与天地。此是自下贯而言（自上而下地说）：天地化生万物，则道体演而为性体。万物是宇宙之分殊，性体为道体下坠之不完全显现，即道体的一个发展的不完全状态。各物虽尽得道体之全，然限于质料，此全体大用又仅能做部分的表现，使每物倾奔于自我成就，是为气质之性，此是造物的气质本身所含之属性，如口食足走、趋利避害等，或曰“生生不已”之道体成就万物即“物各付物”之性；而所遮蔽的超越自我成就他物、万物之性，即天地之性，或曰天命，则处于潜存状态。但是此天地之性又客观地暗地作用，使天地中万物之演化整体上处于均衡、有序状态。就人而言，凡庸但凭气质之性而生存，天地之性常处于遮蔽中。孔子就是要人将此遮蔽的天地之性豁展开来，以统率气质。

二是工夫义之生理与道德。此是自上达而言（自下而上地说）：道体不可断分，其生成的万物，就其天然之个体而言，一物自是一实体，亦不可断分。但是，在讨论我们人自身时，就必须产生两层分解，一是物身与属性，二是属性中的生理与道德。这是为了处理人生之善恶而做的暂分。道体至善，本无人世所谓善恶；其所生万物凭本能生存，亦无善恶；自然人同于动植，亦无善恶；唯有处于社会状态中的人方有善恶。然则，欲除恶扬善，首先要找到善恶的由来，方能寻求途径以惩恶扬善。

孔门认为，善恶的由来与人的性体、心体有关，道体下贯，天降衷于人，而有性体、心体，二者本一。人既得天衷，其性当如天健地顺，无过无不及，中道而行。然既著形，心性即分，又各分为二，正是此二性二心之分判酿成人生之善恶。心且不表，二性即生理属性与道德属性。生理属性源于气质之性，其本为善，过或不及则为恶。如孔子云“性相近也，习相远也”（《阳货》），此性即生理属性。[①] 而道德属性则是人演化出来的别于动物者，如孟子所说的“异于禽兽者几希”（《离娄下》），此是超越小我复归道体即“乾道变化，各正性命”的道德属性，故曰天地，其纯善无恶。故天地之性、气质之性乃自上向下地说，兼万物；道德属性、生理属性乃自下向上地说，专指人，不可混淆。但在工夫视域下，二者又是一事，“克己复礼”之“己”即为生理属性，其源于气质之性，需克制之；“为仁由己”之“己”则为道德属性，率性为之则通天地之性。

故综言之，“生理—气质”属性本为善，过或不及则为恶；“道德—天地”属性纯善无恶，然又常处于潜存或然状态。故欲去恶为善，即须运行后者，以之统率前者，使之无过无不及而常中行，这样的话，分裂的二性即可融而为一。能完成这个任务的，则为心体。

仁气之间，还隔着智，如没有智，不仅仁无法必然地发用，气也同样处于或然状态。

三　仁智关系——以仁摄智

在“先立乎其大”，即仁心立起来之后，就要去开拓智。要成就物、超越物，就必须理解物，拯救物，使万物是其所是，缺少这点，“中和位育”是无法实现的。

其一，反对独任智性。孔子云：“民可使由之，不可使智之。”（《泰伯》）此即是对独任智性的警惕。本章之由同于“为仁由己”之由，“民可使由之”即使之达到为仁由己之境。“不可使智之”，乃不可片面发达其智力。因为若无仁之统摄而独任智力，其或者幸运地不为恶，或者直坠恶境。

---

① 若是道德属性，一则其纯善无恶，无所谓远近；二则亦不当下一“习”字，而当是《大学》“明明德”之“明”字，或是孟子“先知觉后知”“先觉觉后觉”之“觉”字。此处既下一“近”字，则确指生理属性，人所得之生理属性本无差别，然因后天的生活环境与具体个人的习气之异从而造成不同。

其二，以仁摄智。知者利仁，上节已述。孔子又明确提出以仁摄智，其云："知及之，仁不能守之，虽得之，必失之。"（《卫灵公》）这个智是为政的理性，不是纯粹认知理性。但是我们可以据之推出此准则。孔子云"工欲善其事，必先利其器"（《卫灵公》）。智识之性扩展人认识世界的范围，提升人改造自然的能力，但必须以仁心守护、维系之、限制之，方可长久，否则，或者放任性体处于自发状态从而麻木不仁，或者纵恶使性体处于过失状态从而为虎作伥。《中庸》云"尊德性而道问学"，"而"字确有深意，不仅有个先后顺序，并且有主次之统率义。孔门仁智并重，以仁摄智，二者不可缺一，次序不可颠倒。至于《大学》三纲八目中，诚意正心，正是要运用天地之性；格物致知，正是要运用智识之性，此四目组成完整的儒家工夫之架构，正是以仁摄智的格局，大纲纯正。

四 智气关系——以智助气

仁智关系孔门已经详说，其潜而未及者，是智识对气质之作用。

其一，智的自觉。在中土，人的生理属性的自然状态之终结，分为两个阶段。一是工具的产生。在远古时，人以简单之采集与游猎为生。待工具偶然性地依靠习惯积累及天才的火花产生后（后人所托的轩辕氏、燧人氏、有巢氏等），人在食物链上的位置便一跃而上，逆袭至顶端，仅仅居于猛兽之下。以此为分水岭，人类开始过上逍遥的日子，便是庄子所云"至德之世"。二是资源的争夺。然而这段好日子很快就结束了，因为在一定的时空内，随着人口的增长引起有限资源的紧张，争斗产生，古老的秩序与和平被第一根刺向同类的长矛洞穿。有部分人群选择分散人口，迁徙、拓展新的营地，然而这就意味着离开传统的狩猎区域，闯入异族战士的弓箭射程。所以，留下的人，要么更新工具，以获取更多资源；要么更新生活方式，以实现资源的最佳分配。而这二者，便进入了自觉的智识之性之势力范围。

其二，以智助气。即以智识理性钻研事物本质，以技术、制度来满足气质之性的正常化，达到其最佳的使用状态。儒家不仅从不否定人的情感、生理需要，更是以智助气去培养之、扶正之。如儒家向来承认性的需要与种的繁衍，故制定婚配制度以规范之。又如不忍亲朋民众之罹于病灾，故儒者"不为良相，即为良医"，亦是"以仁摄智，以智助气"之佳例。再如认可经济之发展、社会之繁荣、政治之清宁，故制定相应的制度以庶、富、教，自五亩之宅之小康阶及天下为公之大同。

第八节　性体歧出之一：无善无恶与善恶混

儒家关于性体之歧出，首先在于不分天地之性与气质之性而妄议性之善恶，其典型即是性无善无恶与善恶混。

一　善恶平议

先秦儒家所谓性善性恶之争论，是极浅显者。单执性而不论心，如何论善恶。

其一，善恶是第二序列。就道体而言，道体生生，无善无恶，只是至善。所谓分善分恶已是第二序列，由天至人。严格地说，善恶只能就人而言，其中生理属性趋中为善，过或不及为恶，道德属性则纯善无恶。在道体处，必然坚持至善，是为极本穷源。然其赋于人，性体则须析而为二。从历史的、发展的、过程的角度而言，人必有圣庸之分，圣贤（自觉自由自在自为的人）不思不勉，合而为一，复归于天，焉能有此双判。然在一定时空内，凡庸（自然的人）必占大多数，仍须分性善气恶，而后靠工夫泯灭此二分使之合一。

其二，善恶的评判标准就是“生”。生有三个层次：第一，对个体而言，生为善，死为恶；第二，就群体而言，共生而不独生，则是善，反之为恶；第三，质上之生又优于量上之生。

其三，善恶是心体之别。无心则无善恶。人心产生之前，无善恶。如生物相互衣食，此亦无善恶。处于自然状态的人也是如此，饮食穿衣对人不是善，对食材衣料亦非恶。只有在人心产生之后，“心使气曰强”，为了自己的欲望，或侵杀同类，或残害万物，过与不及，则为恶。在心之前提下将善恶分类，则有——善、无善无恶、有善有恶、恶四者。所谓性善有两层含义，一是极本穷源，从道体至善之源头而言。二是在上述第二序列生生之谓。所谓无善无恶，是从未发而言。而有善有恶，是从已发而言。至于性恶，是从结果而言。

故放在“体用”的一贯之道来反省，善恶关系极为清晰。儒家对此二者关系的讨论，既坚持了现实的立场，又给出了理想的方向；既发明善的天性，又理解恶的可能；既有源头的认知（明体），又有对治的办法（达用），可谓彻上彻下，本末无二，体用一如。

首论性无善无恶，此是告子之歧出。

二 告子之学派归属

关于告子，众说纷纭。其学派，或以为儒，或以为道，或以为杨，或以为墨；以为儒者，或以为师于孟子，或以为孟子前辈。且《孟》《墨》中均有告子，或以为是一人，或以为相异。[①]

《庄子·杂篇·天下》载，墨家是“以绳墨自矫”，“生不歌，死无服”，“腓无胈，胫无毛，沐甚雨，栉疾风，置万国”，“以裘褐为衣，以屐屩为服，日夜不休，以自苦为极”。而《孟子》中之告子言“食色，性也”，必不能同意墨家非礼非乐之苦行，故非墨家亦甚明显。告子亦云“生之为性”，似近庄子“落马首，穿牛鼻谓之人”，然此为先秦旧义，故荀子云“本始材朴”，犹为孔门之巨子，而非道家之中坚。告子云“食色性也”，似持“道法自然”之义，然告子此语包含保守、驰骛食色之两种可能性，故老庄倡清静而反纵驰人性，别于告子亦甚明白。至于杨朱为我，更不能同意湍水决诸东西之说。故非道家亦甚明显。愚以为，告子属于儒家无疑。一则孔子云“性近习远”，即是从生之角度而言性近。二则其义外之说同于七十子后学。三则杞柳之喻，同于荀子，荀子既列儒家，告子亦无问题。四则孟子既称其为子，则年长位尊于孟子，故不当是孟子弟子，应属七十子后学。

三 告子之性无善恶

我们通过孟告之辩来探析告子所主之性，其所论包括三者，生之谓性、性无善恶、义外，第三条已见前文，此处只析前二者。

其一，“生之谓性”之辩。《孟子》载：“告子曰：‘食、色，性也。’”（《告子上》）又载：“告子曰：‘生之谓性。’孟子曰：‘生之谓性也，犹白之谓白与？’曰：‘然。’‘白羽之白也，犹白雪之白；白雪之白，犹白

① 详参陆建华《告子辨析》，《孔子研究》2008 年第 2 期。

玉之白与？’曰：‘然。’‘然则犬之性犹牛之性，牛之性犹人之性与？’”（《告子上》）生之谓性乃儒家产生之前既有之古老命题，性字本作生，此是各家所共持。如傅斯年云：“《左传》《国语》中之性字，多数原是生字。”又云：“告子言性皆就生字之本义立说。”[①] 告子所谓的性指食、色之生理属性，即气质之性。正如朱子所云，“告子只说那生来底便是性，手足运行，耳目视听，与夫心有知觉之类”；“说来说去，只说得个形而下者”。[②] 而孟子却通过几层比喻，逐渐将告子所持之自然属然转换为人的道德属性，从而为下面的辩论埋下伏笔，即自然属性能善能恶，但道德属性是善者。

其二，性无善恶。《孟子·告子上》载有孟告湍水、杞柳两辩。告子以湍水可东可西比喻人生可善可恶，但是孟子跳出了告子预设的逻辑层面，由结果的现实可能转换至性质的先天规定，即由水之东西转为水之就下，以说明人性本善，其虽为恶，也只是后天习气使然。至于杞柳之辩，告子认人性为白板，无善无恶，完全取决于后天如何塑造。而孟子则以其有先验之性，杞柳能为杯棬，铁石则不可，且柳性直而不曲，故以之为杯棬是戕害柳性，而非顺应。由此可以得出，人性有其先天之规定性，不可谓无善无不善或可善可不善，此不知天地之性孤执气质而已。

四　善恶混

在先秦儒家，又有一派，认为人性乃是善恶相混，如《孟子》载：“（公都子曰）或曰：‘有性善，有性不善。是故以尧为君而有象，以瞽瞍为父而有舜，以纣为兄之子且以为君，而有微子启、王子比干。’”（《告子上》）又如后来王充记载：“周人世硕，以为‘人性有善恶，举人之善性，养而致之则善长；性恶，养而致之则恶长’。如此，则性各有阴阳，善恶在所养焉。故世子作《养（性）书》一篇。宓子贱、漆雕开、公孙尼子之徒，亦论情性，与世子相出入，皆言性有善有恶。”（《论衡·本性》）此二则，孟子所记乃当时之事，充则去周未远，其言可从。然则可

① 傅斯年：《性命古训辨证》，《傅斯年全集》第 2 卷，湖南教育出版社，2003，第 546、552 页。

② （宋）朱熹：《朱子语类》卷五十九，《朱子全书》第 16 册，上海古籍出版社、安徽教育出版社，2002，第 1875～1876 页。

见持善恶混者不在少数。

善恶混认为人性中有善有恶，故养善得善，种恶得恶，这是一种将人性简单化的、不负责的说法。如果再作推问，既然善恶可养而致，则如何扬善去恶？也就是说，既然恶具有先天性，那么它是根除不了的。所以即便现在的恶减轻或没有了，后面又会源源不断地产生出来。

五 善恶是心还是性

前文已说，善恶不仅仅是人性的问题。如果没有心体的涉入，善恶是不能讨论的。只有在人的存在层面才能说善恶。动植物没有善恶，自然状态的人也没有善恶。超越人，也没有善恶。在人心鼓动下，纵性才有恶，在道心调适下，中行而不殆，方为善。

故善恶问题，直至孟子，始跃出窠臼，引入了对心体的讨论；而只有引入心体，天地与气质二性才有了领率。《告子上》载，公都子列举了三种善恶，“性无善无不善”，“性可以为善，可以为不善”，“有性善，有性不善”，然而这些都是后天的情况，就结果而言。针对此问题，孟子的回答源流俱到，提出了性→情→才→心四个概念，完整地分析善恶产生的过程。性是道体直贯，人民所得之先天秉彝，其无不善。善恶，只是情而已。性遇物而发，是情，即恻隐等四端。情从其源头来说，本无不善；但从结果而言，则有善恶，此就是《中庸》所说的“发而皆中节”与否。而这种结果并非单纯由人的才（即气质之性）所决定的，才是能为此者，是形而下者，先天之性实现的要素之一。不善的主要根源在于人放其心，即被私欲蒙蔽，从而不能明明德，不能推而行之的问题。人与人之间有相差一倍、五倍甚至无穷的原因，就是其心不能尽其才能，扩而充之，如泉始达，如火始燃，故善恶根本上还是由心造成的。在性善性恶问题上，孟子是健全的，如前文所言，他还区分了在我与在外者，食色不是性，只是才，而真正的天性是仁义礼智；并且才本身并不能必然为恶，在人心放纵的前提下才能为恶。

第九节 性体歧出之二：荀子之性恶善伪

荀子之性，历有商榷，然《性恶》一篇倡性恶善伪则无争议，此性恶实气质之歧出。下详其误。

一　性恶

荀子独任气质，其所谓恶只是自然属性之过节者，伪则是社会属性，其完全不知此外尚有天地之性。

其一，性恶的界定。如前文所引，荀子界定人性是先天规定的生理属性，不学而能的才是人性。由此可知，其人性即是气质之性。荀子树立性善的标准，其《性恶》认为，性善是不离其朴资而自善，其有两层内涵，不离朴资，自善，如不离眼睛而看见明亮，不离耳朵而听到聪顺。而以此标准来衡量人性，则现实的情况是“今人之性，生而离其朴，离其资，必失而丧之”（《性恶》），即人性生而离其朴资，并不存在不离本体的状态。

其二，情欲为恶。为什么会性恶？荀子认为这是情欲之为恶。一则性之发动谓情。其云：“性之好、恶、喜、怒、哀、乐谓之情。”（《正名》）此情从心而言则为欲，“欲者，情之应也”（《正名》），既如此，欲就是情的具体展开之内容。二则情欲的内容即是充分占有生存资源。荀子云：“人之情，食欲有刍豢，衣欲有文绣，行欲有舆马，又欲夫余财蓄积之富也；然而穷年累世不知不足，是人之情也。”（《荣辱》）三则资源争夺为乱。荀子云：“人生而有欲，欲而不得，则不能无求。求而无度量分界，则不能不争；争则乱，乱则穷。”（《礼论》）综上，荀子认为人性是生而自私好利的，人类以群的方式生存，人口多、资源少，必然产生争夺，所谓辞让、忠信、礼义、文理，根本就得不到后天培养的机会，而被好利所引起的争夺、戕贼、淫乱所遮蔽、格式化。资源有限，既没有明确的度量分界，又没有师长、法律的规范引导，故必然争夺导致大乱，“用此观之，然则人之性恶明矣”（《性恶》）。

二　化性起伪为善

荀子批判孟子性善云：“是不及知人之性，而不察乎人之性伪之分者也。”（《性恶》）意指所谓性善是后天生成之结果，非本性之天然也。

其一，对性伪的界定。性如上言，荀子对伪也有系列界定，如云：“性者，本始材朴也；伪者，文理隆盛也。无性，伪之无所加；无伪，则性不能自美。”（《礼论》）在荀子看来，人性是不学而能者，而伪是后天经过人为加工而形成的结果，然则此性已是第二序列者。

其二，对性善的界定。荀子云：“人之性恶，其善者伪也。”（《性恶》）则他对善也有着与众不同的两层界定。一则善是一种物质生活。其云：“凡人之欲为善者，为性恶也。夫薄愿厚，恶愿美，狭愿广，贫愿富，贱愿贵，苟无之中者，必求于外。故富而不愿财，贵而不愿执，苟有之中者，必不及于外。用此观之，人之欲为善者，为性恶也。”（《性恶》）这里荀子认为功利心是解决为善的动力问题，但此混淆了性善与好的物质生活的关系。性之善恶是讨论先天的性质，而物质生活则是后天形成的，二者是纵向的因果关系，而非横向的平行关系。二则将善恶界定为社会秩序的治乱。其云：“凡古今天下之所谓善者，正理平治也；所谓恶者，偏险悖乱也。是善恶之分也矣。”（《性恶》）荀子将善界定在社会治理秩序上，如此，荀子此处之礼义等，即非先天的道德理性，而是一种政治理性之选择，故而其伪善并非第一序列的人性。所谓的善，就成了一种后天的、人类为了避免自我毁灭而不得不制定的底限状态。

其三，化性起伪的几种途径。人能够变成符合社会礼义的人，有以下原因。一是师法教化。人生性皆同，差别都是后天的教化使然——外在因素。荀子认为“干、越、夷、貉之子，生而同声，长而异俗，教使之然也”（《劝学》）；“故必将有师法之化，礼义之道，然后出于辞让，合于文理，而归于治”（《性恶》）。任由人之本能而无师教，则唯执行生理属性，即变成恶。由外在之教化，才能化性起伪。然则所谓礼义之道，只能是众人共同的理性推定而已，即上述伪善之内容，要想活下去就要遵守的底限。二是坚持不懈之努力。荀子认为，人具有可塑性：“可以为尧禹，可以为桀跖，可以为工匠，可以为农贾，在注错习俗之所积耳。”（《荣辱》）人性本同，而后天的注错习俗相异——君子之所以成为君子，在于其信、忠、修正治办，故要谨注错，慎习俗，大积靡，即自身努力，然后才能成为君子。此源于孔子的“女勿画”，本亦不误，但不能仅靠它，只强调外在的规矩而忽略内心的自觉。

三　性恶善伪之歧出

荀子（包括部分后儒）只说气质之生理属性，而不言天地之道德属性，如前所述，自然属性主要针对个人的生存需要，它本身无所谓善恶，发之中正即善，发之邪曲则恶，此所谓告子“生之谓性”，而荀子谓性恶，只是强调此自然属性的邪曲状态，而不论其中正，此即为误。其余错误大致如下。

其一，潜存与现实的差别。荀子所谓性，仅指生理属性，不学而能者，而所谓伪，则指后天学而能者，他所忽略的问题在于，人异于禽兽者，不是生理属性，而正是伪，人可以伪，而禽兽不可，此正说明人有伪的可能性、潜在性，而禽兽没有，故此伪正是人独特的规定性，离开了它，人就是二足而无毛者，故此伪，恰恰才是真正的人性！而与禽兽相同者，正不足以称为人性。

其二，第一个圣人如何可能。此是对荀子性恶的前提式批判。荀子性恶的最大难点在圣贤的另类。正如伊川云：“性果恶邪？圣人何能反其性以至于斯耶？”① 如果性恶，那么，所谓化性起伪事实上是不可能完成的，本来就是恶的，怎么可能再变好？只有本来是善的，后来流溺为恶，才能复其本初。既然化性起伪关键是圣人教化与外在礼法之约束，那么，第一种礼法是谁制定出来的？第一个圣人是谁教出来的？《性恶》中，他将圣人对凡庸的教化等同于陶工对陶土的加工，认为凡庸的礼义化，只是出于圣人的外铄，而非出于凡庸的人性。这里有一个关键点，第一批圣人是谁教的？如果是圣人自己改变的，则是人性可自趋善，如果不是，则是神，这又不是荀子“人定胜天”的思路了，故荀子此说是不成立的。但是荀子又提出“涂人可以为禹”的观点，强调“今使涂之人伏术为学，专心一志，思索孰察，加日县久，积善而不息，则通于神明、参于天地矣。故圣人者，人之所积而致矣”（《性恶》）。此段恰恰推翻前论，人有可以为禹的质、具，即可能性，则性恶只是一面而非全部，明矣。荀子也只能含混地说“故涂之人可以为禹，则然；涂之人能为禹，则未必然也”（《性恶》）。事实上还是没有回答第一个圣人的问题。

其三，则圣人所铄之善，是内是外？《性恶》又载，有人问，那人的向善的可能性，是不是人性本有的，所以圣人才能催生之？此问可谓釜底抽薪。荀子在《性恶》中则举例答曰，烧土成瓦正说明土有成瓦之可能

---

① （宋）程颢、程颐：《遗书》卷二五，《二程集》上，中华书局，2004，第325页。

性，木亦如此。人能有礼义，正说明人有能成之的可能性，此可能性即是人性。而陶人、工人、圣人只不过是顺应了此人性而催发之而已，并未凭空变出来。此问其实并不妥当。《性恶》的问题就在于，人性恶如何能变成善，二者异质，若有此变，则此变并非量变而是质变。另外，荀子强调化性起伪如“木受绳”“金就砺”，这里还缺少一个关键的东西，参照的标准是什么，它由何而来？一则性恶，则性恶的人类如何能得出外在的异己的标准——善？因为即使是大家的理性共同约定认识到的，但是因为它是异己的、外在制约自己的，故最终要打破之，由此，性恶的相争、理性的约定（礼）、本质的对恶的回归将是一个闭合的圆圈，人终无善可言，这是一切性恶论者的先天缺失。二则性朴，即道家的自然，问题同上，此善的标准是如何而来？既然是自然而然产生的，就说明本来就有这个善性，或说善的可能性，这样学习成功的可能性才在于受绳、就砺。

其四，人性既恶，变善后如何能安于之。荀子云：“人之性恶明矣，其善者伪也。”（《性恶》）逆于人性为什么还能长久？这点荀子是违背亲亲谓仁的基本出发点，思孟认为，家庭亲情恰恰是不学而能者，是天性，所以才能长久。另外，前文已述荀子注重“注错习俗”，认为积之既久，则可以化性。但这个积，完全是外铄，外铄怎么可能长期发挥作用。故而荀子始终无法解释，性若为恶，则怎么可以变善？只有本根为善方可变善，故其性恶与其习善是矛盾的。

故《荀子》在人性论上最大的问题是只认识到人的生理属性，而忽略了人的道德属性。荀子的伪，指的是社会属性，不是道德属性，此二者不同。这是荀子的突出之处。虽然他认为道德性就是社会性，但事实上，生理性与道德性是天生的，而社会性是后天的。荀子认为人性恶，而不承认有善，善性只是化伪之性，然则如何能被化而伪，师圣如何可以先自主地化伪，这就推出必有一种极本穷源之性，不管其名称是不是叫性，但事实上就是性，故荀子只是纠缠名称之界定。荀子只看到万物的平面的生，故以生训性，而没有看到天地的生，宇宙的生，立体的生。最后，荀子的学，纯由外铄，而无内醒，是外向型的学，其内容并非自然界的规律，而只是人类社会的礼，这就决定了他的位置，内没有内进去，外没外起来，只是一个政治、社会制度讨论者。

第十节 性体歧出之三：智识之性之翕弱

本章第五节已对先秦儒家智识之性有过讨论，其发展则又有两大误区，一是对自然万物、形式逻辑等较为纯粹知识之研究不够积极甚至主动排斥；二是对人的理性过度自负，以致认为天人相分、人定胜天。后者仅荀子部分章节持之（详见第六章第八节）；前者则较普遍，乃先秦儒家之共业，并非一人之疏忽，本节主要讨论之。

一 智识之性之局限

制造、运用机械所含的智识之性，老庄看到其对人的异化，故鲜明地抵制之。先秦儒家则不然，其素重智识之性，然此智的焦点却是人。若论其研究对象之顺序：第一层为个体，如关涉身体、精神之健康，则有修身六艺等，此甚发达。第二层为社会事务，如以血缘为中心对社会各阶层进行礼仪式生活方式的安排，此方面极为发达。第三层为公共事务，此是公共权力之原则规范、制度设计等，此亦极发达，如孔子四代之制，荀子之礼法，皆是明显之例证。第四层方旁及万物，此则略弱于前三者。其对自然与逻辑之理性却甚矛盾。一方面，给予其以极高之地位，如前文所说孔孟均有涉及智识之性，其他如《中庸》云“道问学而尊德性”，《大学》云“格物致知，诚意正心”，均对智识之性予以肯定。可以说，先秦儒家虽未开出爱智传统，但还是能守住仁智格局。另一方面，其智多泥于实用之维度，常以实用为价值之取向，缺乏对于自然实物纯粹之研究兴趣，赞辟未显，下墨家甚远。

二 德性优先之倾向

先秦儒家工具理性发展不突出并非能力问题，彼时逻辑学、自然科学均有大发展，时代并不缺少对具体的、个体的分解的研究能力，也不缺少综合的抽象能力。儒家之问题主要出于德性优先的束缚。孔子已说：“为政以德，譬如北辰，居其所而众星共之。”（《为政》）此是认为人类之生存，当以德性为最核心者，彼如如不动，其他如政法、经济、军事、文化等皆围绕其运转。如同样是反战，道家是退回自然状态，此是不实之幻想，墨家则充分发展科技，以战止战，儒家则强调道之以德、齐之以礼，上格君心、下行经界，于政治、经济、教化等方面自强，此又不同。

三 实用主义之束缚

荀子对智识之性也有明确讨论，[①] 然其走上另一条危险的道路，就是自觉地、高压地批判智识之性，只管伦理、社会、政治，其他一切都非吾儒之正，予以排斥，甚至认为思孟说心性所谓五行已是“甚僻违而无类，幽隐而无说，闭约而无解”（《非十二子》）。其具体思路如下。

其一，否定对自然的进一步探知。其《天论》中明确提出“明于天人之分”，“唯圣人为不求知天”，又云：“不为而成，不求而得，夫是之谓天职。如是者，虽深，其人不加虑焉；虽大，不加能焉；虽精，不加察焉，夫是之谓不与天争职。”明确表示不追求大自然之规律。又云：“故大巧在所不为，大智在所不虑。所志于天者，已其见象之可以期者矣；所志于地者，已其见宜之可以息者矣；所志于四时者，已其见数之可以事者矣；所志于阴阳者，已其见和之可以治者矣。”已者，止也，对自然之探究停留在实用限度就好。

其二，以实用主义的态度否定名学的必要性与存在价值。此类说法不胜枚举。如认为惠施之流“好治怪说，玩琦辞，甚察而不惠，辩而无用，多事而寡功，不可以为治纲纪”（《非十二子》），又详细举例云：“‘山渊平’，‘天地比’，‘齐秦袭’，‘入乎耳，出乎口’，‘钩有须’，‘卵有毛’，是说之难持者也，而惠施、邓析能之。然而君子不贵者，非礼义之中也。”（《不苟》）又云：“夫‘坚白’‘同异’‘有厚无厚’之察，非不察也，然而君子不辩，止之也。”《修身》又云：“凡言不合先王，不顺礼义，谓之奸言；虽辩，君子不听。”（《非相》）荀子割弃、否定对自然界的认知必要，否定名学，从实用角度简单地认为人类的生存秩序才是最重要的。

此实用之浅见，亦是儒家智识之性不显之重要原因。

---

① 廖名春先生认为：“荀子的人性概念是一个多层次的意义结构，它的最一般意义是指人生而具有的本能；它的第二层意义是二元的，由恶的情欲之性和无所谓善恶的知能之性组成。”其中提到知能之性，拙见幸与其相同。详见廖名春《对荀子思想的新认识》，《河北学刊》2012 年第 5 期。

第十一节　性体歧出之四：能群之性之陷溺

能群之性本是天衷，只是在展开的过程中，易陷溺入专制窠臼。

一　何谓能群之性

所谓能群之性，取自荀子之“人能群”。指人所拥有的天赋的参赞化育的合群之性。此性在本质上还是生，只是指终极的、整体的、和谐的生。

其一，天群与一己。天道自洽，无所谓正义。地道有义，是为物种正义，然而超越物种之上，弥合差异的，正是人的参赞化育之能力。物的存在方式，物的群或己，是以食物为标准的，万物只是独任性体而生活，根本不知道目的，是为盲目的合目的性。而人的存在方式，人的群或己，是以自觉为标准的，如果认识到人在宇宙中的地位、作用与价值，权利、义务与责任，则超越了物的存在，是为自觉的合目的性。孔子云“鸟兽不可与同群，吾非斯人之徒与而谁与”（《微子》），荀子承之云“人生不能无群”（《王制》），即认为人实际上是以群居此一社会化的方式走出自然并繁衍生息的，这是人当下的、唯一的生存方式。然而这里有两个问题：首先，几乎所有生物都能群，就算再孤僻者，也有繁殖交配时的求欢合耦，为什么荀子说只有人能群？其次，为什么孔子说鸟兽不可同群，而《中庸》却要参赞化育？二者是否矛盾？因为动物的群，是实现自己一个物种内的部分数量上的群，是平面的、横向的群；而人的群，是代天理物，不仅要实现人的群，还要实现万物和谐生长的群，是立体的群，故是天群。

其二，天赋与化伪。前文所说的仁智气三者都是先天之性，它们综合作用的结果就是化伪之性，即社会性。社会属性是后天形成的，基于生的需要而做的理智选择。因为所谓化伪之性，并不能独立地成为性体一脉，化伪之性不是本体意义上的性体，所以化伪者才是性体。然而能群之性是先天所赋还是后天化伪？荀子认为“能群”是社会性，愚以为“能群”乃是先天性。能群与所群，前者是原因，后者是结果。能群，是天赋的属性与能力，是道体分有至万物者，与生俱有者，群的极限就是天。

其三，存在与发用。对于道体而言，它所播下的分殊的性体也不一定全部发芽，但种子皆在，因为土壤仍旧。个体的遇不遇，即作为个体，其载有的能群之性会不会恰当地表现出来，都不影响性体完整的存在。性体的存在与发用是两回事，存在需要发用，但不必一定发用，它受限于许多具体的外在条件。在“现实”的展开中，能群之性不一定如期而至、如数还原。

二 能群之性演进的三个层次

能群之性是相对意义上的，虽然群居与演化程度或自身强弱无关，如蚂蚁与狮子都群居。在广义上，能群分为三个层面。

其一，庄子的群。人若依庄子之独居，则混沌天性，在宥而已，何劳公权。庄子的群，是原始的群，与动植矿物混处的群，此是初级的群，野马相吹，不需赘言。

其二，荀子的群。荀子的群对庄子的群是一个否定，是中级的群，即人奴役、宰制万物而独享的群。孔子说性近习远，源流俱到。思孟一系强调的是极本穷源之性，都是从源头上说。荀子的性体则是独特的，是由气质之性生成的社会性，是重在结果上说。社会性是荀子性体最准确的定性，如其云:“人无法，则伥伥然；有法而无志其义，则渠渠然；依乎法，而又深其类，然后温温然。”（《修身》）此是对人的社会性的一个假设，没有礼法，则无法生存，甚至不知如何坐立行卧；有法却不知其义，则不能自觉地遵守之；依法又能通其类似的案例，即通晓原则，才能温温然。

荀子虽提出此性，却不知道其完整的来源，只注意到了气质之性。相比思孟体系提出的自然属性（气质之性）、道德属性（天地之性），荀子性体亦有两大层次：自然属性（气质之性）、社会属性（化伪之性）。依他的体系，人性第一序列为生理属性，民众之性:“争→斗→穷”。第二序列则为社会性，圣人起而明分使群：“分→辨→群”。此“明分使群”又作“化性起伪”，故社会性又被称为化伪之性。

荀子将能群之性视为第二性，此由人的生理特点所得出，因为人与禽兽相比，没有高效的获得生存机会的自身条件，如爪牙筋骨等，故要群。人与物的区别，仅仅是社会性，人能“辨—群”，明分使群，人性异于禽兽的，是超越生理属性的社会性，予以社会成员不同的角色，确定不同的权利义务，组织成社会——群。但是人并不是唯一的群居动物，则人与禽兽何别？一曰分，即职分，指社会分工。荀子云："人何以能群？"就是分与义而已，"故序四时，裁万物，兼利天下，无它故焉，得之分义也"（《王制》）。二曰辨，指上下尊卑，社会地位。这样的分与辨并不是自动形成的，而是根源于人性中的争夺，"人之生不能无群，群而无分则争，争则乱，乱则穷矣。故无分者，人之大害也；有分者，天下之本利也；而人君者，所以管分之枢要也"（《富国》）。所以，人的社会性在荀子那里是第二性，源自生理属性之争夺。而这个社会性，有个专门的称谓——化伪之性。

荀子的群，使用了气质之性与智识之性，所谓争斗，是为气质之性，而用分—辩的方法是为政治的理性设计，他企图以此二者逼出群。然而，他的群还只是一个过渡态，既没有天地之性的动机，也没有参赞化育的目标，故不是超越的群。而荀子关于性体最大的问题在于，自然属性与社会属性之间缺少道德属性，二者无法过渡，前者可能偶然触及后者，但终究还是要返落原初。

其三，《庸》《学》的群。《中庸》《大学》的群，方是根本的参赞化育、人物共享天命的群。孔子说"君子群而不党"，党是私，群是公。党乃是私利纠合之小集团，而群乃是基于公义之大众的栖居。能群之性一旦形成，便成为人类的一大理想。人类正是凭着群体的力量走出自然的，故能群之性成为人的本质特征之一。群既是起点也是终点，既是方法也是目的。这种人性，是对道体分殊的一个否定之否定。本来性体倾向于各自成就，但此能群之性却暗含一个向外向上的综合，首先是人自身的综合，而后是人物的综合。此性是对道体下坠的一个提撕，一个回归。人的能群之性是超越其他生物的，生物的群居是以血缘为唯一纽带的，人不仅超越血缘，而且超越物种，是类似于上帝的角色，代天理物，重新安排人与人、人与物之间的栖居，其是仁民爱物的大群，如果用一个最恰当的词来形容这种群居，则为"天群"。所以，我们细品《中庸》"唯天下之至诚，为能尽其性，能尽其性，则能尽人之性，能尽人之性，则能尽物之性，能尽物之性，则可以赞天地之化育，可以赞天地之化育，则可以与天地参矣"，自可深味儒者理想"天地位焉，万物育焉"之伟大。

三 能群之性的主体与实现途径

在仁心苏醒之前，万物包括人（动物意义上的人）都是凭“力”而决定在食物链上的位置，这是一场零和博弈。而仁心出现，暂时并不能将食物链归零，只能重新安排生存秩序，使各尽己职，各享天命。

能群之性的主体，是牧民之君，还是君子自群？荀子云：“君者，善群者也。”人的群居生活方式有两大路向。群，是人主之功，还是庸众可自致？是人人可为君子之群，还是君主牧羊式之群，是两大抉择。能群之性实现的途径，在后文会继续讨论，此处只列其大概。此性如何达成呢？如果仅从政治的角度，大率有以下两种方法。一是上行，建制化的手段——礼。“维齐非齐”“明分使群”是荀子能群之性之实现途径，通过人与物中人对物的否定、人与人中贵对贱的否定，来达到贵之于贱、人之于物的群。二是下行，建构温情脉脉的自由共同体。孟子云：“死徙无出乡，乡田同井，出入相友，守望相助，疾病相扶持；则百姓亲睦。”（《滕文公上》）

四 “绘事以素”——群己关系

这里我们借用孔子与子贡讨论“绘事以素”来指代群己关系。群是底色，己是图案，纯色无图，有等于无。群己之间，如何达到一个巧妙的平衡？如果仅强调群的力量与利益，而否定个体的自由，则会造成以下后果。一是自由的禁锢。群只是形式，集体的群居与个人的自由从来都不是矛盾，但是只强调群，则群的形式越集中的地方，自由就越少。二是创造的泯灭。群是一个洗去个性的屠宰场，任何个性都会被狂暴地快速抹平，只有按照群的需要所表达的存在才能坚持下去，不管这个存在是否符合天道。三是抗争的消失。群，往往是弱者的避难所，弱者混迹其中，借以躲避大自然中的天敌，然而这是以牺牲为代价的，这个牺牲就是服从多数人的暴虐以及群中的强者的不良统治。弱者目睹他人或自己的悲剧，更善于将服从刻入基因传给后代，从而造就越来越多的庞大的“羊群”。

第四章　实体·心体

先秦儒家对心体之讨论，虽不如宋明之深入与复杂，然大纲已定、规模初具。孔子始启，七十子继之，孟子已自觉，荀子尤精深。孔子混沌地说“从心”，曾子、子思剖析为诚意正心、已发未发，孟心拔本塞源地说“本心”，荀子则总结为“人心”“道心”。至此，先秦儒门心体之构建完毕。

第一节　心体正义之一：原心

人“首出庶物”，则天地均衡有序的自然状态就被打破，人在处理自己的气质之性时，经常凌迈天命之平衡，过或不及，危及自己或他物之生存，从而破坏整个世界秩序，是为恶。其肇因正是人心在演化中苏醒过来。

一　心体之理的规定

心体是第三实体，体依是实体义。

其一，儒家心体，以今语言之，即是人脑之功能。古人不明生理，以大脑之情感、意识、思维等诸项功能俱为心之所有，如《孟子》云：“心之官则思。”（《告子上》）故我们今日使用心体此一概念时主要就人脑而言，一则不讨论血气之心，即血肉之脑腔及其具体性质，那是医学等学科的辖地；二则在儒家的视域中，仅讨论大脑的部分功能，即道心与人心。

其二，心性之别。后儒惯言心性相同，此是庄子齐万物之理路，将二者之相同扩大至无意义。心性之别，判然卓立，不可不言。一则心源于性。道体下贯，万物皆为性体，唯人独具心体（道心）。譬如种子长成树身，又绽开花朵，木之为性，花之为心，花源于木，然又非木，其别明矣。二则性依心显。此性指天地之性，没有心，性体则无所谓善恶。三则心性一体。性是个“死”物，心是个“活”体。以上是就人、物而论。若单就人而言，则性偏在其客观性，心却偏在主宰与发动。性特指人的规定性，而心特指人的明觉能力，心体之明觉不是一种悬空载履的能力，它必须也从来都是与性体相贯通交融的，性体就是心体的一个挂搭处。而心所发明、所觉醒，所主宰、所统率者，亦是性。

其三，心的产生。造物赋予每物都有完整的性三品——气质之性、智识之性、天地之性，然万物此三性，或潜或显，需要相对应的器官，即心（大脑）来承载并显现它。气质之性，生物皆有感官之心来显现之，用来汇总处理感官系统之信息，此是维护自我生存之心。智识之性亦然，动物也有感觉基础上对汇总信息进行识别、计算等能力，虽远逊人，但属同质。然天地之性，动植虽也遍纳，却无器官以显现之，宇宙阖辟，唯人独具慧心，方绽放之，此是人所独有之心。故人有三心，因智识之心为工具性，可略而不论，然则气质之心、天地之心，为人心之两翼。据荀子所引《道经》“‘人心之危，道心之微’，危微之几，惟明君子而后能知之”，[①]可将气质、天地二心对应此人心、道心。为避免此人心同日常所说之人心混淆，愚借孟子大体、小体之概念，又以大（体之）心、小（体之）心分指道心、人心。

其四，气质小体之人心。此即自我认知。统率其他器官、维护自我生命系统正常运行之心。口不知耳，耳不知鼻，手不知足，足不知身，然而心涵诸性，具有主宰能力。如荀子云：“耳、目、鼻、口、形能，各有接而不相能也，夫是之谓天官。心居中虚，以治五官，夫是之谓天君。”（《天论》）此是言心对感官的主宰。又云：“心不使焉，则白黑在前而目不见，雷鼓在侧而耳不闻，况于使者乎?”（《解蔽》）此心是在处理五官的信息。

其五，天地大体之道心。此即宇宙认知。人认识到在天地中的位置、作用与意义，权利、义务与责任，这样才能超越小我，重新界定自我。“人者，天地之心”，在先民眼里，心并不仅是血肉之脏器。人是天之灵明，心是人之灵明。天地之性，独具于是。它对气质之性起一个总领、统

① 此处之道心、人心当为晚书《大禹谟》作伪之所源，可安全使用。

率的作用。在此意义上，才是真正的心性合一（然只是起源而非完成），此心是为本心，与气质之心不同。首先，其具有良知能力。此即明。《中庸》云：“自诚明，自明诚。”诚明是儒家所总结的人心一大特别智慧。其次，其具有醒觉能力。此即是唤醒己之德性。孟子云：“先知觉后知，先觉觉后觉。”（《万章上》）此二者，执行的是明明德的上达功能，具超越义，能自我发明、自我觉醒，能够“原始反终”，即反躬性体自身，更阶及道体，上达天境，而明白人在宇宙中的由来、位置、应是、应为，从而下开发用，以仁民爱物、参赞化育——宇宙之所以生出（演化）人，亦正是宇宙之欲自我实现。故此明觉力，正是人之最珍贵的特点，故《易》言人是天地之心，此心就是取明觉力而言。先贤多言觉（先知觉后觉、先觉觉后觉）言明（自诚明、自明诚），均就此立论。

其六，道心与人心关系。首先，人心、道心，本是一心，其区别仅仅在于公私之辨，或曰义利之辨。人，进化出反省、反思能力、自我意识，是人类非常关键的一次跃进，也就是人心醒来的第一步，意识到自身在整个大自然中的独特性与进步性，以及似乎完满无缺的权利。但是这个层次的我，只是私我，不是大我，还没有上溯至天地，明了自身所由来，没有义务与责任，即没有进展到大心。故人心亦能思虑忧惧，然穿凿于自我成就之私，故同于口食足走，只是纯粹的气质之心，即自我成就之私心。其次，道心之所以能统率、命令，就因为其乃道体纵贯而得道德属性——仁义礼智。道德属性与自然属性是不同的，二者的区别近于整体与局部的关系。道德性是人所获得的道性，具有超越性，超越一己之限，而外联于他人、社群、万物、宇宙之生存，如孟子四端，都是真实、客观地存在着，良知当下呈现，这是任何人都不能否认的。道德性纯善无恶，自然属性是听命于道德性。此道德性是心之帝，帝令就是心令，天命就是心命，此道德性就是良心，就是孟子所说的本心。

其七，善恶与心之关系。宋儒为了解决善恶，加入了气，认为“论性不论气，不备；论气不论性，不明”，其实不然，不论心，皆非。没有天地大体之道心，万物只凭本能，故无善恶，如禽兽。有了天地之性，然处于阖闭状态，不能正确处理气质与智识，反而自私之小心，操弄智识，放纵气质，超越了正常的生物的避害趋生的本能，而是避害趋利，执着、贪嗔、淹留于此器官功能的满足，使正常的人性变成欲望，为满足欲望又去伤害自己或他人他物，从而产生恶，这也就是老子所说的“心使气曰强”，此方成恶。而反之，能以天地之道心控制智识之心，满足正常的气质之性，并推己及人至物，此即是善。

二 心体之势的展开

先秦儒家之言心体，尚不及宋明之详备，然大纲脉络亦甚清晰。

其一，孔子之心。前言孔子之仁，并非仅指性体，实就心体之主宰而言。仁不是性体的自然运动，而是心体的自觉运动。孔子有没有明确提到并分析过心体？当然有。如《颜渊》载，司马牛因其兄司马桓魋在宋国作乱而忧惧不已，故其问君子当如何，孔子则对疾而治之，曰“君子不忧不惧”，此不忧不惧正是指示心体清宁和平、中正仁和的本来状态。大心就是忠道，己欲立而立人，己欲达而达人，已经从私我的遮蔽上跃升出来，故拨云见日，满目光明。《论语》说大体心者，如孔子云：“七十而从心，所欲不逾矩。”（《为政》）① 此处“所欲”之“欲”正指此气质之性；而心，即指大心。

其二，子思之已发、未发。曾子于《大学》立下孔门之基本规模，则《中庸》又详加剖析，尤其是心体部分十分精微。其中已发、未发，堪称打开儒家心性之钥匙。未发为意，人心道心混，已发则二分，人心之危为欲，道心之微为端。

其三，孟子之本心。孟子承前，将人的自然属性归诸天、命，提出“仁义礼智根于心”，将人的道德属性根源、动力并纳于心，将道德的发生滥觞为体用一如，将道德的完成扩充至天人不二，从而彻底解决了道德之源头与动力问题。

故而孟子直接楬橥“仁义礼智，非由外铄我也，我固有之也”（《告子上》），道德源头，那个“求之在我者”，正是此人的本心，所谓“君子所性，仁义礼智根于心”（《尽心上》）。本心有体用，体为仁义礼智“四性”，用为恻隐、羞恶、辞让、是非“四心”与仁义礼智“四德”。“四性”为形上先天规定，是人之类本质；良知良能为道德心理兴发力——自

---

① 旧句读以“从心所欲”相连，误，当将“七十而从心”断为一句，“所欲不逾矩”另为一句。参拙文《杨伯峻〈论语译注〉句读商榷》，《江苏科技大学学报》（社会科学版）2013 年第 3 期。

由意志；“四心”为主体当下的心理感受，发为“四端”；行至亲亲仁民爱物知天事天则为“四德”，乃道德之完成，是为“本心→四性→四心/四端→四德”之结构，如表 2 所示。

表 2

<table>
<tr><td rowspan="3">道德
本心</td><td colspan="2">体</td><td colspan="4">用</td></tr>
<tr><td colspan="2" rowspan="2">四性→</td><td rowspan="2">四心→</td><td colspan="3">四德</td></tr>
<tr><td>人事</td><td>世界</td><td>天地</td></tr>
<tr><td>仁
↓</td><td>爱
↓</td><td>爱及不爱</td><td>恻隐→
不忍达忍</td><td rowspan="4">亲亲
仁民</td><td rowspan="4">爱物</td><td rowspan="4">参赞
化育</td></tr>
<tr><td>义
↓</td><td>推
↓</td><td>不为达为</td><td>羞恶→
无耻之耻</td></tr>
<tr><td>礼
↓</td><td>敬
↓</td><td>道德契约</td><td>恭敬/辞让</td></tr>
<tr><td>智</td><td>别</td><td>性体之智</td><td>是非</td></tr>
</table>

其四，荀子之道心与人心。孔孟对人心均有体悟，但是没有清晰地解述之。至荀子方提出相应工具、概念来补上这一环，这就是道心与人心。其引《道经》曰：“‘人心之危，道心之微’，危微之几，惟明君子而后能知之。”（《解蔽》）又云：“君子大心则敬天而道，小心则畏义而节；……小人则不然：大心则慢而暴，小心则淫而倾。”（《不苟》）同样是心，为何君子、小人差别如此之大？只有两种可能，一则此心还受另一物主宰，此显然是不可能的。二则君子之心与小人之心不是一物，即君子之心就是道心，而小人之心则是人心。

三 智识之心的薄弱

前言性体，有智识之性，其亦当有相应之显体，即智识之心。儒家亦认识到此点，如孟子曰：“心之官则思。”此即表明，心具有一种计算、综合能力。它是生物演化而得来的一种崭新器官与能力。它本身并没有是非善恶，是性体赋予它内容与方向。智识之心在先秦儒家中非常微弱，远不及墨家之发达，远不成体系。

孟子略及智识之心。其强调“耳目之官，不思而蔽于物，物交物，则引之而已矣。心之官则思，思则得之，不思则不得也”（《告子上》）。耳目只是与物进入表面的相“交”故“蔽”于事物的内部特征，只有心才能深入而“思”，相比而言，“权，然后知轻重；度，然后知长短，物皆然，心为甚”（《梁惠王上》）。孟子强调此心的功能是“天之所与我者”，这里的“天”正是自然与社会演进之综合原因，所以心“思”与耳目“交”相比为“大者”，故“先立乎其大者，则其小者弗能夺也”（《告子上》）。

先秦儒家只有荀子对此展开讨论。如《解蔽》云：“凡观物有疑，中心不定，则外物不清。吾虑不清，未可定然否也。”并举例说明之，夜行者蔽于光线，故以石为虎，以木为人。醉行者蔽于认识，以巨沟为小浍，以城门为小闺。同样，眼睛、耳朵等器官自不同角度、使用程度都会有不同的感受。此是讨论心之理性认识。

心体歧出，大率有以下二者，一是仅以心为形上之心，二是仅以心为形下血肉之心。此在宋明展开得比较突出。先秦儒家虽然对心体展开讨论不如后世充分、细致，但大纲甚正，孟子重道心，荀子重智识之心，《学》《庸》亦平衡，均有所就，综观之，未有歧出。

第二节 心体正义之二：未发为意

《大学》云“诚意正心”，既云诚意，又云正心，可知心意不同。诚意，即是未发，未发只能诚敬而已，已发方可言正欤。

一 意之界定

心体未发之时，只是一团混沌，“道心之微，人心之危”此两股力量交织摩荡，仿佛地幔中的熔浆，尚未涌出地表，未能参加显著的大化流行对外在世界的塑造付以锤击。这个未发，即是意。意，金文作（《命爪尹壶》），篆文作（《说文》），会意字。《说文》云：“意，志也。从心察言而知意也。从心，从音。”[1] 所以意之本义，即是心声。

先秦典籍中，意作意志、意图、愿望、志向者甚众，如《管子·君臣下》“明君在上，便僻不能食其意”；《楚辞》“用君之心，行君之意”。又转为动词，一是意料、猜测，如《管子·小问》“而小人善意，臣意之

① （东汉）许慎：《说文解字》，中华书局，1963，第217页。

也”；二是在意，如《诗经·小雅·正月》“终逾绝险，曾是不意”。在儒家，意则是心之未发，即意识，但非显意识，而是初始的、自发的、天然的、未分判清晰的、源源不断的意识，包括潜意识，在没有明确对象的时候也存在，自我流行发动。

意是未发，故其最大的特点在于混沌，即不自知，也不为人知。四端与七欲都含在一起。所以针对意的工夫，只能是诚。诚意天之道，诚之者，人之道。然所谓诚，只是个敬字而已。“执事敬”，以敬提起来。后儒谓意乃心之主宰，误矣。正因意是混沌，非心之主宰，故意亦有善有恶，虽然只是潜存。

二　意之发展

先儒谓《中庸》乃《大学》之注脚。孔子传曾子，曾子传子思。故曾子以《大学》立下规模后，子思便以《中庸》详为解释。如此，《大学》之诚意，犹是《中庸》之意。因此，孔子、曾子、子思三人说意，步步转折，层层深入。

其一，孔子之意。《论语》云：“子绝四：毋意、毋必、毋固、毋我。”（《子罕》）朱子注曰：“意，私意也。必，期必也。固，执滞也。我，私己也。四者相为终始，起于意，遂于必，留于固，而成于我也。盖意必常在事前，固我常在事后，至于我又生意，则物欲牵引，循环不穷矣。”[①] 此意乃臆义，如臆测、臆度、臆断等。因为是主观的猜度，故易陷入歪曲、幻象之中，期必、执滞，而成私己。此非诚意之意亦明矣。

其二，曾子之意。曾子《大学》讲“诚意”，曾子举例说何为诚意：“所谓诚其意者，毋自欺也。如恶恶臭，如好好色，此之谓自谦。”谦意慊也，安义。为人不可自欺，自欺的标准，如恶恶臭，如好好色，知道了这个标准，就可心安了。这是人性的底色、初衷与基础，可以说是无善无恶的，但是又蕴含着可善可恶。所以诚意就是勿自欺而自慊，也就是孔子答宰我三年之丧所说的心安。故诚意，就是在意念未发之际，保持作为

① （宋）朱熹：《四书章句集注》，《朱子全书》第6册，上海古籍出版社、安徽教育出版社，2002，第140页。

“人”的最真实状态。当然，这种状态不是自然状态，而是格物致知后获得的新状态，即《中庸》“喜怒哀乐未发之中”。《中庸》既如此说，则我们当以子思来看曾子，以诚意为未发，以正心为已发。

其三，子思之意。子思并未直接讨论意，只说了个“未发”，此便是意，又说了“未发之中”，此便是诚意。所谓未发之中，乃指未与事接、喜怒哀乐未发时，吾人性体处在清宁和平、不偏不倚的体状，此即是中；已发是人心翕开，驭使人性，与外事交接，从而产生正当的喜怒哀乐之情感，此即是和。七十子后，对“意”已不甚重视，讨论见少，其由一个重要的心性工夫范畴沦落为一个普通名词。

其四，孟荀之意。孟子主要是在诠释学上说意，[①]提出了“以意逆志”。此志同于“诗言志”，志是理想。以意逆志，以自己的理解逆向求证文字所要表达的本来含义。至于荀子，则从来没有在“未发为意”这个角度使用过“意”这个概念，或为连词，或指心意，不赘述。后来朱子解意为心之已发，阳明释为意念动处，皆是已发，当时已有人质疑之并解为未发。[②]后蕺山亦解为未发，然以之为善根，此为憾，所谓善根乃是四端之端，而非意。

三　诚意与慎独

儒家又有“慎独”，所述甚众，如《大学》云：“所谓诚其意者：毋自欺也，如恶恶臭，如好好色，此之谓自谦，故君子必慎其独也！”《中庸》云：“君子戒慎乎其所不睹，恐惧乎其所不闻。莫见乎隐，莫显乎微。故君子慎其独也。”《荀子·不苟》云：“君子养心莫善于诚，致诚则无它事矣。……君子至德，嘿然而喻，未施而亲，不怒而威，夫此顺命，以慎其独者也。”此慎独之义，历有论述，大体为分三期。

一是自郑玄至朱子，皆谓慎独为独居之自我警重。如郑玄《中庸》注曰：“慎独者，慎其闲居之所为。小人于隐者动作言语自以为不见睹，不

---

① 如《离娄上》孟子谓乐正子曰：“子之从于子敖来，徒哺啜也。我不意子学古之道，而以哺啜也。”

② 明儒王栋云：“旧谓意者，心之所发，教人审几于念动之初。窍疑念既动矣，诚之奚及？……若以意为心之发动，情念一动便属流行。而曰及其乍动未显之初，用功防慎，则恐恍忽之际，物化神驰，虽有敏者，莫措其手。圣门诚意之学，先天易简之诀，安有作此用哉！”见（明）王艮《王心斋全集》，江苏教育出版社，2001，第148～149页。

见闻，则必肆尽其情也。若有占听之者，是为显见，甚于众人之中为之。”朱子《大学章句》则云：“独者，人所不知己所独知之地……闲居，独处也……此言小人阴为不善，而阳欲掩之，则是非不知善之当为与恶之当去也；但不能实用其力以至此耳。然欲掩其恶而卒不可掩，欲诈为善而卒不可诈，则亦何益之有哉！此君子所以重以为戒，而必谨其独也。”①

二是明清解为诚意。如王栋认为“诚意功夫在慎独，独即意之别名，慎即诚之用力者。意是心之主宰，以其寂然不动之处，单单有个不虑而知之灵体，自作主张，自裁生化，故举而名之曰独。……养其未发之中，亦即慎独工夫也”。② 郝懿行解《荀子》慎独即认为：“独者，人之所不见也。慎者，诚也；诚者，实也。心不笃实，则所谓独者不可见。”③ 王念孙亦认为：“《中庸》之慎独，慎字亦当训为诚，非上文戒慎之谓。……唯慎独之慎则当训为诚，故曰‘君子必慎其独’，又曰‘君子必诚其意’。《礼器》《中庸》《大学》《荀子》之慎独，其义一而已矣。”④

三是今人据简帛《五行》之“慎独”，重新诠释。马王堆帛书《五行》经传郭店竹简《五行》其文曰：“‘鸤鸠在桑，其子七兮。淑人君子，其仪一兮。’能为一，然后能为君子，慎其独也。‘燕燕于飞，差池其羽。之子于归，远送于野。瞻望弗及，泣涕如雨。’能差池其羽，然后能至哀。君子慎其独也。”梁涛先生认为，此“慎独”之传文释云：“‘能为一然后能为君子。’能为一者，言能以多为一；以多为一也者，言能以夫五为一也。‘君子慎其独。’慎其独也者，言舍夫五而慎其心之谓也。独然后一，一也者，夫五为□（疑当补为‘一’）心也，然后得之。”此处之“五”，即《五行》之“仁义礼智圣”，“独”则指作为“德之行”的“仁义礼智圣”的专一状态。⑤ 刘信芳先生认为，“慎独”是在讨论“圣”的问题的基础上提出来的。简文《五行》中的“圣”是指人所具有的能与天道、天德相通的特质。而“德”指仁义礼知圣相和而形于内心，这是内在之

① （宋）朱熹：《四书章句集注》，《朱子全书》第6册，上海古籍出版社、安徽教育出版社，2002，第20～21页。

② （明）王艮：《王心斋全集》，江苏教育出版社，2001，第149～150页。

③ （清）王先谦：《荀子集解》，中华书局，2012，第46～47页。

④ （清）王先谦：《荀子集解》，中华书局，2012，第47页。

⑤ 梁涛：《郭店竹简与“君子慎独”》，《光明日报》2000年9月12日。

德；内在之德又必须施行于外，使之对象化，为邦人家人所公认而成德，这是外在之德。慎独是君子达于圣，成于德的自我思想品质，这是《五行》“慎独”问题的特定语义环境。[①]

综上，郑玄、朱子所释为误，明清儒诚意说为是，而简帛《五行》之慎独则以仁义礼智圣之五行具体填充意之内涵。慎，即诚。独，则是描述意未发之特性，独立无适之“一”状。诚则是敬。因独体不可慎，一有慎就是已发了。所以，慎只是敬义。故慎独即诚意，即未发之际主一无适之状。

第三节　心体正义之三：已发为情

未发为意，已发则为情。然则，情为何物？

一　情之界定

先秦典籍对情之运用甚为驳杂，已有学者详做整理诠释，或指事物之情实，或指内心之诚实，或指人性之质实，或指人之情欲、情感，[②] 本节只论及心性相关者，余则不赘。

《说文》云：“情，人之阴气，有欲者。从心，青声。”[③] 情同理对。理是可以暂时抽离出来的、“客观的”、形而上的，情是始终不能离开人的一种形而下的、主观的心理状态。情同意对。意为心体未发之混沌，则情为已发之大全。一切心体之已发，皆可谓情。它上下左右纵贯横摄，弥纶于心体已发阶段，绝不能将之局限在某个部分。故在儒家的语境及心体范围内，情是除心外的又一个核心词，可以组成心情、性情、情欲、情意、神情等，其他的概念很难有这样的匹配。故情往往是偏在运用上来说的。如《荀子·正名》云：“性之好、恶、喜、怒、哀、乐谓之情。”又如《礼记·礼运》云：“故人情者圣王之田也，修礼以耕之，陈义以种之，讲学以耨之，本仁以聚之，播乐以安之。”

---

① 刘信芳：《简帛〈五行〉“慎独”及其相关问题》，《湖北师范学院学报》（哲学社会科学版）2001年第2期。

② 李天虹：《〈性自命出〉与传世先秦文献“情”字解诂》，《中国哲学史》2001年第3期。

③ （东汉）许慎：《说文解字》，中华书局，1963，第216页。

二 情之产生

在心体中，未发为意，已发为情，性则贯彻始终。楚简《性由命出》云："道始于情，情生于性。"《语丛二》云："情生于性。"然性是个死物，无心则无情。故《性由命出》又言"凡人虽有性，心无定志，待物而后作……好恶，性也，所好所恶，物也……凡性为主，物取之也……虽有性，心弗取不出"，以人性需在对象化中完成，而"性"之于"物"的兴发力全在于"心"。《礼记·乐记》亦云："人心之动，物使之然也。"又云："人生而静，天之性也。感于物而动，性之欲也。物至知知，然后好恶形焉。"综上可知，本性加外物加心，才产生情感。性只是内在的喷涌，还须有外物的出现，才能引诱性的"对象化"与"形成"。然仅有性、物也不行，人心的出现是关键之跃出。人心即自我意识，即私心（与公义相对），即机心（与自然相对），在智识之性（心）的运用下，就会有一个计较、分别、算计、偏执，如此即会产生人所独有的喜、怒、哀、乐等。合乎我欲，则喜；享我所欲，则乐；损我所欲，则怒；失我所欲，则哀。此人心乃小体之气心，同于禽兽，故狮亦怒吼，猿亦哀啼，皆为情也。然若如此，人依混迹禽兽。唯俟人之大心苏醒，则恍然大悟，知晓人在社会、在自然、在世界、在宇宙中的位置与意义，责任与义务，便重新审查自我意识，由此肃然起敬，生出一份新的情感出来，当喜则喜，当悲则悲。气质之性，在满足时则无事，此不讨论。在不满足时，便会发动，如饥饿，便去觅食，这是肠胃的运动，告诉小心，得到念头。此无关是非善恶，只是生出些喜怒哀乐的情绪来而已。如果可以轻易满足，便喜、便乐、便爱、便欢欣，相反，便愁、便怒、便哀、便忧惧。然在此觅食途中，遇到无主地，如森林，此为天牧，中有野果，采食之，此亦正当，其中心体浑然，无分道心人心。然若遇有主之食物，道心人心不同，则分为是非来。如果道心警醒，停下询问得到允许，或交易或取食，皆是正当。相反，小心运作，生出偷窃之心，则为非。

三 情之分类

初发未显，为情绪，发而显明，则发之不正者，人心之欲为情欲，发之中正者，道心之端为情感。心即情，则我们按照心体的发展，对应地将情分为以下几类。

其一，从情的性质来分。一是纯粹高尚之情，对他人他物的认可、尊重、成全与奉献，如爱情；二是初级杂多之情，如情绪之喜怒哀乐——对小我的生理、物质利益的保护。前者是道心之正当发出，后者是人心之正常发出，二者不可不别。

其二，从情的产生过程来分。一是情绪。喜怒哀乐将发未发时，虽已不是意，但仍是一种混沌的存在，表现为莫名其妙的情绪，没有对象、目标的出现，尚未对象化，但已经饱满而正在流溢。二是情欲。“人心”即“小心”已发则为欲，此是从气质之性的角度而言，如忧患、忿懥等皆是，其是“人心”零散地、片段地以自发的我为中心而发的喜怒哀乐。三是情感。“道心”已发，则为情感，如庄严的热爱、牺牲、奉献等。情感是经过“道心”审判的喜怒哀乐。所以四端，最准确地说是情。

其三，从情产生发动的动机来分。一是小心（私），二是道心（公），分辨标准很简单，纯粹为自己即是气质，为他人则是天地（当然，为他人也是为了完成自己）。

其四，从结果上分，一是不中节（过、不及），二是中节，即和。

第四节　心体正义之四：已发人心之危曰欲

就圣人而言，可“七十而从心，所欲不逾矩”（《为政》），然对凡庸而言，心之已发，则常常分为两橛，或为道心之微，曰端；或为人心之危，曰欲。须凭工夫合二为一。此先言欲。

一　欲之界定

孔子“从心所欲不逾矩”，然则欲一定是心的欲，故《说文》载欲之“俗字亦作慾”。欲义有三。根据心理需要的程度分为三个层面，想要→喜爱→贪婪。一是准备、想要、需要。如《尚书·秦誓》云：“仡仡勇夫，射御不违，我尚不欲。”二是与厌恶相对言的喜好。如《庄子·杂篇·则阳》：“故卤莽其性者，欲恶之孽。”三是贪婪。心理驱动气质之性，如《吕氏春秋·贵生》有“六欲”，《注》云：“生死耳目口鼻也。”好色，是性，但“好好色”就是欲，有一个“好”的心理驱动。故《说文》云：

“欲，贪欲也。”对于儒家来说，第一种意义不予讨论，只涉及后二者，重点是第三种。气质之性本无不当，但在人心（小心）的引诱下，会趋于不当，这种人心加气质之性所造成之不当，就是欲。在心性工夫的层面，儒家主要讨论欲的第三种意义，即贪欲，如《易传》云：“君子以惩忿窒欲。”

二 欲之发展

孔子的欲，是发之不当的气质之性。孟子的欲，主要指气质之性。荀子则对欲与私欲做出区分，以欲指正常的气质之性，以私欲指不当者，使此概念得到明确界定。

其一，孔孟之欲。孔子之欲，三义兼备。其中“我欲仁，斯仁至矣”；“七十而从心，所欲不逾矩”即是第一种意义，准备、想要、需要。最为常见则是第三义——贪婪。如云“伥也欲，焉得刚”（《公冶长》）。如前所述，孟子对生理属性界定得很清晰，其欲主要是想要、喜爱二义，而无贪婪一义。如鱼和熊掌、生和义皆“我所欲也”（《告子上》）。孟子又云“可欲之谓善”（《尽心下》），此是工夫之义，使欲皆可，则为善。

其二，荀子之欲。一是对欲之界定。荀子云：“性者，天之就也；情者，性之质也；欲者，情之应也。”（《正名》）性是天性；情是性在对象化后于心理上产生的结果，如喜怒等；而欲是心对性的响应，是性的发出而未对象化前的状态。三者都是由心来控制的，但大多数人心是死的，不能控制之。气质之性是正常的，发之不当的是欲，即私欲。荀子的人性以成长的阶段分：性、情/欲、伪三者，情指喜怒哀乐，欲指生理欲望，伪指后天锻造。本无善恶，争而无分则为恶，修礼义制之则为善。二是欲的具体内容。荀子云：“夫人之情，目欲綦色，耳欲綦声，口欲綦味，鼻欲綦臭，心欲綦佚。此五綦者，人情之所必不免也。”（《王霸》）此是说各种生理属性在小心的催动下，都想达到其极限。三是承认正当的欲望。《正名》认为，大凡治理国家依靠去欲的，结果往往是无法正确引导欲望而困于之，此是道家之观点。其实人生而有欲死了才无，此与治乱无关。大凡治理国家却依靠寡欲的，结果往往是无法正确减少欲望而困于多欲，此是孟子、宋钘的观点。因为欲望的多少，也与治乱无关。求的人却认为欲是外在的、求而可得的，这主要是心错误加工的结果，天性之一欲，制于心多之幻相。欲望不可以消灭它、减少它，只能去引导它，合理地完成它。荀子此说是深刻的。

其四，批判私欲。荀子的欲与私欲区分得很清晰。如云："君子之能以公义胜私欲也。"（《修身》）又云："行法至坚，不以私欲乱所闻：如是，则可谓劲士矣。"（《儒效》）此是将私欲与公义相对言，表明生理属性都是无所谓善恶的，只有超过限度害人害己的才是私欲。

三 人心之危

动物的性情欲是三合一，于人而言，有些朴实头也是合一的，终生不违礼。但大部分人往往是三分的，其原因就在于心。人心作祟，遂为魑魅魍魉，道心一出，方群阴俱散。故人心就处在一种不自知的危险之中，一不小心就发之不当。当与不当的区别就是公私，而判断公私的标准就是忠恕与否，即以忠恕与否来衡量自己所发之意是否可以成为普遍之标准。《荀子·解蔽》对道心人心的危、微予以详细辨析，他举了三个反例来引出道心之微。一是觙善射好思，其辟欲远声，闲居静思则通，此法很类似于后人之静坐，但是仅以此种静的方式来思仁，可谓危矣，因为必须时时刻刻戒惧谨慎，远未达到启动道心精微之境界。二是孟子为修身而欲出妻，孟母斥其无礼，于是孟子自责并停止此举。孟子可谓能勉力自强，但还未达思仁，思指反思，思仁即反躬仁体。三是有子为不昼寝用火烧自己手掌，可谓能自忍，但是还未达到好仁之境界，达到了，何必言烧。如熊公哲云："《论语》：'知之者，不如好之者；好之者，不如乐之者。'好之乐之，自无待焠掌矣。"①

以上是三种人心的展开方式——忍、强、危，都不是微，单纯地靠这些外在的方法是无济于事的，要强调内心的自作主宰，"从心，所欲不逾矩"，这样就不存在有欲的危害了。道心精微的地步，只有圣人才能达到，不勉而中，不思而行，不再需要忍、强、危。

第五节 心体正义之五：已发道心之微曰端

孔子尽教立志，孟子始说四端。端者，道心之萌，志者，道心所之。

---

① 熊公哲：《荀子今注今译》，台湾商务印书馆，1977，第437~438页。

一 道心之界定

道心是大体之心。人的大体之心苏醒，从潜存变成现实，它具有明觉能力，自气质中一跃而起，凛然四顾，反躬去，将那性体中被遮蔽的天地之性擎起来，并由此上达道体，其大公无私，可超越个体私我之考量，转而为他人、万物着想、安排，这才撑开一片真正属人的世界来。

其一，对外的生心。大心即是仁心。在不同的物种那里，世界是带着那个物种自己的属性的，越是属于这个物种所特有的属性，越是被涂抹在该物种所能化及的世界。狮虎的世界，全是食物。羚鹿的世界，全是捕食者。同样，人的世界，被涂上了人所独有的物性——仁。如前所说，仁是种子，满是生机与春意。人就是一颗宇宙直贯至人的仁心组成。宇宙演化出人，就是为了透显出这个仁心，尔后让祂去生天生地。“生”于儒家而言，是一个最为纯正的原生义，此从孔子“天何言哉”章肇始，《易传》“大哉乾元”发挥其中的天地之创生，《中庸》“赞天地之化育”则终其于一个理想的人文化成之世界。“生”综创生的首出义、生长的过程义、化育的完成义，总摄道体、性体、心体三者。所以心体与道体、性体一样，乃分解地言此生，同处第一序列。

其二，对道体的上达。孟子云“尽心知性知天”，“存心养性事天”，则此心的功能真是通天通地，神鬼弗测。对儒者而言，离开了心，还如何谈人。在“原始反终”的工夫过程中，心体又始终处于枢纽之主宰地位。因为工夫的自觉，其前提就是于心性的自觉，再前推就是道体、性体、心体直贯的自觉。人的第一次下贯，是为自然之进程。即在人生成之时，由道体赋予人诸性。而此道体下贯于人，分散在身体的各个部分而总率于心，但是人不一定自觉之。故或因他缘或因己悟而醒觉后，方能由此心主导着去反躬性体、上达道体。上达后重新下贯则是第二次下贯，此下贯也是汇总在心中，而后去发用。当然，此“上达—下开”并非一次即能完成，凡庸之成圣贤，多是毕生之事。故人上达下开之自觉完全是在心体之主宰下进行的。舍却心体，所有工夫即无法安排，人的自觉即不可能。

其三，道心对欲望的主宰。小心要行恕道，大心要行忠道。大心对欲望有个加工、控制作用，同于天君，如荀子强调大心对身体欲望本能的控制与超越："心平愉，则色不及佣而可以养目，声不及佣而可以养耳，蔬食菜羹而可以养口，粗布之衣、粗紃之履而可以养体。屋室、芦庾、葭槁蓐、尚机筵而可以养形。故无万物之美而可以养乐，无执列之位而可以养名。如是而加天下焉，其为天下多，其和乐少矣。夫是之谓重己役物。"(《正名》）此工夫与孔颜之乐全同。

其四，道心的超越性。道心可自作主宰。如荀子云："心者，形之君也，而神明之主也，出令而无所受令。"（《解蔽》）此心体同于道体。人，不仅演化出自我意识，而且有反省能力，进而上溯至天地，明了自身所由来；更有理想能力，不得过且过，而有了未来之召唤，与当下之践行能力。正因如此，在此极本穷源的意义上，孟子称"道心"为"本心"。

二 端之发展

道心之初发，即为端。端者，耑也，耑是端的本字。《说文》："耑，物初生之题也。上象生形，下象其根也。凡耑之属皆从耑。"[①] 即是说，耑表示植物刚刚冒出地面，端倪之端，孟子用来比喻道心之初发。

如果说荀子对"欲"讨论得很充分，则孟子对"端"开拓得最深入。《公孙丑上》中，孟子以婴孩坠井为例，引出恻隐之心，又言羞恶、辞让、是非之心，是为仁义礼智四端，四者是以人皆有之的恻隐之心为源头层层推发生出。

其一，"恻隐之心，仁之端也"。仁心有以下的发生机制，"恻隐→同情（情感转移）→不忍达忍→爱及不爱"。一则仁的发端是恻隐之心，即不忍之心。"今人乍见孺子将入于井，皆有怵惕恻隐之心"（《公孙丑上》），怵惕恻隐，指主体接受外部信息后产生的恐惧悲痛之心，是暂时的、或然的、当下的心理感受。二则从心理学的角度，这是一种同情心。"将我的观念、情感转移到对方身上，通过这种转移，实现与对方的贯通。这样一种情感与观念的转移，从心理学的角度来看，我们称之为同情。也就是说，孔孟的仁的实现的方法，从心理学的角度来看，便是同情（compassion），同情产生于同情心。"[②] 三则孟子极为重视此不忍之心，《孟子》

---

① （东汉）许慎：《说文解字》，中华书局，1963，第149页。

② 沈顺福：《论儒家道德的产生机制》，《管子学刊》2004年第4期。

中共19处言及不忍，其超出了狭隘的血亲局限及人类视域，前者如见邻人婴儿入井则生恻隐之心，后者则如《梁惠王上》中的不忍牺牲之觳觫。然孟子更重视此情感之转移，强调“人皆有所不忍，达之于其所忍，仁也”（《尽心下》），即“不忍达忍”。四则恻隐只说及不忍，类于“恕”之“己所不欲，勿施于人”，而未及“忠”之“立人达人”，故而孟子认为尚需“爱及不爱”，这里的“爱”不就前述形上义而言，而只是形下心理情感之“爱”。五则孟子认为完全的仁心应该是“爱及不爱”“不忍达忍”此两方面的完成。“爱及不爱”是就仁之德性主体的自身要求而言，必须由“所爱及不爱”。而“不忍达忍”则是就德性主体所感验的客体而言，主体对客体有不忍，达于所忍。“爱及不爱”是从肯定面说起而至否定面，“不忍达忍”则反之，不忍是爱，达之忍亦是爱，正是由不忍、达忍构成了爱人之心的两极。为何必须由“所爱及不爱”“不忍达所忍”才是仁呢？仁之所以作为人的规定性的仁义礼智四性之基础，正是因为它是人作为一种高等生物演化的先天之必然性，人所独有的本能，既脱胎于自然属性，又超乎自然属性乃至社会属性。人有类于动物之怵惕恻隐与爱欲，但如果仅限于此，则只是动物之本能。人之所以高于禽兽者，正是要由此心理情感出发而显诸行动，“爱及不爱”，“不忍达忍”，不仅达于同类的人，更要达于他类动植物直至天地。只有实现此二者，人才能超越自身之局限，才能实现对动物性之超越，才能真正体悟《易》云“天地之大德曰生”，领会宇宙生生不息造化之本质，从而与天地参，最终成其仁。正是由于仁是由恻隐之心所发动的“爱及不爱”“不忍达忍”这样一个动态的发展过程，这才生出羞恶、辞让与是非之心来。

其二，“羞恶之心，义之端也”。义是落实仁的“不为达为”的“推心”之生发，其必有一定之实质，必符合一定之标准（实质就内而言，标准就外而言），否则“非义之义，大人弗为”，如爱邻家处子，然以“穿窬”为非，否则即生“羞恶之心，义也”（《告子上》）。孟子极为重视此羞恶之心，将之视为义之重要内涵，认为“人不可以无耻，无耻之耻，无耻矣”（《尽心上》），此耻即羞恶之心，要求由不知有耻至知耻最终达无耻之境，而此境即是“及不爱”“达忍”“达为”也。所以，“爱及不爱”“不忍达忍”是从现实的心理活动而言，“无耻之耻”则从普遍的伦理情感而言，论证了推心的自明。

其三，“辞让之心，礼之端也”。或曰“恭敬之心，礼之端也”，礼是以恭敬尊重自己他人万物之仁义价值为前提的一种道德契约，上述推心生发之标准即是“敬”，故而此道德主体于人事交往中顿生“辞让之心”或曰“恭敬之心”，如见长者则立生恭敬之心，此亦为主体当下的心理感受。

其四，“是非之心，智之端也”。对客体对象是否符合仁义礼做当下之判断，以其是或非之心理，如明穿窬为不义递而生羞恶之心，以嫂溺而不忍，以授受不亲为不义，而生援手之心，皆是做当下判断之心理也。

故而，形下道德心理发生之机制完全是由恻隐之心层层发动生出。

三 志之所达

如果说意是未发，端是初发，则志乃已经省察之已发。所谓省察，就是曾子“三省”之“省”，就是反省，如《学》《庸》“勿自欺”皆是省察。

志，金文作[金文]，由之（[古文字]）加心（[古文字]）组成。篆书作[篆文]，许慎云：“志，意也。从心，之声。”① 故志之本义，是心之所至。以今天的话说，就是理想。儒家之理想主义，欲改变无道天下为有道人间，故“唐虞之治”就是儒家的志。

孔子多说志。如云：“吾十有五而志于学。”（《学而》）又云：“苟志于仁矣，无恶也。”（《里仁》）又云：“士志于道，而耻恶衣恶食者，未足与议也。”（《里仁》）孟子说志甚多，此处只析其志气之辨。《公孙丑上》载孟子曰：“夫志，气之帅也；气，体之充也。夫志至焉，气次焉。故曰：持其志，无暴其气。”又曰：“志壹则动气，气壹则动志也。今有蹶者趋者，是气也，而反动其心。”所谓动心之心，乃是道心。志为理想，气即气质之性，二者关系，一则志主气随，志统率气，二则气对志亦有反向的遮蔽作用。荀子则习惯于意志并用，如云：“志意修则骄富贵，道义重则轻王公，内省而外物轻矣。”（《修身》）又云：“志意致修，德行致厚，智

① （东汉）许慎：《说文解字》，中华书局，1963，第217页。

虑致明，是天子之所以取天下也。”（《荣辱》）则他的志意已偏在志上，意之意蕴已很微弱了。

以上本体已明，既明善恶之发生，则下面就要寻求对治它的途径，此途径即是工夫。如果没有工夫，则扬善去恶，恢复清宁和平之本性绝无可能，故下言工夫。

第五章　工夫·下学

《中庸》云："尊德性而道问学，极高明而道中庸，致广大而尽精微。"儒家以上达来保持与道体的融通，以下学对人间事务采取践履的途径，透显儒家注重现世的努力方向。

第一节　下学正义之一：见仁见智

孔子始言"下学"，曾子释为"格物致知"。格，推究；物，事物，于人为事，其余曰物；致，完成、达到；知，知识。通过对事物的推究学习，掌握相应的知识。故所谓下学，就是指人了解所生存的世界以及掌握相应知识与生存途径之过程。

一　下学之内容

下学是工夫的第一阶段。其目标是通过专门的、有针对性的规范训练，来学习知识，磨炼意志，陶冶心性，为上达做准备。正如荀子云："君子之学也，入乎耳，箸乎心，布乎四体，形乎动静。端而言，蠕而动，一可以为法则。"（《劝学》）儒家培养君子，其教化有多种途径，三教、四科、三达德、六艺等，均就此入手，然概而言之，即仁与智。

仁者见之谓之仁，智者见之谓之智，则仁智二者何为下学的重点？此问题自子思开始凸显出来，《中庸》"尊德性而道问学，致广大而尽精微，极高明而道中庸"，此"而"正在二者中分一个轻重，即前文所述之以仁摄智。孟子承之说"先立乎其大"，此义亦正。至后儒曲解下学，"先立乎其大"变为"仅立乎其大"，此则大谬，其独重人伦良知，只是独善之身，非兼济之学。如孔子曰"好仁不好学，其蔽也愚"（《阳货》），正切独善之病。

孔子的工夫，是内仁外礼：识仁为内，复礼为外，中有辩证否定，由此内外合一。孔子教颜回“博我以文，约我以礼”，所重者外在之知识，内在之德行。《大学》“格物致知，诚意正心”，《中庸》“尊德性而道问学”亦是内外俱有。而后再配以“下学上达”，纵横交错，纵向上，直接向上提撕心性，对越道体。

儒家有独善之学，兼济之学；为仁之学，为智之学；成己之学，成人之学；诚正之学，格致之学。此皆是从不同角度来说，总而言之，即下学。

二　下学之主体

作为工夫节目，此下学主体乃初学者。那些处于自发阶段的凡庸，在工夫上没有过上达之体验者，是下学的主要受众。本质上，他们百善完备，然未能心体自觉、发用自如，如被蒙上双目，大段漆黑，最多偶尔地窥见些许光亮而已，待到或因己悟，或因外缘，方才能彻见光明。孔子指示下学，因材施教。对蒙童少年，有小学大学之分。如云：“弟子入则孝，出则悌，谨而信，泛爱众而亲仁，行有余力，则以学文。”（《学而》）行有余力，并非贬义，乃先后顺序而非主辅之分。对门人弟子，有“三教”之分。如云：“兴于诗，立于礼，成于乐。”（《泰伯》）“庭训”所示亦如此。《先进》又有“四科”之分。《述而》又载：“子以四教：文、行、忠、信。”此四教近于上面的四科，文是文学，行是言语外交等，忠是为人谋而忠于事，信是德行。对得意高弟则博以文，约以礼，因为对他们来说，德行科，人伦日用，此关已过，不须再说。如云：“君子博学于文，约之以礼，亦可以弗畔矣夫”（《雍也》）；“博学于文，约之以礼，亦可以弗畔矣夫”（《颜渊》）；“以约失之者鲜矣”（《里仁》）。颜回也说“夫子循循然善诱人，博我以文，约我以礼”（《子罕》）。对大众而言，有六经、六艺之分。至于成人之普遍模式，则是“志于道，据于德，依于仁，游于艺”（《述而》），道是天道，德是己德，仁是仁人，艺则是生活之践履发用。

综上，下学者，一是人伦日用，基本的社会规范；二是博之以文（言语、政事、文学）；三是约之以礼；四是和之以道德。由于第四项已是上达之事，本章只言前三者。

三 下学之展开

孔子强调“下学而上达”，此“而”表达时间之先后与逻辑之递进。孔子所教，博文约礼，包括向内向上一路，以及向外向下一路，所谓上达下开兼备。如果说上达是纵向，尽心，知性，知天。则下学是横向的知人知史，由万物之性知天地之性。故孔门之学，乃纵贯横摄，十字打开。孔子自己之下学，其自言“吾少也贱，故多能鄙事”，“三人行必有我师”，“不耻下问”，如“入太庙，每事问”，对外亦号称“博学”。孔门完整继承之。子夏曰：“日知其所亡，月无忘其所能，可谓好学也已矣。”又曰：“博学而笃志，切问而近思。”（《子张》）曾子继承孔子，《大学》云格物致知。前引《中庸》诸句亦然，皆是表明二者先后，犹是下学而上达的进路。荀子得向下的“道问学”一路，孟子则得向上的“尊德性”一路。另外，下学即践履，只是为了析理清晰，故以强分。

第二节 下学正义之二：养之以事

下学的第一个环节即是人伦日用。所谓人伦日用，泛指初级的、基础性的、不必借理论而专门学习又为伦常生活所必需的一些实践性环节，按照社群生存的重要性，于亲朋邻里乡党间，由近及远，由下而上地展开。下学工夫实是提供一个生活化的下手处，以生活化的内容引导生活主体的成长，要求人在生活之中，以生活化的方式，来理解、把握生活本身。我们可以《学而》中孔子所说的“弟子入则孝，出则弟，谨而信，泛爱众而亲仁，行有余力，则以学文”，将人伦日用分为以下几大部分。

一 接物——生活基本技能之训练

孔门有所谓本末始卒之分，如子游与子夏对洒扫应对进退的讨论（《子张》），从中可以看出，洒扫应对进退，这些属于生活的基本技能，处于下学的第一阶段。我们便以“洒扫应对进退”来指代整个生活基本技能。所谓生活基本技能，是人在社群生活中所必须掌握的最基础性的技能，如生活（劳动）工具的使用，基本事务的处理，与亲疏远近贤愚不同层次的人相交往的礼仪、原则，等等。

“洒扫”，字面义为洒水扫地，收拾卫生，泛指生活杂务。此即是习劳。关于此洒扫，我们可以引一段文字来更详细地了解之。《礼记·曲礼》云：“凡为长者粪之礼，必加帚于箕上，以袂拘而退，其尘不及长者，以箕自乡而扱之。”

“应对进退”之“应”，《论语正义》解道：“《说文》云：‘以言对也。’今通作应。散文应、对无别，对文则应是唯诺，不必有言，与对专主答辞异也。《内则》云：‘在父母之所，有命之，应唯敬对。’《曲礼》云：‘父召无诺，先生召无诺，唯而起。’《内则》云：‘进退周旋慎齐。’凡抠衣趋隅，与夫正立拱手、中规中矩之节，皆幼仪所当习者。”① 指与人的社会性交际语言与礼仪，此即习礼。《管子·弟子职》也详细记载了古代弟子学习与进食之应对进退。洒扫应对进退周旋中礼，其目的还是在于养出善端，以为上达做准备。

二　待人——对人际关系之处理

此以血缘与地缘分为两层。其一，血亲之间相处——孝悌为本。一则来看孝悌的性质。子曰“入则孝，出则弟”（《学而》），入指入父母之室，以孝；出则与兄弟相处，以悌。出入指在家族之中所当行者。二则来看孝悌的功能。首先是守护、蓄养善端。父子兄弟间天然的相亲相爱，容易激发，当保持这种情感，而后才能旁及他人，故其是为仁之本。② 其次是维护家庭亲情以作为社会的基本细胞。儒家往往设置了一些极端的伦理两难的例子来逼见亲情之优先。如“亲亲互隐”“窃负而逃”，两恶相权取其

① （清）刘宝楠：《论语正义》，中华书局，1990，第743页。

② 《学而》篇云：“君子务本，本立而道生。孝弟也者，其为仁之本与！”就孔门义理而言，仁是体，为仁是用。仁性之本体为爱、为生，仁体之发用，则为爱人、生物。仁者生生之心无大小，然爱之发用有差等，故义之推行亦有远近，而终其目的，则包举天人，遍该万物。故此发用之始终，乃一同心圆，由我→宗（家）族→乡党→邦国→天下→万物→天。故孝悌只是用，所以孝悌者，方是体。在发用格局中，孝悌是第一环节，故为“本”，“本”即始也。《吕氏春秋·孝行》云“凡为天下，治国家，必务本而后末……务本莫贵于孝”正述此义。故本章义为：孝顺爹娘，敬爱兄长，此乃行仁之始。

轻，或偷盗他人物品违背法律，或以国法损害家庭伦理，孔孟认为后者危害更大，因为这有可能引起社会解体，故以亲情优先。

其二，超出血缘相处——爱众亲仁。孔子云“弟子入则孝，出则悌，谨而信，泛爱众而亲仁”（《学而》），此谓博爱乡众而亲近仁人。

三 社群相处——忠信恭敬

此是指在社群中应该遵行的原则。其一，乡党交往原则——忠信。孔子曰：“主忠信。”（《学而》）曾子曰：“吾日三省吾身。为人谋而不忠乎？与朋友交而不信乎？传不习乎？”（《学而》）三省只增传习，可见在孔门内部，忠信是为下学之纲领，指忠于人事，谨而有信。

其二，社群通行原则——忠信恭敬。如《论语》载：“子张问行。子曰：‘言忠信，行笃敬，虽蛮貊之邦行矣。言不忠信，行不笃敬，虽州里行乎哉？”（《卫灵公》）又如“子曰：‘居处恭，执事敬，与人忠，虽之夷狄，不可弃也。’”（《子路》）此是在忠信之外，又加恭（笃）敬一条，以之为放之四海而皆准的定理。笃，诚实。一般说来，恭偏指外在之礼貌，敬则偏指内心之状态，敬畏天命与人事。如何胤云“在貌为恭，在心为敬”（《礼记·曲礼上》疏），而《颜渊》云“君子敬而无失，与人恭而有礼”，正述此别。

上述诸项均是外向一路，尚未涉及内心自觉，这正是下学阶段的特点。人伦日用工夫的目标是养出善端。下学就是通过洒扫应对进退这些生活的内容，来规范、扶正、引导、培养人的良好的习性，使心性自然中正，邪曲自然消遁，天长日久，根植于人心之天理自然透显出来，善之端倪亦自然分晓，如泉之始达，云之油然。

第三节 下学正义之三：博学以文

孔子云：“行有余力，则以学文。”（《学而》）夫子教人自幼学习成人，以涵泳社群、切磋人事、践履养德为重，以培育良好之思维、生活方式，于孝悌谨信爱众亲仁能优而有余，则学以古代文献、典籍也，存其阙疑，验其功效，以发其义奥，然后再续以大学之教。此处之文，指当时所能涉及的人类的所有文化。儒家的视野乃是参赞化育，故从未故步自封，襟怀如此，非后儒之陋敝可比。本来孔门之学文，修身、化乡、治国皆有教化，不可断分，然为了叙述方便，我们将之做一个强分，在个体修身工夫阶段，主要讨论“三教”，“四科”则留至治道之教化。所谓“三教”，即孔子在总结周代官学的基础上，提出了一套完整的诗、礼、乐“三教合一”之法。礼教详参下篇用论部分，本节只讨论余二者。

一　诗（詩）、乐（樂）、“教”之演变

诗、乐皆有一个自神圣而人间之历程。

其一，诗、乐、教字之演变。诗，篆文是由（言，说）加（寺）组成。寺，既是声旁也是形旁，表示庙宇，金文作，上“止”下“又”（手），表控制、维持，后引申为朝廷，本义则转为“持”字。诗的造字本义是祭祀时主持者祝祷赞颂神灵和先王，如《诗经》之《颂》诸篇所载。后来诗义引申为言说心志、抒发情感的押韵文字。如《尚书·舜典》“诗言志，歌永言”；《国语·鲁语》“诗所以合意，歌所以咏诗也”；《毛诗序》“在心为志，发言为诗”。乐，甲骨文作（罗振玉《殷虚书契后编》上10·5），罗振玉据之认为“从丝附木上，琴瑟之象也”。[①] 金文作（《召乐父匜》），许慎认为“象鼓鞞，木其虡也”（《说文》）。[②] 虡，即簴，古代悬挂钟或磬的架子两旁的柱子，簴为虡的俗字。《乐记》云：“礼乐偩天地之情，达神明之德，降兴上下之神。”舞蹈留下，声音消失。《说文》解“巫”为能事无形、以舞降神者，陈梦家考证“巫”与“舞”、“無”三字本为一体。[③] 故乐的本义是先民特别是巫觋阶层以音乐、舞蹈与无形神秘的宇宙至上神相沟通，以期获得指示与信息。后乐义引申为音乐，指人声或乐器所产生并组织的有旋律、节奏或和声之艺术。《说文》：“乐，五声八音总名。”[④] 教，甲骨文（罗振玉《殷虚书契前编》5·20·2），者，爻也，即算筹；者，子也；，攴（同扑），手持鞭子、棍杖。故教的本义是训导孩子学习，后来教义引申为启蒙、开化。如

① 罗振玉：《殷虚书契考释三种》，中华书局，2006，第463页。

② （东汉）许慎：《说文解字》，中华书局，1963，第124页。

③ 陈梦家：《商代的神话与巫术》，载《燕京学报》第20期，1936年。

④ （东汉）许慎：《说文解字》，中华书局，1963，第124页。按，五声八音相比而成乐。五声：宫、商、角、徵、羽。八音：金、石、土、革、丝、木、匏、竹。

《礼记·学记》云“教也者，长善而救其失者也”。

其二，儒家三教之出现。《礼记·表记》云：“殷人尊神，率民以事神。”在此时代背景下，儒是沟通神人之巫觋，诗、礼、乐则是其工作之三大内容。周革殷命后，周公“制礼作乐”完成了外在巫术仪典理性化之进程。至孔子时代，又消解三者之神灵色彩，转而为人世中“存神显仁”之范畴，或云“兴于诗，立于礼，成于乐”（《阳货》）；或云“志之所至，诗亦至焉。诗之所至，礼亦至焉。礼之所至，乐亦至焉”（《礼记·孔子闲居》）。在此意义上，方才产生所谓“诗教”“礼教”“乐教”之问题。儒家之教，非宗教，乃教育、教化之义，教而养之，渐而化之，由自然人为自觉人、自由人。自人禽杂居中，“首出庶物”，养成一个人文化成的宇宙。儒家之三教首次完整出现是在《礼记·经解》，其云：“入其国，其教可知也。其为人也，温柔敦厚，诗教也。……广博易良，乐教也。……恭俭庄敬，礼教也。”此三教之界定，狭义特指《诗经》《礼经》《乐经》对社会大众的教化功能，广义则指诗歌、礼仪、音乐对社会大众的教化功能，拙著用广义。“兴于诗，立于礼，成于乐”，三者互文，为清晰说明，强分为三，分指情感、规矩、自由，乃一个正、反、合的辩证否定的发展过程。

二 兴于诗——儒家诗教如何可能

“兴于诗”，兴者起也，古时诗乐舞一体，此处只讨论诗本身，于儒家而言，此诗自有圣化人间之意，即典型化的人生当自学诗开始。

其一，诗之精神。子曰：“诗三百，一言以蔽之，曰：思无邪。”（《为政》）“思无邪”出自《诗经·鲁颂·駉》。“思”为语助词，无义。此在《诗经》中常见，“用之句末，如‘不可求思’‘不可泳思’‘不可度思’‘天惟显思’；用之句首，如‘思齐大任’‘思媚周姜’‘思文后稷’‘思乐泮水’”。[①]“无邪”则为“直”义，此本《駉》诗，诗云“以车祛祛，思无邪，思马斯徂”，祛祛为强健貌，徂乃行义，此是咏马之直，谓马行直前。另外，孔子删诗所依据的准则是直抒胸臆，故正好借此“思

① （宋）项安世《项氏家说》卷四，转自高尚榘《论语歧解辑录》上册，中华书局，2011，第37~38页。

无邪”来概括之。此正如钱穆先生云：“无邪，直义。三百篇之作者，无论其为孝子忠臣，怨男愁女，其言皆出于至情流溢，直写衷曲，毫无伪托虚假，此即所谓‘《诗》言志’，乃三百篇所同。故孔子举此一言以包盖其大义。”[①] 故本章概括诗之精神，就是“直抒胸臆”。

其二，学诗之外在功用。一是对自然、文史知识之学习。如子曰：“小子，何莫学夫诗？……多识于鸟兽草木之名。”（《阳货》）二是明乎人伦。如孔子谓伯鱼曰：“汝为《周南》《召南》矣乎？人而不为《周南》《召南》，其犹正墙面而立也与？”（《阳货》）夫子删诗，三百五篇，关雎置首，其意深矣。首先自人之生理情欲而言，夫乾道成男，坤道成女，男女之事，人伦之始也，而君王之夫妇，又是一国之重。其次就社会之结构而言，家室又为社群横向扩展之细胞，宗族纵向传承之核心。再次就人间之终极目标言，庶富教首在于庶也。故正人群必先正国君，正国君必正其夫妇之道也。所以此道之歌颂先人、模范社会、传诵后世，以诗也。三是发用为政。子曰：“诵诗三百，授之以政，不达，使于四方，不能专对，虽多，亦奚以为？”（《子路》）《诗》保存王道大法，为政之具体的方法原则，但是对内只记诵而不能会通其精神，对外出使却不能根据情况灵活处理，[②] 如此则虽多无益，故夫子批判之。相反，“南容三复白圭，孔子以其兄之子妻之”（《先进》），故可见诗在学以致用。当然，仅有此外在功能，不足以起到使人民温柔敦厚的教化作用。

其三，学诗之内在作用。对情绪的调整、对欲望的控制、对意念的捕捉皆是儒家做工夫的重点，由之而豁醒心体、反躬性体、对越道体，抵天命流行境。诗教亦如此，由文字（语言）溯至情感抵达心性。

一则于情感而言。首先对于正当情感发生的认可与控制。上文言《诗》之精神乃直抒胸臆，儒家诗教从来不会压抑人性、摧残情感，而是要求正当、和畅地抒发。其标准就是《论语》之“无过无不及”，如孔子云：“《关雎》，乐而不淫，哀而不伤。”（《八佾》）《中庸》云：“喜怒哀

① 钱穆：《论语新解》，生活·读书·新知三联书店，2005，第24～25页。

② 杨伯峻言：古代的使节，只接受使命，至于如何去交涉应对，只能随机应变，独立行事，更不能事事请示或者早就在国内一切安排好，这便叫作“受命不受辞”，也就是这里的“专对”。同时春秋时代的外交酬酢和谈判，多半背诵诗篇来代替语言（《左传》里充满了这种记载），所以诗是外交人才的必读书。见氏著《论语译注》，中华书局，1980，第135～136页注。

乐之未发谓之中，发而皆中节谓之和。”《大学》云：“所谓修身在正其心者，身有所忿懥则不得其正，有所恐惧则不得其正，有所好乐则不得其正，有所忧患则不得其正。”其次是对于情感的表达。如“兴观群怨”：兴即赋比兴之兴，谓激发人的情感和联想。观，即描绘对此世界之认识。群，用来讨论人作为群体社会性存在之如何可能，通过家庭、团体、国家等形式。怨，以上三者皆从正面言，怨则自反面言，表达对生存的反思。同时，兴是主观地表现，动也。观是客观地描写，静也。群是正面地建设，立也。怨是批判的反思，破也。另外，此四者均该二面，兴以刚柔，观以健顺，群以公私，怨是美刺。四者之间相摄互融，则至中和。故此四者，皆言己之修身。故吾人可以说，兴乃正确地发生，观乃正确地投入、关注，群乃正确地融入，怨乃喜怒哀乐各种情感之正确的表达。

二则于心性而言。首先是体仁。“诗言志”，何者为志？志俗解为理想志向，但此还是在外面说。子曰：“苟志于仁矣，无恶也。”（《里仁》）前言志，是念虑初萌之处，即今日一般所说的“动机”，即孟子“四端”之“端”，如此一来，则“志于仁”就近乎仁之端。故诗言志，即动机意念之判定，正则扩充，邪则反格。此是一种苏醒，一种反思，一种抵达。将仁心自尘事遮蔽中解脱出来，对治当下的私欲、气质之病痛、戕贼、纠缠与淹留等，杀出一条血路以超然拔出，优入圣域，以溯逆发见本体之澄明清宁。其次是养性。如《学而》中，子贡与孔子讨论《诗》之“切磋琢磨”，就是贫而乐，富而好礼的修养过程。最后是在践履发用中做工夫。如曾子易箦时所引《诗》之“战战兢兢，如临深渊，如履薄冰”（《泰伯》），此方是孔门之诗教。

其四，诗教之本质。在儒家的视域中，诗不仅仅是文字、音韵、事物，它还是情感、心性、工夫，是对存在本质的反思与表达，以及依之修养而能抵达的境界。所以，诗教不是仅仅诵读《诗经》，如同小学家、训诂家那样，把“教化”工夫变成一门专业的、狭窄的技术活，此与儒家的诗教精神不相及。我们诵诗、学诗、写诗，不是对情感简单地放纵，刻画描摹，而是在潜移默化中，将我们的情感正确地表达出来，良知正性被慢慢唤醒，慢慢反思，慢慢涵养，慢慢体悟，正则扩充，邪则反格，自一片混沌中发见一个本我、真我、大我，将之自世事遮蔽之中透显出来，茁壮成长，以挺立霄壤。

三　成于乐——儒家乐教如何可能

成即完成之义。乐，或为音乐，泛指对各种艺术之学习，或为快乐，对天道之乐。此成于乐之工夫有从个体工夫而言，有从社群和谐而言，有从天道而言。

其一，儒家视域中的乐。一是对俗乐之否定。一般而言，音乐，是指有旋律、节奏或和声的人声或乐器音响等配合所构成的一种艺术。儒家的乐教不是就此意义而言。如《礼记》云："乐者，非谓黄钟大吕弦歌干扬也，乐之末节也。"（《乐记》）二是三分法——声、音、乐。先儒对此三者分判甚细，如《乐记》说"凡音者，生人心者也。情动于中，故形于声。声成文，谓之音"；"感于物而动，故形于声。声相应，故生变，变成方，谓之音。比音而乐之，及干戚羽旄，谓之乐"；"德音之谓乐"；"凡音者，生于人心者也；乐者，通伦理者也。是故，知声而不知音者，禽兽是也；知音而不知乐者，众庶是也。唯君子为能知乐……是故，不知声者不可与言音，不知音者不可与言乐。知乐，则几于知礼矣。礼乐皆得，谓之有德。德者，得也"。综之，自然发响之谓声，人情成文之谓音，发之中和之谓乐。三是二分法。首先是郑卫与雅乐。孔子教颜回为政曰"放郑声，郑声淫"。《乐记》亦斥卫"桑间濮上之音"，乃"亡国之音也"。雅乐则如《韶》《武》，孔子推崇前者，其"在齐闻《韶》，三月不知肉味。曰：不图为乐之至于斯也"（《述而》）。作《韶》者，正是完美地表达了中和原则。相反，孔子对《武》乐颇有微词，认为其"尽美矣，未尽善也"（《八佾》）。恐怕正是嫌武王杀伐太甚，杀气毕露。其次是溺音和德音。《礼记》载，魏文侯就子夏而问曰："吾端冕而听古乐，则唯恐卧；听郑卫之音，则不知倦。"子夏云："今君之所好者，其溺音乎！"子夏云："天下大定，然后正六律，和五声，弦歌诗颂，此之谓德音。"（《乐记》）溺音即播弄精神之俗乐，相比"德音之谓乐"，"乐者，通伦理者也"，德音才是正解地表达情感之乐。

其二，乐之本质。孔子曰："人而不仁，如礼何！人而不仁，如乐何！"（《八佾》）又曰："礼云礼云，玉帛云乎哉？乐云乐云，钟鼓云乎哉？"（《阳货》）在儒家的视域中，乐须以仁为基础，是仁心的对外发出通过声、音合乎规律地表达出来。乐有其深厚的心理基础，《乐记》对此多有论述，如云："凡音之起，由人心生也。人心之动，物使之然也。感于物而动，故形于声。声相应，故生变。变成方，谓之音。比音而乐之，及干、戚、羽、旄，谓之乐。"乐只是人性之旋律化，其音之和谐恰是人性之中正仁和。所以，《乐记》同《中庸》，正乐就是心声之中和。又如《八佾》载：子曰："《关雎》，乐而不淫，哀而不伤。"此《关雎》非诗名，而是乐名。春秋时诗、乐合一，孔子根据当时的通例，以《关雎》一首音乐之名代同组乐曲里的《关雎》《葛覃》《卷耳》三首，故此章乃是孔子自述听音乐时之感受。[①] 其义为，《关雎》之乐一组三首，其旋律恰到好处，使人听了高兴、哀伤均不过度。

其三，乐教之展开。孟子曰："仁言，不如仁声之入人深也。善政，不如善教之得民也。善政民畏之；善教民爱之。善政得民财；善教得民心。"（《尽心上》）仁言指空洞抽象之理论，仁声指乐教，其展开即是雅乐之化俗。音乐对民众的心理、风俗习惯、思维行为方式、社会风气等的养成，作用甚大，并且是在潜移默化之中完成的，故为国者不可不慎，此在先秦时代是为常识。雅乐为何不动听？郑卫之声、世俗之乐，为何能弥淫天下、牢笼人心，而先王之乐、古音大调却日渐幽沉？其他音乐，甚至包括其他艺术，其表现途径均是扩大、放纵人之七情，所谓"喜怒哀乐爱恶惧"者，以引起"共鸣"，从而完成自己之移情。甚至大肆鼓动、挑逗、放纵、透支人之情感。雅乐之精神则异于是。古代君子何以均崇奉雅乐而反对俗乐呢？儒家之乐则是要收拢、调理感情，使居于中道，发乎中正仁和，即雅乐重在"复性"，调整七情之泛滥，过与不及者，使归于中和。此是一个非常重要的区别。故而在乐器、乐曲、演奏上，均执行"广博易良"之原则。至于雅乐之学习，大体有以下过程：控情、体仁、养性、扩充、践履。前数者如《史记·孔子世家》载"孔子学鼓琴师襄子"。孔子通过体验扩充后，得出"眼如望羊，如王四国"这个结论，认为作曲者已经"首出庶物"超越了小我，而达到"齐家、治国、平天下、理万物、参赞化育"这样的高度。而孔子能体验之，说明自己也同样达到这样的高度——天命流行境。末了之践履如《孔子家语·困誓》所载："孔子遭厄于陈、蔡之间，绝粮七日，弟子馁病，孔子弦歌。子路入见曰：

① （清）刘宝楠：《论语正义》，中华书局，1990，第117～118页。

‘夫子之歌，礼乎？’孔子弗应。曲终而曰：‘由来！吾言汝。君子好乐，为无骄也；小人好乐，为无慑也。其谁之子我知而从我者乎？’子路悦，援戚而舞，三终而出。”

当然，孔门之乐教，并不仅仅拘于音乐此一范畴，其最终之目的，由人声而入天籁，达大化流行之天乐（快乐）。故孔子“与点”，并不仅仅认可曾点之音乐，而是赞同他直达乐教之最后之安排——天命流行境。其所述者，正是《礼运》所云之“故人不独亲其亲，不独子其子，使老有所终，壮有所用，幼有所长，鳏寡孤独废疾者皆有所养，男有分，女有归”。《乐记》亦云：“乐者，天地之和也。”南华秋水，齐鲁春风，天命流行，何必言乐。

四　三教合一

借庄子“三籁”之语，我们可以说诗是地籁，礼是人籁，乐是天籁。诗代表的是纵向的人类知识，保存了先民的经验、教训，是大经、大法、天理、天宪，故对其学习，是一个人展开当世生存的基础。礼则是现世的各项行为规范及礼仪制度，它是人们各种意志、利益在天理的指引下所能达到的动态平衡下的客观表现，只有掌握并遵行之，才能在人世矩阵中和谐地生活。乐是艺术，音乐带你去看你的眼睛所不能看到的地方，目不见而心能思者，登山观海，去超越气质，在沼泽林莽飞翔起来，去重新感受，重新思量自己的生存，曰崇高，曰平和，曰壮观。由此三者，去调和自然生命与人文精神，最终成就人自己。

第四节　下学正义之四：约之以礼

仁义内涵，工夫则可外铄，夫子教颜子“约之以礼”即是典型，完全不似后世之一超直入。约即规范、限制、调整，孔门之下学极为重视以外在的规范来束缚、引导初学者。

一　孔子之约

孔子早就给出了工夫的十六字诀，此即《论语》“非礼勿视，非礼勿听，非礼勿言，非礼勿动”（《颜渊》）。此十六字诀彻上彻下、贯彻始终。

我们且在下学阶段来看之。“克己复礼为仁”是古语（见于《左传·昭公十二年》），孔门则发展之。对于人欲，道家批判之，要求控制私欲，恢复正常的自然人性，回归简单古朴的生存状态，尽量减少、弱化文明的发展程度。孔子则肯定文明发展的形态，最后要达于礼乐文明。故老子是减法，孔子是加法。克己与复礼，二者不是因果关系，传统皆如此解，克己是为了复礼，此是说小了孔子。此二者乃是递进的两个达仁之手段，从内而外，内则由克己开始，最后到达复礼之社会标准。完成此，方是仁，故曰，“一日克己复礼，天下归仁”矣。孔子立论乃是就天下而言，明显的是要开创一有道之人间秩序，非仅为个人之修德也。此克乃工夫，以返本体，复礼乃发用之最后规范。复礼之复，说明此礼不是外在强迫的，而是吾人德性生活之物化，故曰复。此复礼即是孔子所说的有耻且格，止于内心深处的道德律。而克亦非消灭之意，乃相生相克之克，即将己的私欲控制在一个可以良性运行的范围内，如果是克掉、消灭掉，则完全违背孔子天命流行境之四时行百物生，只是使此欲运行在“生克”此大流行中，而不使此欲殄灭吾人自身。深思细品，孔子之说，即在他教颜子之“克己复礼”四字，而“归仁”之仁，非由外铄，吾固有之也。孔门师弟，他如“颜路请车”“子路扶缨”“曾子易箦”“刖者三逃子羔”，亦是如此，不赘述。

二　孟子之约

孟子之约，如孟、告之辩，告子曰：“性，犹杞柳也。义，犹杯棬也。以人性为仁义，犹以杞柳为杯棬。”孟子曰：“子能顺杞柳之性而以为杯棬乎？将戕贼杞柳而后以为杯棬也。如将戕贼杞柳而以为杯棬，则亦将戕贼人以为仁义与？率天下之人而祸仁义者，必子之言夫！”（《告子上》）孟子是说，正因为树木具有本来向上生长的直性，所以外在的手段才能起作用。又如，孟子云：“劳之来之，匡之直之，辅之翼之，使自得之，又从而振德之。”（《滕文公上》）此是认为育人譬如育树一般，匡、直、辅、翼，是指外在的、人为的约束与规范，匡、直即是束缚，辅、翼即是引导，以期习以化成。此仿佛炼铁一样，只是一锤一锤敲打，那渣滓自然逐渐析出，余者也越来越纯正。

这种工夫特别针对下学阶段，守礼即是下手处，也是了手处。其实，博文约礼，便如经纬，纵横切磋，来打磨心性，此过程便是宋儒后来所说的涵养，涵养特指下学阶段，只是宋儒未将之与存养相区分，易使人混淆。

三　荀子之约

孔子重礼，荀子承之曰："故君子耳不听淫声，目不视邪色，口不出恶言，此三者，君子慎之。"（《乐论》）此正合前述之十六字诀。其又在《修身》提出了"非礼勿思"，此对孔子是一个重要补充："凡用血气、志意、知虑，由礼则治通，不由礼则勃乱提僈；食饮、衣服、居处、动静，由礼则和节，不由礼则触陷生疾；容貌、态度、进退、趋行，由礼则雅，不由礼则夷固僻违、庸众而野。故人无礼则不生，事无礼则不成，国家无礼则不宁。"此处在三个层次强调了守礼之重要性。一是个人内心层面，凡是个人小心之发动，都必须以礼为标准来审视之，血气孔门已述，唯志意、知虑以前未有提及，我们可称之为"非礼勿思"。二是个人生活层面，所有举动均要符合礼仪。三是乡党社交层面，与人交往各方面都要遵行礼制。

舍此，在具体的学习方法上，孔门又有许多心法，如温故知新，荀子又有持之以恒等，不赘述。

第五节　下学歧出：泥于小道

上述之下学，孔门实是博而不杂，一以贯之，故子夏总结云："博学而笃志，切问而近思，仁在其中矣。"（《子张》）然有些孔门后学，又往往自陷下学，忘记了上达的初衷。

一　为己成圣之学

儒家为己之学，所追求者，俱是成圣。孔子曰："古之学者为己，今之学者为人。"（《宪问》）其褒贬相当鲜明。此正如孔子自述其求学经历："吾十有五而志于学，三十而立，四十而不惑，五十而知天命，六十而耳顺，七十而从心，所欲不逾矩。"（《为政》）又如："子罕言利，与命与仁。"（《子罕》）与仁即是返心性本体，与命则是上达天命之道体流行境。

其结果，自然如孔子所说："仁远乎哉？我欲仁，斯仁至矣。"（《述而》）即是圣人心性之仁体随处随时透彻流动，无内外上下之分别。颜回乃圣人具体而微者，而颜回学习孔子之道，正如他自己喟然叹曰："仰之弥高，钻之弥坚，瞻之在前，忽焉在后……欲罢不能，既竭吾才，如有所立卓尔。"（《子罕》）此即形象地描述了颜回反躬上达的过程。孟子多是向内作工夫，如倡良知，求放心。其云："学问之道无他，求其放心而已矣。"（《告子上》）荀子亦云："古之学者为己，今之学者为人。君子之学也，以美其身；小人之学也，以为禽犊。"（《劝学》）此是说的内圣，以美自身为己之学。荀子亦认为学并不仅仅是对外在知识的学习，那样永无止境，而是要以成圣为目的。其云："学恶乎始？恶乎终？曰：其数则始乎诵经，终乎读礼；其义则始乎为士，终乎为圣人。"（《劝学》）王先谦解云："荀书以士、君子、圣人为三等，《修身》《非相》《儒效》《哀公》篇可证，故云始士终圣人。"[①] 后来濂溪云"士希贤，贤希圣，圣希天"即本于此。

二 下学之病——泥于小道

孔子早已指出下学之病，其云："君子上达，小人下达。"（《宪问》）皇《疏》云："上达者，达于仁义也；下达，谓达于财利，所以与君子反也。"[②] 误。当如横渠所云"上达反天理，下达徇人欲者与"。[③] 此章之上达，即指逆觉性体，更阶及道体，抵天命流行境，而非仅自画于仁义。而下达并非仅指财利，而是指泥于具体的日常事务不能自省逆觉，此如樊迟学稼，子张干禄。孔子又说"君子不器"（《为政》）。此便是要门人不能自限，要超拔出来，向上提撕，追求形上之义理与浑阔之理想。子夏亦云："虽小道，必有可观者焉。致远恐泥，是以君子不为也。"（《子张》）道本无大小，这里只是方便说法，指具体的日常事务或是与德性民生核心相距较远的技艺等。

我们以《论语》所载为例，弟子学习为政干禄本领本是四科之一，

---

① （清）王先谦：《荀子集解》，中华书局，2012，第11页。

② （南朝梁）皇侃：《论语集解义疏》，《四库全书》经部一八九，第195册，上海古籍出版社，1987，第473页。

③ （宋）张载：《正蒙》，《张载集》，中华书局，1978，第22页。

孔子如实相教，但孔子又怕他们徒泥于此，故又以学不至谷、谋道不谋食相劝，使下学上达，两不相落。又如樊迟学稼，此章自古众说纷纭，然荀子所云可供资考，其曰："义与利者，人之所两有也。……上重义则义克利，上重利则利克义。故天子不言多少，诸侯不言利害，大夫不言得丧，士不通货财。有国之君不息牛羊，错质之臣不息鸡豚，冢卿不修币，大夫不为场园，从士以上皆羞利而不与民争业，乐分施而耻积藏；然故民不困财，贫窭者有所窜其手。"（《大略》）此是从义利之辨入手，要求士以天下为己任，超越个体之小兴趣，而从服众大众之大义入手确立自己的人生选择。当然，此仅仅针对士而言，对广大民众而言，选择并从事自己所喜爱之职业，兼可服务社会，此无任何不妥。

第六章　工夫·上达

本章讨论下学后之上达，为叙述方便，将本体之境界与气象一并讨论。

第一节　上达正义之一：何为上达

上达是工夫的第二阶段。其目标是通过逆觉，层层提撕向上，抵达孟子所说的“尽其心者，知其性也。知其性，则知天矣”（《尽心上》）之境界。

一　上达之界定

《论语》中孔子频言上达，如云“君子上达”（《宪问》）；又云“不怨天，不尤人，下学而上达。知我者其天乎！”（《宪问》）上达乃是为返本体，其在私欲、气质之苦淹留中杀出一条血路以超然拔出，优入圣域，以溯逆发见本体之澄明清宁；其主要目的是在下学自然、人事中自觉地弘通人性之源——天地之性，对治当下的气质之病痛、戕贼、纠缠与淹留，从而将三分的实体合而为一，以备再度发用践履。

孔子言下学而上达，源流俱到，上手即了手。曾子言“格物致知，诚意正心”，子思言“尊德性而道问学”，可见二者皆能守住孔子为学规模。至孟子之学，则重在上提一路。荀子云：“君子博学而日参省乎己，则知明而行无过矣。”其学只是平面的学，以今日术语云，只是政治学、社会学，对上达一路似少提及。

二　上达之阶段

上达即逆觉，其步骤即孟子所说的“尽心知性知天”（《尽心上》）。

我们可将其分为三个阶段，醒觉心体、反躬性体、对越道体，由此人心尽醒，以返回人性之本然，超越气质而阶及天地，最终证得宇宙之本然。

其一，醒觉心体（尽心）。醒觉即唤醒义，愚取诸孟子“先知觉后知，先觉觉后觉”。上达的第一环节，即是或因己悟，或由外缘，己悟曰醒，外缘曰觉。一如太阳升空，群阴毕伏，唤醒吾心使神明全具，此便是尽心。

其二，反躬性体（知性）。反躬即返回义，愚取诸《礼记·乐记》“不能反躬，天理灭矣”。道心既醒，则当抵达那人性的宽阔宁静处。以《乐记》为例，其云：“人生而静，天之性也。感于物而动，性之欲也。物至知知，然后好恶形焉。好恶无节于内，知诱于外，不能反躬，天理灭矣。夫物之感人无穷，而人之好恶无节，则是物至而人化物也。人化物也者，灭天理而穷人欲者也。”此章所分析的人的好恶之形成，已见心体部分。此处则重其反躬，人若一直处于下达的逐欲状态，则人即被物所异化，而制止此沉沦的方式即逆向之反躬。

其三，对越道体（知天）。对越即上达义，愚取诸《诗经·周颂·清庙》“秉文之德，对越在天”。此是逆觉工夫的末节，在抵达性体后更清扬向上，阶及道体。以《宪问》篇所载为例，子曰：“不怨天，不尤人，下学而上达。知我者其天乎！”据《史记·孔子世家》，本章所言发生在西狩获麟后。本来孔子自述五十知天命，凡大事之成，皆有时运，如能尽一己之力，下学人事，上达天命，可也。不必怨天命之难眷，詈人力之不济。孟子言尽心、知性、知天，乃是孔子此语的具体展开。

三　上达之内容

孟子云“尽心知性知天”，其中的知性包括“能尽其性，则能尽人之性；能尽人之性，则能尽物之性；能尽物之性，则可以赞天地之化育”（《中庸》）。故所谓下学其实有两大任务：一是尽己之性，针对人自身，是为省察逆觉，即《大学》诚意正心；二是尽物之性，针对外物，备物致用，即《大学》格物致知，二者殊途共进。

我们可以将其格致对象总分为两大类：其一，格人事，主要是通过处理人伦日用之事务来格自己的心性，以发明良知，反躬性体，直达道体。其二，格万物，此又有二，一是格天地宇宙，明白人的存在环境，打通天人；二是格事物，因为人只能体（反躬）人不能体物，故只能格物。一则以此反证人所得之天理（物同人一样分有理体），二则救物成物，在完成全部的外部世界后完全自己，最后人物同进，上达道体。此义如图 6 所示。

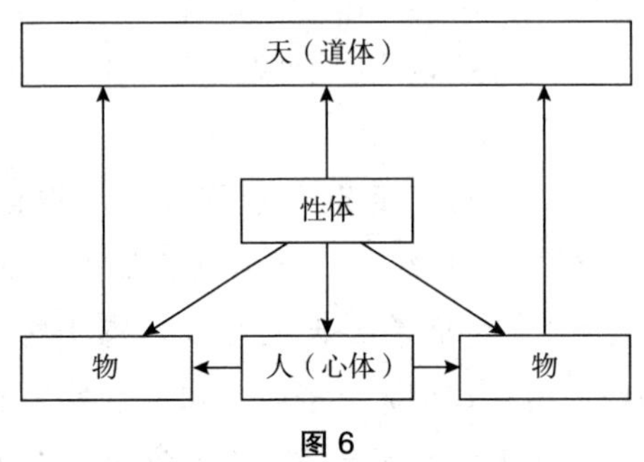

图 6

四　上达之结果

如前文所言，本体是工夫所抵达的、对三层实体本来状态的体证，这种体证，实为境界。所谓境界，它并不指向人产生之前的宇宙，而是人心所理解也即生成的宇宙，是人与世界相互交融的体证结果。依其发展，可分为三层，即欲仁斯至境、仁民爱物境、天命流行境。当然，境界不仅是上达之事，还需要存养与践履，但为了交代之方便，于此处一并论述。与境界对应的是气象三变。容貌辞气，乃德之符也。既已上达，则当继之以下开发用，发用之第一步，是为践履之修身，发而为气象，气象分为君子、圣贤与天地，其主体自然为士，儒士于三气象，当一通到底。

第二节　上达正义之二：醒觉心体

凡庸心体常昧而不明，故上达的第一环节，即是唤醒之。此唤醒有两种形式，或因己悟（曰醒），或由外缘（曰觉）。醒即觉，觉即醒。《大学》云：“大学之道，在明明德，在亲民，在止于至善。”“明明德”即自觉，“亲民”即觉他。

一　失其本心与求放心

大体凡庸皆是自迷本心，如宝珠在尘，蒙垢不净。此本心人所共有，或为习染所遮蔽，然遇恰当之机缘，即会当下呈现，此如孟子所云之“四端”。然此种表现，尚只是初级、浅演、偶然之端倪，甚至一闪即逝，需做工夫将之捕捉住，生长之，使如泉之之海、火之燎原。相反若放任自流，则此迷失状态，孟子曰“失其本心”。或曰“塞心”，如谓高子云：“山径之蹊间介然，用之而成路。为间不用，则茅塞之矣。今茅塞子之心矣。”（《尽心下》）或曰“放心”，如云：“仁，人心也。义，人路也。舍其路而弗由，放其心而不知求，哀哉！人有鸡犬放，则知求之；有放心而不知求。学问之道无他，求其放心而已矣。”（《告子上》）又谓此为“不修天爵”（《告子上》）。对治此迷失则有内外两种方法。

二　先知先觉

《大学》云：“所谓修身在正其心者。”此是言自觉。

其一，孟子所述圣贤之自觉。圣贤往往不需要外力之教化，其自觉有两种形式。一则自然而然地自得之。如孟子曰：“君子深造之以道，欲其自得之也。自得之则居之安，居之安则资之深，资之深则取之左右逢其原。故君子欲其自得之也。”（《离娄下》）二则凭时机事件之刺激而道心苏醒。孟子假伊尹出山辅佐商汤之故事，自领天命曰：“天之生斯民也，使先知觉后知，使先觉觉后觉。予，天民之先觉者也；予将以此道觉此民也。思天下之民匹夫匹妇有不与被尧舜之泽者，如己推而内之沟中。其自任以天下之重也。”（《万章下》）从上可以看出，孟子所说的自觉，颇似顿悟。后儒以顿悟为禅，实是杯弓蛇影。

其二，荀子之心体自觉。如《解蔽》所云之虚壹而静→陈物悬衡→解蔽。一则人生需解蔽。其云：“凡人之患，蔽于一曲，而暗于大理……此心术之公患也。”二则解蔽需要“陈物中衡”。其云：“圣人知心术之患，见蔽塞之祸，故无欲、无恶、无始、无终、无近、无远、无博、无浅、无古、无今，兼陈万物而中县衡焉。是故众异不得相蔽以乱其伦也。”三则以道为衡。其云：“何谓衡？曰：道。”在《正名》中又说：“道者，古今之正权也；离道而内自择，则不知祸福之所托。”四则虚壹而静以体天道。“不以所已臧害所将受谓之虚”，“不以夫一害此一谓之壹”，“不以梦剧乱知谓之静”，“虚壹而静，谓之大清明”，此即是要让心体上达道体，保持廓然大公物来顺应。荀子此进路，又不同于孟子，一则须费一番气力，实下工夫才行；二则非常清晰，操之可行。

三 先知觉后知

孔子教颜子，颜子已有“仰钻瞻忽”之叹，何况凡庸。所谓凡庸，即孟子所说的“行之而不著焉，习矣而不察焉，终身由之而不知其道者，众也”（《尽心上》），或如《中庸》所说的“或学而知之，或困而知之……或利而行之，或勉强而行之”。故而凡庸之醒觉，必须依靠先知先觉之教化。孟子可谓是觉他的大师，《孟子》记载着大量的启迪他人发明本心的范例。

其一，肯定式。《梁惠王上》载，齐宣王不忍衅钟之牛之觳觫，故以羊易之，孟子即以此为契机，勉励齐宣王将此不忍由禽兽推至苍生。《梁惠王下》载，齐宣王好世俗之乐，孟子并未贸然否定之，而是认为音乐并没有世俗高雅或古今之分，只要能超出“独乐乐”而至“与人乐乐”，则欣赏音乐就是快乐的事，并由此勉励王行仁政，与民同乐。

其二，诱导式。如《滕文公上》载，墨者夷之坚持薄葬立场，孟子亦并未喻之以理，而是动之以情，描述薄葬之后果，亲人之身体为“狐狸食之，蝇蚋姑嘬之”，夷之听后则幡然醒悟。

其三，否定式。如《梁惠王下》载，孟子首先提出一个站在己方立场上的明显错误，其“谓齐宣王曰：‘王之臣，有托其妻子于其友，而之楚游者；比其反也，则冻馁其妻子：则如之何？’”齐宣王当即得出明确判断，曰：“弃之。”孟子又曰：“士师不能治士，则如之何？”王曰：“已之。”而后孟子转而提出一个性质完全相同的对方之误，孟子曰：“四境之内不治，则如之何？”此正中齐宣王之病，“王顾左右而言他”。

以上孟子所论，皆是欲从食色、权力等之迷津中将人心提拔出来，使其精明复初。

第三节 上达正义之三：心体之境界与气象

心体醒觉后，倮虫所视之世界原来如此不同，由此其方变成一个真正的人，曰“首出庶物”，因此抵达第一层本体境界，表现出第一层气象。

一　欲仁斯至境

欲仁斯至境对应的是心体，认识到心体的本来状态。此境界取自孔子所云“仁远乎哉？我欲仁，斯仁至矣”（《述而》）。其本义为：仁很远吗？（难道说）我欲仁，此仁就召之即至吗？（非也，仁本来具在吾人心中，安有远近！）所以孔子才会说“君子无终食之间违仁，造次必于是，颠沛必于是”。本来俱在，欲仁斯至。首先，它使人获得了真正的自由状态。凡庸受驱于气质之性，大率终生为奴而不自知。因为“死生有命，富贵在天”，人面对气质之性，是永不自由的。其中的英雄豪杰仿佛天下无敌，所向披靡，其欲望的冲撞力越大，越仿佛外部世界在避让着自己，其实这种蹈刃皆虚只是小心所生成的妄相，真实的世界并未与自己发生联系，而得此妄相，鲜不遽亡，正如“羿善射，奡荡舟，俱不得其死然”（《宪问》）。若有朝一日，那大心苏醒，久被遮蔽的天地之性当下决堤而来，统率那气质，则生命方进入自由的主人翁状态。此天地之性，正是仁。此仁，当下即在，完具自足，可超迈生死、凌驾气质，甚至可“杀身以成仁”（《卫灵公》），无一不证明其自由状态。其次，它是世界得以真实不妄的基础。吾人在召呼仁性时“欲仁斯至”，在运用仁性时，“己立立人，己达达人”，“己所不欲，勿施于人”，此忠恕皆可以成为普遍的立法原则，治国平天下，无所不可，正因此，可以证明此世界与我之真实不妄。由此上溯而证得之实体，皆可谓真实不妄。

孟子亦有表达此义者，如曰：“君子深造之以道，欲其自得之也；自得之，则居之安；居之安，则资之深；资之深，则取之左右逢其原；故君子欲其自得之也。”（《离娄下》）

故达此欲仁斯至境，方“与命与仁”，认识到“死生有命，富贵在天”，“富而可求，执鞭可也”。对于生理属性的追求，是不自由的，唯有在对善的挺立和发出上，人是完全自由的。由此，我们方建立了自己存在的坚实基础，也验证了外在世界的真实无妄。

二　君子气象

凡庸之中有所谓英雄，英雄是血气所绽发，与儒家之君子则不同。

其一，凡庸——英雄之气象。儒家首先为中人立法。凡庸寻常，人伦日用，似乎也有无过无不及之际，然只依性体运动，未达仁心之自觉，其中之异类者，所谓英雄，每每夺眸，然犹是凡夫，因其仁心未醒，或偶尔萌蘖而未生长，故只是在迹上暗合天理而已，其气象，或宽阔，或锋利，犹是气质之性之激荡而已。如孟子在《公孙丑上》中所云之北宫黝，斫身不动，刺目不逃，认为有一毫挫于人，就像受挞于市井、朝廷。匹夫亦好，万乘之君亦罢，均不能受其侮辱，弑君如戮匹夫，面对诸侯更无所畏惧，若临斥詈，必予还击。孟施舍，视不可战胜之强敌若可轻取之弱旅，无他，不惧而已。此等英雄，诚为可贵，然终只是“好勇斗狠”而已，如狮虎之搏，裂山振谷，毕竟未能成人。试看曾子之语：“子好勇乎？吾尝闻大勇于夫子矣：自反而不缩，虽褐宽博，吾不惴焉；自反而缩，虽千万人吾往矣。”若反省自问错在吾躬，则虽对一氓，犹歉然而退，若自省无疚，则剑若长虹，虽敌千万人亦勇往而无惧，此则有一颗大人之心在矣。

其二，君子气象。曾子已经明确指出：“君子所贵乎道者三：动容貌，斯远暴慢矣；正颜色，斯近信矣；出辞气，斯远鄙倍矣。”（《泰伯》）孟子谈“君子之性”：“君子所性，虽大行不加焉，虽穷居不损焉，分定故也。君子所性，仁、义、礼、智根于心。其生色也睟然，见于面、盎于背、施于四体，四体不言而喻。”（《尽心上》）此即是说，君子大心已醒，故仁性能自然而然地在气象中有所表现。荀子亦云：“君子之学如蜕，幡然迁之。故其行效，其立效，其坐效，其置颜色、出辞气效。无留善，无宿问。”（《大略》）“如蜕”二字下得极为传神，君子之于凡庸，正如蜕化一般，自唯任性体运行之不知恶善，幡然而迁，立刻在气象上有所变化，置颜色、出辞气取得良好效果，行善则无保留，有问则不过宿。故《荀子》某些章节不可轻议，大纲纯正，横渠“学以变化气质”即本此。

但是君子气象尚有不足，主要表现如下。一则有分割。我们来看荀子对君子气象的具体描写：“士君子之容：其冠进，其衣逢，其容良；俨然，壮然，祺然，蕼然，恢恢然，广广然，昭昭然，荡荡然，是父兄之容也。其冠进，其衣逢，其容悫；俭然，恀然，辅然，端然，訾然，洞然，缀缀然，瞀瞀然，是子弟之容也。”（《非十二子》）与凡庸相比，君子大心已醒，但未能至粹然洒脱，故其气象往往还有分割，其述君子之容尚见所谓父兄、子弟之清晰的差别。二则有曲折，如《论语》载，子夏曰：“君子有三变：望之俨然，即之也温，听其言也厉”（《子张》）。可以明显地看出，君子的气象，还没有达到表里如一的地步。“三变”，变非化，变因其用，化则无本。“望之俨然”，“俨，敬也”（《尔雅·释诂》），谨敬之态。“即之也温”，与人接触则温和有礼。“其言也厉”，郑《注》曰：“厉，严正。”出言刚正。子夏气质赣直沉毅，低首做践履工夫，故语默动静，皆有所定。然其尚未臻于化境，较之《乡党》夫子言行，犹有渣滓。三则有把捉，如《中庸》云：“是故君子戒慎乎其所不睹，恐惧乎其所不闻。”恐惧戒慎即是人心用力而未至涣然冰释之状。内省不疚，何慎之有。未发之前，存养如此用力，实是有所把捉，然此敬畏当头，又是初学君子必由之路。

第四节　上达正义之四：反躬性体

反躬性体是上达第二阶段，道心既醒，则自反人性之故土。

一　反躬

反躬语出《礼记·乐记》“不能反躬，天理灭矣”。反者，返也。《说文》云：“躬，身也。”[①]《乐记》郑《注》：“躬犹己也，理，性也”。[②] 反躬即切己自反，返回自己天地之性体。孟子说“反身而诚”，“尽心知性知天”，其中尽心是醒觉心体，而知性即是反躬性体。大心既醒，则当自溯其源，去抵达那人性的宽阔宁静处，从气质的纠缠中一跃而出，去复苏天地之性的博大纯澈。

反躬性体可随处体认，比如吾人皆有以下体验，刹那间的感动，涌起浓浓的爱，对父母、对爱人、对孩子、对朋友、对祖国等，而后生出无穷之力量与责任，此感动，即孟子所谓端倪、苗裔、萌蘖，由此即返抵性体。然性体又为本来完具者，即不必对象化。如爱人之爱，虽无彼人之出现而此爱不增不减不生不灭。

孟子对此讨论甚众。如云：“万物皆备于我矣。反身而诚，乐莫大焉。”（《尽心上》）人物虽同源，然万物所得均残缺，唯人为万物之灵，独得其

① （东汉）许慎：《说文解字》，中华书局，1963，第311页。

② 李学勤主编《十三经注疏·礼记正义》，北京大学出版社，1999，第1262页。

全，则天地万物之性皆藏于我心。有朝一日，道心开辟，则刹那间，契于天性，由我及人、由人及物、由物及天，则乾坤奥秘洞然，由那低品的血气之乐提撕至天地之乐。

二 反省

孔门又多说反与省，其皆是反躬之义。所反者，如孟子所言："爱人不亲反其仁，治人不治反其智，礼人不答反其敬。行有不得者，皆反求诸己；其身正，而天下归之。"（《离娄上》）人之仁、礼、忠、智、勇等，俱是性体本来面目，在现实人生中，若有抵牾，则必反躬。省或曰内省，则是向内之审察，唤醒自己沉睡的德性主宰力、批判力、统率力，审查心行之正误，如曾子之"日三省吾身"（《学而》）。《颜渊》"司马牛问君子"章即述此义。孔子云"内省不疚，夫何忧何惧"，此内省，即是反躬性体之下手方法。忧惧之因，或由自身的德性窳败，或出外在不可战胜之因素。对于前者，吾人诚作反省，而后者则泰然受之。如妖魔幻相，则敬以远之；艰难困苦，则玉汝于成；生老病死，则气化流行；终极无限，则服膺天命。儒家特别强调克制此忧惧，忧惧完全是被上述的外在因素操控，乃是一种源断流壅，本力不足的表现。自身丧失了源源不断的强大的生命发动力、强力意志，故没有主宰，则动辄为外物所侵扰，所束迫，自然生魔生幻。故主强则客弱，浩然沛则邪曲遁。而此生命力哪里来，在儒家的路线讲，乃得乎天命，故而吾人上达接通道体，则明天命，自然得乎人性的润朗，则或兢慎祗肃，或光风霁月，"汪汪若万顷之陂，澄之不清，扰之不浊"。其实此章亦是夫子自道，当年桓魋欲害夫子，夫子何忧何惧！荀子亦说内省。如云："内省而外物轻矣。"（《修身》）又如云："见善，修然必以自存也；见不善，愀然必以自省也。"（《修身》）此二句同于孔子"见贤思齐焉，见不贤而内自省也"（《里仁》）。见善，则前推何以知之为善？是因为自己有一善心在，故见他人之善行则己之善心立即与之相呼应共鸣，如此方有修然之严整貌，由此机缘当更珍存、守护、滋养之。

三 反躬与反省之异同

反躬与反省从大处说是相同的，都是工夫的具体环节。大多数情况下，二者可以混为一谈，不必做严格的区分。但二者还是有所区别，反躬侧重于返己之性体，反省则为向内之省察。一则工夫阶段不同，反躬是上达阶段，反省偏重践履阶段。二则内容不同，反躬是提撕上升返回性体，反省重在检测错误。三则对象不同，反躬是性体之至善，反省则是省察其误、痛改前非。

第五节　上达正义之五：性体之境界与气象

第二层本体境界对应的是性体，认识到天下一家，俱是宇宙生生，包括人在内的万物，各自具有存在的尊严、价值，皆应享受元亨利贞的自我完成之过程与结果，各得其止、其正。孟子的“亲亲而仁民，仁民而爱物”（《尽心上》）非常恰当地表达出这种境界，故我们引之来指称第二层境界。

一　仁民爱物境

其一，仁民境。个体与个体之间，族群与族群之间展开竞争，此是作为人自身的物种正义，无可厚非。但是孔门认为，百物皆有生的权利，何况乎人，故此竞争当是有序竞争，其目标当是：“人不独亲其亲，不独子其子；使老有所终，壮有所用，幼有所长，矜寡、孤独、废疾者皆有所养；男有分，女有归。”（《礼记·礼运》）故要遵守以下原则。

一则要寻求最佳的为政途径，以臻善治，使所有人的德行、才能、尊严、价值得到最佳的成长、发挥与体现。在《论语》中，此种境界典型的如孔子自述其志：“老者安之，朋友信之，少者怀之。”（《公冶长》）此将人分为老人、青壮年（朋友）和少儿三者。老者将完成自己的人生，是其所是，为五十、六十、七十之境界，故安矣。青壮年正是人生展开之过程，当三十、四十之境界，“人而无信，不知其可也”（《为政》），故当以诚信经纬人我，而立于斯世。少者则为“成人”之始，故当怀之，即予以良好的抚养与教育。

二则必须照顾到弱势群体，对其尽可能地予以扶助关爱。孟子特别重视之，其云：“老而无妻曰鳏，老而无夫曰寡，老而无子曰独，幼而无父曰孤。此四者，天下之穷民而无告者；文王发政施仁，必先斯四者。《诗》云：哿矣富人，哀此茕独。’”（《梁惠王下》）在动物界中，凡老弱疾残，或为天敌的首选食材，或为兽群所自动淘汰。而在儒家看来，人超越动物之处，即在于丛林法则的无效，在属人的社会里，强者可以获得相应的资源、荣誉和地位，而弱者亦可以获得尊严、关怀与生机，这正是人参赞化育的伟大之处。

三则儒家还特别反对殉葬制度。殉葬至东周犹盛行，被视为天经地义之举。如《墨子·节葬下》云：“天子杀殉，众者数百，寡者数十；将军大夫杀殉，众者数十，寡者数人。”《史记·秦本纪》即记载秦武公殉六十六人，秦穆公殉一百七十七人。后有的地方将人殉改为俑殉，孔门亦疾呼取缔之，如《孟子》载：“仲尼曰：‘始作俑者，其无后乎！’为其象人而用之也。”（《梁惠王上》）荀子亦怒喝：“杀生而送死谓之贼！”（《礼论》）儒家的抗议还是起到了相当的效果。如《礼记·檀弓下》载，陈乾昔死前嘱其兄弟在他死后杀其二婢女殉葬，但待他死后，其子则明确反对。说明直到战国时，殉人之风依然通行，但人们已经意识到其罪恶，将之斥为非礼而逐渐排斥，这其中自然有儒家反对之功。

其二，爱物境。仁难矣。人类作为食物链上一物种，其生存全靠掠夺占有其他物种之生命维系，此实不幸。在此历史的发展中，人超越他物的地方在于，可以自觉地在猎取其他物种以生存的同时保持之，不使其灭绝，即仁道地取食之。此详见后文之参赞化育部分。

故《中庸》总结之云：“能尽人之性，则能尽物之性，能尽物之性，则可以赞天地之化育。”又云：“天之所覆，地之所载；日月所照，霜露所队。凡有血气者，莫不尊亲，故曰配天。”此方是人的最终完成，凡有血气者，莫不尊亲，即是仁民爱物境，此已超越人之一物种，而达万物之生生，故曰配天。

二 圣贤气象

仁民爱物境对应圣贤气象。子贡曰：“如有博施于民，而能济众，何如？可谓仁乎？”孔子曰：“何事于仁，必也圣乎！尧舜其犹病诸！”（《雍也》）所以，圣贤是超越君子之上的位格。因为他是代天理物，所谓“天地生之，圣人成之”（《大略》）。《论语》中多有描述，如“子温而厉，威而不猛，恭而安”（《述而》）。我们把它与前文君子气象中子夏所言做一比较，就可以发现，子夏是截一为三，孔子是一体两面，上下立判。

《乡党》更是详尽记载了孔子之日常生活中的气象，如：

> 孔子于乡党，恂恂如也，似不能言者。其在宗庙、朝廷，便便言，唯谨尔。
>
> 朝，与下大夫言，侃侃如也；与上大夫言，訚訚如也。君在，踧踖如也，与与如也。
>
> 君召使摈，色勃如也，足躩如也。揖所与立，左右手，衣前后，襜如也。趋进，翼如也。宾退，必复命曰："宾不顾矣。"
>
> 入公门，鞠躬如也，如不容。立不中门，行不履阈。过位，色勃如也，足躩如也，其言似不足者。摄齐升堂，鞠躬如也，屏气似不息者。出，降一等，逞颜色，怡怡如也。没阶，趋进，翼如也，复其位，踧踖如也。
>
> 执圭，鞠躬如也，如不胜。上如揖，下如授，勃如战色，足缩缩，如有循。享礼，有容色。私觌，愉愉如也。

上述记载了孔子三种场合之气象。一是因公与国君、同僚相处或见外宾，孔子非常谨慎恭敬；二是因私与他国之君聚会，则完全放松燕然；三是平时在乡党、宗庙则庄重肃穆。此正是夫子之圣者气象，当然也只是由于孔门弟子深谙气象之妙方能尽出此语。

第六节　上达正义之六：对越道体

对越道体是上达的第三个阶段，感而遂通天下之故，证得自由，从心所欲而不逾矩，阶至天命流行境。

一　感而遂通

正是因为先秦儒家主一个世界之观点，所以没有一般二元论在认识方面的难题，即现象与本体的两橛。先秦儒家强调在整个下学上达之过程中，以仁摄智，以智助气，由此气→智→仁的互动，"感而遂通天下之故"（《周易·系辞》），便可上达至天命流行境，在整体上理解融入宇宙道体。此感而遂通，《中庸》又以诚明代称之。《中庸》云："自诚明，谓之性。自明诚，谓之教。"诚者，乃天之道，自诚贯通至人之道曰明，则明是天赋的认识能力，可以直达天听。在儒者一元世界观看来，分解的理性以及综合的知性均不能穷尽此无限之世界，以整体为对象之把握，必是此大体之感通。就中国文化而言，此是极其自然、了无疑问之事，三教皆然，非独吾儒。

二　道德与自由

天人的终极合一，何以可能？

其一，“继善成性”之困——孰能破因果而主自由。吾人都在面临终极追问，存在者为何存在，如何存在？对于此问题，《易传》有着精辟的回答：“一阴一阳之谓道，继之者善也，成之者性也。”（《系辞上》）道体寂岿，不增不减，性体却推动气料去生克，而这也是道体自身的实现，是为至善，善为目的也为原因，存在者存在的根据、过程及归宿即是成为自己。“宇宙生命——道体”只有在自生自成之境遇中，才绽开全部意义与价值，使宇宙自己实现自己，成为自己，此即至善。宇宙大生命与吾人小生命本来密不可分，相依为命，相浃为一。“人者，天地之心也”（《礼运》），宇宙通过产生生命（人）与智慧来实现自己，成为自己，故而性体至善，则贯通于人生，亦当为至善。然而作为生命个体的人，其意义价值目标只能也必须是“继善成性”，成为自己，即“成性存存，道义之门”（《系辞上》）。

然而，吾人之小生命欲“继善成性”却殊非易事。一是由于所谓“理一分殊”，道体之善之性，贯于人之生命则又有不同，前述孟子已将之予以区分，“求之在外”与“求之在我”者，前者即为人之自然属性，后者则为人之独特的规定性，即道德性，此乃人所别于禽兽之几希者。二是对于道体之大化流行，吾人之小生命又多了数重对待，如屈原《天问》：“曰：遂古之初，谁传道之？上下未形，何由考之？冥昭瞢暗，谁能极之？冯翼惟像，何以识之？明明暗暗，惟时何为？阴阳三合，何本何化？……天命反侧，何罚何佑？……何亲就上帝罚，殷之命以不救？……皇天集命，惟何戒之？受礼天下，又使至代之？”此问者，凡一百余众，均是针对天道与人道而问因果，即自然与人类社会之因果律，因果为不可破者，均为锁钥主体者，固使吾辈柙于笼中，嗫嚅温吞，唯有顺受，皆人力之无奈也。

故，于天道之自然因果律与人世之社会因果律前，人之德性，能自成自存者，如何可破之而令自由?

其二，蛹出与翼变——德性主体之生命朗润。一则“敬以直内，义以方外”——因果之界定。要解决此命题，首先需要界定因果。《易传》云：“积善之家必有余庆，积不善之家必有余殃。臣弑其君，子弑其父，非一朝一夕之故，其所由来渐矣，由辩之不早辩也。《易》曰：履霜，坚冰至，盖言顺也。直其正也，方其义也。君子敬以直内，义以方外，敬义立而德不孤。”（《文言・坤卦》）“履霜，坚冰至”是为自然之因果律，“积善之家必有余庆，积不善之家必有余殃，臣弑其君，子弑其父，非一朝一夕之故，其所由来渐矣”，此谓社会之因果律，要之皆为一般所论因果，时间上是先后之直线关系，性质上则为某两事物间之机械设准。此可谓在外之他律因果。《文言》却提出“敬以直内，义以方外”，这是一种新的主体之自律因果。宇宙大化流行，乃无穷之生克网络，绝无线性关系存在及两点间之机械设准。吾人之主体生命涉入生克之境遇，则能自作主宰，人所唯能主宰者，仁义礼智之德性也，此乃人之所以异于禽兽几希者，故吾人可以德性为第一推动因，去发生整个生命。

首先，于自然之生命而言，要“和顺于道德而理于义，穷理尽性以至于命”（《说卦》）。此谓挺立主体之德性，以之理于因果，方可穷理尽性于生命之大化流行。人与天有对待者，此自然之生死富贵者也，然“死生有命，富贵在天”，此孟子所谓“求在外者”，皆吾人所不能左右者，吾人尚有“求在我者”，即吾之德性。故并非要人去舍却自然生命而别有生命，而是在吾人生命之过程中，赋予崇美峻极之价值与意义，而为道德之律令，以之安身立命、陵迈生死者流，则人之生命，全为德性所朗润，自由溢出，活泼流行，与大道同体。

其次，于社会之生命而言，即伦常，其处理人与人、人与社会之对待。《诗》云：“肃肃宵征，夙夜在公。实命不同。”（《国风・小星》）伦常可谓皆是在织罗网，而吾人绝非原子个人，又如何在关系即伦常的罗网中求自由？孔子曰：“‘不竞不絿，不刚不柔，布政优优，百禄是遒’，和之至也。”（《左传・昭公二十年》）吾人若能自浚陂池、清垣墉，任那番恻隐觳觫之心汩汩澄莹中立，则“坐立行卧，皆是道场”，整个生命流行于时空之境遇中，只是随己良知去行，由着这良知，吾人便能爱，能敬，能推发，能分别，如此则正是《大学》所云之“三纲八目”，依之服膺伦常、修齐治平。故敬者，自己豁醒自己护持德性，以发乎内心；直者，率之而发；义者，人之生命在境遇中所罹有因缘，即条件，条件曰宜，行而宜之谓义；方者，规圜人伦、顶立天地。故敬义立，则内外通，天人合，德性主体能不孤而与造化同体。

二则超因果主自由。何所谓自由？首先，主体之自由则在其动力其范围均无所禁限，吾人生命所能无所禁限者，唯德性也。其次，主体之自由绝非那污渎孤豚、终寿散木，即完全脱离生克境遇之自由，自由唯在服膺伦常中获得。德性源于本心，其自由发轫，自作主宰，去爱、去敬、去推发、去分别，以德性调顿，朗润、调适、安顿人之自然生命，由此，吾人能“仰以观于天文，俯以察于地理，是故知幽明之故。原始反终，故知死生之说。精气为物，游魂为变，是故知鬼神之情状。与天地相似故不违，知周乎万物而道济天下，故不过。旁行而不流，乐天知命故不忧。安土敦乎仁，故能爱。范围天地之化而不过，曲成万物而不遗，通乎昼夜之道而知，故神无方而易无体”（《系辞上》）。此即是说，吾人非以智识之知性的态度，而是以德性之价值去重新化成世界，即将物理生命化成价值生命、意义生命、境界生命，故知幽明、生死、鬼神者，知其合于吾人生命之价值意义也，故乐天知命，感化自然社会之冰冷迥漠者，故能不忧。此亦正是孔子所言之“不怨天，不尤人”，前者正对自然言，后者正对人世言。如此吾人生命于生克境遇中，层层蛹出，又行翼变之结果，则是“范围天地之化而不过，曲成万物而不遗，通乎昼夜之道而知，故神无方而易无体”，此所谓德性生命之大自由也。

三 孔门之对越

“对越”语出《诗经·周颂·清庙》“秉文之德，对越在天”。“对”表方向。“越”者，朱子解为“于也”。此“于”是“至”义，表示的是一个过程，是从……至……义，不是表示时间上位置上结构上的在某点之义；同《诗经·大雅·文王》“文王在上，于昭于天”之“于”，是逆觉工夫的末节。正是孟子“尽心知性知天”之“知天”，此“知”

乃主宰义。尽吾心，则性体道体，一通上达，自作主宰。对越道体，表明人与宇宙之间，是源流、上下、本末之一体，而非现象、本质等二元之对立。

就对越道体而言，愚拈出浩瀚。比如，吾人登高山临沧海，仰苍戴俯厚载，必小任公子之五十牛，重王子乔之一羽，刹那间心胸生无限浩瀚之意，吞吐银汉，呼吸宇宙，曰宇宙即是我心，我心即是宇宙。此即是上达道体，与天合一，此即是孔子之天境。我们以《述而》为例："子曰：'天生德于予，桓魋其如予何。'"按德本义为人王所得之天命。[①] 此如《毛公鼎铭》："皇天引厌厥德，配我有周。"[②] 自春秋中期开始，"德"逐渐进入普通人的伦理语境来说明品德、操守。[③] 鲁大夫叔孙豹所谓的"三不朽"之说（太上有立德，其次有立功，其次有立言）是为标识。[④] 故孔子的德与性有细微差别，性偏指纯粹的、人所拥有的品德，而德则是偏指人所获得的天命，即德命。而"天生德于予"一句并不表示天赋性于人，而是在工夫角度，强调此德命之证成。

此德字，旧注多解为道德禀性。本章的确是说天赋德性于孔子，然仅此解释，则未能点透其中关键。孔子以为桓魋加害未果，实因自己领有桓魋所不可改变之必然性——"天生之德"。如果此"德"仅为"德性"，则本来在孔子的理论体系内，道德拥有普遍性、平等性，是人性本来状态。所以天既赋道德于孔子，亦必予他人。既人人得德，则孔子独领之必然性即降低为偶然性，则桓魋不一定不能如彼何。所以，孔子此语能成立，除非他自认此"德"为己所独有的非常之德。若如此，则此非常之"德"。故此处不能仅从下贯义来解，尚须从工夫之上达来解。

---

① 据晁福林先生考证，从字形看，殷人甲骨文"德"字从行从横目未从心，至周代彝铭文中已从心。从字义看，殷"德"一是表示张望路途和行走、出行，二是表"得"，指来自天命或祖先神之眷顾与恩惠，正与《释名·释言语》及《礼记·乐记》"德，得也"同。见氏著《先秦时期"德"观念的起源及其发展》，《中国社会科学》2005 年第 4 期。故愚以为，"德"字殷时未从心，表"行"义，周初衍为"顺天循命而行"，表上天所降之命，人王承之为"德（得）"。

② 中国社会科学院考古研究所：《殷周金文集成释文》，香港中文大学中国文化研究所，2001，第 433 页。

③ 春秋之时，人文兴起，诸多德性范畴出现，亦需以一总的范畴概括之。具体可参见陈来先生于《古代伦理与宗教》之总结，三联书店，1996，第 306～307 页。

④ 晁福林：《先秦时期"德"观念的起源及其发展》，《中国社会科学》2005 年第 4 期。

按本章之事当在鲁哀公二年（前493），孔子时五十九岁，早过“五十而知天命”（《为政》）之年。时孔子困于宋，司马桓魋欲杀之，孔子脱险后乃发此长叹。“德”本有天命义。[①] 孔子素重天命，如云“五十知天命”（《为政》），“畏天命”（《季氏》），“不知命，无以为君子也”（《尧曰》）。然孔子之天命，又非彼神谕，而是指上达天命流行境所领受担当之责任。孔子知命运为终极之无限，永不可为人所把握，有幸者得其美，不幸者成其缺，故虽畏之然“不怨天”（《宪问》）。孔子深知人能在凭工夫返回仁性本体之后，更澈汰之、纯化之、扩充之，而提撕上扬，阶及天命流行境，证取天地境界之完全自由，从而发其德命，率其禄命，故虽畏之然“不怨”（《宪问》）。此境界即前述之“四时行焉，百物生焉”。一则孔子体证到人的存在的本来面目，不论个体还是群体，皆由天赋性命，均应如此“行”“生”之天境，拥有其天然的不可剥夺的生存发展权利，以完成其元、亨、利、贞的生命过程，故诠“仁”为“爱人”（《颜渊》）。二则孔子由此天境之并行不悖，体证到人间亦应有此和谐之秩序，然对照现实世界却是礼崩乐坏、生灵涂炭，故生出对天下苍生之莫大责任与休戚与共，而欲将此大责任心向下发用、向外开出，客观化为一秩序，因革损益，以创建制度，以易滔滔天下为有道人间（《微子》）。故孔子之“无终食之间违仁，造次必于是，颠沛必于是”（《里仁》），曾子之“任重道远”（《泰伯》），皆在此下语。观人类诸教主圣擘，其立教传道，莫不如此。故此章“德”是立此天境而述吾服膺天命、领受责任之自觉。此义孟子一语中的“天将降大任于斯人也”（《告子下》）。

然则在孔子处，此命独指德命（《中庸》“天命之谓性”义），桓魋之难正是所谓生死之命运，此是超出自身力量所能认识、把握的异己的、外在的、先天的、综合的必然性。则面对此禄命，人是否永无自由可言？孔子答曰，非也。所谓“桓魋其如予何”正是要打破此必然性，而打破此枷锁者，就是要豁醒吾人天生之德性。故孔子“天生德于予”之德不仅仅在下贯义述道体所赋予人之德性，更是言上达后，立此天境而述彼服膺天命、领受责任之自觉。

① 晁福林：《先秦时期“德”观念的起源及其发展》，《中国社会科学》2005年第4期。

四　以对越取代内在（向）超越

牟宗三等先生提出“内在超越”这一概念之后,[①] 影响极大，支持、反对皆有。牟先生的初衷是借康德此语凸显中国哲学的特质，认为可以智的直觉（自由无限心）打通“内在”与“超越”之隔离，证成无执的存有论。于儒家立场，此毫无问题。如方东美先生指出“中国形而上学表现为一既超越又内在、即内在即超越之独特型态（transcendent - immanent metaphysics）”。[②] 唐君毅先生认为中国思想文化之中“天一方不失其超越性，在人与万物之上；一方亦内在人与万物之中”。[③] 汤一介先生则认为儒释道都表现出“内在超越”的基本特征。[④] 然借用此西方术语毕竟容易引起争议。如李泽厚先生认为“内在”与“超越”自相矛盾，严格讲中国思想文化领域只有“超脱”而无“超越”。[⑤] 安乐哲先生也说：“西方的transcendence的基本意义就是形上实在论（metaphysical realism），就是柏拉图主义（Platonism）。柏拉图是二元论思想家，他要将真实的世界与我们参与其中的现存世界截然划分开来。中国没有这种观念，中国哲学家关注我们参与其中的现存世界。……严格哲学意义上（strict philosophical meaning）的‘超越’，指的是一种完整的、不变的、永恒的、时空之外的原则，这种‘超越’与中国传统思想没有关系。”[⑥] 杨国荣先生也在《儒学的精神性之维》一文中对西方的超越予以具体分梳，认为超越关联无条件的、无限的、绝对的方面，并与内在性相对。这一视域中的超越，同时又具有不同意义的彼岸性，而人则无法由此及彼：在本体论上，此岸之人不可能成为彼岸的上帝；在认识论上，人不能由感性领域的现

---

① 如牟先生说：“天道高高在上，有超越的意义。天道贯注于人身之时，又内在于人而为人的性，这时天道又是内在的（Immanent）。因此，我们可以康德喜用的字眼，说天道一方面是超越的（Transcendent），另一方面又是内在的（Immanent 与 Transcendent 是相反字）。天道既超越又内在，此时可谓兼具宗教与道德的意味，宗教重超越义，而道德重内在义。”见氏著《中国哲学的特质》，上海古籍出版社，2007，第 20 页。

② 方东美：《中国哲学精神及其发展》上册，孙智燊译，中华书局，2012，第 19 ~ 20 页。

③ 唐君毅：《中国文化之精神价值》，台北：正中书局，1974，第 338 页。

④ 详参汤一介《儒道释与内在超越问题》，江西人民出版社，1991。

⑤ 李泽厚：《由巫到礼　释礼归仁》，生活·读书·新知三联书店，2015，第 133 页。

⑥ 胡治洪、丁四新：《辨异观同论中西——安乐哲教授访谈录》，《中国哲学史》2006 年第 4 期。

象，达到超越于感性的自在之物或物自体。这一类所谓的超越，内在地包含着对人的限定，事实上，超越本身即以肯定人存在的有限性为前提。[①] 余英时先生接受了此概念，但在意义上做了调整，并将名称修改为“内向超越”以避免“内在”与“超越”之间的矛盾。[②] 然而一则中国之天、道，不可能是只具有超越性的价值源头，乾父坤母，宇宙乃是一个生生的活体。二则虽然已改名称，但毕竟还是奄有残余，存在争议之可能。

故而，愚以为用“对越”一词取代“内在超越”或“内向超越”，此对越，纯是本土之概念，古朴中正，可以合理地、完整地表达“逆觉体证”之义，远超汉译之“超越”。况且宋儒已一再引用此“对越”以表上达之意，如明道云：“‘毋不敬’，可以对越上帝。”[③] 当然，除此二元论之外的一般意义上所说的“超越性”，依然可以正常使用。

第七节 上达正义之七：道体之境界与气象

体证“仁民爱物境”后再向上溯，则抵达第三层本体境界，逻辑上此是再度回到“四时行焉，百物生焉”之道体，是为天命流行境。此境认识到道体的本然，此即是实体，又是本体。《易》云“原始反终”，实体下贯，本体上达，起点回到终点，完成一个循环圈。然既是既济，更是未济。

一 天命流行境

孟子的浩然之气，尚有蒂芥，犹存阶级，未得自然。天命流行境，不见自己，不见苍生，只是当下地、如实地生活。

其一，服膺天命，而不躐等。在大的尺度上，毁灭如影随形，芟除从未离开，凋零与枯萎催生下一季青草，秋虫得不到丝毫怜悯。诚然，道体的展开，时常会将偶然性，如运气，作为提醒与鼓舞，随机地赐予人间，以显示其必然性。但吾人不必为此偶然性降于己而沾沾自喜，相反亦不必

---

① 杨国荣：《再思儒学》，济南出版社，2019，第 54 ~ 55 页。

② 余英时：《论天人之际——中国古代思想起源试探》，中华书局，2014，第 205 页。

③ （宋）程颢、程颐：《遗书》卷十一，《二程集》上，中华书局，2004，第 118 页。

沮丧。仁的自我实现，是一个漫长的过程，正是在此“历史”中，仁方裂析开它的多样性，并相生相克，以来到举行冠礼的成年。整个世界的运行只是它的一段旅行而已。这个世界中的我们，要服膺天命，而不躐等，不能也不必强超时代的局限。夸父之追，后羿之射，能奈日何？况日亦有亡时，能奈天何？天不变道亦不变，天若变，能奈道何？

其二，修德进业，各行其是。五星不必僭越昊日之位置，昊日亦不能放弃自己之职分。境遇如那滔滔巨川，永远没有岸，何况彼岸。人所以能据以为舟楫者，不是人爵，而是天爵。“君子素其位而行，不愿乎其外”（《中庸》），唯有同修其德，各进其业，方能行此巨舟，在命运的远征中深造自得，左右逢源，寻求方向，创造属于人自己的世界。

其三，致中和。所以，所谓天命流行境，归结到吾人，就是《中庸》所云之“发而皆中节谓之和”。致中和，天地位焉，万物育焉。天地化育，各行其是。草只活草的样子，牛只忙牛的营生，人只是担着宇宙赋予的使命与荣耀，坚毅而温和地生活着，才能“与天地合其德，与日月合其明，与四时合其序，与鬼神合其吉凶”，才能“所过者化，所存者神，上下与天地同流”。

二　天地气象

天地气象，貌在庄子，却好理解。其云“天地与我并生，而万物与我为一”（《齐物论》），“独与天地精神往来”（《天下》）。然而庄子之天地气象，没有过程，故只是心斋，不能应事。儒者自君子、经圣贤，方渣滓化尽，语默动静，范围天地而不过。君子气象对应的人格形象为君子，圣人气象对应的则是圣贤，那么天地气象对应的则是芸芸众生。由君子而圣贤而凡庸，经过这一轮辩证否定，我们才可以成为一个真正的人、大写的人。我们以下四则语录，一动一静，一上一下，来发见孔子此气象。

其一，“迅雷风烈，必变”（《乡党》）。前已言孔子不语怪力乱神，敬鬼神而远之。故这里的“变”并不是害怕，而是自我警策。迅雷风烈，则阴阳相搏，正是我的天理与人欲，如何能不自作警策。

其二，“予欲无言”（《阳货》）。由上可知，一则吾人对性体的体认要靠醒觉与反躬，对道体的体认要靠上达与对越，此工夫绝非理论思考与语言表达的对象，虽然其可以借此二方式来实现与完成。二则证成天境后，则当下开发用之，在践履工夫中来不断抵达，又应尽去空言而行著实事。后来《系辞》将之总结为“神而明之，存乎其人；默而成之，不言而信，存乎德行”，即落实在工夫上。另外《中庸》亦云：“故君子之道，闇然而日章；小人之道，的然而日亡。”此黯然，即“默而成之”句义。《中庸》“《诗》云：子怀明德，不大声以色。子曰：声色之于以化民，末也。《诗》曰：德輶如毛。毛犹有伦，上天之载，无声无臭，至矣”，皆述此义。

其三，“孔子登东山而小鲁，登泰山而小天下”（《尽心上》）。至此，宇宙的真相，不是寂寞的无情的物理化学的过程，不是西贤所谓的一团活火，在一定方寸上燃烧，在一定方寸上熄灭。它的秘密就深耘在我们心中，曰仁，忠恕而已。宇宙乃是一个仁心浩荡的家园。祂化生万有，就是为了展于仁之普遍。安排诸多苦痛灾难，就是为了展示仁之艰难。如果宇宙是一个牢笼，那么，我便要主动投入牢笼，以便早日获得自由。

其四，“吾与点也”之“莫春者，春服既成，冠者五六人，童子六七人，浴乎沂，风乎舞雩，咏而归”（《先进》）。此处截取理想人生的一个珍贵片段，吾人之生命未受到内在欲望之戕贼、外在权力之压迫而异化，所发皆中节，极高明而道中庸，与世界进行最充分的交流，从而参与到宇宙的大化流行中来，这是“天地位焉、万物育焉”的一个缩影，也即《易传》所云的“乾道变化，各正性命”。

第八节　上达歧出：《荀子·天论》之第二次“绝地天通”

扬雄曰“通天地人曰儒”，儒家均主上达道体，先秦儒家中唯一不认可并阻断上达一路的，是今本《荀子·天论》一篇，其中的戡天实是儒家之歧出。

一　“明于天人之分”

《天论》没有一个统一的道体观念，其中的天，虽然在功能之数量上大于人，但是在质上无异于人，天人平行，二者各有功能，虽然人也要向天学习，但天人还是各司其职。

《天论》云：“天行有常，不为尧存，不为桀亡……天有其时，地有其财，人有其治，夫是之谓能参。”此段是《天论》的立论基础，强调天地人三分，各有其职分。此义斩钉截铁，甚是伟岸，对宗教的上帝崇拜或者民间的鬼神迷信而言，是极有意义的。但是就儒家而言，本来乾父坤母，仁民爱物，如何能截然分开？故其过在于，一是辟之太烈，以人同天，此是僭越。二是表面上是明于人而蔽于天（申人而屈天），天地人分立为三，人只要知人，但事实上，此狂妄自大的后果是前蔽于天，后蔽于人。我们可以对比一下《中庸》之“参赞化育”，“致中和，天地位焉，万物育焉”。人要知天、顺天、助天，代天理物，以使天地位育，便可知此论与正统儒家之差别。

二 “唯圣人为不求知天”与“是之谓知天”

《天论》又云：“列星随旋，日月递照，四时代御，阴阳大化，风雨博施，万物各得其和以生，各得其养以成，不见其事，而见其功，夫是之谓神。皆知其所以成，莫知其无形，夫是之谓天功。唯圣人为不求知天。”

人源自天，人处理好自己的本性，就是知天之始。人对天的正确态度，不是盲目地完全地外在地去追寻自然的规律，而是首先在于切己，了解人自己的规定性，此即天性，了解了人性，就初步了解了天性，完成了人性，就初步完成了天性。如果从这样的角度而言，倒也无妨。然《天论》则认为，天地之运行，是自然而然之事，人只能也只需看到大自然运行的结果，而不须也不能知晓其原因与过程。对于大自然之精深，人不要有非分之妄想，与此越界相反，人最正确的就是做好自己的事，即只求知人世，不求知天地。

但《天论》立即接着说到一系列概念：天君，指人心；天官，指感觉器官；天情，指本来完具、不学而能的好恶喜怒等情感；天养，指以其他物种养育人类；天政，指造福人类而非相反。以上诸项能正常运行，就是知天。

上文刚说“唯圣人为不求知天”，这里又说“夫是之谓知天”，二者并不矛盾。不求知的天，指外在的宇宙自然，而知的天，则是人的“天”

性。此段又认为人的各种要素都是来自天，故善为人事，就算“知天”了。本段已接近老庄的思想，所谓的“天”，是本性、本能的意思，清静无为，遂其自然，便是知天，颇有“落马首、穿牛鼻”之义。

《天论》又云：“故大巧在所不为，大智在所不虑。”此段前文已析，此是要人对于自然界的知识，只止于粗浅刚够用即可。

至此，我们可以把《天论》称为第二次“绝地天通”（第一次详见第十章第一节），此事虽属传说，然其实不误。如果说第一次“绝地天通”是为了让巫觋阶层垄断祭祀权，这次却是彻底断绝天人上达之可能性，使人安于现世事务。一是删除，以天纯粹是自然之天，而没有上帝（神鬼）与义理，则先儒那种三维世界被肢解，只存生人此一平面，上帝与神鬼均不存在，作为价值源头的义理之天亦烟消云散。二是割断，天人各有其职，各司其职，人不求了解外在的自然之天，只而是切己，了解天赋予人之特性，如此即为知天。

其所造成的问题，一是格物致知，因为取消了对自然知识的了解必要，此项亦不能发生。二是诚意正心，因为荀子没有上达道体的可能性，此项也不能完成。由此，荀子的发用，删除天命，只务人世，割断历史，只法后王。

三　“制天命而用之”

《天论》最奇怪的地方，在于结尾突然说：“大天而思之，孰与物畜而制之！从天而颂之，孰与制天命而用之！望时而待之，孰与应时而使之！因物而多之，孰与骋能而化之！思物而物之，孰与理物而勿失之也！愿于物之所以生，孰与有物之所以成！故错人而思天，则失万物之情。”本来行文至“知天”，亦只到庄子，“制天命”一出，则方是荀子。荀子之“知天”，又采取了制天命的方式。故愚以为，此段与前文文义不符，乃后学所加。前文只是说，明于天人之分，圣人不求知天，却根本没有要制天之意。此“制天命而用之”，已不只是对人的主体性的高扬，既然天命都制而用，则人间更不在话下，如此宇宙之中，唯我独尊，此实是僭越。其下一步的发展，则必是法家，以人王为实际上的宇宙之主宰。

第七章　工夫·存养

班固云："古之学者耕且养，三年而通一艺，存其大体，玩经文而已。是故用日少而畜德多，三十而五经立也。后世经传既已乖离，博学者又不思'多闻阙疑'之义，而务碎义（以）逃难，便辞巧说，破坏形体，说五字之文，至于二三万言。后进弥以驰逐，故幼童而守一艺，白首而后能言。安其所习，毁所不见，终以自蔽。此学者之大患也。"[①] 此语揭示，汉儒大异先秦，汉儒重在读懂，是为训诂，而先秦重在工夫，是为存养。

第一节　存养正义之一：何为存养

如果说上达是"明明德"，则存养自有一个生长的意思在，是"日新"。人心是个活物，既明之尽之，则须日常存而养之，使生长发育。

一　存养之理的规定

其一，何为存养。存养是工夫的第三个阶段，即孟子所说的"存心、养性、事天"，此存、养、事三者一体，心即性即天。此节与《孟子·告子上》"牛山之木"章文义最为相契，"存心"即不放其良心，勿使走失。"养性"就是勿梏亡之。此是自反面而言。《中庸》则自正面言，即是"喜怒哀乐之未发，谓之中"，保持心性本体的中正状态，以备践履发用，使"发而皆中节，谓之和"。存心养性是事天的途径，事天即涵泳于此天机之中，天降衷于我，如父母赐生于我，身体发肤莫不爱惜，正是孝顺父母，同样，超乎外在的习气（气质与环境），随时随处调护心性本体的中正庄严，此正是事天。后来横渠云"言有教，动有法，昼有为，宵有得，

① （汉）班固：《汉书·艺文志》卷十，中华书局，1962，第1723页。

息有养，瞬有存”，[①] 此说最好。既已接通道体源头，则左右逢源，不停获得新生命的滋养，愈养愈厚，没有局促逼仄，无一丝犹豫，无一丝困惑，随时可以对外开出发用。

其二，未发、已发。既然存养的本质即是养未发之中，则我们首先来看未发已发。按《中庸》“喜怒哀乐之未发，谓之中”并不是说只要未发都是中，如此则无做工夫之必要了。一是所谓未发之中，即喜怒哀乐未发时，道体直贯性体，为心体完整吞纳含化，此际心性合一，万理毕具，澄澈莹明，寂然不动。我们打一个比方，心体好比一个不倒翁，未发之中即如其未受力之前，持中充盈，蕴含向所有方向倾动的可能性，又无一丝毫倾动。而不能持中，则与此相反，未发时七情萌蘖已是摇曳，大有泛滥之势，自己却丝毫未能察觉。二是喜怒哀乐已发之后。此时特点是不容安排，当你发觉心体已经发用后，又来不及重做妥当安排了，故其结果是可能致和，或者不能。所谓已发之和，即喜怒哀乐已发后，于人伦日用中动容周旋，无不中节。仍以不倒翁喻之，则已发之和即是其当受力则受力，所至恰如其分，且受力之后又可以随时调整恢复中态。不能致和则是所发过或不及，则七情必然酿成恶果。兹将上义列表 3 表示如下。

表 3

<table>
<tr><td>两个阶段</td><td>特点</td><td colspan="2">可能结果</td></tr>
<tr><td>未发之前</td><td>不可寻觅</td><td>致中</td><td>未致中</td></tr>
<tr><td>已发之后</td><td>不容安排</td><td>致和</td><td>未致和</td></tr>
</table>

其次，来看心体的两节工夫。未发不一定致中，致中不一定能保持，故须用存养工夫，以求乎未发之中。已发不一定能致和，故须用省察，在人伦日用中辨别苗裔动机。若其邪曲，则对治纠偏，并逆觉回溯以求再度下发之和；若其苗蘖甚正，则当穷而格之、扩而广之。上述可以表 4 示之。

表 4

<table>
<tr><td rowspan="2">心体</td><td colspan="2">性体</td><td rowspan="2">本体
道、心、性合一</td><td rowspan="2">工夫</td></tr>
<tr><td>性</td><td>情</td></tr>
<tr><td>未发→寂然不动</td><td>万理毕具</td><td></td><td>中</td><td>存养→致中</td></tr>
<tr><td>已发→感而遂通</td><td></td><td>七情中节</td><td>和</td><td>省察→致和</td></tr>
</table>

① （宋）张载：《张载集》，中华书局，1978，第 44 页。

其三，存养于工夫中的位置。如前文所述，凡庸下学上达的标准过程如下：第一，在下学即洒扫应对之人伦日用中，求乎上达。第二，上达有三个阶段：醒觉心体，反躬性体，对越道体。第三，上达后即作心性之存养。第四，在再度发用（即下学）中重做省察与操舍，即在人伦日用中辨别苗裔动机之善恶而后加以对治，以备再度上达。此过程有三点要说明：一是此只是设定的标准过程，事实上凡庸在现实生活中或暗合、或自觉，各任机缘随时随处展开，不必循此。二是本体、工夫、发用三者之暂分只是理论说明之方便，现实中本体即是工夫，即是发用。三是此过程在人的一生中不断循环，永无间断。此流程可以图 7 表之。

……下学→上达→存养→发用→下学（省察→操舍）→上达……
①　②　③　④　①　②

图 7

我们从中可以清晰地认识到存养工夫的位置与作用。上达之后，三分的道体、性体、心体即合而为一，曰本体，此时即须存养之。存养在工夫格局中，位于上达、践履之间，十分重要，我们可借荀子之“涂秽则塞，危塞则亡”（《王霸》）来表达之。凡庸对越道体——对上接通吾人心性之源头活水后，就可有孔子“不舍昼夜”之滔滔（《子罕》），孟子“原泉混混”之“盈科后进”（《离娄下》），而后自做心性的润泽养护，以备践履发用。故此存养在儒家工夫论中极其重要，它处于上达与发用的中间段，就如同一个巨大的蓄水池，一方面对上面源头的冰川之水作积蓄养卫，一方面对下面的江河做调度控制。故凡庸若失去存养一节，其践履日用必然气局狭小，易倾城而出、剑拔弩张，其结果又必然是势不能穿缟素。

其四，存养与省察之别。孔子观过知仁，孟子孺子入井，均是就已发省察，体会先天之仁体。而存养则专门针对未发。我们以养花为例，平日洒水施肥，一日之间，似未见其功，然日以续晷，则枝叶繁茂。如有枝叶岔歧，则痛下刀矛，剪修删斫。故洒水施肥者，为平日存养之功，痛下刀矛者，乃病时省察之力。

其五，存养的特点。未发时心体没有有意识的活动，故不可以也不可能用省察、上达那种有意识的工夫形式，所以，非自觉、无意识是其特点。此时已是上接道体，性体饱满，但此时思虑未萌，即理义尚未进入思考施行阶段。故只有摈弃有意识的技术性的手段，不涉及认知理性的，或有意识的道德训练，在日常间加强对未发心体的滋养，使心中所蕴之性如镜明水止，如此一来，其发就易中节。故反对有为与故作之心，要以一种非理性、无意识的方法来制服私欲之萌蘖，天理善端则渐养渐厚。

其六，存养的任务。存养是致未发之中，则致中有两层。一是养到极中。前已以不倒翁喻心体，则未发时此不倒翁不能受到一点力，否则即自倾动。那么，能够影响未发心体——使此不倒翁晃动起来的力量为何呢？即私欲而已，当然，此处之私欲仅是七情邪曲尚未成灾。存养即是发明人心本有之义理，使道体与性体默然贯通，心体自作光明，则天理蕴集、良知饱满而私欲遁迹、清刚正大。二是守之不失。孟子曰："大人者，不失其赤子之心者也。"（《离娄下》）此是要排除偶然性的达中，通过一定的途径，使心体一直处于明澈状态。如图 8。

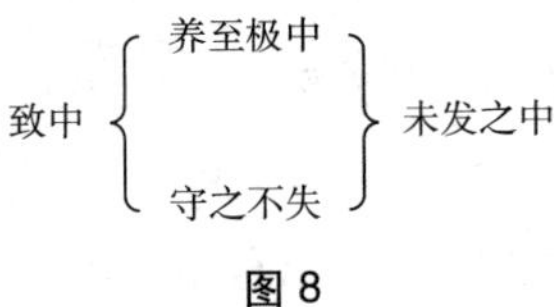

图 8

如何制服私欲萌蘖，以养心极中且守之不失呢，存养依据操作的形式及难易程度，可以分为静、动、中三个级别。详见后文。

二 存养之势的发展

其一，孔门的存养之实。孔子有存养之实而未出其名，如教颜回云"非礼勿视听言动"，存养往往通过外在的礼仪等人伦日用来养，消除邪曲，养出善端。结果是"回也其心三月不违仁"（《雍也》），"择乎中庸，得一善，则拳拳服膺，而弗失之"（《中庸》），这两章描述颜回逆觉仁体，则守护之，使不违离，此正是典型的存养工夫。至于七十子及后学。《大学》云"有所忿懥则不得其正，有所恐惧则不得其正，有所好乐则不得其正，有所忧患则不得其正"，《易传》亦云"闲邪存其诚"，多在实处下手。子思在《中庸》中提出"致中和"之原则，乃就未发、已发而言，可谓儒家工夫自觉之标志，奇峰迭起，一柱擎天，从此乔岳巨阿，崎岖嶙峋，俱一览无余。

其二，孟子之存养。孟子四端，乃专就已发而论。孟子知天、事天、立命，分属上达、存养、践履三大阶段，践履才可言立命，天命贯于我者，使立起来，照澈物我，参赞化育。既曰存，则在上达之后言。上达之后，三分的道体、性体、心体即合而为一，曰本体，此时即须存而养之。孟子存养之顺序，一曰“立乎其大”(《告子上》)，二曰“君子存之”(《离娄下》)，三曰“养大心”(《告子上》)。此即立乎大体之心，存养之，而为大人。

其三，荀子之存养。荀子讨论存养有极为缜密深刻之处，其云：“昔者舜之治天下也，不以事诏而万物成。处一之危，其荣满侧；养一之微，荣矣而未知。故《道经》曰：‘人心之危，道心之微。’危微之几，惟明君子而后能知之。”(《解蔽》)“一”就是心体，“养一之微”就是存养未发，“处一之危”就是处置已发。“处一之危”，处，指已发，危，指对外在事务。“其荣满侧”，指处理具体事务时，若能以谨慎戒惧，则花开满枝。此几句完全不逊于《中庸》。“养一之微”，养，指未发，微妙之道心。“荣矣而未知”，犹指花在骨朵之未萌。宋儒人心道心实则来自荀子，而非“晚书”。

第二节 存养正义之二：静之存养

此静指初级的存养形式，指采取暂时隔离生活的相对安静的形式来集中体认并存养心性，其规范性、操作性较强，上手快，易学高效。

一 静养之本质

前文已述慎独之实质为诚意，是心之未发。本节则讨论存养之慎独。曾子曰：“所谓诚其意者，毋自欺也。如恶恶臭，如好好色，此之谓自谦。故君子必慎其独也。”(《大学》)此处拈出“慎独”二字，以为静之存养的标识，可谓孤标独出，玉树临风。

慎独是静之涵养的本质。曾子曰：“十目所视，十手所指，其严乎！”(《大学》)人与他人相处或有事时，总是受外在的各种力量的监督与影响，如各方利益、人际关系等，故而总是有所忌惮，言行多有表演性。但是当你独处时，即卸去社会面具，直面自己，你所面对的，则是你自己内心深处的情感、欲望等，甚至邪恶的念头如贪嗔等，均不约而至蹁跹起舞无可挥拂，没有了外在的监督，也不需要再表演。在这种境遇中，你是放纵自己的情欲，此正是“小人闲居为不善，无所不至，见君子而后厌然，掩其不善，而著其善。人之视己，如见其肝肺然，则何益矣”（《大学》）；还是肃然起敬，“上帝临女，无贰尔心”（《诗经·大雅·大明》）？每个人貌似都受控于某些外在的势力，自做主人翁，则是要打破此枷锁，冲出生天。

子思曰：“是故君子戒慎乎其所不睹，恐惧乎其所不闻。莫见乎隐，莫显乎微，故君子慎其独也。”（《中庸》）其中“戒慎乎其所不睹，恐惧乎其所不闻”是未发之中。不睹不闻是未发，戒慎恐惧是所以中之法。所谓戒慎、恐惧，隐、微，正是就天命而言，此是事天之举。阳明后来说此道理极好，其门生刘观时问：“未发之中是如何？”阳明曰：“汝但戒慎不睹，恐惧不闻，养得此心纯是天理，便自然见。”[①] 子思又将慎独的本质进一步界定为诚意，如前所言，意为未发，则诚意，就是要使人收敛聚拢心思，不使走作。故荀子“养心莫善于诚”（《不苟》）正是此意。此戒慎、恐惧就是敬，故宋儒拈出敬字贯彻动静是合理的。

二 静养之存心

所谓存心，就是不为内欲外物所侵扰、污染。此即孟子所谓“寡欲”“收放心”。孟子曰：“养心莫善于寡欲。其为人也寡欲，虽有不存焉者，寡矣；其为人也多欲，虽有存焉者，寡矣。”（《尽心下》）这里的存指存心，其为人寡欲，则虽有不能存心者，亦寡矣，反之亦然。《易传》云：“圣人以此洗心，退藏于密，吉凶与民同患，神以知来，知以藏往。”此洗心工夫即是存心。此良知良能向外推展充其极，德性便自是充盈，沛然外发，而及人物天地，是为孟子所云之尽心、知性、知天，存心、养性、事天（《尽心上》）。尽心就是尽仁义礼智四心，层层推发，尽自己的德性，以提撕人的境界，其生命的力量去发轫→投射→朗现，光辉泛至天地。一方面扩充本心则知仁义礼智诸性，若依良知良能充沛流行朗润万物则可将主体的道德意志精神力量弥纶天地。另一方面通过存心养性而事天，事天

① （明）王守仁：《王阳明全集》卷一，上海古籍出版社，1992，第37页。

不仅要服从于宇宙之终极原因，而且要服从于天所赐之伦理人生，做天民。正是在此意义上，孟子认为与“公卿大夫，此人爵也”相比，“仁、义、忠、信，乐善不倦，此天爵也”（《告子上》），作为道德主体，最终结果即是“知天”“事天”从而“仰不愧于天”（《尽心上》）。

三　静养之养性

养性，指养护性体，包括天地之性与气质之性。

其一，养夜气。孟子云志气关系，气壹亦动志，故气质之气亦需养之。在《告子上》其特地提出了养夜气之说，关于此夜气，历来解说甚多，伊川所云可以参考：“问：‘夜气如何？’曰：‘此只是言休息时气清耳。至平旦之气，未与事接，亦清。只如小儿读书，早晨便记得也。’”①愚以为，夜是日夜的省略，即文中“日夜之所息”即平日休养生息的元气，这是孟子认为，人在未接事应物之时，生理的气质没有处于诱逗驰骋的状态，是清通的，所以要在此时保养之，则当事半功倍，优入圣域亦有日矣。这段关键是人之正气，是要白天和晚上都要养的，如果白天放伐，那晚上再养也不行，入不敷出。

其二，养浩然之气。孟子养浩然之气亦是此义：“我善养吾浩然之气。……其为气也至大至刚，以直养而无害，则塞于天地之间。其为气也，配义与道，无是馁也。是集义所生者，非义袭而取之也。行有不慊于心则馁矣。”（《公孙丑上》）浩然之气揭示的是人与宇宙之关系，其特点是至大、至刚、以直，其本质乃体用一如之心体。心体之明觉力不断地涤污荡垢、闲枉辟邪后，存养之、聚集之、纯一之、鼓（之以雷霆）润（之以风雨）之，而呈现出来的清澈态、上升态、扩散态、博大态就是浩然之气。

四　静养之事天

所谓事天，即指事奉天赋予我之心性。我们以《述而》章所载为例：“子之燕居，申申如也，夭夭如也。”此是揭示孔子居家一段静的存养工夫。首先来看“申申如也”。《说文》解“申”云：“七月，阴气成，体自

① （宋）程颢、程颐：《遗书》卷二十二上，《二程集》上，中华书局，2004，第291页。

申束。从臼，自持也。”[①] 此是言仲夏阴盛，天地阖辟，当自作敬畏整肃。与此解最匹配的就是《乡党》的“迅雷风烈，必变”，《礼记·玉藻》详释云：“若有疾风、迅雷、甚雨，则必变，虽夜必兴，衣服冠而坐。”此精准描绘了孔子的敬畏自持。故“申申如也”正言孔子随时上达，对越道体，接通心性之源而自作警策修持。其次来看“夭夭如也”。《说文》解“夭”云：“屈也。从大，象形。”[②] 段玉裁注曰：“象首夭屈之形也。《隰有苌楚》传曰：‘夭，少也。’《桃夭》传曰：‘夭夭，桃之少壮也。’……此皆谓物初长可观也。”[③] 按《诗·桧风·隰有苌楚》云“夭之沃沃，乐子之无知”，《诗·周南·桃夭》云“桃之夭夭，灼灼其华”，可知“夭”象形初生苗蘖的顶端，喻其虽尚柔曲，但欣欣向荣充满生机。故“夭夭如也”正比喻孔子由存养工夫而获得的崭新生命之貌。由此而云“仁远乎哉？我欲仁，斯仁至矣”。既已接通道体源头，则左右逢源，不停获得新生命的滋养，愈养愈厚，没有局促逼仄，无一丝犹豫，无一丝困惑，随时可以对外开出发用。

第三节 存养正义之三：动之存养

静为初级的存养方式，然生活本身是变迁不居的，除非遁世，静处毕竟不是主流，故在静处之后，还需展开动的存养。

一 动养之内容

静之存养毕竟是有局限的，不能应对复杂之现实，故还须超越静养而达动养。世界变动不居，人心活泼潺溢，人生应事，下到洒扫应对，上到治国平天下，均是动的时机居多，故静养只是一种暂时的、刻意的模式，如果仅凭之则不能有效地应对丰富多彩、自由鲜活的生活本身，所以儒家之存养还是以动养为多。

动养的目的，也是存心养性以事天，其是以生活化的内容引导生活主体的成长，殄灭私欲（七情过或不及之可能）并养出善端（七情中节之

① （东汉）许慎：《说文解字》，中华书局，1963，第311页。

② （东汉）许慎：《说文解字》，中华书局，1963，第214页。

③ （清）段玉裁注《说文解字注》，凤凰出版社，2007，第863页。

可能），二者乃一体之两面。《论语》中，孔子教颜回“非礼勿视，非礼勿听，非礼勿言，非礼勿动”（《颜渊》），子夏教门人“洒扫应对进退”，《中庸》之“礼仪三百，威仪三千”，此皆是生活日用。未发之动，泛指整个人伦日用，已不再限于洒扫应对这样的基础性工作，更有修齐治平。

就儒家来说，做工夫的目的绝不是要脱离生活，逃尘出世，则最好的也是唯一的方式，就是在生活中做工夫，如在水中学习游泳一般。只有以生活化的方式才能理解与把握生活本身，即如舟行须在河流之中方能执行舟船之用，存养须酬酢万变，于事上磨炼，所以动心忍性，增益其所不能。

二 动养之方法

动之存养，此指在日常的工作学习生活等各个环节，在家庭、社会等各种场合，均依礼行事，收拢心性，不使走作。

荀子所言甚详，其云：“君子知夫不全不粹之不足以为美也，故诵数以贯之，思索以通之，为其人以处之，除其害者以持养之。”（《劝学》）又在《修身》中详解，“理气养心的方法是：对血气刚强的，就用心平气和来柔化他；对思虑过于深沉的，就用坦率善良来同化他；对勇敢大胆凶猛暴戾的，就用不可越轨的道理来帮助他；对行动轻易急速的，就用举止安静来节制他；对胸怀狭隘气量很小的，就用宽宏大量来扩展他；对卑下迟钝贪图利益的，就用高尚的志向来提高他；对庸俗平凡低能散漫的，就用良师益友来管教他；对怠慢轻浮自暴自弃的，就用将会招致的灾祸来提醒他；对愚钝朴实端庄拘谨的，就用礼制音乐来协调他，用思考探索来开通他。大凡理气养心的方法，没有比遵循礼义更直接的了，没有比得到良师更重要的了，没有比一心一意地爱好善行更神妙的了。这就是理气养心的方法”。[①] 当然，愚以为，荀子本段工夫，虽得辩证，然犹浮在表面，没有深入心性，没有心性的自觉，则如此这般皆是模仿，只是对外在之服从。然而无论如何，此亦属于存养之一环。

至于动养的下手方法，可持《论语》“九思”，指“视思明，听思聪，色思温，貌思恭，言思忠，事思敬，疑思问，忿思难，见得思义”（《季氏》）。

① 张觉：《荀子译注》，上海古籍出版社，2012，第14页。

第四节　存养正义之四：中之存养

中之存养，指养喜怒哀乐未发之中，目标是抵达心体之时中。其方法是“持敬”，敬贯动静，如能对天、对人、对事，心中满存敬畏，无时无处不持敬，然则譬如北辰无他事，幡然而做主人翁。

一　养中之实质

中指《中庸》之时中。它是存养的高级形式，超越动静，无时不存养，无养不持中。如果说孔子“五十知天命”即是孟子“尽心知性知天”，则“六十而耳顺”即孟子“存心养性事天”，凡事不丢不顶，故无事忤逆于耳。如“孔颜之乐”，存养并不以外在的对象为目标，故孔颜并非乐道，即未将道作为一个明确的对象来把握，而只是在接通道体后涵泳其中，全体大乐，此乐是时中之乐。孔子云“贫而无怨难，富而无骄易”，孔颜之乐并非推崇饭疏食、饮水、居陋巷之类的苦行，更非提倡精神胜利法，只是特别用极端贫困的物质条件来反衬，其实就是表明，存养是超乎外在的环境，随时随处要调护心性本体的中正庄严。

二　养中之形式

前已说存养的任务是制服私欲萌蘖，养心至中且守之不失，欲达此目的，其方式乃是循礼，即在洒扫应对之人伦日用中，以礼格之。

其一，自制服私欲养心至中来看。一则未发之际，七情尚未成灾，唯其萌蘖波荡，有泛滥之可能性，故做工夫的作用就如治水一样，要限制、引导七情之发，辅其成长。二则存养与省察不同，它不是有意识去辨别逆觉，即未发之际乃非自觉状态，不可著理义。故欲制服私欲之可能，唯有摒弃有意识的对治，转而遵守各种礼仪规章制度和主流的道德契约。以此天长日久，来塑锻性情。如此可见，存养正是要在生活中，严格按照物化的德性——礼的规定，来压制、殄灭私欲之生长，以保持心体的空灵照彻、万理具备。

其二，自守之不失来看。在存养中，欲长期地保持养心至中的状态，亦只有循礼一途。颜子三月不违，只是循礼而已。《论语》时中之存养极众，略撮《乡党》几例，如“食不语，寝不言”；“席不正，不坐”；“寝不尸，居不容”；“乡人饮酒，杖者出，斯出矣”；“升车，必正立执绥。车中，不内顾，不疾言，不亲指”。以上动静均摄，在平日的扫洒应对、瞬间万变的生活中注意收拢调和心性不使走作。此存养与普通的生活就圣贤而言是无区别的，然对处于做工夫过程中的凡庸来说，则是有区别的，存养之动非普通的动。一则性质不一样，普通的生活无工夫之自觉，而存养则是自觉的有目的的。二则存养之动又没有明确的向外之目的，它不是一次精神力量的对象化，不以做成某项外在的功业为目的，它只是通过日常生活的方方面面，于细节来锤炼，来磨尽心性，渣滓化尽，廓然无物。

孔子之德为熟德，后儒为生德，凡事一律强说以道德，从而使道德变成了机械的思维方式，成为一个个悬在空中的死概念，而非鲜活的生活方式，亦非人本源真实的情感流露，是为未得体用之学。《中庸》言“如好好色，如恶恶臭，毋自欺也”，方是体用不二。

故存养是平日之功，发用是一时之力，存养的目的即是要在日常的生活之中，养德至纯至熟，此如孟子曰：“五谷者，种之美者也。苟为不熟，不如荑稗。夫仁亦在乎熟之而已矣。”（《告子上》）此是从工夫层面而言。仁并不是一超直入者、一悟全得者，而是要在践履中逐渐靠近抵达者。

第八章　工夫·践履

船山《读四书大全说》云："圣人践形、尽性之学，岂但空空洞洞，立于无过之地而已哉！"[①] 习斋亦云："践形而尽性也，则存性于身矣。"[②] 前说上达是明明德，存养是日新，则践履即是欲止于至善。

第一节　践履正义之一：何为践履

"践履"是工夫的第四阶段，孔子云："七十从心，所欲不逾矩。"孟子云："夭寿不贰，修身以俟之，所以立命也。"（《尽心上》）此皆是践履。

一　践履之实质

践履之词源可推自《诗经·大雅·行苇》"敦彼行苇，牛羊勿践履"，后来儒家引以为笃行、实践之义。《大学》云"诚于中，形于外"；孟子云"形色，天性也，惟圣人然后可以践形"（《尽心上》），此诚中形外、践形尽性，即是践履之实质。

为说理清晰，此处强分两组概念，以发践履之义。一是践履与发用之别。发用指修身、齐家、化乡、治国、平天下、参赞化育（此将在用论部分展开），工夫过程中的践履与普通意义上的实践又不同，它的重点并不在具体的发用原则、过程及效果上，而是指在具体事务中的心性调控。二是践履与下学之别。所谓践履，就是存养后的发用，也即再度下学，接着便是上达，从而开启第二轮工夫之旅，而下学则侧重于洒扫应对等初级入

① （明）王夫之：《船山全书》第6册，岳麓书社，2011，第856页。

② （清）颜元：《颜元集》下，《习斋记余》卷一《未坠集序》，中华书局，1987，第398页。

门工夫。

孔子云："唯仁者能好人，能恶人。"（《里仁》）仁心是中流，在践履中，可以从三个角度来看，直是践履的底色，直心而发；勇是践履的果敢，满心而开；权是践履的圆满，圆心而成。

二　践履之内容

践履包括三大环节，发念、自讼与对治。发念，即是言情感既发之后，则有三种结果，过、不及、和。过与不及来自《论语》，子贡问："师与商也孰贤？"子曰："师也过，商也不及。"曰："然则师愈与？"子曰："过犹不及。"（《先进》）《中庸》继之云："子曰：道之不行也，我知之矣。知者过之，愚者不及也。道之不明也，我知之矣。贤者过之，不肖者不及也。"和则来自《中庸》"喜怒哀乐……发而皆中节谓之和"。既发念，则此时大心予以自讼（省察），即是捕捉端绪，刚发之际，便检查反省，大心对之做出是非多少之判定，其标准就是忠恕之原则。大心自讼省察，即是对治，判定其是四端还是七欲，如此即归为两类，正、邪。正者，四端，孟子总结曰扩充；邪者，七欲，即斩断，再度逆觉，孔门称之为反（内）省。孔子曰："能近取譬，可谓仁之方也。"（《雍也》）能近取譬，便指出了践履工夫的下手处，在于切己以自反。

三　践履之功用

吾人既存养本体，再进入生活，即是第二次下学，此乃是自觉的下学，故以践履名之，二者在工夫格局中实际上处于同一位置。按工夫之上达与践履本为一体，若强分，则二者在现象上极相似，均为对治当下的私欲、气质之病痛、戕贼、纠缠与淹留等，然其作用与方向则完全相反，上达乃是为返本体，其杀出一条血路以超然拔出，优入圣域，以浚疏溯逆发见本体之澄明清宁；而践履乃是循下者，为返本体后再由源及流，作弘通扩充之工作，以达孟子所谓"原泉混混，不舍昼夜；盈科而后进，放乎四海"（《离娄下》）之效。故不能返本体，则用为无源之水必干涸断流。

践履即是生活，然与自发的生活不同，它是一个"极高明而道中庸"者。"极高明"是言其目标是为上达，以此来区别普通的生活。"道中庸"

则表明它采取的还是普遍的人伦日用的方式，而非任何逃尘出世的非人间化的做法。存养是养心性未发之中，而此践履乃是循下者，即是在发用中，求已发之和。如孔子云“苟志于仁矣，无恶也”（《里仁》），这是典型的践履工夫，此志是动机之义，谓若能触动良知之机簧，则满心而发，皆善无恶。然凡庸最容易过或不及，故须重做省察与操舍，在人伦日用中辨别苗裔动机之善恶而后加以对治，重做下一轮的上达存养。

至此工夫第一轮修证正式完成，而后自动转入第二轮工夫之旅，如此螺旋上升不已。

第二节　践履正义之二：发念

情感发生有三大结果，不及、过、和，践履即是处理此三种结果。下面分述三义。

一　发念之不及

此指践履中良心正性的发生太弱，未达其正。如子云“见义不为，无勇也”（《为政》），“仁者必有勇”（《宪问》），故见当为之事而不为，则显然是仁体之发用未畅如也。

其一，不知不觉。此处之讨论，是就工夫之进程而言，并非世人中朴实头之不知不觉。此有两种情况，一是指儒者存养后，不明所发程度如何。二是常将中和当作紧箍咒，遂变成不敢发，或发得很僵硬。如孔子云：“刚毅木讷，近仁。”（《子路》）本来仁体廓然，物来顺应，然刚强坚毅则是对世界先有个对待心、分别心、攻取心而做出的剑拔弩张；孔子云“有德者必有言”（《宪问》），而木讷却是言语艰难笨拙，是明显的心性本体发用壅塞者。

其二，中道而废。此指自知当发，然发之未及其正即弃之。如冉求说：“非不说子之道，力不足也。”孔子则答道：“力不足者，中道而废。今汝画。”（《先进》）此中道而废之甚者，则是自暴自弃，如孟子曰：“自暴者不可与有言也，自弃者不可与有为也。”（《离娄上》）与此相反，孔子又说：“譬如为山，未成一篑，止，吾止也。譬如平地，虽覆一篑，进，吾往也。”（《子罕》）

其三，不及之危害。孟子谓高子曰："山径之蹊间介然，用之而成路。为间不用，则茅塞之矣。今茅塞子之心矣。"（《尽心下》）推发诸情，使之恰当而正当，乃心体之本然。发之不及，则源头壅塞，久而断流，则复归禽兽，须茅塞顿开，拨云见日。

二　发念之过

此指践履中情感的发生太强，胶着其中。如"意必固我"，"克伐怨欲"，均是过。《论语》云："爱之欲其生，恶之欲其死，既欲其生，又欲其死，是惑也。"（《颜渊》）爱恶是情感之基础，由此而生出正负全部情感，故分为两大类。

其一，由爱而生的喜乐、好欲、勇敢等。如孔子批评子路"由也好勇过我，无所取材"（《公冶长》），又如孔子云"巧言令色，鲜矣仁"（《学而》），此与"刚毅木讷"正好相反，本来"辞达而已"，若播弄巧舌，则是蛇足。又如孔子云"枨也欲，焉得刚"（《公冶长》），此是认为申枨心性所发太盛，即成滔滔之欲，焉得清刚正大。包括"以德报怨"，在儒家看来，也是属于发念之过。

其二，由恶而生的哀戚、忧慎、愤怒、忿懥等。先秦经典中记载甚多，如在吊丧亲人时，常常会超过必要的限度，此也须予以控制调整，孔子自己即如此执行。如《礼记·檀弓》载，伯鱼的母亲去世，他伤心痛苦许久，孔子即安慰他须控制自己，子路的姐姐去世也与此相同。不悲不哭，禽兽不如，哀戚无节，则难以为继，沉溺于逝去的亲人而牺牲了正常的人生，此为过也。

其三，发念之过的危害。孟子曰："饥者甘食，渴者甘饮，是未得饮食之正也，饥渴害之也。岂惟口腹有饥渴之害？人心亦皆有害。"（《尽心上》）此是说，本来饥食渴饮是性之本然，但是甘食甘饮就超过了正常的限度。推而言之，人心易患此病，对于某事物、境界等的追求操之太急、期之太高，则过犹不及，未得其正，导致前功尽弃，反受其噬。

三　发念之和

所谓和，即是正，发念之和的实质，指七情不得不发，发而皆得其正，则和而不同，相与协调，此是"发而皆中节"，七情所发皆无过无不及，则予以保持，使之长处中和。其表现为“从心所欲而不逾矩”（《为政》）。

其一，发念之和可分为三种。一是不为已甚。此源于孟子所云“仲尼不为已甚者”（《离娄下》），意即孔子做事从来不过分。此是保持清醒，做事不超过。但是这毕竟还未到头。二是中立不倚。《中庸》云：“故君子和而不流，强哉矫！中立而不倚，强哉矫！”所谓不流、不倚，就是要挺立主体，不为周遭所陷溺。三是动容周旋中礼。此礼是对下学阶段的礼的高级回归，故曰“复礼”。这种状态也就是孔子所说的“从心所欲不逾矩”。此源于孔子五十知天命，六十而耳顺，七十从心，所欲不逾矩。五十是上达天命，六十是心性，七十是践履之和。如云“知者不惑，仁者不忧，勇者不惧”（《子罕》），又云“知者乐水，仁者乐山；知者动，仁者静；知者乐，仁者寿”（《雍也》），此“三不”“两乐”，正是安详和乐之貌。另《乡党》有大量这样的描写，前文圣贤气象已述，由此可以鲜活地感受到孔子发而皆中节之和。

其二，下手处。下手即了手，先秦儒家有丰富的践履下手处，略举两则：一是孔门“四不”。此四不即孔子评颜回之不迁怒、不贰过（《雍也》），加上孔子自述之不怨天、不尤人（《宪问》），组成上下人我之格局。二是孟子“二勿”。此指“勿忘勿助”（《公孙丑上》），忘是不及，助是过之，勿忘勿助，方可抵达中和。

第三节 践履正义之三：自讼与对治

孔子云：“已矣乎！吾未见能见其过而内自讼者也。”（《公冶长》）所谓自讼，即道心自审人心，上述三种结果，大心要对之进行处理。若其邪曲，则当惧然自醒，尔后反躬逆觉，以溯其源。若其正直，则当扩而充之，使达四海。

一 邪曲之对治

其一，当下之处理。一是自讼发之不及，则当如孔子所云之“止画”（《雍也》），即不要裹足不前；孟子亦云“扩充”（《公孙丑上》），即推发诸情，使之恰当而正当。二是自讼发之太过。此指在“喜怒哀乐爱恶惧”

七情发出后，立即予以省察，如有超过则采取相应的制止措施。它依七情分为相应七者，即省察喜，如“不自伐”（《雍也》）；省察怒，如“不迁怒”（《雍也》）；省察哀，如“哀而不伤”（《八佾》）；省察乐，如“乐而不淫”（《八佾》）；省察爱，如止欲（《公冶长》）；省察恶，如止恶（《里仁》）；省察惧，如止惧（《颜渊》）。三是自讼若是和，此是七情所发皆无过无不及，则予以保持，使之长处中和，其表现为“从心所欲而不逾矩”（《为政》）。

其二，长远之整改。重新反躬上达，接通仁心之源，明了人之所以为人的本质规定，理贯于心。“求放心”，就是逆觉，如果端绪邪曲，当反省之，以捕捉殄歼，再度逆觉上达。

二　正性之扩充

自讼后，如果端绪中正，则要扩而充之。“扩充”源自孟子，其云：“人能充无欲害人之心，而仁不可胜用也。人能充无穿逾之心，在而义不可胜用也。”（《尽心下》）孔子云“见贤思齐”，即扩充。扩充有三个层次，直、勇、权。

其一，论直。直是践履的底色，直心而发。孔门重直。于宇宙论而言，《易传》言乾之大生，静专动直。于人生而言，孔子云：“人之生也直，罔之生也幸而免。”（《雍也》）于为政而言，孔子曰：“举直错诸枉，能使枉者直。”（《颜渊》）于认识论而言，荀子云：“是谓是、非谓非曰直。”（《修身》）著名的“父子互隐”中，孔子即推崇直道而行，直即率（性之谓）道而行，即良心正性的直心而发，不间接，不迂曲。当然，孔子也提防其病，告诫曰：“直而无礼则绞。”（《泰伯》）再如孔子批评微生高之直（《公冶长》），认为人心之发，当取其直，以符物理，有人借酱，如有就借，如无就明告之，然微生高明明没有却冒充有，又向邻居借来再转借，孔子认为，此纾人之难与人为善之心是对的，但发之太过，即成罔曲。

其二，论勇。孔子云“仁者必有勇”。勇是践履的果敢，满心而发。孟子在《公孙丑上》描写了三种勇。其中北宫黝、孟施舍只是“人心”，一己之勇、智而已，曾子则是道心。而北宫黝、孟施舍同为一介武夫之勇，区别在于，北宫黝完全是气质之性，“不肤桡，不目逃；思以一毫挫于人，若挞之于市朝；不受于褐宽博，亦不受于万乘之君；视刺万乘之君，若刺褐夫：无严诸侯；恶声至，必反之”。孟施舍则有了智识之性，其云：“视不胜犹胜也；量敌而后进，虑胜而后会，是畏三军者也。舍岂能为必胜哉，能无惧而已矣！”而曾子则完全是天地之性发出之勇，故其云：“自反而不缩，虽褐宽博，吾不惴焉。自反而缩，虽千万人吾往矣”。《荀子·荣辱》亦区分了四种勇：所谓狗彘之勇、贾盗之勇、小人之勇，均是气质之性的抒发；只有士君子之勇者唯义是从，才是真正的天地之勇。

其三，论权。权是践履的圆满，圆心而发。孟子曰：“杨子取为我，拔一毛而利天下，不为也。墨子兼爱，摩顶放踵利天下，为之。子莫执中，执中为近之。执中无权，犹执一也。所恶执一者，为其贼道也，举一而废百也。”（《尽心上》）则是认为杨朱是小心私心之发出，而墨子又完全舍弃了历史展开与人的存在，以终点代过程，漠视人的情感与各种欲望的存在，这二者都是极端。执中也需要权，以保持动态平衡。用权的表现，如孟子云：“可以仕则仕，可以止则止，可以久则久，可以速则速，孔子也。”（《公孙丑上》）权的标准则如孟子所说“大人者，言不必信，行不必果，惟义所在”（《离娄下》），如此大心所发，无所不当，在各境界下都自做主人翁。

第四节　践履歧出之一：隐逸、狂狷与乡愿

践履的歧出即过或不及，本节就践履内在心理讨论三者，隐逸是不及，狂者略过，狷者微不及，而乡愿则是邪曲。

一　隐逸

正义沦陷之世界，往往不全是由恶人放肆暴虐造成，而是由仁人志士之沉默所造成。隐逸是践履的一个未及状态，所谓“穷则独善其身”之不适当者。

春秋时的隐逸，是大面积的现象，其始于礼乐崩坏而导致的王官系统之解体。如《论语》载“大师挚适齐；亚饭干适楚；三饭缭适蔡；四饭缺适秦；鼓方叔，入于河；播鼗武，入于汉；少师阳，击磬襄，入于海”

(《微子》)，兹人之入于江湖，便产生了隐逸。

隐逸之产生，大部分人是认识到社会症结之所在，然出于自身能力有限、时机不成熟等原因，不愿意出来拯救之。如《论语·微子》所记，长沮、桀溺、荷蓧丈人皆是当时的隐士，由其谈吐可知，他们均受过极好之教育，视野、思想、格局等下孔子不远，但是他们对滔滔浊世却抱有悲观之心，不愿为改变这个世界出力。相比之下，孔门则悲壮慷慨。孔子云："鸟兽不可与同群，吾非斯人之徒与而谁与？天下有道，丘不与易也。"子路云："不仕无义……君子之仕也，行其义也。"人类之所以能够突破动物意义上的生理局限而获得文明进步从而走出动物界，靠的就是人类的群体力量与知其不可而为之的进取心。这种价值取向使儒家区别于墨道法诸家，造就了儒家与生俱来的治国平天下的政治性格，以及为天下苍生谋永福的使命感、责任感、担当意识、忧患心态和力行精神。故孔子对比隐士，认为伯夷、叔齐属第一类。柳下惠、少连第二类，虽已降志辱身，然言尚合伦理，行尚合思虑。第三类是虞仲、夷逸，隐居避世，说话放纵，身心合乎清白标准，废弃爵位合乎权之准则。至于孔子自己，则无可无不可，视具体情况而言，唯义是从。

二　狂狷

狂狷是中行的接近状态。孔子曰："不得中行而与之，必也狂狷乎！狂者进取，狷者有所不为也。"(《子路》)孟子师弟则在《尽心下》中对此进行了进一步的讨论，认为狷者，即有所不为、洁身自好者，颇同于前言之隐逸。如闵子骞，《论语》载："季氏使闵子骞为费宰。"闵子骞则曰："善为我辞焉！如有复我者，则必在汶上矣。"(《雍也》)狂者则正相反，如琴张、曾皙、牧皮等人，极有进取者，志向亦远大，经常口出狂言，以古代圣贤为表率，时欲对世界予以大规模的改造，但是考察其行动，则不及其言之灿烂有力。有所不为是恕道，进取则是忠道，狂狷者，志于忠恕也，故孔子许之。

三　乡愿

乡愿是对"中和"的一个恶意模仿。孔子曰："乡愿，德之贼也。"(《阳货》)孟子师弟在《尽心下》中亦对此进行了详细的讨论。《说文》

云："愿，谨也。"《尚书·皋陶谟》云："愿而恭。"郑注："谓容貌恭正。"乡愿，指乡党之中貌似谨恭老实，做人行事挑不出毛病，实则伪善欺世，不坚守原则，八面玲珑之人。此类乡愿，对进取之狂者与洁身自好之狷者均予以冷嘲热讽，如对前者说汝等整日口出狂言，古人如何如何，然言行不一，好高骛远，又有何用；对后者则说汝等自命清高、毫不合群、脱离群众，故而孤单冷清，一事无成，凡事适可即止，不必如此刻意。相对廓然大公、物来顺应之"中和"，乡愿之实质是受控于小心，非逐义而行，而是处心积虑地圆滑以处世。

第五节　践履歧出之二：礼之两端

前言所发之和的最高阶段是"动容周旋中礼"。本节就践履的外在表现而言，其容易产生两个关于守礼的极端，一是倨傲不礼，一是演而优则礼，此亦是践履之歧出。

一　倨傲不礼——"原壤夷俟"的昭示

此处之"不礼"，并非未经学习、不懂礼数，而是指熟稔礼教，然故意反对之。我们以"原壤"为例，与其相关的记载有以下两条。《论语·宪问》载："原壤夷俟，子曰：'幼而不孙弟，长而无述焉，老而不死，是为贼。'以杖叩其胫。"《礼记·檀弓下》载："孔子之故人曰原壤。其母死，夫子助之沐椁。原壤登木曰：'久矣，予之不托于音也。'歌曰云云。夫子为弗闻也而过之。"第一则，马融《注》曰："原壤，鲁人，孔子故旧。""夷俟"即蹲在地上等，不出迎，亦不正坐。少不逊悌，长无可称述。第二则是说，他母亲去世，孔子助丧，他却登棺高歌。对于原壤，或以为类似庄子妻死鼓盆而歌，实启后世"越名教而任自然"之风。二程云："或以谓原壤之为人，敢慢圣人，及母死而歌，疑是庄周，非也。只是一个乡里粗鄙人，不识义理，观夫子责之辞，可以见其为人也。一本此下云：'若是庄周，夫子亦不敢叩之责之，适足以启其不逊尔，彼亦必须有答。'"[①] 盖礼在文质之间而已，如礼过繁重，则代替存在本身而成为

① （宋）程颢、程颐：《二程集》，中华书局，2004，第58页。

第一义，故“越名教而任自然”亦是正常之反应。此原壤丧母登棺而歌与庄子丧妻鼓盆而歌，难道不更引人深思？我们到底要以何种方式存在？是礼制还是生命本身？恐怕还得“文质彬彬”而后可，此正如钱穆先生《注》曰：“礼度详密，仪文烦缛，积久人厌，原壤之流乘衰而起。即在孔门，琴张、曾皙、牧皮，皆称狂士。若非孔门讲学，恐王、何、嵇、阮，即出于春秋之末矣。庄周、老聃之徒，终于踵生不绝。然谓原壤乃老氏之流，则非。”①

二 演而优则礼——自《檀弓》“颜丁善居丧”说起

守礼是一个两难，如果不提倡，如果没有表情的投入，则被认为冷血无情，则凡庸有可能越来越淡，几近禽兽，但太过投入又沦为俳倡，成为道德、心理和生活中的一个实际负担，这种紧张是很难处理好的。故儒门对礼之推崇，亦可能造成严重之后果，即表演性的虚伪，礼具有一定的“表演”性，若不能表演到位，会被认为是不知礼、不守礼，从而失去社会之认可。虽然《礼记》一再强调礼须发自真情，如“御同于长者，虽贰不辞，偶坐不辞”（《曲礼上》），陪长辈吃饭，即使再给添饭菜，也不必推辞客气，宴席上陪客人，自己不必来一番辞让客气。但《礼记》中拾目皆为表演者，如“始死，充充如有穷；既殡，瞿瞿如有求而弗得；既葬，皇皇如有望而弗至。练而慨然，祥而廓然”（《檀弓上》），此不正是丧礼之指导吗？故而出现“颜丁善居丧”之现象亦不意外，其操作流程如下：“始死，皇皇焉如有求而弗得；及殡，望望焉如有从而弗及；既葬，慨然如不及其反而息”（《檀弓下》）。颜丁，鲁人，此一“善”字，可谓点睛，将其表演性深刻细腻托出。再如《问丧》中对丧礼的每一细节规定十分详尽，此不详引，然则行礼之人届时是依剧本演出，还是发自内心之悲痛？

对比而言，子路扶缨、曾子易箦，皆是真性情之展示，以生命之尊严来守礼之中和。

① 钱穆：《论语新解》，《钱宾四先生全集》第3册，台北：联经出版事业股份有限公司，1998，第546页。

下篇

用论

第九章　用论综述

上篇既已明体，下篇则论其用。死物言功用，活体言发用。发用即齐家、化乡、治国、平天下，直至参赞化育。

第一节　仁心之发用

《易传》云：“显诸仁，藏诸用，鼓万物而不与圣人同忧。”此言道体透显于一颗不忍之心，大隐于日用而不知之中。

一　体用之转换

其一，仁之化显。道体化生，展示出祂的各种功能，如将飞翔赐予鸟，将奔走赐予兽，将游泳赐予鱼，从而使空间与时间填满祂的变化，组成一螺旋之链，以完成物质的循环与演进。然而这一切的演进都是为了逼显一个伟大的本质——仁。吾之倮虫，臂不能飞，走不若兽，游不若鱼，然而却是担任着一个终极重任——认识仁、彰显仁、守护仁、完成仁，所谓天地位育，或曰参赞化育。所以，人的出现，与命与仁，是为了抵达生物有无可能完全自由、尊严地活着的极限，为了探测人的主体性到底能达到何种程度，即人是否能为圣。

其二，体用之转换。前言之本体与工夫乃就个体而言，此是为说理清晰而抽离出来，然现实并非如此，下学即发用，并不存在上达以后方开始发用。真实的人生则是体在用中：人在群中，仁在私中，圣在凡中，仁心在自我中展开，圣人在凡庸中炼成。孔子答曾子问，曰吾道一以贯之，曾子解此道为忠（己立立人，己达达人）恕（己所不欲，勿施于人），忠恕即仁。孔子是从中间说开此理，然后立体地撑出去，仁民爱物，峻极于天。则体用之转换即是仁心之全体大用。在体之阶段，仁心既觉，下学上达，反躬天地仁性，再对越道体，抵达天命流行境。而后转身发用，经历不同阶段，分解为不同角色，彰显不同功能。故此仁心之忠恕，对于群体来说即是一贯之道，即是一个可以普遍立法的形式性原则。

其三，仁心之发用。一则仁心之内容为兴公利除公害。上篇已述，仁者，生也。人采取群居此一方式，则生即表现为兴公利除公害。血缘之家庭自不必说，乡党亦如此，乡田同井，守望相助，疾病相扶持。国家亦如此，如周公驱虎豹。天下亦如此，如大禹治水。凡超过兴利除害之限度，即不合法。如果社会如此，则为多数人的暴虐。如果国家如此，则为专制之暴政。如果天下如此，则天下无道礼乐崩坏。二则仁心之步骤。初为修身，诚正格致，明己明德。其次则为对社群之建设，齐家、化乡、治国、平天下，最终则为参赞化育，即对万物之成全，天下归仁，天地位育。当然，此三层只是为说理而做的暂分，仁心开显后，做工夫是综合并进，不存在如此齐整、层层推进，而是同时进行的。三则仁心的表现形态。仁在家族中表现为基于亲情无保留的爱，此是忠恕的原始形式，若细分又可分为孝慈恭友等。在乡党中，仁心即变成互助，以诚信为基础。至邦国，则为公义，仁客观化为制度，其核心为法律。至天下，仁则还原为生生本身，兴利除害，恩及禽兽。四则仁心的承载主体。首先，家族基于血缘，此是仁心发用之初步，为仁之本。在个体家庭中，仁心的主体是成人，即成年男女。而在宗族中，则是“伦理—政治”合一色彩浓厚的宗子。其次，乡党超出了血缘，辈分、年龄就退居其次，最重要的是德能。在经典封建时期，基层组织完备。到了春秋战国，基层组织涣散，如韩非所云之“侠以武犯禁，儒以文乱法”，则士开始充当此中介以行教化与重组。再次，治国是贤能，这方面儒家“选贤与能”说得非常清楚。最后，天下之主体则为圣王。孟子说圣人是人伦之至，圣人须修身、齐家、化乡、治国、平天下。当然，若能更进一步，在理物一环完成后，参赞化育者则为天帝。此是一个由仁心展开的同心圆——成人、君子、贤能、圣王、天帝，一个人能展开、抵达得越远则成就越大，越接近天位。以上可以表5所示。

表5

仁心	齐家	化乡	治国	平天下
承载主体	家长/成人	君子	贤能	圣王
发用对象	家庭成员	朋友	民众	恩及禽兽
变化形态	亲情	友情/诚信	公义/法制	文化/理想

二　四大栖居场

参赞化育太过高远，先略去。则我们可在《大学》“家、国”中加一“乡党”，形成以个人为中心向外递增的“家（邑）→乡（党）→邦（国）→天下”此四层同心圆。然则，家庭（宗族、家族）、乡党（民间社会）、国家、天下（人间）此四者是人之栖居场域。

其一，自然阶段。人处于气质激荡之中，自然地发生了历史。第一个阶段就是人类刚刚走出动物界，文明的草创蒙昧时期，此在诸子多有交代。[①] 此是自然状态，一个自然而然发展起来的过程。此时人之生存以家族为中心，家族基于血缘，为人类社会之基点，是亲情（仁的第一种形态）在调节气质之性。

其二，自发阶段。家庭要分解扩大为乡党，血缘让位于地缘，人的栖居从自然中析出，经历了家族、乡党此两阶段，血缘强调天然的亲情，地缘则依赖统一的命运共同体。此是先民稍有意识的自主生存，然对公权之认识依然模糊不清。此阶段以乡党为新模式。血缘是家，地缘是乡党。家之散聚而成乡党——人走出血缘，相互发生联系，以诚信为基础，相互扶助交往。乡党基于地缘，是社会伦理道德（仁的第二种形态）在调节气质。乡党是雏形的政治实体，为了除害兴利也会产生准公权力。但乡党是自发的，即自由结合的，故是软弱的。

其三，自觉阶段。此指国家。自发阶段，于内依赖于血缘亲情、地缘习俗之约束，太过软弱，无力解决矛盾，于外，则无力抵抗侵争，则公共权力之产生是为必然，不管它假着自然、神谕还是王权的模式。国家是“理性”的，它是一个必然产物。乡党可以自愿联结而成邦国，但不是必然。当出现一些公利公害，而乡党过于涣散无力解决时，则必然出现国家。兴公利除公害者，局限于此标准，不能超过，超过即为恶。国家基于

---

① 如《吕氏春秋·恃君览》云：“昔太古尝无君矣，其民生聚群处，知母不知父，无亲戚、兄弟、夫妻、男女之别，无上下、长幼之道，无进退、揖让之礼，无衣服、履带、宫室、畜积之便，无器械、舟车、城郭、险阻之备。”《管子·君臣》云：“古者未有君臣上下之别，未有夫妇妃匹之合，兽处群居，以力相征。”《列子·汤问》云：“长幼侪居，不君不臣。男女杂游，不媒不聘。缘水而居，不耕不稼。土气温适，不织不衣。”《庄子·盗跖》云：“神农之世，卧则居居，起则于于；民知其母，不知其父，与麋鹿共处，耕而食，织而衣，无有相害之心。”

理性，是政策法律（即公义，仁的第三种形态）在调节气质（义利之辨）。

其四，理想阶段。此指天下。天下基于文化共同体之自治（联合）。天下是一个无限，虽然貌似由国家组成，但本质上是由各种共同体组成，国家变成组成天下的共同体之一。当国与国之间又因为除公害兴公利而联合起来，则举出一个虚的天下共主。天下基于良知，是价值在调节，如人类对天下大同的希望。

三 上行与下行

荀子云："儒者在本朝则美政，在下位则美俗。"（《儒效》）将儒家的政治实践分为上行与下行，可以清晰揭示儒家的发用。于理而言，儒家发用本有天生与人成之模式。于势而言，儒家此模式不得不调整为上行与下行，复于上行受阻，故方转向下行。

其一，发用构造。发用构造是儒家政治能力依次投射的区域，即上述之四大栖居场。由此，儒家理想模式下发用能力的投射依次当为修身、齐家、化乡、治国、平天下。其中修身指培养个人德行与才能，以备出处。齐家指治理家邑（宗族），因先民自古即以血缘为基础聚族而居，家族实为数千年之常态，故此一构造天然为儒家政治能力学习、锻炼与投射的第一领域。化乡指教化乡党，乡党即今所言之社会，其是在家族基础上由人员迁移、职业分殊等社会、地域、历史因素自然形成的社群，故其紧随家族之后为政治力量投射的第二领域。治国即进入国家公权领域，治理政事。平天下，即建构有道之人间，此包括夷夏在内的整个人文化成之世界。如此安排形成了一种渐进格局，不仅使儒家政治实践与力量投射均有阶级而无躐等，更重要的是将天生与人成两种政治模式融铸为一"王道"之理想范式。

其二，理之同异——天生与人成。《荀子》云"天地生之，圣人成之"，我们这里借用天生、人成两词来表达人类社会发展的两种模式。儒家本有一异于君权专制的公天下之政治理想，即天生、人成之相合。天生乃尊重基层发生、历史形成、自然成长的以血缘、地域等为基础的小共同体，而行渐进之自治与联合，以去暴力兼并、揠苗助长之虞，此如孔子云"兴灭国，继绝世"（《尧曰》）。但如果仅仅保留公共权力自下向上的运行，即基层自治，则国家必然长久停滞于松散联合的幼儿状态，不能成长为“理性王国”，从而也不能实现仁的本来需要，故须由精英实现自上向下的整体治理，如此才能实现国家的正义，以止于至善。故人成即是强调此国家层面的理性设计、体制创建、公权力安排，此如孔子答颜渊问为邦云“夏时、殷辂、周冕、韶舞”（《卫灵公》）。此模式一方面保留民间社会，让其自由生长，此为固本，以涵养人类文明的生机；另一方面则要求按理性的原则对国家进行专业化治理。故孔门之义是欲兼顾上下，合此二种模式为一混合政体。

天生与人成二者之间有明显之差异。一则家乡与国天下的发展阶段不同。人类共同体的发展，可分三大阶段，如前所述，首先是自然阶段，此指家族，其是自然而然产生的，没有人伪参与，依靠习惯法来运行。其次是自发阶段，此指乡党，准公权力。再次是自觉阶段，此指国家，国家是理性的产物，依靠契约来维系。[①] 最后是理想阶段，此指终极之平天下。二则公共权力的产生表现不同。在家、乡中，公共权力是模糊不清的，前者往往由血缘决定，后者往往由本地伦理、公共舆论以及个体的年龄、财富与身份等共同决定，但它往往更接近公共权力本身，即没有什么集团可以垄断抢夺之。然而，“国家”（而非一般的共同体）则不然，其公共权力之产生是理性的，必然自基层至中间阶层至国家，如此层层上提，方能最终形成具有完全合法性之国家正义，虽然这种理性往往被暴力集团以神意或天命所窃居，形成朱子所说之汉唐暗合。

其三，势之开显：上行与下行。上述儒家之理想模式在现实中却被迫因应为上行之公权与下行之中枢。[②] 上行指治国、平天下，此是进入公权力系统自上向下构建社群之善政。下行指齐家、化乡，即在公权之外另开一政治模式，即在家族、乡党等社会领域，也即自然产生发展的小共同体内，行自下而上的教化与自治。

---

① 中国之政治虽然不同于西方社会契约论所讨论者，但君主与臣民之间依然遵循一个无形的契约，即后文所述之天命论，当君主不能再提供有效的公共益品，即是此契约失效之时。

② 古代政治多指集权中央的核心部门为中枢，其主体是朝廷之君臣，拙著则以儒家为政治主体，就其政治理想实现的主场而言，语境不一，不必矛盾。在中国古代的政治现实中，对儒家来说，家族、乡党二者却比国家更为重要。其位于修身之后、治国之前，居出处之枢纽，实乃儒家实践政治理想之主场，故愚称之为“中枢领域”。

就国家公权而言，儒家虽有政治理想，但历史现实却是道、政、学三统相分离，国家政权全为君主所私有，儒家被完全排除在政体主体之外，从而形成了理想与现实之困局。然君权又不能垄断治事，必须出聘治权雇用士人。故儒家遂采取上行路线，进入公权系统，依附君权，以道德驯化君主、以天命钳制王权，得君行道，以实现平治天下之愿。然此退而求次之因应又一直受制于君权难有作为，此已为历史所明证，不必赘述，故此公权领域对儒家来说，终是受雇之客场而已。既然儒化君主失败，则在独善其身之外，尚可选择下行，退处耕耘于中枢之家乡，开创全新之政治模式。封建解纽后，王权衰落，乡党析出，造成了基层社会的权力空白与治理空疏，由此民间社会之重现，儒士获得下行空间之开显。此详见化乡章。

第二节　东亚之茧与水轮政治

本节主要剖析儒家发用所面临的内外条件与治乱循环。

一　东亚之茧——儒家发用的外在特征

《中庸》云："仲尼祖述尧舜，宪章文武；上律天时，下袭水土。"儒家之源起，所谓"祖述尧舜，宪章文武"，皆是从表面的文化上而言，真正产生儒家的是"历史"本身。

智人既出非洲，散于天下，则各因环境，开展出各具特色之文明。上古之华夏，被深深锁于胡焕庸线之东之农耕区，被大海、高原、荒漠、森林等阻断于东亚，偶尔出界，亦浅尝辄止。自然环境→生产方式→社会结构→政治制度→精神文化，此是一脉相承者，而非相反。儒家产生于东亚之大河灌溉农业文明，其采取聚族而居的"经济—社会"结构，"天不变，道亦不变"，其政治制度与精神文化均无法摆脱此基础。

故我国之政治，独化于中土，前后相承，自然生长，其势之缓骤，环环相因，张弛之间，辩证否定，概莫能外。由天时言，上古时受制于胡焕庸线，其范围随降水线而进退，为一典型聚族定居农耕文明，环之则为边地半月形游牧、渔猎文明。于地利言，其北部自东北至东欧为人类史上最强大之游牧族群，勃兴忽亡，代代无穷，故儒家文明数千年间饱受其军事之压力，为人类之仅有，故只能采取集体主义以求生存发展，此诚天命，不可非之。由此天命之整体主义，故开出迥异于西欧之政统。是以长城兴而匈奴盛，匈奴盛而七国一，周制演为秦制，此势之必然，非仅出于秦之暴也。

是以拙著将此天时地利之独特称为东亚之茧，此为儒家文明外在的亚细亚特征。

二　人口与资源——儒家发用的内在制约

韩非云“上古竞于道德，中世逐于智谋，当今争于气力”（《五蠹》），其因良多，若从社群组成来看，则上古之国多出同族，故兴道德礼让，后经吞并，已非血亲，习以刀兵，然则此只是从表面而言历史之发展，其中更重要之原因，则是人口与资源之矛盾。韩非又云：“古者丈夫不耕，草木之实足食也；妇人不织，禽兽之皮足衣也。不事力而养足，人民少而财有余，故民不争。是以厚赏不行，重罚不用，而民自治。今人有五子不为多，子又有五子，大父未死而有二十五孙。是以人民众而货财寡，事力劳而供养薄，故民争。虽倍赏累罚而不免于乱。”（《五蠹》）上古人少地迥，虽然技术（包括生产和社会组织）落后，但可供开发之生存资源极多，故大自然可以满足人的需求。然在一定时空内，优质资源毕竟有限，随着人口增多，争夺战争亦渐兴。此即所谓礼崩乐坏、东周变迁之背景。唯五霸犹有古风，且以争执礼仪为能事，七雄则以灭人之国为目的，业已陷入对地、人、物之殊死争夺。

故时势既异则出现之问题与解决之方案亦不同，然后者不外乎提高技术（生产工具、高产物种）、优化制度（解放生产力、最佳分配）与增进道德（贫而乐，富而好礼）。庄子以取消问题的方式解决问题，欲止步于原始的自然状态，然大化焉能截停？若人口与资源势必发生矛盾，则此自然不能不趋于消失。既然人的生存必然从自然中分娩出来而采取人伪之途径，故庄子所颂只是一曲永不再来的自然之挽歌。许行取消社会分工、自给自足之方案，则为螳臂当车，无异鄙夫之短见，而非治世之深谋。在生产力不能超越时代、高产作物传入之前，法家现实冷峻，摒弃道德，要求优化法度（制度），变多权力中心为天下定于一尊，以整体秩序易小共同体之自由，至战国时资源争夺更为激烈，尤印证法家的道路最为直接高效，然此唯制度论最终亦导致人之生存被制度异化。儒家则是三者兼备。礼乐、刑政分属道德、制度，此不论，尤难能可贵者，为孔门对技术之努力。夫子已言“庶、富、教”，完全不惧人口之多，因其推尚技术，如孟子兴工商以通功易事，又云“五亩之宅，树之以桑……”（《梁惠王上》），“易其田畴，薄其税敛，民可使富也。食之以时，用之以礼，财不可胜用也”，唯如此，儒门方坚信“圣人治天下，使有菽粟如水火。菽粟如水火，而民焉有不仁者乎”（《尽心上》）。则三者协调，完全可以解决人口与资源之矛盾。

三 水轮政治——儒家发用的治乱循环模式

形成我国古代治乱循环顽疾的原因很多，此处仅从政治思想的角度来予以反思。

旧之水轮，伏于涧泉之下，以流水为动力，驱带石磨、风箱等作业，我国古代治乱政治便极似之。封建解纽，礼乐崩坏，则诸子并雄，纷纷提出崭新的社会规范以取代之，道儒墨法遂次第而起，成为彼时乃至二千年政治思想之主流。简言之，道家推崇无为之自然状态，主无政府或小政府主义，不过道家特别是庄子，虽有反思批判之妙用，然企图逼停历史，终是刻舟求剑之巨婴。儒家则视文明演进为正常，政权则天下为公，治道则合天生与人成，以据乱进升平，由升平而太平，但此理念在具体的历史中，并无时机与办法完全客观化之。墨家则主要代表“农与工肆”之人，冀非命乐、节用葬，转求民生之自给自足，退至极端公平之社会停顿状态。法家地分东西，[①] 时有先后，[②] 区别甚大，然政权则君主，治道则法术势，收天下以奉一人，则不能相异，其乃歧出之国家状态。

四者相较，法家快速富国强兵，故脱颖而出，进而兼并天下，并以之为主融铸另三家而成一崭新模式。于道而言，老之无为、庄之自然，竟沦为申韩驭臣之术（太史公之《老庄申韩列传》可代表时人之共识）。于儒

① 殷商故地，多儒家仁厚君子。如齐鲁宋卫本皆东夷故地，皆由周人改封。姬周新封，则多出刻薄寡恩之法家，刑书刑鼎分出郑晋，法术盛行又多在秦及三晋诸国。参萧公权《中国政治思想史》，新星出版社，2010，第 20～26 页。

② 法家之兴起，早期多出富强之需，如李悝于魏国尽地力之教；后期则出救亡之急，如韩非痛韩国之积贫弱；最终则服务于一统之大势。

而言，李悝尽地力，不啻商鞅农战之先声，孟荀尊君，又与慎到抱势之说合辙。至于墨家之非儒、尚贤、尚同，亦与摒道德、翦贵族、去强民之目标无异。法家本为战时法，然天下既平，则不能不更而为和平法，迄始皇擅法而自毙，董子曲儒以适尊，法家竟亦自作损益，君之独裁不能不让利于各式精英，法之垄断不能不伪饰于道德名教，吏之独擅不能不退避于读书种子，民风之刻薄寡恩不能不更改为舒缓宽大。是四家最终结穴于汉制，形成一类于“血滴子”之权力结构。[①] 自此，君侯披孔子之言虞四海，挟申韩之说家天下，我国政治便柙于此窠臼。

旧说称此窠臼为“阴法阳儒”或“儒表法里”，皆不够准确，实际上是以法为里、以道儒墨为表，形成前文所述之“水轮”模式：法家为主轴，儒道墨为扇片，合以为轮，在“历史”之瀑的冲击下，轮番接水，不断循环，驱动百业之“石磨”。自汉代开始，每一朝均综合体现上述四家思想，并形成这样的规律：开朝用道家，休养生息。全盛用儒家，建构制度，发展政治、教育、经济等。然此“血滴子”权力结构之病毒无法自我消解，渐至发作衰败，此时以法家之严刑峻法来强化控制，又加速其灭亡。最终，上层精英用儒家革命论，下层人民用墨家均贫富，更有道家之无君论襄助之，三者合力推翻旧朝建立新朝。由此，治乱循环，反复不已。[②]

---

① 血滴子虽是明清时的暗器，但我们可以其贴切地描绘此政权模式。血滴子其形如半个鸟笼，内藏数把利刃，中间有一个机关控制，将人头兜住后，机关发动，利刃合力，即可取人首级。中间的机关就好比皇权，利刃就好比中央、地方之官僚体系，至于首级则是天下苍生。

② 囿于主题与篇幅，此处不能详尽探讨此规律形成之原因。黄宗羲《明夷待访录》之《原君》《原臣》《原法》等已做剖析，可参之。

第十章　原礼——返本和用与人文世界之化成

存神显仁，以仁摄智，以智助气，性三品的客观化，即为礼。故在发用之首章，即总论礼，然后再分论齐家、化乡、治国、平天下等。

先秦之礼可分三大阶段：上古至殷商，礼为宗教仪式，西周礼为社会制度，春秋以后儒家出，礼则进而为道德律令。礼源于上古人神关系之禁忌与巫术之规范化，然以原始之宗教言，病在申神屈人。至周公制礼作乐，则礼成为人世之规范，其实质乃效天法地之社会规范，此乃《礼记》部分篇章与荀子所主，然其“天道→人道”之模式终为外在之规范，与主体之生命无益，病在于“礼外”。故儒家自孔子始即开始将礼内收，诉诸心源，顺天及人及心，达返本与和用之统一，使礼成为德性化成之人文世界律。

调节全社会的是礼，在发用的四大阶段，礼则各有其核心精神。在核心家庭中，礼的本质是自然法，运行于父母子女兄弟之间。在乡党中，则是习惯法，其范围包括宗族与乡党。在邦国中，则是成文法。在天下，则是价值观。三代之礼，即华夏人共同遵守的行为规范。王权时代，秦汉以后，因为历史原因，中原与周边一直都未形成统一的各个邦国都愿遵守的共同之成文法，故礼常泛化为一种生活方式、价值观。

第一节　青铜时代：礼者豊也

青铜时代，先民将对自然力的恐惧与敬畏摹刻在他们所发现的世上最坚固也即永恒的物体——青铜之上，以狰狞的饕餮表达人之顺从与驯服，而贞洁则由自然界中最温润洁净的圣物——玉来承当，至于巫觋复杂的卜筮与祭祀则表达着沉重的卑微与曲意的迎合。

一　“绝地天通”之后

礼之势的起源，当溯于传说中上古之“绝地天通”（其事或伪，其理不误）。盖上古至殷，均穷于神人之际。然迄“绝地天通”，则有人神两分，其神分为至上、祖先、自然三者，则先民之努力在于弥合之，由弥合之，则有原始禁忌与巫术，二者发展为礼。弗雷泽道“澳大利亚人都是巫师”，[①] 本尼迪克特则认为太平洋上的多布人“人人都在挥霍着巫术”，《国语·楚语》则记载原来那上古之时，华夏曾“民神杂糅”“家为巫史”，即人人能与神灵自由沟通，直至“绝地天通”。[②]“绝地天通”乃华夏上古第一等要事，《尚书·吕刑》云“乃命重黎，绝地天通，罔有降格”，孔传解为“重即羲，黎即和。尧命羲和世掌天地四时之官，使人神不扰，各得其序，是谓‘绝地天通’。言天神无有降地，地祇不至于天，明不相干”。故从此民神异位，诸神与人的直接交流被阻断。

正是由于人神分隔，华夏文化之走向产生下列结果：首先，就对象来说，才会有众神之分类——至上神、自然神与祖先神，以及至上神之符号化——“帝”，其神谕为“令”，此已见前文。其次，就主体而言。一是此次规范性神谱的建立，将先民分散的人皆可为之祭祀权，即与神之沟通权垄断，其主体是尧与羲和此类先民之精英，因为“惟天地万物父母，惟人万物之灵，亶聪明，作元后，元后作民父母”（《尚书·泰誓》），故彼可代神自居，其可自称“帝立子生商”→“先公先王宾于帝”→自己僭越称“帝”。二是其实施者则为巫觋集团之出现，即选“民之精爽不携贰者，而又能齐肃衷正，其智能上下比义，其圣能光远宣朗，其明能光照之，其聪能听彻之，如是则明神降之，在男曰觋，在女曰巫”（《国语·楚语下》），专司与神沟通，譬如在巫舞中，俟神明降临。故张光直先生云：“宗教仪式行为的两方面是‘民’和‘神’：民的中间有生具异秉者称为巫；他们的作用是‘明神降之’；降神以仪式而行，仪式的主要成分

---

① 〔英〕J. G. 弗雷泽：《金枝》，徐育新等译，新世界出版社，2006，第 57 页。

② 绝地天通，我们不必执之为具体的事实，而毋宁是先民口耳相传的“事实”，承认它有着一定程度的夸张，并不影响其实质的展示。

是‘以物享’，即以动物牺牲供奉于神。”[①] 最后，就人神之联系而言，其否定者——勿为性规范为禁忌，其肯定者——可行性规范为巫术（占卜、祭祀等）。此二者合为礼之源起。[②]

二 制度化禁忌

礼之初，乃人对神之规范。待人力著，则精英者流自代天神，于是人对神之规范即部分地演而为人对人之规范。如此，神即以礼之形式栖居，将敬畏与源头传颂。

其一，上古之人神禁忌。18 世纪英国航海家 James Cook 船长在中太平洋的波利尼西亚汤加岛上，发现其土人称为“塔布”（taboo）者。“塔布”意为“禁忌”，如某些词语允许某一特定的人群使用，而禁止一般人群使用，又如禁止同神圣抑或不洁者接近，否则会招致超自然力量的惩罚。后者如弗雷泽在《金枝》中描述，毛利人酋长从不用自己的气息吹火，因恐其圣化之气息转移圣力于火，再移入锅镬而吞于食者，从而导致此人暴卒。[③]

盖上古之时，泛神之超自然能力所控制之领域越古老时越广大，先民囿于彼时之条件，所能自主之领域则反之，于已知与未知、可为与勿为间，已知、可为者绝少，而未知与勿为者则绝多，故于行为规范中必然首先是否定的一环，即对未知领域行勿为性规范为主，而此勿为性规范，即为禁忌。其肯定性的一环，即可行性规范，则为巫术。弗雷泽在《金枝》中将应用巫术分为积极、消极两种，后者即禁忌，[④] 类同于此。禁忌囊括语言、行为等诸多方面，如我国古代多有日忌[⑤]，此阴阳家着力甚重，故班固在《汉书·艺文志》中评阴阳家道：“及拘者为之，则牵于禁忌，泥

① 张光直：《商代的巫与巫术》，见《青铜时代》，台北：联经出版事业公司，1990，第 43 页。

② 徐复观先生于《中国人性论史·先秦篇》（上海三联书店，2001，第 39～40 页）中引日人加藤常贤《中国思想史》之礼起于禁忌说，加藤以“隔离”之“离”为“豊”字的“基本音”，以作礼原是一种因禁忌而采取隔离态度之证。徐先生以“离”之原始音义二者皆不合“豊”驳之，并以为“不以直接材料作根据、印证，而仅以其他原始民族的情形相比附的风气，实是研究文化史的大障碍”。然愚以为禁忌乃上古先民人神关系之否定性的一面，正乃礼之源起之一也。

③ 〔英〕J. G. 弗雷泽：《金枝》，徐育新等译，新世界出版社，2006，第 205 页。

④ 〔英〕J. G. 弗雷泽：《金枝》，徐育新等译，新世界出版社，2006，第 21 页。

⑤ 胡新生：《中国古代巫术》，山东人民出版社，2005，第 4 页。

于小数，舍人事而任鬼神。”司马谈在《论六家要旨》亦言，故阴阳家序四时之大顺不可失。若拘牵禁忌，则畏鬼神废人事矣。以汉时阴阳家之博学尚且如此，遑论上古。故而禁忌乃是最初的自然法时代之规范性理论。

其二，人间禁忌。俟由蒙昧入至文明，则人间关系开始模仿神人关系，兄弟被褫夺神格，而王权开始以神的嫡长子名义定谳为酋长制或僭主制，如《诗经·商颂·长发》“帝立子生商”。

首先，人王开始僭越自称“帝”。殷人已有“上下帝”，如晚商青铜器《二祀邲其卣》载：“在正月，遘于妣丙，肜日，大乙奭，唯王二祀，既刿于上下帝。”（《殷周金文集成》10.5412）郭沫若在《先秦天道观之发展》中析道：“上下本是相对的文字，有‘上帝’一定已有‘下帝’，殷末的二王称‘帝乙’、‘帝辛’，卜辞有‘文武帝’的称号，大约是帝乙对于其父文丁的追称，又有‘帝甲’当是祖甲，可见帝的称号在殷代末年已由天帝兼摄到了人王上来了。”[①] 又如甲骨文中发现了有自称“一人”者（董作宾《小屯·殷虚文字甲编》2123），此“一人”乃指武丁。在晚期的卜辞中，殷王则自称“余一人”，在金文中，“我”与“一人”连用，用于指称帝王，此皆说明人王之个人意识得到萌芽。

其次，人王之谕开始自称为“令”，如：“乙丑贞：王令犀田于京”（贝塚茂树《京都大学人文科学研究所藏甲骨文字》2363）。于是人对神圣之禁忌则演而为人对此类“作民父母”之精英的禁忌，且此类禁忌开始制度化。其禁包摄一切，乃至“入境而问禁，入国而问俗，入门而问忌”（《礼记·曲礼上》）。而对于“犯禁者，举而罚之”（《周礼·地官·司徒》），甚至“戮其犯禁者”（《周礼·秋官·司寇》）。“至于讳，在时间上，是‘卒哭乃讳’（《礼记·曲礼上》），‘哭者不呼名’（《礼记·檀弓上》）；在地点上，是‘君无所私讳，大夫之所有公讳’，‘妇讳不出门’（《礼记·曲礼上》）”[②] 等。

故德国学者卡西尔认为：“禁忌是人迄今为止所发现的唯一的社会约束和义务的体系，它是整个社会秩序的基石，社会体系中没有哪个方面不是靠特殊的禁忌来调节和管理的。”[③] 而此体系，即制度化之禁忌，即为

---

① 郭沫若：《中国古代社会研究·青铜时代》，河北教育出版社，2004，第248页。

② 李安宅：《〈仪礼〉与〈礼记〉之社会学的研究》，上海世纪出版集团，2005，第66页。

③ 〔德〕恩斯特·卡西尔：《人论》，甘阳译，上海译文出版社，1985，138页。

礼之初起。故“绝地天通”之后，诸神并未远遁，而是以礼之形式常驻人间。

但是我们看到，禁忌只是神格之物化，人之自我圣化，是对人神之类于父子关系的模仿，莫过以兄对弟的名义复制——人王代神。在此“禁忌—模仿”中，神格以一种“畏—敬”之方式摄踞人心，如《诗经·大雅·大明》云“上帝临女，无贰尔心”，如《礼记·檀弓上》“礼有微情者，有以故兴物者”，如孔子云“非礼勿视，非礼勿听，非礼勿言，非礼勿动”（《颜渊》），如子路扶缨就死、曾子易箦而亡、刖者三逃子羔，故而禁忌非但不是完全消极的，反而会激起人对神圣力量之敬畏，此正是道德之重要动力之一。

三 巫术仪典化

“礼”字本义。礼甲骨文作豊（罗振玉《殷虚书契后编》下8·2），表示两串玉（丰丰）放在壴（壴，有脚架的建鼓）上。金文承之，作豊（《何尊》）。本义，动词，击鼓奏乐，奉献美玉美酒，敬拜祖先神灵。

其一，巫术。然禁忌只是礼之负的一面，即勿为性规范，而正的一面，即必行性规范则为巫术。许慎云：“礼，履也，所以事神致福也。”[①] 此事神致福者，正如《礼记·礼运》：“夫礼之初，始诸饮食，其燔黍捭豚，污尊而抔饮，蒉桴而土鼓，犹若可以致其敬于鬼神。”王国维在《观堂集林》中则称，礼字在殷商甲骨卜辞中作“豊”，下半是豆，豆是盛装肉类祭品的器皿，上半是一个器皿盛着两串玉，也是用来祭祀的供品，“此诸字皆象二玉在器之形，古者行礼以玉，故《说文》曰：豊，行礼之器，其说古矣。”[②]。郭沫若在《十批判书》中亦认为：“礼是后来的字，在金文里我们偶尔看到有用丰字的，从字的结构上来说，是在一个器皿里盛两串玉具以奉事于神，《盘庚》篇里所说的‘具乃贝玉’，就是这个意思。大概礼之起于祀神。”[③] 刘师培云：“礼字从示，足证古代礼制悉该于祭祀之中，舍祭祀外，固无所谓制度也。”“上古之时，礼源于俗。典礼变

① （东汉）许慎：《说文解字》，中华书局，1963，第7页。

② （清）王国维：《观堂集林》卷六《释礼》，中华书局，1959，第290～291页。

③ 郭沫若：《十批判书》，《中国古代社会研究（外二种）》，河北教育出版社，2004，第551页。

迁，可以考民风之特异。"①

此事神致福，正与人神关系之禁忌相反，为积极肯定的一面。而此肯定面，即为巫术，如祭祀、占星、卜筮与巫舞等。《说文》解"巫"为能事无形、以舞降神者，又据陈梦家考证，"巫"与"舞"、"無"三字本为一体。② 先民以占卜、巫舞等与无形神秘之宇宙至上神相沟通，以期获得指示与信息，如此巫术本身即成为人世与至上神的联系中介。故巫术实乃先民主动将经验积累以神验之方式由巫觋史祝所表现者，此为人类早期对超验崇拜所采取的普遍文化向路。

其二，巫术之仪典化。"殷人尊神，率民以事神"（《礼记·表记》），其巫术甚炽，高度仪式化。故周革殷命后，"周公制礼作乐完成了外在巫术仪典理性化的最终过程"，③ 典籍所载，如"先君周公制周礼"（《左传·文公十八年》）；"武王崩，成王幼弱，周公践天子之位以治天下。六年，朝诸侯于明堂，制礼作乐，颁度量，而天下大服"（《礼记·明堂位》）。关于巫术之仪典规范化为礼，前贤多有所论，故不赘述。值得一提的是，徐复观先生认为，周承殷礼，然此礼只是祭祀之礼，而非后世人文制度之礼，周初之人文制度，乃以'彝'表之。其时"殷礼""殷彝"分别甚明。至《诗经》时代末期，方使此二观念相合而为后世之所谓礼，追以此观念追为周公乃至古代王者所制作。④ 此说以"彝"补巫术，而合为礼，甚为详备。

综上所述，则"绝地天通"后，人神分隔，神分而为至上神、祖先神与自然神，人王渐代神自立，人神关系之禁忌与巫术则进而为礼。

第二节　礼乐时代：礼者仪也

上述礼之势的缘起，正值上古巫觋时代。至西周，则将本族之习惯法规范化以因应新的时代需要。一则将礼明确定为人创，如云"先君周公制

---

① 刘师培：《古政原始论》，《刘申叔遗书》，江苏古籍出版社，1997，第678、683页。

② 陈梦家：《商代的神话与巫术》，载《燕京学报》第20期，1936，第537页。

③ 李泽厚：《初读郭店竹简印象记要》，《中国哲学》编辑部编《郭店简与儒学研究·中国哲学》第二十一辑，辽宁教育出版社，2000，第5页。

④ 徐复观：《中国人性论史·先秦篇》，上海三联书店，2001，第38～39页。

礼”（《左传·文公十八年》）。二则将礼解释为社会制度，如“礼，经国家、定社稷、序民人、利后嗣者也”（《左传·隐公十一年》）。此便是礼的第二阶段的展开，同时也是其第二大功能——社会制度的展开。儒家典籍中，《礼记》《荀子》部分虽然晚出，但是逻辑上是属于此部分。[①] 本节即就此二书讨论。

一 推天以明人

盖因礼乃解决天人之关系，在孔子之儒家产生之前，周人思维向以天道比人道，故于礼，亦由天之和谐有序推至人道应如此。

其一，天道有序，则礼者为别。《礼记》云：“如日月东西相从而不已也，是天道也。”（《哀公问》）故人世亦有分，亦应效天道而井然有序，此即礼也。首先，礼乃人禽之别。因为“无别无义，禽兽之道也”（《郊特牲》）；所以，“礼义也者，人之大端也”（《礼运》）。其次，礼乃人世之别。“人道莫不有辨，辨莫大于分，分莫大于礼”（《荀子·非相》）。

其二，天道有和，则乐者为同。区分并非礼之最终目的，其目标乃在于泯灭此辨别，以达大同，其原则为乐，如《礼记》载：“乐者，天地之和也。礼者，天地之序也。和，故百物皆化；序，故群物皆别。”（《乐记》）天道阴阳有序有别，有和有同，于分辨中求和谐，故人道亦应效之，于同异间求亲敬，“乐者为同，礼者为异。同则相亲，异则相敬”（《乐记》）。

其三，礼之三分。若只论礼制，则“三礼”所记，可谓囊括古典时代社会生活之所有领域及其原则，大至班爵、受禄、宗法、祭祀、巡守、朝觐、田猎、刑政、学校、养老，小到日常生活中的言语、容貌、饮食、洒扫应对、进退以及闺房婆媳之事，皆为其所含辖。然若只论此，则“是仪也，非礼也”。礼对人世之调整，以分促合，以别同异，其功能有三：第一，从空间轴的纵向看，其联结了人神，而其实质乃“神道设教”；第二，从时间轴的横向看，其联系了祖先与子孙，此乃孝道之前衍；第三，从原点的现世看，其规定了当前的人类社会的秩序。故《礼记》曰：“民之所由生，礼为大。非礼无以节事天地之神也，非礼无以辨君臣上下长幼之位

---

① 任继愈：《中国哲学发展史》（先秦），人民出版社，1983，第172～173页。

也，非礼无以别男女父子兄弟之亲、婚姻疏数之交也。”（《哀公问》）事神乃联结人神和祖先，辨位、别交乃人世之秩序也。又如：“天下之礼，致反始也，致鬼神也，致和用也，致义也，致让也。致反始，以厚其本也。致鬼神，以尊上也。致和用，以立民纪也。致义，则上下不悖逆矣。致让，以去争也。合此五者以治天下之礼也，虽有奇邪而不治者则微矣。”（《祭义》）此礼之五种目标亦在上述三者，致反始，即致生死追父母，以厚民本，此即曾子所谓“慎终追远，民德归厚矣”（《学而》）。致鬼神，即至上神、自然神以及祖先神，以尊上，余三者，致和用、致义、致让，皆是调节社会之秩序也。

二　纵轴之祭礼——人神关系的理性精神

西周时代特别重视祭礼。所谓“国之大事，在祀与戎”（《左传·成公十三年》），故《礼记·祭统》云：“夫祭有十伦焉”，即事鬼神之道、君臣之义、父子之伦、贵贱之等、亲疏之杀、夫妇之别、政事之均、长幼之序、上下之际，故而在现实生活中祭祀非常重要。

其一，祭祀对象。周人祭祀有三大对象。一是至上神。如《礼记》云：“礼，不王不禘。王者禘其祖之所自出，以其祖配之。”（《大传》）禘是祭天，郊是祭上帝，祭天要用始祖之所自出即民族共祖来陪天享祭。二是自然神。如《礼记》云：“山林、川谷、丘陵能出云、为风雨，见怪物，皆曰神。”（《祭法》）

其二，祭祀主体则有等级，如《礼记·祭法》载，周王为群姓立七祀，分别为司命、中霤、国门、国行、泰厉、户、灶，诸侯则为国立五祀，分别为司命、中霤、国门、国行、公厉，大夫则立三祀，分别为族厉、门、行，适士则立二祀，分别为门和行，庶士、庶人只立一祀，或立户，或立灶。可谓等级森严，各有定制，不得僭越。

其三，祭礼之理性。此点前文已述，此不赘引。祭礼虽然联结人神，然此实乃上古之遗绪，随着人文之昌明，周代祭者并不确信有神鬼之存在，祭礼只是一种对宇宙秩序敬畏与依从的情感投射，周人祭礼中充溢的是理性精神。自智者时代始，人格神即已化为所谓“历史的上帝”，即宇宙秩序，故作为人神关系之礼，则成为此宇宙秩序之体现，故曰“礼也者，理也”（《礼记·仲尼燕居》）。

其四，祭礼动力之源之内收。正因祭礼愈为理性精神所贯彻，其对象一是上帝和自然神祇，一是人死为鬼之祖先神，祭礼主敬，对前者宁可信有，对后者则是慎终追远。故此礼之动力亦逐渐剥落神鬼之色彩，变而为人力增显，而人自身之行为规范，终发于一心，所以《礼记》认为："凡治人之道，莫急于礼，礼有五经，莫重于祭。夫祭者，非物自外至者也，自中出，生于心也。心怵而奉之以礼。是故唯贤者能尽祭之义。"（《祭统》）祭礼之义在于心怵而已，心有所怵，方能尽其斋敬追思之情。此正如徐复观先生云："祭祀的对象，以祖先为主，这实际是孝道的扩大，亦即是仁心的扩大。……推其对父母之孝于鬼神身上，更由此而将报本反始、崇德报功，发展为祭祀的中心意义。人是通过祭祀而把自己的精神，与自己的生之所自来，及自己的生之所由遂，连系在一起。……孔子及孔子发展下来的祭祀，则是推自身诚敬仁爱之德，以肯定祭祀的价值，并在自己诚敬仁爱之德中，不忍否定一般人所承认鬼神之存在；其目的只在尽一己之德，并无所求于鬼神。这完全是使每一个人从以自己为中心的自私之念，通过祭祀而得到一种澄汰与纯化。"①

三　横轴之丧礼——生死之间的弗忍之情

死生为大，人皆有死，因之有丧礼，逝者长已，生人则弗忍，面对终极之玄远者，既发乎真情又节制之，故丧礼透显着人性厚重之光辉。

其一，丧礼发乎真情。如《礼记》载，"丧礼唯哀为主矣"（《问丧》），"丧礼，与其哀不足而礼有余也，不若礼不足而哀有余也"（《檀弓上》）。其中的细节，如"复，尽爱之道也，有祷祠之心焉；望反诸幽，求诸鬼神之道也"（《檀弓下》）。复者，招魂也，此礼只是表达穷尽自己心中追思爱念之情。又如"饭用米贝，弗忍虚也；不以食道，用美焉尔"（《檀弓下》），在死人嘴里放米贝，乃是不忍心口里空着，不用熟食是因为生米贝更天然美味。再如"铭，明旌也，以死者为不可别已，故以其旗识之。爱之，斯录之矣；敬之，斯尽其道焉耳"（《檀弓下》），在死者坟墓上插旗帜亦只是为标识爱敬之心。

其二，丧礼亦需节文真情。一则丧礼制度内部即注意调节人的真实感

① 徐复观：《中国人性论史·先秦篇》，上海三联书店，2001，第72~73页。

情以节文之，如《礼记》载："辟踊，哀之至也，有筭，为之节文也。"（《檀弓下》）捶胸顿足，是悲哀到极点的表现，但丧礼要求其有一定的次数，这样做是为了有所节制，使其适度。二则对丧礼的外部执行，亦要求以切乎人情，不超过人的生理极限为度。如《礼记》载："居丧之礼：头有创则沐，身有疡则浴，有疾则饮酒食肉，疾止复初。不胜丧，乃比于不慈不孝。五十不致毁，六十不毁，七十唯衰麻在身，饮酒食肉处于内。"（《曲礼上》）

其三，丧礼的原则还在于可持续性。丧礼之所以如此着重适中，是因为其目的在于既发乎真情，又不伤害身体，影响生活。如《礼记》载"丧不虑居，毁不危身。丧不虑居，为无庙也；毁不危身，为无后也"（《檀弓下》）。为了办丧事不能卖掉祖居，否则先人的神灵就没有宗庙可以依托；为丧事憔悴不能损害身体，否则先人就会失去继承人了。丧礼所体现者，乃弗忍之真情，死生事大，追念逝者，更引望来者，此亦是对生命的终极关怀之唯一理性态度。

四　原点之诸礼——现世生活的族群关怀

礼之对象为家国同构之共同体。礼制除祭、丧二者外，余者所谓朝、聘、冠、昏、丧、祭、燕、射、乡饮酒等诸礼皆为调节现世秩序，故为一大类，共组成礼坐标之原点，在更大范围内调整整个社会生活，礼之所以有如此作用，乃因为其对象为有周"家国同构"之封建形态。如《礼记·大传》云"君有合族之道，族人不得以其戚戚君，位也"，正表明家族转型为社会化国家的过渡特征。此详见治国章节。此一家国同构之道德团体组成一同心圆，而规范其者，即为礼制。此礼即徐复观先生所云之制度化天命，[①] 有周封建家国中，每一成员皆属此道德团体，亲亲尊尊为其核心目标。故在此社群——毋论政治抑或社会生活，礼皆为一规范性理论，其特质是"维齐非齐"，即针对社群之生存发展秩序，礼以分之，乐以和之。具体言之，则可分为政治性规范与一般性社会规范。

其一，礼作为共同体之规范。作为政治之规范，其调整天子、诸侯、

① 徐复观先生以春秋之礼皆为制度化天命，愚以为礼分三种，只有人世诸礼方为制度化之天命，且天命一词未必准确，不若以天道为佳。

臣、民之行为。其重要性如《礼记》所云："礼之于正国也，犹衡之于轻重也，绳墨之于曲直也，规矩之于方圆也。"（《经解》）其具体细则则为礼制如《王制》等篇所云，此不赘述。若治国无礼，则后果极其严重："治国而无礼，譬犹瞽之无相与！伥伥乎其何之？譬如终夜有求于幽室之中，非烛何见？"（《仲尼燕居》）

其二，作为社会一般规范。我们以冠、婚等礼来看。一则冠礼是个体之于社群之成员资格。《礼记》载"夫礼始于冠"（《昏义》），因为冠礼乃成人礼，故《冠义》云："成人之者，将责成人礼焉也。责成人礼焉者，将责为人子、为人弟、为人臣、为人少者之礼行焉。将责四者之行于人，其礼可不重与？"成人之后，将处于一关系网络之中，此角色分别对应着家庭、政治生活以及社会中的地位。在此意义上，真可谓"黄帝垂衣裳而治"，垂衣裳即类冠礼也，治则是区分成员之权利义务也。二则婚礼是男女成员权利义务之确立。此点详见第十一章"下行·齐家"之第四节。三则其他社交之礼乃是各层面成员权利义务之确定。社会活动尚包括其他，如《礼记·射义》载，燕礼与乡饮酒礼举办之宾主不同，燕礼乃天子或诸侯所举办，其有多种，如燕来朝诸侯之札，诸侯相朝之燕礼，燕来聘之臣，国君自燕臣下，燕其宗族，养老燕礼等。乡饮酒礼则是古代乡人按时节聚会饮酒时的礼仪。在这些聚会中，所体现的依然是各自社会角色的定位。

故社群诸礼，所确立者为社会成员关系之规范，这些社会成员之关系组成一矩阵，其中尊卑、君臣、男女、长幼、上下、宾主等诸层关系均得以区分、辨别、规范。然正如前述，分别只是手段，和用方是目的。普遍必须通过个别来实现，个别中又透显着一般之理。此亦《尚书·吕刑》所云："维齐非齐。"在承认个体差异的前提下，"非齐"正是也唯是达到"维齐"之途径。社群之礼，毋论政治之道或是社会生活，主要在于既别同异，又能和合之，正如荀子所言："礼者，贵贱有等，长幼有差，贫富轻重皆有称者也。"（《富国》）

在此意义上，可以说"礼其实具有二重性：超越性与现实性。所谓超越性，是指它不是对于现实社会与政治生活的一种简单摹写或适应，而是具有超越现实的理想向度；所谓现实性，是指它立足于现存的社会与政治生活，并为其社会理想寻找到在现实经验世界中可资实现的载体或方式。

因此，《礼运》中的‘礼’一方面是现实社会生活中‘被给予的’社会生活形式，也即社会等级的尊卑与家族血缘的亲疏关系；但另一方面，儒家希望通过这种现实的社会等级秩序安排，来实现‘天下大同’的社会理想”[①]。

然此礼的缘起不足解决以下问题，一是礼外问题，二是礼之动力问题。故其出现了礼之负面，即形式化问题。上述礼之三分法，即祭礼所以联结人神，丧礼所以联结生死，余者所以规定现世，其历史地展开中，出现了礼之动力逐步内收与礼之效用逐步形式化之矛盾。

第三节　道德时代：礼者敬也

儒家在对礼进行全盘规范的同时，也对礼的起源做了唯理的诠释，其中最重要的是将礼内收入心。

一　由天及人——礼之返本与和用的两难

以上所论，乃由天及人，因为天道有序有和，故人生而有争须明分使群，此则为礼。然春秋礼崩乐坏，周文疲惫，此何因也？舍却政治、经济等原因外，尚有礼制自身之因素——返本之难造成和用之弊，而返本之难则在于礼之来源与动力的两橛。

因为这些礼制皆存在“礼外”之弊。如果礼来自天道，其作用在规范人世，而守礼之主体为人，则其动力亦外在于主体，则礼于人只是外在因果律之枷缚，而绝无守礼之自觉，人必问，我为何守礼，此礼与我之性命何关？若礼之来源在天，而动力在人，则礼之来源与动力成为两橛，故不论其效天法地，制定之动机与具体条目如何，若无自主之行动力，则原理和形式脱节，动力和对象脱节，礼皆为外在之行为规范，皆异化为对人之自由之束缚，此礼之步入其反面也，日久天长，则必自坏。

礼首先变成一种社会惯例，全无自主之精神所主导。现代社群主义者丹尼尔·贝尔提到了所谓社会惯例：“通常的生存模式是，我们下意识地按照社会惯例所规范的方式行事……我们的社会生活教给我们的行事规

① 胡伟希：《作为政治哲学的儒家社会乌托邦——兼对〈礼记·礼运〉的分析》，《哲学研究》2007 年第 7 期。

则。……我们的生命多么大的部分是在这种状态中度过的，而多么小的部分是在深思熟虑的、经过努力的，自主的状态下度过的。”[①] 贝尔此处所指的社会惯例，更大程度上近乎礼。人们仅依此惯例行事，完全失却主动之自由精神，而成为木偶。

其次礼逐渐具有一种表演成分。此点已见前文。如此之结果，则是礼被完全形式化，人亦为之异化，自由与必然相牴牾。故而此乃礼的先天异化之可能，即，在礼的来源与动力之不统一，故由天道及人道之返本模式绝不能解决此“礼外”问题，本既不能返，用则不能开，故而绝不可能达和用之目的。如解决之，则必然需寻来源与动力之合一。

二 寻找主人翁——礼之源流合一

依上文已三分法，礼分为神人、生死、现世之礼，其中祭礼已透显出“神人—天人”关系模式之终结，渐为理性精神所主宰。丧礼亦完全强调人之弗忍真情，二者皆有人文精神之跃动，已显现内收之迹。社群诸礼，则僵而待化。故自智者时代起，反礼之形式主义运动——礼之内收即已开展。

其一，区分礼之精神与外在之具体规范。孔子说：“礼云礼云，玉帛云乎哉？”（《阳货》）即表明他反对礼之形式化。又如《礼记·郊特牲》云：“礼之所尊，尊其义也；失其义，陈其数，祝史之事也。”如果只是讲究仪式那只是祝史之流之专业而已。《左传·昭公五年》记载女叔齐区分了礼与仪，指出外在的、具体的礼制规范仅是仪而也，礼的精神（此处指诸侯治国之礼）则在于“守其国，行其政令，无失其民者也”。

其二，诉礼于情。智者时代，天命已坠，天道有常，人文、理性之精神盖已透显，此时代已认识到人于宇宙中之地位，“人者，天地之心也”（《礼记·礼运》），故于礼者，孔子先发其端：“人而不仁，如礼何？”（《八佾》）又曰：“制度在礼，文为在礼。行之，其在人乎！”（《礼记·仲尼燕居》）任何礼制之落实均在人自身。为什么须落实于人？因为礼既为人世之规范，则当在人身中产生因果。为什么能落实于人？因为礼其实产于人情而已。

① 〔美〕丹尼尔·贝尔：《社群主义及其批评者》，李琨译，生活·读书·新知三联书店，2002，第11页。

一则礼以情为田。礼的形上的来源为天，而其实际之来源则为人情："人情之实也，礼义之经也，非从天降也，非从地出也，人情而已矣。"（《礼记·问丧》）礼义绝不是天降地出者，而乃是源自人情之实。郭店楚简也执之，如"礼生于情"（《语丛二》）、"礼作于情"（《性自命出》）、"礼因人之情而为之"（《语丛一》）。此为人之本能，然绝不可谓无善恶，因人绝不是抽象虚拟关系之人，每个个体均是在场者，皆生存于一定的境遇中，其情必发方能为情，既发则必有善恶，故人情先天既有善恶，其善者即为人义，恶者即为人欲。则其人情未发即有善恶之虞，此亦《中庸》"喜怒哀乐之未发"也。故须以理节文之，故《中庸》继言之"发而皆中节"，此"中节"之形式即为礼也，即合乎一定之标准限度。此亦乃礼之理之另一缘起也。故"礼有微情者，有以故兴物者"（《礼记·檀弓上》），对于有的感情，要以外在的形式兴发之、导引之。然又要求有所节制，不能径行无节，"用节文养成习惯，以为预防，不使任情，正是文化之所以异于本能的地方"。[①]

二则礼义相联。《礼记·礼运》认为人情若田，礼之作用乃刈畲之、耨耕之、沃肥之，使之具备良好之生发力，而后播仁植义。"何谓人义？父慈、子孝、兄良、弟悌、夫义、妇听、长惠、幼顺、君仁、臣忠，十者，谓之人义。"故义即是伦理之善者，而此善本即是人情所自生者，正如田地中生禾苗亦长稗草，礼之作用乃就利禾苗去稗草而言。故："义以为质，礼以行之。"（《卫灵公》）"礼之所尊，尊其义也。"（《礼记·郊特牲》）"为礼不本于义，犹耕之而弗种。"（《礼记·礼运》）所以礼为节文人情者，即导其善，又坊其恶。

三 礼之内收

其一，礼的动力是人情更深处之敬心。因为"敬，德之聚也"（《左传·僖公三十三年》）。如祭礼，《礼记·祭统》认为祭是人之追思天地生长万物、祖先泽养子孙之大恩大德，故心怵也，怵者畏也，畏而生敬。如丧礼，《礼记·檀弓下》认为死生之间，终极玄远，生者弗忍逝者长已，故爱之敬之，恋恋不能忘。又如治国之礼，《礼记·哀公问》认为"古之

① 李安宅：《〈仪礼〉与〈礼记〉之社会学的研究》，上海世纪出版集团，2005，第11页。

为政，爱人为大。所以治爱人，礼为大。所以治礼，敬为大。”此言君臣、臣民之间皆乃以敬为大。至于社交之礼，《礼记·曲礼上》认为“夫礼者，自卑而尊人”；《郭店楚简·五行》则认为“安而敬之，礼也”，“行而敬之，礼也”，“恭而博交，礼也”，“闻道而恭者，好礼者也”。故而礼的精神，其实只是尊重他人，尊者何？人心也。所尊者何？人格。人格正以超越的形式向上提撕，由外而内根于心，并由对外在的敬畏至主动的尊重，表明发动力由客体的牵引变而为主动的发启。

其二，礼与仁义之合一。既礼为敬心，则贵己而及人：“君子贵其身，而后能及人，是以有礼。”（《左传·昭公二十五年》）。此亦义之推也，仁之“立达”之忠也。义者乃由爱及推，故礼亦必为爱心也。爱心即为仁也。故孔子云：“先王制礼，行道之人，皆弗忍也。”（《礼记·檀弓上》）此不忍之心，亦即孟子所谓之仁之端也。故孔子曰：“人而不仁，如礼何?”（《八佾》）

至此，则礼与仁义合，三者皆从于人心，即人之道德理性也。人正是由于具备此先天之道德理性，故能修礼植义，播发仁爱。综而言之，将礼之来源诉于人情，将礼之动力导之人心，如此方能源流合一，使礼本由天道反于人，如此方能真正具备规范人世之功用。

四　礼之用——无体之礼

然礼之功效，求之和用于人则其一也，尚需延及天人，方成其和用。天所定者，乃自然之因果律也，如生死者，乃社会之因果律也，如富贵者。礼之成，则必超迈之。

《礼记·孔子闲居》中子夏问及《诗》“凯悌君子，民之父母”时，孔子答及礼之无体及五起：“无声之乐，无体之礼，无服之丧，此之谓‘三无’”。此言礼之至者则无体，即超越所有礼制之局囿，而返于大本。然此实乃经过具体再于一般之辩证否定。其有五起，即五个层次：“无体之礼，威仪迟迟；……无体之礼，威仪翼翼；……无体之礼，上下和同；……无体之礼，日就月将；……无体之礼，施及四海……”从具体的威仪迟迟，到威仪翼翼、上下和同、日就月将、施及四海，此乃言礼由具体之礼仪扩至人世规范再至天地四海，一统天人，此方谓返到礼之无体大本，此亦正可谓礼之大用也。随即孔子又言及“三无私”，子夏曰：

"三王之德，参于天地。敢问何如斯可谓参于天地矣?"孔子曰:"奉'三无私'以劳天下。"子夏曰:"敢问何谓'三无私'?"孔子曰:"天无私覆，地无私载，日月无私照。奉斯三者以劳天下，此之谓'三无私'。"

至此，礼由上古之神人关系更而为有周之天人关系，最终返于心本而又回归于天，效天之三无私，以道德赋天地以价值，以人的道德理性为宇宙立法，而化成人文世界，正如《诗经·小雅·何人斯》曰:"不愧于人，不畏于天。"故子路就戮而从容正冠，曾子亦临终易箦云:"君子之爱人也以德（成之），细人之爱人也以姑息。吾何求哉?吾得正而毙焉，斯已矣。"（《礼记·檀弓上》）此二子正乃七十子守礼之缩影也。孔子杀身成仁，孟子舍生取义，中有曾子易箦、子路扶缨，七十子之守礼，此正是由于人之高贵的道德理性使然，使人可超迈生死、凌越因果，得清刚正大，与天地参。

第十一章　下行·齐家

本章探析发用第一环节：齐家。家之理的规定、势的发展以及在先秦文献中的词义演变，三者高度一致，即家自“血缘—地缘”“伦理—政治”自然、人为双重浇铸的联合体中析出。其中“政治—地缘”对应的是“天下—国—家……”的政治构造，“伦理—血缘”对应的是“王—君—卿大夫……”的宗法构造。然则，作为由父母子女组成的核心家庭析出后何去何从？

第一节　家之理的规定

安乐哲先生译“中庸”为“focusing the familiar”，可谓深得其味。作为个体的人存在于七宝楼台中，而这个七宝楼台就是以家庭为核心的生活矩阵。

一　家之产生

家源自宇宙生生之道，是其“挂搭”于人之载体，由人自身的生产方式所产生，乃必然的理之呈现，而不论其有何种或然之变。[①] 家庭之形成在理上分为三个阶段。

其一，本能阶段。此时人因动物之性本能，无所谓责任义务，处于自由交媾状态，由母性承担受孕、怀孕、生育、抚养任务，形成了“母→子”关系之识别（若有生无养也不能形成此识别）。正是由此初级“伦

① 有男女之交，然后有“父—子”“母—子”之关系，“天不变，道亦不变”，除非人类自身的繁衍方式发生变化，如克隆、婴儿工厂等，则“父—母—子”所构成的家庭一道万古不易。父（夫/男，不一定有名分，下同）—母（妻/女）—子是其理，而在具体的历史发展中，不论是母系、父系或单亲，只是其或然之变化。极端者，即便子女扶养社会化，亦不能改变其生理学之父母也。宗教之丛林生活，亦不能尽去长幼之序也。

理一社会”角色的识别，人类才组成第一种家庭，“知母不知父”，父亲这个角色是可有可无的（生理必须，社会可无）。人类学者视之为母系社会时期，中国上古的姓多为“女”旁，可佐证之。

其二，自我阶段。此指男性在“自我”的支配下，凭强力单方建立伦理秩序。首先，男人“发现”女人。此时男女关系为一夫多妻。上下（长幼）关系为“男→女（母）→子”模式。这时人的自我意识（自我心→分判心→美丑心→独占心）突然苏醒，男性亦成男人，女性亦变成女人，但这种变化是在男女互相重视“发现”后才完成的。虽然男女同时发现对方，但由于先天生理优劣与后天生产方式原因，女性从属于男性。男女在自我实现意识的支配下，迅速实现角色调整的结果是，处于男性面前的不再是统一整齐的大写的女性，而是具有千差万别的，即美丑智愚的一个个女人，整体→个体，女性→女人。由此，强有力者便获得了对更美、更多的女人之占有，从而标志着男女交媾（此为人之独用，以区别于兽）进入第二种模式，即一夫多妻模式（当然女性也具有识别美丑力，但因从属于男性，故在男性面前失去选择力）。此时，雄长者多占女性，只是为了满足自己的欲望，此与前一种模式已不同。[①] 更有甚者是男人对女人的抢夺。《易经》便记载了先民的“抢婚”行为。如《屯》卦云“屯如邅如，乘马班如，匪寇，婚媾”（六二爻辞）；“乘马班如，求婚媾”（六四爻辞）；“乘马班如，泣血涟如”（上六爻辞）。

其次，婚姻出现。男女关系为一夫多妻（所谓一妻多妾实质还是多妻）；男人“发现”子女；上下（长幼）关系为“男（父）→女（母）→子”模式。随着男性对女性的优势确立，以及对女性的觊觎、争夺加剧，婚姻制度渐开始出现，以规范争夺。“伏羲氏制嫁娶，以俪皮为礼”[②] 即是此理。此礼逐渐正式化而被全社会认同。

---

① 故《礼记·曲礼》云：“纳女于天子，曰备百姓；于国君，曰备酒浆；于大夫，曰备扫洒。”天子后宫，除皇后外，有百二十人，备百姓，谓嫁女充实此数。此与“备酒浆”“备扫洒”虽是谦辞，然自宫廷至民间，礼皆如此，可见女性整体上已仆从于男性。《郊特牲》亦云：“大罗氏，天子之掌鸟兽者也。诸侯贡属焉，草笠而至，尊野服也。罗氏致鹿与女，而诏客告也，以戒诸侯曰：‘好田、好女者亡其国。’”女子变成了与鹿相同地位者。

② 杜佑云：“人皇氏始有夫妇之道；伏羲氏制嫁娶，以俪皮（按，即两张鹿皮）为礼；五帝驭时，娶妻必告父母；夏时亲迎于庭；殷时亲迎于堂；周制，限男女之岁，定婚姻之时，六礼之仪始备。”（唐）杜佑：《通典》卷五十八，中华书局，1988，第1632页。

最后，发现子女。此在人的敬畏心→生死心→宇宙心→时空心苏醒后。人一方面要面对强弱、贫富等现实压力，同时面对生死疾病、时空等终极困惑与敬畏，认识到生命是一个从古到今的绵延，故这一切是可以对抗的。如胡厚宣先生在解释为什么殷王婚姻会由一夫一妻进而为一夫多妻时云："《白虎通·嫁娶篇》'天子诸侯，一娶九，何？重国广继嗣也。'又曰：'大夫成功受封，得备余妾者，重国广嗣也。'又曰：'娶三国女，何？广异类也，恐一国血脉相似以无子也。'郑注《曲礼》：'天子皇后以下百二十人，广子姓也。'生子者，除生物学的目的外，尚有一极为重要之宗教的原因，即生子有后，所以使死去的灵魂能得永享祭祀，所谓'上以事宗庙，下以继后世'；所谓'广嗣重祖'也。"① 我如何分身？曰子女。多子则富强（包括养老），则可对抗时间。由发现子女，第一次，三方之家庭才开始建立（如果以前有类似之家，那只是无意识之产物）。从此，男人就变成父亲。

其三，天民阶段。此阶段，男女关系为一夫一妻；上下（长幼）关系为"父→母→子"模式。男人重新"发现"子女。这时，夫妻是建立在爱情基础上的。对于孩子，不再是视为传宗接代，而是真正地将之理解为一个宇宙人，下一代。这里我们借用孟子的"天民"，来称谓臻此境界之人。这时男女就成为真正的父母，他们与孩子组成真正的家庭。正如费孝通先生所说："从人类学者看来，社会结构中真正的三角关系是由共同情操相结合的儿女和他们的父母。"②

上论家庭乃"父母子"三级之理，然现实中不必三者皆具。而且现实中，此三阶段往往是相互杂糅而不可能整齐划分的。

二 家之作用

唐君毅先生云："家庭意识之成立有其道德理性之基础，家庭亦当永远存在。而在人类社会中，家庭之所以实际存在，亦即自觉或不自觉的由于人之道德理性之支持。"③ 又云："家庭之目的是完成人之道德生活。"④

---

① 胡厚宣：《婚姻考》，《甲骨学商史论丛初集》，齐鲁大学国学研究所，1944，第 131 页。
② 费孝通：《乡土中国 生育制度》，北京大学出版社，1998，第 159 ~ 167 页。
③ 唐君毅：《文化意识与道德理性》，中国社会科学出版社，2005，第 24 页。
④ 唐君毅：《文化意识与道德理性》，中国社会科学出版社，2005，第 25 页。

此义甚正。如果仅论其群居而有长幼，则人又与禽兽无二，如狮群猴国，亦有性本能所就之父、母、子，亦有分工合作之谋生计，但其终不成为一家庭。家是独属于人的栖居方式，宇宙化生人是为了实现其自身——仁，故人在成己之外还要成他成万物，即忠恕。禽兽在其“群”中，亦有相亲相爱，但不是推己爱他。故作为人的第一层栖居之所，家，不是一个本能（欲望）故步自封的堡垒，而是实现人（仁）的自我完成的驿站，或曰学校。

其一，规范两性关系，使人的交媾脱离乱伦纵欲，促进了婚姻制度的建立。“男子称氏，妇人称姓，氏所以别贵贱……姓所以别婚姻”,[①]“同姓不婚”乃是人独有的羞耻之心的结果。当然也有区别心之作用，此区别心是物种演化所必需的，由分而合。所以就有先知先觉认识到这样乱伦纵性所造成的后果之严重，以制定婚姻此一形式，来对两性与生育制度予以规范，此即是家庭之产生。“夫唯禽兽无礼，故父子聚麀。是故圣人作，为礼以教人，使人以有礼，知自别于禽兽。”（《礼记·曲礼》）

其二，规范生育制度，使人的自身繁衍得以稳定地、不断优化地进行，使种的进化成为可能。上面说的家庭是从生理上考虑，如果从社会性考虑，则规范化婚姻之父母子婚姻——生育制度之建立，就是为了让整个社会形成稳定的结构，以支持人的进化，将分散的个体，分散的两性行为、生育行为纳入统一的社会建构过程中。

其三，使人类社会建立有了基础点，使社会成为一个活体，和谐流动起来，扬弃本来不明确，或是无序的盲目流动，加入归向天道的大流行。发现爱情发现子女后，对妻、子的亲情的稳定化需求促使建立一个结构，以稳定化。动物是靠本能参与到宇宙的大流行，而人不同于动物，由于小心，其反而容易自我摧毁，达不到动物的高度。这时就须有个大心中的是非之心，以仰天俯地，发现人与物的不同、人与天的相同，从而确定人超越动物的第一步——规范化婚姻、生育之家庭。

其四，排遣孤独。此是心理学上的原因。祭祀，其实首先是人在宇宙中浓厚的寂寞感、个体感、孤独感，对死亡的恐惧，对无后的恐惧，对现

---

① （宋）郑樵:《氏族·序》,《通志》卷二十五，中华书局，1987，第439页。

世的留恋，没有认识到“物与”，故只有让自己的分身来陪伴我、怀念我，但正是人独具的这种纪念心与孤独感，才促进了家庭此一社会结构之建立。“鸟兽不可与同群”，只有人与人之间，才能相互依存、慰藉，则最小的范围，是我的合体（夫/妻）、分身（子女），而我的分身，则是后代之无穷。有了这个合体与分身，我即不再是宇宙中“踽踽凉凉”者。

其五，仁心发用的第一环节。人的发用，以个体为核心组成矩阵，一颗仁心在作用，只是此仁心因角色不同而有了新表现，在家中，则是发散为父慈子孝、兄恭弟友等。当然，其中还有夫妻之道，此略。以上是第一层，家族。这个孝慈恭友，各自的权利义务的客观化即是礼，并非人为约定，而是长期发展形成的习惯法，而非成文法，其源头在天道之自然法。所以，核心家庭的直系血亲无私地相亲相爱，无须什么法律，甚至道德也不要，即礼乐刑政均未产生之前，就依天生的亲情——此是不学而知，不学而能者。故仁心的第一关，就是亲情，此是忠恕的原始形式。

三 家之成员

中国古典的“家”包括两层，家庭与家族。所谓家庭，狭义上即指的核心家庭，由父母子女三者组成。而家族，则指血统——由于诸如性别、世代、出生顺序、亲族关系和姻亲关系等本所固有的内部因素——自己分裂、扩大，从而由核心家庭发展出来的扩展家庭。[①] 在中国，后者又被某些学者称为“氏族”，[②] 我们这里称为衍化宗族。在先秦的视野内，核心家庭一直受庇护于氏族、宗族里，直至以宗族为基础的“家→国→天下”崩盘后，其才被裂析出来，故而先秦时代最典型的家则主要指宗族（家族）。先秦时代的家分为两层。

其一，核心家庭。家族要分直系血亲与旁系亲戚，或说核心家庭与衍化家族，只有在直系血亲的核心小家庭中，最天真、最自然、最真实的亲情才会无保留地体现出来，或说最典型。这种亲情是仁心的

① “我们可以把家庭划分为核心家庭（nuclear family，包括丈夫、妻子、孩子）和扩展家庭（extended family，指除核心家庭成员外还有祖父母、姑婶、叔伯、堂兄妹等）”。〔美〕詹姆斯·汉斯林（James Henslin）著《社会学入门——一种现实分析方法》（*Sociology: A Down - To - Earth Approach*），林聚仁等译，北京大学出版社，2007，第451页。

② 费孝通：《乡土中国（修订本）》，上海世纪出版集团，2007，第38页。

第一层表现。

其二，衍化宗族。其下滑——弱化（淡化）乃至异化——有两种情况。一是弱化，自然的原因。这又分两种情况，首先是血缘的疏远，如表兄弟、堂兄弟，一直继续外衍。其次是地缘的疏远，如亲兄弟由于有人到外地去，也会慢慢疏远。当然，二者经常是交错的。二是异化，德性的原因。亲情由于被欲望所遮蔽，表现为如金钱、权力、美色等，这时就产生了亲情的异化，如春秋时卫有父子相争、鲁有三桓之乱。

核心家庭成员为父母子三者；而旁系宗族成员则按血缘远近，以嫡长子为中心上下左右有序排列。其主体，在核心家庭中是成年男子且是嫡长子，而在宗族中，则是大宗嫡长子。

第二节　家之势的发展之一：殷之氏族与周之宗族

家庭就自然因素——血缘而言，经过氏族、宗族两大阶段；就人为因素而言，如伴随政治共同体的建立与扩展（即封建），则栖居乡党、邦国两大形式。此自然与人为两大因素是交杂互进的。氏族乃同一血缘之扩展，尚有母系之遗制；宗族则是不同血缘之氏族由通婚而造成之新族群，完全为父系之产物。夏付阙如，商为氏族社会，周则宗族社会。

一　殷商：根家庭——氏族

氏族是一个由同血缘关系之根家庭扩展而成的共同体。氏指根家庭之图腾符号，[①] 族指由根家庭所析之子族。[②] 商代社会即是建立在被称为“族”的各自分立的图腾氏族的基础之上的。[③] 商代甲骨文中，“族”是一个上下结构的会意字，上面是一面旗帜，下面是一把剑，故“族”乃一战

① 如《左传·昭公二十九年》云：“古者畜龙，故国有豢龙氏，有御龙氏。”则龙即图腾之符号。

② 如《左传·文公十八年》云：“昔高阳氏有才子八人，苍舒、隤敳、梼戭、大临、尨降、庭坚、仲容、叔达，齐圣广渊，明允笃诚，天下之民谓之八恺。高辛氏有才子八人：伯奋、仲堪、叔献、季仲、伯虎、仲熊、叔豹、季狸，忠肃共懿，宣慈惠和，天下之民谓之八元。此十六族也，世济其美，不陨其名，以至于尧。”

③ 〔美〕张光直：《商代文明》，毛小雨译，北京工艺美术出版社，1999，第143页。

斗组织（另一功能为开垦土地）。而“氏”则是其象征，通常采取共同图腾的形式。故商“族”与商“氏”的关系如同硬币之两面。商代社会即是建立在被称为“族”的各自分立的图腾氏族的基础之上的。[①] 商人可能是王室子族的十个支系之间的内部通婚。[②]

其一，氏族之形成。为了表达清晰，我们假设起初某一根家庭甲，独立在某地生活，他们要繁衍，就只能采取血亲交媾。如传说之伏羲、女娲兄妹成婚，又如高辛氏之畜犬槃瓠与高辛氏之女交媾而生六子六女，自相夫妻，而成汉时长沙、武陵一带人之祖先。传说或不经，然此事实必不误，后世尚有遗迹可寻。[③] 当此甲家庭扩大，分为不同的族群甲 1、甲 2、甲 3，此三者可称为家族（家通常省略，其异于宗族）。三者再组合，即为甲氏族，曰某某氏。氏族经历了由母系转为父系之过程，其最重要的特征是基于同一血缘而结合在一起的军事、生产组织。上古皆是以氏族为单位进行活动，故典籍中留下了大量的氏族名称。以制作名则有燧人氏、轩辕氏、有巢氏、伏羲氏；以德政名则有有熊氏（黄帝）、高阳氏（颛顼）、高辛氏（帝喾）、陶唐氏（尧）、有舜氏（舜）、夏后氏（禹）、有扈氏等。上述可见图 9。

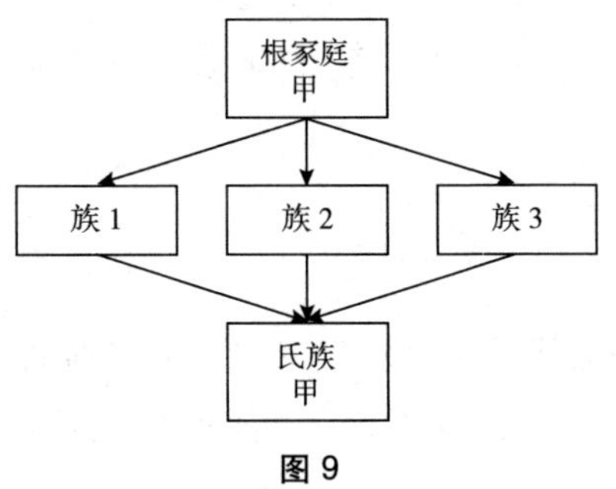

图 9

① 〔美〕张光直：《商代文明》，毛小雨译，北京工艺美术出版社，1999，第 143 页。

② 李峰：《西周的政体：中国早期的官僚制度和国家》，吴敏娜等译，生活·读书·新知三联书店，2010，第 304 页。〔日〕松丸道雄：『殷人の観念世界』，载于『中国の殷周文化——シンポヅウム』，読売新聞，1986，第 121 ~ 146 頁。

③ 如民间之姑表、舅亲、姨表亲，典籍常出现以“父母、舅姑”连用指代夫妻双方的现象，这就是血亲交媾在当时的远古回忆，并且这种现象在周代并未完全消失，虽然周公制礼“同姓不婚”，孟子时还叫女婿为甥，如“舜尚见帝，帝馆甥于贰室，亦飨舜”（《万章下》），帝指尧，甥即舜。直到唐人尚称公婆为舅姑，如朱庆馀《闺意诗》曰：“洞房昨夜停红烛，待晓堂前拜舅姑。妆罢低声问夫婿，画眉深浅入时无？”

其二，商代之氏族。纯粹的氏族时代，仅存在于远古，然至商代，其族群构成还保留着氏族之特征。一则于家庭之内。据殷墟卜辞，王室婚姻是一夫一妻兼一夫多妻之制，[①] 并且部分为同族的通婚，[②] 正因是同族女子，其享有很大的权力。如胡厚宣云："盖武丁之妃，据余所考，至少有六十四人之多。以宠与不宠，或不全在宫中。其不获宠者，则封之一地，或命之祭祀，或命之征伐，往来出入于朝野之间，以供王之驱使，无异亲信之使臣也。"[③] 甚至在死后也享有殊荣，如著名的妇好，其"墓中有人殉16名，狗殉6只，器物1600余件（包括青铜器440多件，玉器590多件，骨器560多件，石器70多件等）、另有7000余枚海贝"。[④] 而且"商代人名往往含一个天干（父甲、母乙、祖丙、兄丁等）"，[⑤] "先妣特祭，祖妣同以天干字为称号，这表示女权在商代仍受到很大的尊重"。[⑥] 甚至到了孔子时还传说唐虞之际，于斯为盛，而周武王则有乱臣十人，其中妇女一人（《泰伯》）。

二则于邦国之上。殷甲骨文中有王族、多子族等。依张光直先生，商王权更替是十个王族分为两组轮流，愚以为，此亦旁证同族婚姻之同一血缘之可能。商人由最初的上甲微创国后析为十族，而后王权便在此十族中轮流。商即是这样的在氏族基础上发展起来的国家，是最低级的国家，乃同一血缘的政治组织，松散的分封自治，即血亲封治。当然，商并不全是同一氏族组成，王族之外尚有联盟或征服之诸氏族。至武王灭商，周公封鲁得"殷民六族"，"条氏、徐氏、萧氏、索氏、长勺氏、尾勺氏"，康叔封卫则得"殷民七族"，"陶氏、施氏、繁氏、锜氏、樊氏、饥氏、终葵氏"（《左传·定公四年》）。其中的某某氏，必是与殷人血缘不同的氏族。

---

① 胡厚宣先生云："殷代之婚姻制度其详虽不得而考，但殷王乃行一夫一妻兼一夫多妻，又前期行一夫一妻制，后期行一夫多妻制则可由甲骨文字以知之也。"见氏著《殷代婚姻家庭宗法生育制度考》，《甲骨学商史论丛初集》，齐鲁大学国学研究所，1944，第116页。

② 丁山：《甲骨文所见氏族及其制度》，转引自张光直《商代文明》，毛小雨译，北京工艺美术出版社，1999，第157页。

③ 胡厚宣：《殷代封建制度考》，《甲骨学商史论丛初集》，齐鲁大学国学研究所，1944，第37页。

④ 张光直：《商代文明》，毛小雨译，北京工艺美术出版社，1999，第71～72页。

⑤ 张光直：《商代文明》，毛小雨译，北京工艺美术出版社，1999，第19页。

⑥ 白至德编《白寿彝史学二十讲：上古时代——夏商周春秋战国时期》，中国友谊出版公司，2010，第61页。

二　西周：氏族——宗族

《尔雅·释亲》云："父之党为宗族。"宗族是由基于同一地缘、历史的不同氏族经由婚姻而形成之族群，它通过宗法制——基于父系血缘、以嫡庶制为准则——而建构并维系。先秦典籍里首先提到"宗族"是《左传·僖公二十四年》："召穆公思周德之不类，故纠合宗族于成周而作诗。"此正表明周王族之生活。《逸周书·皇门解》记周公会见"群门"，此"群门"即大宗族之长。

其一，宗族之形成。一是新族群的诞生——外婚。承前，假设有另一根家庭乙亦经历同样的扩展而为乙氏族，而由于甲、乙两氏族的地理相邻、历史相近等原因，终有一日，二氏族得以互相发现。其结果有二：或者相攻，如古本《竹书记年》记殷先公王亥北徙易水流域，为另一氏族有易氏所杀；[①] 或者和平相处，如周人始祖后稷之娶姞氏，[②] 由此，血亲交媾模式变成族外群婚。此新的由不同氏族组成的共同体，即为宗族。故最初的、典型的宗族之形成，如图 10 所示。

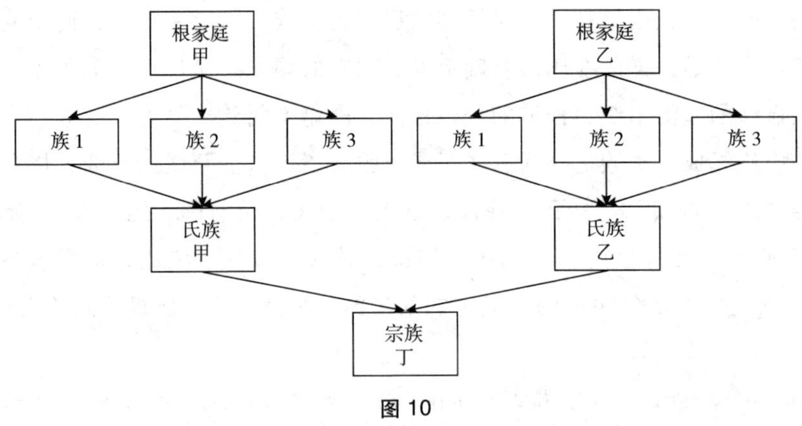

图 10

二是新族群的结构——宗法制。宗族是基于父系血缘的家庭之最高形式，而后就要开始它的裂析过程，此是通过大小宗来实现的。宗法制基于

① 《山海经·大荒东经》郭注引《竹书纪年》："殷王子亥宾于有易而淫焉，有易之君绵臣乃杀而放之，是故殷主甲微假师于河伯以伐有易，灭之，遂杀其君绵臣也。"

② 《潜夫论·志氏姓》："姞氏女为后稷元妃，繁育周先。"《左传·宣公三年》石癸云："吾闻姬、姞耦，其子孙必蕃。姞，吉人也，后稷之元妃也。"

嫡庶之分，自商开始，由于宗族的扩大，开始分为大小宗。胡厚宣认为商王“以妻子既多，乃有传子之制，由是而渐有嫡庶之分，渐生宗法之制”。[①] 张光直认为甲骨文中出现了大宗、小宗，以及与之同义的大示、小示。“示”为一牌位，“宗”则房下有一“示”字，故为祖宗牌位提供房屋之义。大宗受到礼拜的先王所享之待遇与小宗、小示者截然不同。[②] 当然，对大宗（大示）和小宗（小示）也有其他解释，如《商代史》认为，商王在祭祀集合的庙主，以大示、上示等来称呼直系先王集合的庙主，用小示、下示、它示、二示等来称呼旁系先王集合的庙主。[③] 据此，愚以为，此大示、小示乃以直系、旁系先王分，实与周代大宗、小宗性质是完全一样的。另外，既有祖庙，则是父系社会完全建立之明证。宗法制至周则大盛，除血缘之外，又因为封建之全盛，遂形成严格的宗法制度。以立长立嫡为原则，形成庞而不流、杂而不乱、提纲挈领之宗法制。据《礼记·丧服小记》所载，可还原出宗法制之大纲，其云：“礼，不王不禘。王者禘其祖之所自，以其祖配之，而立四庙。庶子王亦如之。别子为祖，继别为宗，继祢者为小宗，有五世而迁之宗，其继高祖者也。是故祖迁于上，宗易于下。尊祖故敬宗，敬宗所以尊祖祢也。”始祖：所谓“别子为祖”，“别子”指诸侯国君的庶子，即卿大夫。他们各自为自己后代的始祖。大宗：所谓“继别为宗”，指各别子（卿大夫）的嫡长子一直继承下去，是为“百世不迁”之大宗。小宗：所谓“继祢者为小宗”针对别子的庶子而言。“祢”者，亡父，即别子之庶子。继承他们的各自为小宗，即士（庶子）。士以下为庶人。以上四代均为贵族，至第五代，则完全变成庶人。故始祖唯一，大宗亦确定无变，只有小宗在不断裂析中呈几何级增长。故为了处理此庞大人群之伦理关系，遂又制定了“祖迁于上、宗易于下”的制度，此专对庶人而言。祖迁于上：从自己算起向上溯，父、祖、曾祖、高祖，正好五世，五祖四庙，则高祖之父，即迁入太庙。同样，若从自己的儿辈算起，则上述五辈依次上升，父为祖，曾为高，原来的高祖亦迁入太庙。宗易于下：裂析而成无数小宗，自然产生了人情之浓淡与关系之亲疏，为了处理人伦日用诸事，既不能太散，又不能过密，所以划

---

① 胡厚宣：《婚姻考》，《甲骨学商史论丛初集》，齐鲁大学国学研究所，1944，第133页。

② 张光直：《商代文明》，毛小雨译，北京工艺美术出版社，1999，第171～172页。

③ 宋镇豪：《商代史》第一卷《商代史论纲》，中国社会科学出版社，2011，第378页。

分以五代为一个单位，凡五代之内就算亲戚，超过五代则亲尽矣，这样划分的结果是较好地照顾到了诸方面。这就是“有五世而迁之宗”。[①]

我们可以看到，一方面，随着血缘的不断裂析，此宗族实体不断地向下、向外增长扩大；另一方面不断地有第一代高祖溢出此五代之小宗，同时有第六代之子升为第五代之计算起点，此又是一个不断向上聚拢、收缩的过程。故而宗族是一个活体，每时每刻在完成着它自己的新陈代谢之成长中，同时，它又以此方式参加到宇宙的大流行。此宗子制之建立，遂完成了周人“家庭→社会→国家”三者合一的生存发展模式。所谓“家国同构”，小家庭从属于大的宗族之中。而家国一体，社会被完全挤掉。君王有合族之责任与义务，大宗有收拢宗族之义务。如春秋中期宋昭公要铲除公族的群公子，担任司马之职的乐豫阻止云：“公族，公室之枝叶也，若去之，则本根无所庇荫矣。葛藟犹能庇其本根，故君子以为比，况国君乎？此谚所谓‘庇焉而纵寻斧焉’者也。必不可。君其图之！亲之以德，皆股肱也，谁敢携贰？若之何去之？”（《左传·文公七年》）

至此家族在血缘这一自然的因素下已扩张至极致，如果宗族再扩展，加上共同的文化等，即成民族，诸如炎黄子孙、华夏民族这样的提法。

三　东周：家庭——社会/国家

至东周，“家”则开始了其分析过程。

其一，宗法之家。《管子·小匡》云：“公修公族，家修家族，使相连以事，相及以禄。”公指国君，家指大夫，事指政事，禄指俸禄，此处反映的还是经典之世卿世禄。东周之贵族尚可利用其政治特权保持宗族之建构，如齐国晏婴自云：“婴之宗族待婴而祀其先人者数百家，与齐国之简士待婴而举火者数百家，臣为此仕者也。”（《晏子春秋·外篇第七》）

① 《礼记》载“四世而缌，服之穷也。五世袒免，杀同姓也。六世，亲属竭矣”（《大传》）；“亲亲以三为五，以五为九，上杀，下杀，旁杀，而亲毕矣”（《丧服小记》）。吕友仁释云：“凡人之亲其所亲，首先是上亲父，下亲子，形成三辈相亲。然后由父而亲祖，由子而亲孙，扩展为五辈相亲。在五辈相亲的基础上，再往上推，亲及曾祖、高祖；再往下推，亲及曾孙、玄孙，这样就扩展为九辈相亲。由父亲往上，血缘关系愈远，亲情愈薄，丧服愈轻；由儿子往下，血缘关系愈远，亲情愈薄，丧服愈轻；在旁系亲属中，和自己血缘关系愈远，亲情愈薄，丧服愈轻。这样向上逐代减损，向下逐代减损，向旁逐代减损，亲情关系就完结了。”见氏著《礼记全译》，贵州人民出版社，1998，第612~613页。

又如《战国策·韩策二》韩国严遂云："臣之仇，韩相傀，傀又韩君之季父也，宗族盛，兵卫设，臣使人刺之，终莫能就。"故"家"还残留着传统的家国同构的宗族特性。春秋如"政在家门，民无所依"（《左传·昭公三年》），又如齐国"卢蒲嫳帅甲以攻崔氏，崔氏堞其宫而守之，弗克，使国人助之，遂灭崔氏，杀成与彊，而尽俘其家，其妻缢"（《左传·襄公二十七年》），战国如"大夫曰何以利吾家"（《梁惠王上》），皆是从这个角度而言。

其二，小家庭析出。专偶、独立小家庭开始从邦国中析出。一是宗法制末梢实体之自然脱落。随着庶人从同宗中相继析出，宗子失去世卿世禄之社会地位而归为庶人，封建解纽。随着宗法的解体，核心小家庭从宗族中析出。二是政治之强迫分离。国家为控制每个国民，为增加税赋、兵役、徭役，强行将家族解析，一竿到底，如商鞅变法"民有二男以上不分异者，倍其赋"，[①] 又如"秦人家富子壮则出分，家贫子壮则出赘。借父耰锄，虑有德色；母取箕帚，立而谇语。抱哺其子，与公并倨；妇姑不相说，则反唇而相稽"。[②] 三是战争。《史记》小结春秋"弑君三十六，亡国五十二，诸侯奔走，不得保其社稷者，不可胜数"，[③] 贵族则"灭国亡氏"，[④] 平民四散流离。因此宗族分崩离析，家庭又缩小至它的出发点——核心家庭。我们可以《孟子》所云为例，"老而无妻曰鳏，老而无夫曰寡，老而无子曰独，幼而无父曰孤，此四者天下之穷民而无告者"（《梁惠王下》），此四者都是没有家庭予以庇护，故要以国家公权力来照顾。这种情况一定是后世才出现的，在西周及孔子时代，没有小家庭，一个个体是栖息在宗族之内的，不需要独自谋生。再如孟子的"五亩之宅"方案（《梁惠王上》），此是孟子的理想社会、王道乐土，此"数口之家"从人口规模、占有的生产资料程度等来看，已完全同于秦汉之后的小家庭。再如"君子有三乐，而王天下不与存焉。父母俱存，兄弟无故，一乐

① （汉）司马迁：《史记》卷六十八《商君列传》，中华书局，1959，第2230页。

② （汉）班固：《汉书》卷四十八《贾谊传》，中华书局，1962，第2244页。

③ （汉）司马迁：《史记》卷一百三十《太史公自序》，中华书局，1959，第3297页。

④ 如春秋初年，晋献公时晋国尚有十一家贵族，其中狐氏、韩氏、栾氏、郤氏为晋之同姓宗族，而赵氏、魏氏、范氏、中行氏、智氏则为异姓，至公元前453年智氏灭亡，仅余下韩、赵、魏三家。齐国本有田氏、栾氏、国氏、高氏、鲍氏、晏氏、崔氏、庆氏等贵族，至公元前475年，田常灭诸氏。

也”（《尽心上》），此亦是针对小家庭而言，只有父母兄弟之属，而无其他宗族人员。故从孔子时代起，一个全新的社会现象是，核心家庭开始从宗族中析出，成为政治的一个基础环节，家国同构的全息社会因此被打破。

第三节 家之势的发展之二：先秦家之字义演化

许慎《说文》云：“家，凥（居）也。从宀，豭省声。”[①] 未释其义。《玉篇・宀部》：“家，人所居，通曰家。”[②] 家表居所，然此义经历了漫长的由天上之神圣至人间之君王再至普通民众之过程。

一 甲金之家

今人每多谓室内养猪之谓家，此是完全昧于先民造字之本义。“豕之所居”其字为“圂”而非“家”，甲骨文如徐中舒先生云：“圂：〔解字〕从豕在囗中，像豢豕之所。……〔释义〕豢豕之所。‘贞乎作圂于专（乙八一一）。’”[③] 家另有其义。顺叙如下。

其一，上古之豕。上古之时，先民以野猪为北斗中宫之神，与东方苍龙、西方白虎、南方朱鸟、北方巨鹿（后改为玄武）共同拱卫北极天帝。[④] 故上古文献里多野猪神圣之记载，[⑤] 在考古遗址中亦多有发现，[⑥] 皆

① （东汉）许慎：《说文解字》，中华书局，1963，第150页。

② （梁）顾野王撰，（唐）孙强增补，（宋）陈彭年等重修《重修玉篇》，《四库全书》经部二百一十八，第224册，上海古籍出版社，1987，第95页。

③ 徐中舒：《甲骨文字典》，四川辞书出版社，1988，第698页。

④ 此北斗神猪详参冯时《文明以止：上古的天文、思想与制度》，中国社会科学出版社，2018，第534～553页；张远山《玉器之道：解密中国文明的源代码》，中华书局，2018。

⑤ 如《庄子・大宗师》云：“夫道，有情有信，无为无形；可传而不可受，可得而不可见；自本自根，未有天地，自上而下以同存；神鬼神帝，生天生地；在太极之先而不为高，在六极之下而不为深；先天地生而不为久，长于上古而不为老。豨韦氏得之，以挈天地；伏戏氏得之，以袭气母。”《春秋说题辞》云：“斗星时散精为彘。”《大戴礼记・易本命》云：“四主时，时主豕。”《周易集解》：“主时，精为豕。”按：豨指巨大的野猪，豨韦氏即猪神，彘、豕相类。这些古老的神谱后来被本土的道教整理，其中的斗姥（姆、母）圣君（圣号为：摩利支天大圣先天斗姥元君），其地位仅次于玉皇大天尊玄穹高上帝，她的坐骑正是野猪。至唐段成式《酉阳杂俎》犹记载一行捉北斗之传说。

⑥ 详参冯时《中国天文考古学》第三章第二节之四、五，中国社会科学出版社，2007，第106～129页。

付以神圣之意，先民甚至自认为猪神之后裔。[①]

其二，卜辞之家。按徐中舒，甲骨文家之字形同《说文》，字义有三，一是人之所居，二则与宗通，先王之宗庙，三为人名。[②] 按人居为“宀”，[③] 宀下加豕，则家之初义，当是北斗神猪之所居。又因人间先王先公为神裔，则家又引申为先公先妣死去后于天上之居所，所谓“宾于帝”。如“妣庚家”（郭沫若《甲骨文合集》19894），“侑家”（郭沫若《甲骨文合集》13588），“奏家”（郭沫若《甲骨文合集》13590）。又引为祭祀先王先公之宗庙。陈梦家先生云：“《尔雅·释宫》：‘牖户之间谓之扆，其内谓之家。’家指门以内之居室。卜辞‘某某家’当指先王庙中正室以内。”[④] 据许伟建《上古汉语词典》，在甲文中，“家”字的原初本义是宗庙的正室。如“报于上甲家。”（郭沫若《甲骨文合集》13581）报，祭名。“父庚父甲家。”（郭沫若《甲骨文合集》30345）又借代称王室，如“我家旧臣”（罗振玉《殷虚书契前编》4·15·4），此同于《尚书》“天降割于我家”（《大诰》）、“吾家耄逊于荒”（《微子》）。

其三，金文之家。周人封建，承商人以家为王室之称，如《毛公鼎》“我邦我家”。又扩而为家族，如《楷伯簋》：“十世不忘献身在毕公家。”又扩而为普通之家族，如《令簋铭》：“姜商（赏）令贝十朋，臣十家，鬲百人。”故“从家的字形观察也可以推定其本义为宗庙，即宗族团体进行共同祭祀的场所。正是因为如此，家字进而引申为宗族之义”。[⑤]

二 五经之家

五经乃周人追忆前事或记载时事之作，名曰五经，此处能引征者实则

---

① 甚至传说中的人文始祖“黄帝”也被视作“北斗猪神”下凡，如《山海经·海内经》记载：“流沙之东，黑水之西，有朝云之国、司彘之国。黄帝妻雷祖，生昌意。昌意降处若水，生韩流。韩流擢首，谨耳、人面、豕喙、麟身、渠股、豚止，取淖子曰阿女，生帝颛顼。”（猪神韩流，写作“乾流”。而闻一多从文字学上来考证，认为“乾”是“斡”，即北斗。）东汉《河图始开图》：“黄帝名轩辕，北斗神也。”《河图握矩纪》：“黄帝名轩辕，北斗黄神之精。……黄帝母曰地祇之子，名附宝，之郊野，大霓绕北斗，枢星耀，感附宝，生轩辕。”

② 徐中舒：《甲骨文字典》，四川辞书出版社，2006，第798～799页。

③ 《说文》：“宀，交覆深屋也，象形。”此为一个房屋的侧面象形。见（东汉）许慎《说文解字》，中华书局，1963，第150页。

④ 陈梦家：《殷虚卜辞综述》，中华书局，1988，第471页。

⑤ 刘克甫：《西周金文“家”字辨义》，《考古》1962年第9期。

《书》《诗》《易》三经（《晚书》不录）。余下《春秋》经中“家”两见，均指人名。[①]《礼》经佚，《周礼》伪，《仪礼》、大小戴《记》均为后儒所集，故礼不录。故所征三经，依意义分为下面七层。

其一，王家。王家并用指王室。如《尚书》“昔公勤劳王家”（《金縢》），“永不忘在王家”（《酒诰》），“惟尔王家我适”（《多士》），“巫咸乂王家”（《君奭》），“保乂王家”（《康王之诰》）。

其二，（国）家。王家省称为家，指代整个邦国。如《尚书》“肆上帝将复我高祖之德，乱越我家”（《盘庚下》），“天降割于我家，不少延”（《大诰》），“在今后嗣王，诞罔显于天，矧曰其有听念于先王勤家”（《多士》），“在我后嗣子孙，大弗克恭上下，遏佚前人光在家”（《君奭》）。

其三，国家。上述家义后来与国合并，成为国家，其中家的原意逐渐弱化、消失，重在国字，即邦国之义。如《尚书》“其惟吉士，用劢相我国家”（《立政》），“侵戎我国家纯”（《文侯之命》）。

其四，采邑。家又指西周家国同构之采邑，大夫统治的政治区域，即卿大夫的采地食邑。如《周易》“大君有命，开国承家”（《师》卦上六），《尚书》“封，以厥庶民暨厥臣达大家，以厥臣达王惟邦君”（《梓材》）。

其五，家庭。男妻曰室，女夫曰家，总曰家人。《尚书》有“其害于而家，凶于而国”（《洪范》）。《诗经》有“乃召司空，乃召司徒，俾立室家。其绳则直，缩版以载，作庙翼翼”（《緜》）；“宜尔室家，乐尔妻孥”（《常棣》）；“刑于寡妻，至于兄弟，以御于家邦”（《思齐》）；等等。《周易》有“子克家”（《蒙》卦九二）；“家人嗃嗃”（《家人》卦九三）；“富家，大吉”（《家人》卦六四）。

其六，居处。如《尚书》“朋淫于家，用殄厥世”（《益稷》）；“今予将试以汝迁，永建乃家”（《盘庚中》）；“吾家耄逊于荒”（《微子》）；“若作室家，既勤垣墉，惟其涂塈茨”（《梓材》）。如《周易》“不家食，吉”（《大畜》卦二十六）；“闲有家，悔亡”（《家人》卦初九）；“王假有家，勿恤，吉”（《家人》卦九五）；“丰其屋，蔀其家”（《丰》卦上六）。

---

① 《左传·桓公八年》“八年春正月己卯，烝。天王使家父来聘”；《左传·桓公十五年》“十有五年春二月，天王使家父来求车”。

其七，私利。以家指代与公相对的私利。如《尚书》云：“民之乱，罔不中听狱之两辞，无或私家于狱之两辞！”（《吕刑》）家同于“君子不家于丧”（《礼记·檀弓上》），不以丧事发家致富谋私利。

三　先秦儒家之家

其一，《论语》。家凡十一见，分为三义，居所、采邑、代指卿大夫。表“居所”义仅一见，“窥见室家之好”（《子张》）。表“采邑”义八见。“千室之邑，百乘之家”（《公冶长》）；“在邦无怨，在家无怨”（《颜渊》）；“在邦必闻，在家必闻。……在邦必达，在家必达……在邦必闻，在家必闻”（《颜渊》）；“丘也闻有国有家者”（《季氏》）；“恶利口之覆家邦者”（《阳货》）；“夫子之得邦家者”（《子张》）。又借代卿大夫，两见，如“三家者以《雍》彻”（《八佾》），三家即鲁大夫孟孙氏、叔孙氏、季孙氏。可见孔子之时，家已无代表天下共主“王家”之概念，主要是采邑与居所。

其二，七十子后学。《学》《庸》以及郭店、上博简之家主要也是采邑义。《中庸》云“天下国家可均也”；“知所以治人，则知所以治天下国家矣”；“凡为天下国家有九经”；“国家将兴，必有祯祥。国家将亡，必有妖孽”。《大学》引孟献子云：“伐冰之家，不畜牛羊；百乘之家，不畜聚敛之臣。”又曰：“长国家而务财用者，必自小人矣。”另《大学》有修身齐家治国若干，不赘引。

其三，《孟子》。其所记载的战国时代，一则已经开始杂用采邑、家族（庭）二义，但仍以采邑为主，共十三处。如“大夫曰：‘何以利吾家？’……万乘之国弑其君者，必千乘之家；千乘之国，弑其君者，必百乘之家”（《梁惠王上》）；“仲子，齐之世家也”（《滕文公下》）；“不仁而可与言，则何亡国败家之有！……夫人必自侮，然后人侮之；家必自毁，而后人毁之；国必自伐，而后人伐之”（《离娄上》）；“孟献子，百乘之家也”（《万章下》）；“附之以韩、魏之家，如其自视然，则过人远矣”（《尽心上》）。以上皆指采邑。二则又有二者混用，引用古语为采邑义，解释则是家庭义。“人有恒言，皆曰：‘天下国家。’天下之本在国，国之本在家，家之本在身。”（《离娄上》）三则用作家庭，如“百亩之田，勿夺其时，数口之家可以无饥矣”（《梁惠王上》）；“方里而井，井九百亩；其中为公田，八家皆私百亩，同养公田”（《滕文公上》）。有时家室连用，代指家庭成员，此用法承自《诗经》“之子于归，宜其家室”。如“丈夫生而愿为之有室，女子生而愿为之有家”（《滕文公下》）。可见孟子一方面沿用采邑旧义，一方面强烈过渡至个人家庭与家庭成员。

其四，《荀子》。一则值战国末期，采邑旧义已基本消失，代之以家庭之义。如“四海之内若一家”（《儒效》）；“上在王公之朝，下在百姓之家”（《君道》）；“父者，家之隆也”（《致士》）；“秦人……五甲首而隶五家”（《议兵》）。二则词义扩大，以“公家”表政府义，如“公家不畜刑人”（《王制》），此处公家指诸侯国君，国君不可言家，故这里的家义扩大，指公权力政府之义，此必后出。《左传》中亦有类似说法，“公家之利，知无不为，忠也”（《僖公九年》）。三则国家连用，家义消失。“国家失俗，则辟公之过也”（《王制》），辟公即诸侯；“不知壹天下、建国家之权称”（《非十二子》）。四则词义转移代指思想流派。“今诸侯异政，百家异说……乱国之君非之上，乱家之人非之下”（《解蔽》），此全新现象说明人类以前完全以血缘为分别标准，而今开始以“学术——理想”走出气质之性——血缘，开始以天地之性——人心的智慧直接把握道体。

对比上述三个时间段，即甲骨金文时代、五经时代和东周列国时代，可见家义之发展呈以下趋势：自神圣之居所降而为人王之宗庙，代而为王室，再降而为卿大夫之采邑。随着家国同构的解体，“政治—伦理”“地域—血缘”重叠之统一体分崩离析后，家不仅不再于政治上指代王室、卿大夫采邑，并且于血缘上不再仅仅指代家族。其主要有三大含义，一是社会化的人的居所，二是基本血缘的社会最小单位——家庭，三是思想流派。

另外，随着家的个体化，往昔人的社会行为以族为单位，而今变成以士为单位，即个人开始浮出。

第四节 正夫妇为齐家之始

夫妇不是血缘关系，而是凭性、情、义三者将二者联系起来。性是生理之气质之性，情是爱情，这点则被遮蔽，只余义，然此义只是社会功能，比如生育后代、赡养老人等。所以我们看仁心在此之体现，表现不充分，比较浑浊，不够清澈，虽然里面也有爱敬之类，但毕竟不足。总之，先秦儒家对夫妇一道言之不足，出于思之不透。

一　后自然状态的终结

先秦儒家产生于经典封建开始解纽、新秩序尚未建立的历史时期，此周秦之变历经数百年，在此过程中，旧时代的特征并未立即湮灭，而是处于渐变之中，儒家即对此漫长过渡期内社会演进、人伦变迁中的两性予以重新规范。

其一，人伦关系——后自然状态。封建本义实为按宗法——等级原则封土建国、封爵建藩。[①] 正如钱穆先生所说："贵族封建，立基于宗法。国家即家族之扩大。宗庙里祭祀辈分之亲疏，规定贵族间地位之高下。宗庙里的谱牒，即是政治上的名分。"[②] 各邦国皆是建立在共同的血缘地缘基础上的小共同体，表现为政治、伦理、社会一体，自君臣以至国人，大率父子兄弟，甚至可以说是"天下尽亲戚"[③]。至春秋，虽然礼乐渐崩，古典时代的社会秩序处于重构之中，但古风犹在，人伦依然保留着浓郁的以"亲亲"为特征的古代社会的自然状态。

其二，女性命运——准古代自由。经典封建时期女性从属于宗族之小共同体，故许多女子都是同姓，非姬即姜。[④] 除了"男子称氏，妇人称姓，氏所以别贵贱，姓所以别婚姻"[⑤] 这样的"同姓不婚"的原因外，更是因为他们本来就是亲戚。在此自然状态的延续下，男女享有相对平等的权利，女性还保留着古代的自由，如参政、恋爱

---

① 冯天瑜：《"封建"考论》，中国社会科学出版社，2010，第 18 页。

② 钱穆：《国史大纲》，商务印书馆，1994，第 93 页。

③ 胡发贵：《从"尽亲戚"到"礼新亲旧"：中国古代人伦关系在春秋时期的变迁》，《南国学术》2018 年第 2 期。

④ 姬姓，如《论语·述而》所载鲁昭公娶吴国伯姬，又有晋献公之女伯姬嫁给了秦穆公后称为穆姬，而鲁宣公之女伯姬嫁宋共公称为共姬。姜姓，如周之邑姜（周武王后）、卫姑定姜（春秋卫定公夫人）、鲁季敬姜（《列女传·母仪》）、彼美孟姜（《诗经·郑风·有女同车》）等。

⑤ （宋）郑樵：《氏族·序》，《通志》卷二十五，中华书局，1987，第 439 页。

等。[①] 当然，此种自由只是源自宗族内部自然而然的习惯行为。春秋时，此类自由犹存，如女子在婚姻上拥有相当的自主选择权，[②] 乃至改嫁也属正常，绝无守寡一说，[③] 孔子家族也多有改嫁，后来谭嗣同即因此赞许彼时之夫妇类于兄弟朋友之关系。[④]

所以，在经典封建制下，男女关系是宽松、自由的，并没有受到政治的压迫，性别的歧视，最接近自然状态。

二 先秦儒家对男女的新规范

封建解纽经三四百年之渐变，至秦汉后方告完成，故上述诸特点并非立即湮灭，儒家与诸子百家一样，都是生于兹长于兹，为了处理旧时代、因应新世界，都表现出强烈的重新规范人间秩序的理论冲动。

其一，先秦儒家对人的重新发现以及对女性的肯定。如前所述，先秦儒家之义理可以《易传》"原始反终"来简要概括。儒家在宇宙的高度来安排苍生秩序，其由道体下贯性体、心体，而后仁心自做工夫，下学而上达、上达而存养、存养而践履，再向外发用，以仁民爱物，参赞化育，最终峻极于天。先秦儒家视野中的人，乃是人重新自我发现，并非旧日基于血气的自然人，或是至上神如"帝""天"笼罩下的人，而是以道德为核心来定义的社会人，其目标与理想是普遍而超越的，在族群上不分华夷（《子罕》"子欲居九夷"），在年龄中无论老幼（《公冶长》"老安少怀朋友信"），自然在性别上也不会歧视女性（《学而》"贤贤易色"）。孟荀所云"人皆可为尧舜""涂之人可以为禹"，此主体首先是男性，但并未止于男性。故在儒家的本质界定中，男女之人格权利价值完全平等。就

① 参政如《左传·郑伯克段于鄢》所载武姜参与其子郑庄公与共叔段之争，《战国策·触龙说赵太后》载赵太后出少子为质为赵国解除秦国之围。五经系统中记载了许多女性视角的自由恋爱。如《诗经》中如《郑风·将仲子》对自由爱情之忠贞宣言，《召南·野有死麇》对约会现场之大胆白描，《郑风·狡童》对思念情人之形象绘写，等等。

② 如《左传·昭公元年》载郑国女子选亲："子皙（公孙黑）盛饰人，布币而出；子南（公孙楚）戎服人，左右射，超乘而出。女自房观之，曰：子皙信美矣，抑子南夫也，夫夫妇妇，所谓顺也。适子南氏。"

③ 如《韩非子·说林上》载："卫人嫁其子而教之曰：必私积聚，为人妇而出，常也。"可见彼时改嫁乃司空见惯之现象。

④ "夫妇者，嗣为兄弟，可合可离，故孔氏不讳出妻，夫妇朋友也。"谭嗣同：《仁学》，华夏出版社，2002，第128页。

义理而言，孔门“贤贤易色”已足矣。就孔子本人经历而言，其从小孤儿寡母相依为命，很难想象他会歧视包括自己母亲在内的女性，事实上也找不到他歧视女性之例。[①] 当然儒家并未忽视男女有别，尚强调维齐非齐之辩证否定。

其二，先秦儒家对人伦关系中女性的重新规范。此是依据自然属性与道德属性之不同，既明其别，又重其德。

一是对气质之性之认可。首先，承认之。《礼记·礼运》云：“饮食男女，人之大欲存焉。”儒家顺应此欲，认为男女结合为人伦之始，乃第一义。《中庸》云：“君子之道，造端乎夫妇，及其至也，察乎天地。”孟子云：“丈夫生而愿为之有室，女子生而愿为之有家。”(《滕文公下》) 此皆是承认此欲望的合理性以及社会功能，强调要顺从此欲望，使“内无怨女，外无旷夫”。其次，防范之。儒家又对两性关系可能产生的迷误而引起的道德窳败与社会沦陷深深忧虑，故制定了详尽的礼制，强调男女有别，规范交往。男女自幼培养、教育方式不同，[②] 在日常生活中于家族内部和邻里乡党亦严男女之防。[③] 再次，规范之。既反对纵欲，又满足生理需要与人类生息、社会发展，则规范化的婚姻是最佳途径。儒家认为正婚姻具有重大意义。婚礼开启人的繁衍，[④] 由其别义相生，展开了整个属人的世界。[⑤] 故建立规范化的程序，如父母之命、媒妁之言，以及“六礼”(纳采、问名、纳吉、纳征、请期、亲迎) 等，此是构建社会普遍认可之

---

① 通常认为孔子歧视女性的根据是《阳货》所载一章：“子曰：‘唯女子与小人为难养也，近之则不孙，远之则怨。’”此章聚讼千古，愚以为，此章之“与”似乎并非连词，而是同于《先进》“吾与点也”之“与”，是肯定之义。则本章所批评的并不是所有女性，而是特指沦为小人之女性。

② 如《礼记·内则》云：“女子十年不出，姆教婉娩听从，执麻枲，治丝茧，织纴组紃，学女事，以共衣服。观于祭祀，纳酒浆、笾豆、菹醢，礼相助奠。十有五年而笄。二十而嫁，有故，二十三年而嫁。聘则为妻，奔则为妾。凡女拜，尚右手。”

③ 内部如《礼记·内则》云：“男不言内，女不言外。非祭非丧，不相授器。其相授，则女受以篚，其无篚，则皆坐，奠之，而后取之。外内不共井，不共湢浴，不通寝席，不通乞假。男女不通衣裳。内言不出，外言不入。”乡党如《礼记·内则》云：“男子入内，不啸不指；夜行以烛，无烛则止。女子出门，必拥蔽其面；夜行以烛，无烛则止。道路，男妇由右，女子由左。”

④ 如《礼记·昏义》云：“昏礼者，将合二姓之好，上以事宗庙，而下以继后世也，故君子重之。”

⑤ 如《礼记·经解》云：“昏姻之礼，所以明男女之别也。”

合法性。

二是对天地之性之反思。首先，贤贤易色。此是要求超越感官之欲望，以德行作为男女结合之标准。《论语》载："子夏曰：'贤贤，易色；事父母，能竭其力；事君，能致其身；与朋友交，言而有信。'"（《学而》）此章多有争议。其实首四字乃是对妻子而言，要贤其贤，易（轻）其色，即推崇贤德而轻视美色。如此方与下文所列成平行之事，对待妻子、父母、君主、朋友，各有准则。其次，爱敬妻子。与在政治层面要求天下为公"君臣以义"相同，儒家在家庭生活中，一直强调"夫妻以爱（敬）"，此是孔子所再三叮咛者。[①]

三　存在之问题

先秦儒家之齐家，既包含着男女一视同仁的本然要求，又有对男女有别的合理规范；既有对贤贤易色的特别重视，又有着对女性的压制倾向。儒家修齐治平之体系、君子圣贤之主体，虽然未明显否定女性但也未明确肯定。

其一，自由恋爱的消失。如上所言，孔子时代，尚视两性关系为自由质朴，观其整理之《诗经》，其中《国风》部分保留了相当多的男女爱恋、思慕、约会甚至后世所谓"淫奔"之诗。以孔子为分野，孔子之后，恋爱趋绝，一方面，儒家强调适龄男女有结合的权利、义务；另一方面又强调此种结合排除自由交往，由父母媒妁安排而直接进入婚姻范式。关键是此种规范化的社会准则即婚礼的建构与执行，若趋于绝对化，则易使爱情被遮蔽，男女结合完全是出于生育、宗族联姻、社会稳定等外在目的，人的此一天然情感即被无限打压。

其二，家庭内部的男女不平等。首先，"以顺为正"——妻子对丈夫的正式从属。孟荀已认可女性从属丈夫，[②]"三礼"则直接提出"三从四

① 如《礼记·哀公问》云："昔三代明王之政，必敬其妻子也。有道，妻也者，亲之主也，敢不敬与？子也者，亲之后也，敢不敬与？"《礼记·哀公问》云："大昏既至，冕而亲迎，亲之也。亲之也者，亲之也。是故君子兴敬为亲，舍敬是遗亲也。弗爱不亲，弗敬不正。爱与敬，其政之本与！"

② 《孟子·滕文公下》云："女子之嫁也，母命之。往送之门，戒之曰：'往之女家，必敬必戒，无违夫子。'以顺为正者，妾妇之道也。"《荀子·君道》亦云："请问为人妻？曰：夫有礼则柔从听侍，夫无礼则恐惧而自竦也。"

德”之理论。[1] 其次，夫妻关系受父母影响。如“父母有婢子若庶子庶孙，（自己要）甚爱之；虽父母没，没身敬之不衰。子有二妾，父母爱一人焉，子爱一人焉，由衣服饮食，由执事，毋敢视父母所爱，虽父母没不衰。子甚宜其妻，父母不悦，出。子不宜其妻，父母曰：‘是善事我。’子行夫妇之礼焉，没身不衰。”（《内则》）再次，妻妾间的不平等。同为家庭内部的外来女子，由于妻妾身份的不同，相互之间充满不平等。谓之娶妻、买妾，奔则为妾。如孟子云：“五霸桓公为盛，葵丘之会诸侯，束牲载书而不歃血。初命曰：‘诛不孝，无易树子，无以妾为妻。’”（《告子下》）虽说背后有政治考量，然亦可见妾妻之辨在当时多么重要。

其三，对离婚、改嫁女性的歧视。对于“出母”（被父所休者）问题，尤为突出，可谓“以礼杀情”。譬如《礼记》所记载的子思对出母的不丧不哭。“子思之母死于卫，赴于子思。子思哭于庙。门人至，曰：‘庶氏之母死，何为哭于孔氏之庙乎？’子思曰：‘吾过矣！吾过矣！’遂哭于他室”（《檀弓下》）。此是说，母子之情天经地义，哭是应该的，但不能在孔氏家庙中哭，因为父母已解除了“婚姻—家庭”关系。又如子思对待自己的出妻。“子上之母死而不丧。门人问诸子思曰：‘昔者子之先君子丧出母乎？’曰：‘然。’‘子之不使白也丧之，何也？’子思曰：‘昔者吾先君子无所失道。道隆则从而隆，道污则从而污。伋则安能？为伋也妻者，是为白也母。不为伋也妻者，是不为白也母。’故孔氏之不丧出母，自子思始也。”（《檀弓上》）子思当年可以哭出母，然而自己的出妻去世，却不让儿子穿丧衣。故而《礼记》强调“为父后者，为出母无服。无服也者，丧者不祭故也”（《丧服小记》）。若为父亲的嫡长子，就不需要为出母之死着丧衣，因为她当由其他人来祭祀。以上几则之解读向有争议，然对出母之薄情则无逃矣。另外对“寡妇之子，非有见焉，弗与为友”（《曲礼上》），此亦是相当之歧视。

第五节　明孝悌为齐家之本

有子云，孝悌为仁之本。孝悌是家庭血缘关系映射下的责任、义务。

---

① 如《仪礼·丧服》云：“妇人有三从之义，无专用之道。故未嫁从父，既嫁从夫，夫死从子。”《礼记·郊特牲》云：“妇人，从人者也，幼从父兄，嫁从夫，夫死从子。”

一 气质之性对孝道之戕贼

《礼记·祭义》云："孝子之有深爱者，必有和气。有和气者，必有愉色。有愉色者，必有婉容。"然而在现实生活中，孝道却往往为气质所扭曲。

其一，儒家孝道诉诸人性渊源之"一本"。《孟子·滕文公上》载，墨者夷之与孟子曾有一次辩论。夷之认为"爱无差等，施由亲始"，即认为爱无差等、同质同量，唯因生活在一起的地理、人事等原因，故而施发此爱"恰巧地"自"身边的"亲人开始而已。孟子则就人最真实的情感发问，难道一个人对他的侄子会与对邻居家的小孩一样亲吗？接着孟子又说："且天之生物也，使之一本，而夷子二本故也。"此处之二即多，孟子是说，每个生命仅有唯一之生养源头，夷之则强以为多，就人而言，人只有一个父母，而墨者却立了无穷个父母，此诚大谬。儒家的人性论，是就人最真实的情感回溯，由此发现人性最深层的基石。父母子女、同胞兄弟姐妹之间源于血缘的亲情，在本质上是人性的基础，是最深层、最真实的部分。故子思曰："仁者人也，亲亲为大。"(《中庸》)

其二，现实中气质之性对孝道之戕贼。此亲情在现实中又不是必然会完整呈现，如东周之时，因为气质之性的泛滥，兄弟相残、父子相争层出不穷，所以儒门对孝道有着深深的忧患。孟子曾总结："世俗所谓不孝者五：惰其四支，不顾父母之养，一不孝也；博弈好饮酒，不顾父母之养，二不孝也；好货财，私妻子，不顾父母之养，三不孝也。从耳目之欲，以为父母戮，四不孝也；好勇斗狠，以危父母，五不孝也。"(《离娄下》)孟子又呼吁："谨庠序之教，申之以孝悌之义，颁白者不负戴于道路矣。"(《梁惠王上》)《礼记》记载有种种措施"以此坊民，民犹忘其亲"，"以此坊民，子犹有弑其父者"(《坊记》)。上述皆是父母与子女之间的天然亲情被气质之性所遮蔽。故而，儒家特别重视孝悌，就是希望将血气之亲重新透显出来，重建人伦之基。

二 生，事之以礼

就儒家而言，孝道有三大内容，绵延于长辈人生的三大阶段，即孔子所云的“生，事之以礼，死，葬之以礼，祭之以礼”（《为政》）。下面首先来看父母生时之孝道。曾子云：“孝有三：大孝尊亲，其次弗辱，其下能养。”（《礼记·祭义》）我们就逆此顺序进行讨论。

其一，“其下能养”。此即“事父母，能竭其力”，此指物质生活上对父母的孝养。表现在生活各个方面，如供应衣食，[①] 关心父母的年纪与身体，[②] 不远离父母，随时奉养，[③] 甚至《礼记》规定了具体的礼仪“冬温而夏凊，昏定而晨省”等，至为繁琐，不赘引。

其二，“其次弗辱”。一则不辱父母所赐予的身体。曾子便阐述了孝敬与守身之间的关系，其云：“身也者，父母之遗体也。行父母之遗体，敢不敬乎？”（《礼记·祭义》）“身也者，亲之枝也，敢不敬与？不能敬其身，是伤其亲。伤其亲，是伤其本。伤其本，枝从而亡。”（《礼记·哀公问》）这其中，特别要避免无义的私斗。荀子云：“斗者，忘其身者也，忘其亲者也，忘其君者也。”（《荣辱》）二则顾及父母的美名。如《礼记》云：“君子弛其亲之过，而敬其美。”（《坊记》）即不把父母的过错记恨在心，却将父母之美德牢记在怀。

其三，大孝尊亲。一则要尊敬父母。孔子云：“小人皆能养其亲，君子不敬，何以辨？”（《礼记·坊记》）连小人都能够养活他的双亲，作为君子，如果也是只能养活而不知孝敬，那与小人还有什么区别呢！孔子在与弟子讨论当时社会的不孝情况点评云“今之孝者，是谓能养，至于犬马，皆能有养，不敬，何以别乎”；“色难。有事，弟子服其劳，有酒食，先生馔，曾是以为孝乎”（《为政》）。仅仅只有物质上的供养，而无内心的尊敬与家庭的和乐，此非孝。二则生活中在精神与物质等方面全方位践行孝道。首先是物质上赡养，如前述曾子之养其亲，其次声色态度上柔逊

---

① 如孟子云：“曾子养曾皙，必有酒肉。将彻，不请所与；问‘有余？’必曰：‘有。’曾皙死，曾元养曾子，必有酒肉；将彻，必请所与；问‘有余？’曰：‘亡矣。’将以复进也。此所谓养口体者也。若曾子，则可谓养志也。事亲若曾子者，可也。”（《离娄上》）

② 《论语》中载孔子曰：“父母之年，不可不知也。一则以喜，一则以惧。”“孟武伯问孝。子曰：‘父母，唯其疾之忧。’”《礼记·曲礼下》：“亲有疾饮药，子选尝之。医不三世，不服其药。”《礼记·曲礼上》：“父母有疾，冠者不栉，行不翔，言不惰，琴瑟不御，食肉不至变味，饮酒不至变貌，笑不至矧，怒不至詈。疾止复故。”

③ 《论语》中载孔子曰：“父母在，不远游，游必有方。”《礼记·曲礼上》：“夫为人子者：出必告，反必面，所游必有常，所习必有业。恒言不称老。”

服从，再次遵守孝道礼仪。三则以自己的事业成就来孝敬父母。孟子持此甚力，如云："孝子之至，莫大乎尊亲；尊亲之至，莫大乎以天下养。为天子父，尊之至也；以天下养，养之至也。"（《万章上》）并特别举舜的例子来说明此点。《中庸》已云："舜其大孝也与！德为圣人，尊为天子，富有四海之内。宗庙飨之，子孙保之。"《孟子·万章上》更承之，以舜为例，在平天下与齐家（主要是孝父）、一时与一生的对比中，得到"大孝终身慕父母"的结论。

当然，儒家所持的孝道有一个界限，如果突破之，违背正义，则孝道即当服从天道。故荀子将其总结为"从道不从君，从义不从父"（《子道》）。

三 死，葬之以礼

孟子曰："养生者不足以当大事，惟送死可以当大事。"（《离娄下》）故儒家对于死葬，首先要求丧礼中当以理性节制情感，此点前文已述，不赘述。其次条件许可须尽力置办优质棺椁以安葬亲人。《公孙丑下》记载孟子自齐之鲁安葬母亲，在返齐途中与充虞讨论此问题，他说古代内棺外椁并无固定的规格，到了中古之世才规定内棺厚七寸、外椁则与之相称，从此自天子至于庶人都遵守这个规格，如此做并非仅仅为美观，主要是能尽到孝子之心，况且这样能让逝者的身体不沾泥土，这对孝子来说，是可以欢欣安慰的。至于下葬礼仪，儒家又多有讨论，如《滕文公上》载孟子与墨者夷之讨论土葬与否，其实质是生者是否愿意选择一种于心无愧的方法让逝者体面离开，此不仅是对逝者更是对生者尊严的保证。

四 祭，祀之以礼

《礼记》云："祭者，所以追养继孝也。孝者畜也。顺于道，不逆于伦，是之谓畜。"（《祭统》）祭祀乃完成对父母生前应尽而未尽的供养和孝道，故孝道即是此奉养与尽孝之积蓄。顺于天道，不逆人伦，方谓之蓄。

其一，频率合乎天道。《礼记·祭义》即表明，祭祀之次数不能太过频繁，否则徒使人生厌而已，如此即不敬于神。然祭祀之次数亦不能太少，否则易使人怠惰，有怠惰之心则会忘记祖先。故君子行以天道，春行禘祭，秋行尝祭。逢秋之时，霜露覆盖苍茫，君子脚履霜露，倍觉凄凉；

由此触景生情，念及逝去之亲人；逢春之际，雨露滋润天地，君子沐于雨露，心有怵惕，宛若逝去之亲人如春回大地般再度重逢。人们以快乐的心情迎接亲人的归来，以悲哀的心情送别亲人的离去，故禘祭奏乐而尝祭无乐。

其二，祭祀过程要事死如生。如《礼记·祭义》云："齐之日，思其居处，思其笑语，思其志意，思其所乐，思其所嗜。齐三日，乃见其所为齐者。祭之日，入室，僾然必有见乎其位；周还出户，肃然必有闻乎其容声；出户而听，忾然必有闻乎其叹息之声。"

其三，祭礼之功能。周人敬天法祖，儒家"宪章文武"，不仅对此传统特别重视，更是看到了祭祀祖先之社会效应，此如曾子曰："慎终追远，民德归厚矣。"（《学而》）祭祀之礼，使人在纵向时间上有一生命之安顿，对生者群体而言，也具有"合族"的功能，此是儒家齐家理论的重要一环。上古之时，人烟稀少，又聚族而居，人人自明身世所出，祭祀的合族功能尚不明显。至后世，人口增多、战乱频仍，故族裂家析，散迁天下，此功能即凸显出来。

五　孝道之扩展

就儒家而言，孝道并非仅仅存在血亲之幼长之间，更是弥纶天地者。

其一，扩至人伦。一是扩至下一代。孟子曰："不孝有三，无后为大。"（《离娄上》）尽孝并不只是仅对父母实施者，如果未生养后代，此即不能将血统延续下去，有悖生生不息、大化流行之天道。二是扩大至整个家族。如《礼记》载孔子云："睦于父母之党，可谓孝矣，故君子因睦以合族。《诗》云：'此令兄弟，绰绰有裕。不令兄弟，交相为愈。'"（《坊记》）

其二，扩至万物。曾子曰："树木以时伐焉，禽兽以时杀焉。夫子曰：'断一树，杀一兽，不以其时，非孝也。'"（《礼记·祭义》）人乃宇宙之子，乾父坤母，万物皆是兄弟，故虐待之皆是不孝于父母。此义即"仁民爱物"之源头。

其三，弥纶天地。曾子曰："夫孝，置之而塞乎天地，溥之而横乎四海，施诸后世而无朝夕，推而放诸东海而准，推而放诸西海而准，推而放诸南海而准，推而放诸北海而准。《诗》云：'自西自东，自南自北，无思不服。’此之谓也。”（《礼记·祭义》）至此，孝已返回道体本身。

六 悌道

孝是纵向，悌是横向。悌亦是天然之情感。兄弟之间，同一血缘，本当亲密无间，此是天赋，如有违背，则是逆天。孟子与弟子公孙丑曾讨论之，其云：“有人于此，越人关弓而射之，则己谈笑而道之；无他，疏之也。其兄关弓而射之，则己垂涕泣而道之，无他，戚之也。”（《告子下》）悌道主要原则是“在丑夷不争”（《曲礼上》）。兄长爱护弟辈，弟则尊敬兄长，各尽义务。孔子推崇泰伯，其云：“泰伯，其可谓至德也已矣。三以天下让，民无得而称焉。”（《泰伯》）孟子则在《万章上》集中塑造了舜的孝悌形象，如“象日以杀舜为事”，而舜则“象忧亦忧，象喜亦喜”，不仅宽恕象的所作所为，更封之于有庳，孟子解释云：“仁人之于弟也，不藏怒焉，不宿怨焉，亲爱之而已矣。亲之欲其贵也，爱之欲其富也。”

悌道与宗子制侧重不同。宗子制是纲，以之提起整个血缘家族，而悌道是网，弥合无间。宗子主要说的是尊卑制度，而悌道则强调兄弟之间的友爱原则。如果说宗子制是礼以别之，则悌道是情以合之。

第十二章　下行·化乡

乡党即（民间）社会，然二者有一相合之过程。社会是近代传入的西词，对古代中国来说，是有其实、无此名且有另名，即乡党。但乡党一开始并不是（民间）社会，其有一番演化。儒家之化乡，则始于教，归于俗，即教明其德，化成其俗。

第一节　乡党之理的规定

家庭之后、国家之先出现的群居实体，是社会，在国家产生之后，它则叫民间社会。乡党就是民间社会，民间社会是通用之称谓，而乡党则是中国古代独有之术语。

一　一个新实体的产生

人既天然采取群居生活，则其群居之实体，经历家庭（宗族）、社会、国家、天下四大阶段。

其一，社会的产生。当家庭（宗族）扩大到一定程度，因种种原因如人口和生活资源压力而分解，则有部分人离开。当两群相异的、陌生的分解之家庭（宗族）成员相遇并和平相处，他们就进入了人的栖居之第二种形态——社会。家庭（宗族）裂析后形成的这样一种群居实体，不再以血缘为联系纽带，也就是说，人与人不再以血缘的远近为区别标志，交往的单位更换为族群或曰小共同体。这种由不同家庭（宗族）成员组成的社会实体虽无血缘关系，但有地缘关系，亦是命运共同体。

其二，社会的特点。一是公共空间。此小共同体之间，它们能发生联系的唯一原因，就在于它们彼此相邻、共处一地，也就是说，它们是一个新兴的、以地缘为联系纽带而形成的实体，如“百室之邑”（《左传·成公十七年》)、“十室之邑”“千室之邑”(《公冶长》)。二是熟人之间出现一个新人伦——朋友。这里的成员，不再完全是亲人，而是熟人。由于共同体的空间范围较小、人口很少，所以全部成员都非常熟悉。这种熟悉甚至延伸到其与自然、与动植的关系。他们对天上的星辰、地上的山川甚至身边的动物或植物都相当熟悉，比如一块常坐的石头，或者一头久未能捕到的猎物，乃至给它们起了名字。除了祭祀与生活所需的食物与皮毛外，他们绝不胡乱伤害自然。而这种熟悉给所有的居民以安全感、信任感、依赖感。三是仁的新形态。仁在家族中表现出爱，无保留的爱；至社会中，则开出朋友之伦，是为诚信与公义。那种血缘之间无保留的爱解体后，新社群由众多旁系亲戚及更远者(指血缘、地缘)组成，此爱就变成了诚信。在社会中虽不是无保留的爱，但由于血缘、地缘，相互认识，他们还保留着温情脉脉的一面。也就是说，随着自然状态的终结，进入社会后，彼此只是朋友，仁心即变成互助，以诚信为基础。四是隐形团体及成员及其公共生活。《易传》云：“神农氏作，斫木为耜，揉木为耒，耒耨之利，以教天下，盖取诸益。日中为市，致天下之民，聚天下之货，交易而退，各得其所，盖取诸噬嗑。”此只是后儒附会。事实上，在国家之前，社会分工是隐蔽的。这个实体是由各种隐形团体组成的。所谓的团体，是不自觉的，无组织的，或说初级组织的；不及家庭的自然成型，它是隐形的。也就是说，没有领袖，没有章程，没有裁决者，只是不同的功能将其隐秘地划归为不同的团体。血缘家族是其一，它执行的主要是生育功能。本来聚集在血缘家庭中的自给自足的功能，都被分散开来，由来自不同家庭的人分承它们，如生产、交换、安全、信仰、教育等。也就是说，在这个新的实体中，每个人都是一个或多个隐形团体的成员，都承担着双重角色，施与受，接受别人的服务，同时也服务于别人，以自己所力所能及的方式与意愿。五是准公共权力。在家、乡中，公共权力萌蘖初生、模糊不清，前者往往由血缘之纵贯决定，后者往往由本地伦理、公共舆论甚至是个体的血缘、年龄、财富与身份等共同决定，但后者更接近公共权力本身，因为没有什么集团可以垄断、抢夺之。六是公共场合。开始出现一些因处理公共事务如祭祀神明或物质交换乃至情感交流等而形成的公共场合，如市井。孟子云：“古之为市也，以其所有易其所无者，有司者治之耳。”(《公孙丑下》)《说文》：“市，买卖所也。”七是天然领袖。本来由家长

（族长）担任的首领位置，在更大的范围内由一些具有明显领袖气质与特征的人来代替，没有任何人为的程序产生这样的人，不像在家族中，由于辈分长幼、血缘亲疏、年龄大小而天然分出来，他们是在公共生活中（如狩猎、采集等）表现出相应的能力。甚至有的是因为他们的独特的、远远超越时代的发明与贡献，如有巢氏之于房屋，轩辕氏之于车辆，燧人氏之于取火，神农氏之于医药。或是与神灵沟通的异常能力，如舜入深山而不迷。八是自然法则。这种秩序的建立，并非圣人主动教化的，也不是在外力逼迫下形成的，而是顺着人的生存需要而自发形成的。即如幼婴，什么都不会却什么都不缺，因为一切由父母提供，所以赤子是无恶的。初时的人们一切都不会一切都不缺，因为有自然母亲提供一切，资源是如此丰富，人口如此之少，几乎每个人，只要你不懒，都可以生活得很像样。没有生存的压力，就没有偷窃与争夺，此如太平洋萨摩亚人一样。所以，自然状态下的人，是没有恶的。人们只是凭着上帝根植于他们心中的自然法则行事，人们按风俗习惯来生活。“日出而作，日落而息，凿井而饮，耕田而食，帝力于我何有哉”（《击壤歌》），当是后世对此的追忆和赞歌。九是社会表面是宁静的，但是内部酝酿、积蓄着巨大的力量，有着太多不能为亲情、理性所能驾驭的因素，它从来不会天崩地裂，然而一直都是顶天立地，甚至决定了整个文明实体的性质与走向。社会从来就不是软弱的，而是一种恰好的无序，其混乱与暴力被控制在各“血缘—地缘”共同体的习惯重叠以及各色民间“武器”使用的极限中。在没有经过理性的锤炼之前，乡党的天地之性、气质之性往往是以矿石的形态处于原生的旷野中。

其三，国家产生，社会独大之局面即告终结。一则旧方案失效。终有一日，当人口与资源压力达到一定程度，旧有的解决方案，如小共同体家庭分家，大共同体氏族迁移，即宣告终结。因为移民们会发现新到之处都是别人的家园，前进一步即意味着闯入防守者的弓箭射程。于是，人类的黄金时代结束了。二则是公共事务的新演进。有朝一日，巨大的灾难，如洪水泛滥、外敌入侵、猛兽暴虐等，面对之，现有的共同体无法解决，一种新的权力以及承载它的共同体就呼之欲出了，那就是公共权力与国家。如“鄉”“卿”本为一字，① 由社会入国家，则原来聚落

① 杨宽：《西周史》，上海人民出版社，2003，第750~751页。

之首领成为政府之官员。

二 乡党的结构

其一，三股力量。儒家视域内的人间，有三股伟岸的力量在汹涌。《论语·乡党》载："孔子于乡党，恂恂如也，似不能言者。其在宗庙、朝廷，便便言，唯谨尔"；"乡人傩，（孔子）朝服而立于阼阶"。第一股力量是祖先，宗庙指祖先灵魂所系，阼阶即庙之阼阶。第二股力量指朝廷，即当时"准"公权之实体。第三股力量则为乡党，即民间社会之共同体。家族乃血缘之根，广汲水土，然深埋不见。朝廷是"理性"之花，虽遍采光露，灿烂绚丽，然旋开旋败，来去匆匆。唯有乡党，是为干枝，虽经雷霆、暴雨、烈火、狂风而恒在，挺立在天地间。孔子对此三股力量的态度是截然不同的。其在宗庙、朝廷，却似放得开，说话比较轻松自如，只是较为注意措辞而已。然而对于乡党，则是异常复杂的，严肃恭敬、小心谨慎乃至于恐惧战栗。显然，对于孔子来说，乡党较于宗庙、朝廷是异质的。以宗庙所代表的祖先，虽然久远，然同一血缘，自己承其遗体、无时不在，故充满亲情，是以无间。以朝廷为代表的公权体系，是文明发展到一定程度的理性产物，乃仁心之自觉的客观化，故孔子亦许之同道。唯有乡党，其是一股巨大的、习惯的、历史的洪流，自远古冲来，滋养万物，润泽苍生。个体之人，可以挣脱家族，可以远离邦国，然而无论如何不能脱离乡党，事实上，乡党是人的主要栖居场所。故而儒门对于乡党最为重视，然儒门对于乡党之策略，既要超越家族之自然，又不可全部脱离此自然；既要衔接邦国之理性，又不能贸然突入此理性；在（家族之）温情与（邦国之）峻法中，觅得一温柔敦厚之途径，此即是化乡，既言化，则非修、齐、治、平。此化乡，即是教化。政治则自主，民生则互助。教明其德，化成其俗。始于教，终于俗。春秋时，五伯迭出，七雄未乱，周祚衰而未亡，天下分而未崩，基本社会结构规模尚存，故孔子尚可留心于乡党，重在礼仪风俗之示范，人心物理之收敛，冀匡复天下。战国儒家对于化乡一道，则比较忽视，其对修身、治国、平天下最感兴趣，化乡也曾涉及，但所占比例较小。究其原因，一是王权向下透析、向上收勒，二是彼时天下大乱，务急之道，在于富国强兵，救亡以图存，故据邦国而望天下即成基本范式。

其二，三层结构。乡党之第一层乃自发状态下的成员。自发状态是笼统的、朴素的、大众的“质”。其成员包括亲戚（基于亲情的血亲或姻亲）以及乡亲（基于乡情的由地缘而形成的熟人）。他们的联合基于对共处的共同体的依赖，对共同价值观的认同，对共同生活规范的遵守，因相互扶助等交往而产生的共同生活经历，彼此因长久共处所形成的熟悉与信任等。乡党之第二层为自觉状态下的成员。自觉状态是明确的、主观的、个体的“文”。此是由于对公义的追求而形成的。包括同志（基于共同的交往、经历、志趣）、师弟（以义合，组成思想、学术、实践流派）、东伙（经济民生中形成）以及其他社团。乡党之第三层则有一个新关系的出现——朋友，此是广义之熟人。上述自发、自觉两大类型之间，朋友是居于其中的中介，故很多时候，就以“朋友”来代替所有的乡党关系。同样是亲戚与乡亲，但以朋友为中介，则前后大不一样，之前为自发的阶段，混沌的演化，之后则是理性的认定，是为自觉。

三　生克关系——家庭、社会与国家

自此，人类便进入异质的栖居实体并存的阶段。

其一，家庭与社会。《中庸》云：“仁者，人也，亲亲为大。义者，宜也，尊贤为大。”仁义二者分别代表了家庭与社会的运行规则。家庭之后，社会产生。不可以说家庭是社会，因为二者运行原则不一样，家庭基于血缘，狭义的仁，是自人最根本的血亲说起，故曰亲亲为大，仁是爱心，爱有差等。社会则基于地缘，广义的义，即超越血缘而采取的最适宜之途径，即公共性，而非血亲之情，故义是推心，由近及远，此是公心，故曰尊贤为大。

公共化是家庭与社会第一个区别。人类开始是采取同血缘氏族的群居方式，族内群婚，故人之生，其实是类社会化的，育也是准社会化的，由全体成员抚养，故此时无家庭也无社会。当家庭产生，即父、母、子形成后，家庭便自氏族中显现（非独立）出来，但此时并非必然产生社会。然而社会正是从家庭扩大裂析之时产生的，判断社会形成的标志，不是人数与规模，而是公共化。在一个传统的家庭里，家长往往垄断了诸多生存功能。当生存所必需的诸项功能不再由某个单位（如家庭或家族）所自给自足，而需要诸多单位来合作进行；这时，人类就超越家庭进入社会。在这里，公共化是一个有独特规定性的概念，它包括，动机上是自由的，方法上是等价交换的，结果是非零和博弈的。家庭内部貌似也有公共化，如一项工作由几人共同完成。但是，这种准公共化与公共化的差别在于，后者是以价值交换（等价交换）为基础的，即，一项工作的公共完成，是诸人通过对内在于此项工作中的价值之自发或自觉的自我判断（计算衡量）而自愿完成的，故它是自由的。而在家庭中的公共工作，却是指令性的、无条件完成的，或是以亲情为基础自愿完成的，也就是说，它没有等价交换。所以，家庭产生后并不意味着社会必然出现。同样，并非基于同一血缘的氏族就一定会发展为社会，而由两个或以上的氏族所组成的宗族，就天然是一个社会。血缘诚然并非社会形成的门槛，却通常是一座通往它的桥梁。也就是说，虽然逻辑上不一定，然而通常在家庭析出后，氏族即演而为社会，宗族同然。在社会形成后，会不会吞噬家庭？不会。由于人的生育必须采取男女交媾的方式，天不变道亦不变，在人的自我繁殖手段不能公共化之前，家庭一直存在，故家庭即成为社会的基础单位。

所有权是家庭与社会第二个区别。家庭有明确的所有权，因为血缘，所有人员和财产都从属于家长。而社会没有所有权，不属哪一个个体，或者说是由所有个体自动相加而成，是所有个体的所有权的相加，也即是说，它是一个共享空间，一个公共领域。相比而言，国家则是对社会的一个人为集中，将社会那种自然的权力之和，以人为的方式集中表现出来。

社会与家庭的区别还在于基于自由、等价交换、非零和博弈的公共性，而此是家庭所不具备的。同时，此公共性的追求并非一帆风顺的，个体在追逐之中受到伤害，就需要退回家庭中来疗养。所以，家庭与社会是两个相生相克的实体。家庭生社会（时间关系，不是产生而是演化），社会生家庭（守护、维系，不是产生，而是养生之生）。同时，家庭克社会（以亲情滋润冷漠等），社会克家庭（以巨大的成果来保持对家庭的压力，如果没有成果，自然不需要发展为社会）。家庭仅仅服从伦理性，基于血缘的天然关系支配一切，仅仅服从于天然秩序中的人（血缘），家庭中的所有工作仅仅只有伦理此一属性，往往不能实现资源的最佳配置。而社会服从天然秩序中的天，比人更进一步回归。家庭在于其伦理性，社会在于其公共性——隐蔽的、自由的。社会是否有限？社会是最大的，当然有限，但在人所栖居的三大实体中，社会是最大的，它的局限仅在于它的时代性，另外，社会在文化空间中是有界限的，其可为不同的文化所区分。

其二，社会与国家。国家重在其公共权力——公共权力是超越公共性的概念，具有强制性、抽象性（社会是生活的、落实的、具体的、经验的、可触可感的）和有限性（国家只管理公共事务，不管理社会与家庭之中出现的不涉及公共事务者）。在国家产生之前，社会只是初级的，没有与国家进行较量的社会，只是自然状态下的社会（乡党），只有待国家产生后，与之进行损益，才成为典型意义上的社会（乡党）。当社会被完全国家化，或说国家吞噬了大部分社会时，其成员就被分成以下几种类型：鼓吹之，认为此是人类所由的唯一途径，此在后世，即为法家；警惕之，认为邦国当保持小的范围，不能侵犯社会，此是老子；逃避之，认为邦国是伤害，此是隐者接舆等；反对之，认为国家是人的自杀，此即是庄子；最后一种，认为二者皆不可少，要保持协调好，此是儒家；当然，还有墨子，其徘徊在庄孔之间。

在历史的演进中，国家产生之后即被其成员默然接受，而他们完备的天性以及自由的生存则被强权以神的名义封存。

第二节　乡党之势的发展之一：作为实体的“社会”之呈现

古代中国，乡党分为三期。第一阶段是产生期，在家庭之后、国家之前，社会产生。第二阶段是显隐相间期。邦国出现，社会被压缩在基层民间，直至春秋封建崩溃后，才出现真正的民间社会，此即孔子的乡党，但战国末又迅速地被秦政消灭掉。第三阶段是重现期，汉唐之大一统，特别是宋后，政治双轨制后乡党重现。下面我们就来看先秦社会之发展。

一　第一期社会——国家产生之前的自然实体

其一，自然（自发）状态下的社会。其产生如前所述，国家产生之前，人的共同体，只是基于血缘、地缘的自由组合，就是庄子的理想社会，其《外篇·马蹄》有所谓“至德之世”，此至德之世也即庄子屡言“无何有之乡”，其中的“万物群生，连属其乡”，可见庄子乃将“乡”视为一种栖居之所，只是庄子是静止地祭祀它，而不能将之纳入动态的人类历史之发展来享受它，而后者正是儒家的态度。需要说明的是，庄子将之称为“某某乡”，可见“乡”在庄子处已有理想社会之义，此时人的存在即是自然，基于血缘、地缘的自然结合，无所谓广义之社会（即文明）、国家等异化人之自然者。

其二，第一期社会的终结。如《尚书·舜典》记载，尧舜禅让，舜为天子，禹、后稷、契、皋陶、垂、益、伯夷、夔等二十二人各司其职，组成政府，则标志着公共权力的产生，从而也宣告第一期社会的终结。此或传说，然其理不误。

二 第二期社会——半是邦国半是自然

此主要指商朝之时，商代国家是由众多自治族群组成的集合体，在商王“霸权的”权力组织下成为一个松散的联盟。在商人统治力薄弱处，还是有着残余的“社会”，故半是邦国半是自然。[①]

其一，商民之分类。商代社会的基本单位是族，在一族之内或不同族之间，成员皆有等级高低之别。故商代奠定在农业生产基础之上的经济阶层是金字塔式的，自上向下分别为王室成员和诸侯、监工、众人、羌人。监工如“小臣”，众人是地位低下的农夫，除种田外，还要当兵、纳贡、服徭役等。羌人则是作战所获的俘虏，除被大量用作人殉外，即补充农业劳动。[②]

其二，商对社会的控制。对内，商在王畿范围内，采用直接支配与间接支配相结合。但即使在王畿内，其支配力最强的只是王都及其附近地区。由于在这些地区商王的直接支配可以达到家族这一层面，安阳殷都所呈现的大杂居中的小族居的最基本的单元是家族而非宗族，晚商王都内的地缘性即亲族组织的政治性要较其他地方发达一些。[③] 对外，对远距离的侯伯方国的支配，主要是间接性支配。

---

① 李峰：《西周的政体：中国早期的官僚制度和国家》，生活·读书·新知三联书店，2010，第30页。

② 张光直：《商代文明》，毛小雨译，北京工艺美术出版社，1999，第210~214页。

③ 宋镇豪主编《商代史》卷五，王震中著《商代都邑》，中国社会科学出版社，2011，511页。

其三，商之民间社会。商人经商、种田，尚有部分自由。以经商为例，经商之商起源于商人。[①] 如《六韬》云："殷君善治宫室，大者百里，中有九市。"《尚书·酒诰》亦云："小子惟一妹土，嗣尔股肱，纯其艺黍稷，奔走事厥考厥长。肇牵车牛，远服贾用，孝养厥父母。"小子指殷遗，妹土即商旧都，周公让他们努力耕种，闲时则牵牛赶车，到外地做生意，赚钱赡养父母。周公鼓励殷遗经商，证明商人经商本为平常。

三　西周社会之消失与残存

西周经典封建制下没有自由空间与民间社会，故社会大幅消失，只有在权力未能抵达之处，尚有社会之残余。

其一，西周将社会挤压殆尽。一是公权力无比深入。这个终结的过程并非迅速完成，而是绵延了诸多世纪，直至西周建立起"家国同构"的经典封建制。在理论上，每块土地、每个民众都属于某级主人。在此坚硬无比、异常封闭的封建制下，家国之间的领域被彻底挤压干净，社会消失殆尽。彼时政府对于独立的不肯入仕之精英分子尽力围捕，如韩非云："太公望东封于齐，齐东海上有居士曰狂矞、华士昆弟，二人者立议曰：'吾不臣天子，不友诸侯，耕作而食之，掘井而饮之，吾无求于人也。无上之名，无君之禄，不事仕而事力。'太公望至于营丘，使吏执杀之以为首诛。"（《外储说右上》）对于一般的民众，礼乐渐崩之春秋尚有"苛政猛于虎"（《礼记·檀弓上》），何况西周，这都说明公权力的庞大与深入。二是居民分为三等。依许倬云先生，周之建立，特别是经营东方，实为以两次东征而展开的武装殖民。西部王畿，皆是同一宗族，东部封国则主要分三类：一则殖民者，如周公、太公及其家族；二则被征服而迁徙者，如殷顽；三则被征服的当地人，如商奄（山东曲阜县旧城东）、薄姑（今山东博兴县东南）等东夷古族群。三是形成三级地方结构。[②] 若以邑为中

---

① 宋镇豪主编《商代史》卷六，杨升南、马季凡著《商代经济与科技》，中国社会科学出版社，2011，第448页，引徐中舒、郭沫若、王毓铨、吴晗、吴慧说。

② 据李峰先生，西周是一个"权力代理的亲族邑制国家"，整个西周分为西部渭河平原的王畿地区与东部诸封国。西部主要是王都（大邑）——宗族贵族之族邑——属邑，东部则是国都大邑——土著族邑（后来还有诸侯子孙卿大夫采邑）——宗族控制之属邑。此处愚略加修改。具体见氏著《西周的政体：中国早期的官僚制度和国家》，生活·读书·新知三联书店，2010，第300~301页。

心，则在西部王畿地区有三种：王邑，如沣、镐。宗邑，即贵族封地，如金文所显示的“井伯”等。属邑，此又分两类，贵族所属和国家土地，后者由王派官员管理。在东部封国，首先是诸侯都邑，如齐之临淄，鲁之曲阜。其次是族邑，即聚族而居的中心邑，此又分三类，移民中心，如殷人所居，被征服土著居住中心，卿大夫采邑。再次是下属无数之小邑。若从更大的视野来看，则可直接分为三种，城邑、郊区、野外。其中城邑，指王邑、都邑等。郊区，首先有农庄小邑。“农庄之邑大抵都是小邑。我们认定小邑是农庄，主要理由之一是西周金文田、邑每每连言。”[①] 农庄的小邑，大概是三四十户人家，[②]《散氏盘》铭文显示，有“司虞”这样的官员管理着他们。[③] 其次还有田地，田中可能有庐，《诗经·小雅·信南山》云“中田有庐”。孔颖达《疏》曰：“古者宅在都邑，田于外野，农时则出而就田，须有庐舍。”则庐是田中屋舍。[④] 至于野外，指广阔的山川、森林、溪谷、沼泽以及联系邑之间的道路，其中可能还隐着一些未被王化的土著族群。

其二，基层民间社会的残存。即便在被征服者如殷人那里，由于被保留了土地耕种、祭祀等基本生存权利，他们尚可享有一定的自由。如《尚书·多士》载，殷人遗民并未被赶尽杀绝，而是继续他们以前的生活，如有一定的居住地与住宅，有一定保证的生活。又如《诗经》记载了他们的劳动生活场面，从《东山》《七月》的详细描绘可以看出：“他们有自己的住宅，尽管破旧，尚可避风雨；他们有家庭，有妻室儿女，结婚时还举行隆重的庆典；他们有从村社那里领来的土地，独立地进行劳动，只需按规定贡献和服役；到年终时，全体成员集中到村社的公共场

① 杜正胜：《编户齐民》，台北：联经出版事业公司，1980，第 99 页。

② 杜正胜：《编户齐民》，台北：联经出版事业公司，1980，第 102 页。

③ 李峰认为，散氏盘的铭文还告诉我们乡村小邑被管理的方式。显然，有官员负责管理这些邑及其与周边的关系。管理这些邑的一个常规职官可能是“司虞”，属于新边界上的两个邑——豆与原。由于虞的职责是监管一个邑的农地周边的林和泽，因此该职一定是渭河流域乡村地区广泛存在的常设职官。见氏著《西周的政体：中国早期的官僚制度和国家》，生活·读书·新知三联书店，2010，第 189 ~ 190 页。

④ 杜正胜认为，秦汉谓之田舍，平常亦过夜，不止白天休息而已。……可见田舍确是分散在田中的个别居处，与里邑之比邻不同。所以《汉书食货志上》说：“在野曰庐，在邑曰里。”野、邑皆有屋合，只是一分散，一集聚；一暂时，一永久而已。见氏著《编户齐民》，台北：联经出版事业公司，1980，第 106 页。

所，聚饮尽欢，高呼‘万寿无疆’。这样的村社成员，其身份显然是基本自由的。”①

四 第三期社会——春秋“乡党”之出现

在封建解纽和王权专制建立之间，即春秋战国时期，中国第一个完整的民间社会自行培育、生长而形成。

其一，新三级结构形成。一是国、野。国指周王或诸侯的都城，野指城外广大的乡村。如《孟子》“请野九一而助，国中什一使自赋”（《滕文公上》），“在国曰市井之臣”（《万章下》）；《易·坤》“龙战于野”；《诗·豳风·七月》“七月在野”。二是都、鄙。此是与国、野相平行的一套称谓，指次等城市与其野外，如《逸周书·职方》“辩其邦国都鄙”，《左传·襄公三十年》“子产使都鄙有章”。② 所以，国野是以王城为中心来划分的，而都鄙则是以次等的核心城市来划分的。三是郊、野。此二者常常混用，如《周书·牧誓》“王朝至于商郊牧野”。《说文》“距国百里为郊”，即在都城外百里之内均为郊。《说文》又云：“野，郊外也。”段《注》：“邑外谓之郊，郊外谓之野。”如此，即以都城为核心，方圆一百里内为郊，其外为野。故《礼记·曲礼》云“四郊多垒，此卿大夫之辱也”，即治国无能，使国都之外多被侵犯。综上，可分为三类：城市（国、都）—郊区（乡）—野外（其中边远为鄙）依理分，国为贵族居住及行政区域，郊为王或诸侯之采地，而野则为诸卿大夫之采地。

其二，民之三分。一是国人。西周并无所谓国人，③ 其是宗法渐崩后

① 徐扬杰：《中国家族制度史》，武汉大学出版社，2012，第113页。

② 都即是城邑，如《荀子·富国》：“田畴秽，都邑露。”都、邑区别在于都是城中有宗庙者，《说文》：“有先君之旧宗庙曰都。”《左传·庄公二十八年》：“凡邑有宗庙先君之主曰都，无曰邑。”其规格如《左传·隐公元年》：“先王之制，大都不过参国之一，中五之一，小九之一。”如孔子“堕三都”，即是三桓之居邑。鄙指边远至国境之地区，如“齐侯伐我北鄙……邾人伐我南鄙”（《左传·襄公十五年》），伍员奔吴“耕于鄙”（《左传·昭公二十年》），“群公子皆鄙”（《左传·庄公二十六年》注云“鄙，边邑也”）。

③ 正如李峰所说，国人只是出现于东周文献中的一个词语，西周青铜器铭文中并没有可以证明这类人存在的证据。西周社会并不存在国人和野人的对应，而是以城市与乡村社会的整合为特点。见氏著《西周的政体：中国早期的官僚制度和国家》，生活·读书·新知三联书店，2010，第181页。

方涌现出来的新事物。[①] 作为统治部族王侯卿大夫同宗之庶人，初分处国中，渐迁于郊外，从事士农工商。故春秋后文献中常见之。此庶人阶层仍然享有许多参政议政权，甚至国君之废立放纳，此详见后文。二是野人。周初被征服者以氏族公社为单位从事生产劳动，如《诗经·周颂·良耜》“以开百室”，室，即小家庭。郑《笺》云：“百室，一族也。……一族同时纳谷，亲亲也。百室者，出必共洫间而耕，入必共族中而居。”至春秋时经数百年繁衍，其后裔则为野人，如孟子云：“无君子莫治野人，无野人莫养君子。请野九一而助。”（《滕文公上》）三是氓。此当在春秋后期至战国兴起，即外来移民。春秋晚期增多，至战国频繁出现。晁福林先生认为，“甿，又称氓。古书上训解其意义为田民、野民，但是，应该注意这个字从‘亡’，其意义又不完全同于一般的田民。甿，应指从外地新来的田民或者其他劳动者。如孟子云：‘有为神农之言者许行，自楚之滕，踵门而告文公曰：远方之人，闻君行仁政，愿受一廛而为氓。’（《滕文公上》）此氓即为自外而来者。许行‘自楚之滕’，陈相、陈辛‘自宋之滕’，他们原来都不是滕国人。氓不仅包括‘负耒耜’的田民，而且包括‘捆屦织席以为食’的手工业劳动者”。[②]

五 乡党之公共性社会生活

乡党作为民间社会，其重要的特征即公共性社会生活的存在，下面略考东周此情。

其一，公共建筑。一是社、庙、公堂。《诗经·大雅·公刘》有“笃公刘，于京斯依……食之饮之，君之宗之”之句，杨宽先生认为，此是定新国都，本章“于京斯依”和同诗中第六章“于豳斯馆”文例相同，“馆”指居住的宫室，“依”指族众集会的厅堂。[③] 而且这种在国都中建筑的供族众集体活动用的厅堂“依”，其起源很早，在原始氏族制的村落中，中部就造有一所较大屋子，供集体活动之用。这种厅堂就是后来所谓明堂

① 在一个宗族势力强大的社会，几乎是没有自由民阶层发展的机会，因此在有关春秋时期的文献中被多次提到的、在政治上很活跃并且拥有自我意识和自决权的所谓“国人”，几乎可以肯定是宗族纽带崩塌以后所产生的结果。见李峰《西周的政体：中国早期的官僚制度和国家》，生活·读书·新知三联书店，2010，第288页。

② 晁福林：《先秦社会形态研究》，北京师范大学出版社，2012，第417～418页。

③ 杨宽：《西周史》，上海人民出版社，2003，第32页。

或辟雍的起源，既成为贵族集行礼、集会、聚餐、练武、奏乐的地方，又成为贵族弟子学习的处所，兼有礼堂、会议室、俱乐部和学校性质。[①] 二是庠、序、乡校。孟子云："设为庠序学校以教之，庠者养也，校者教也，序者射也。"（《滕文公上》）实际上，三者是古代村社中的公共建筑，是村社成员公共集合和活动的场所，兼有会议室、学校、学堂、俱乐部的性质。这种公共建筑，因为是群众活动场所，故建筑成厅堂式样，"歇前无壁"，乃一建筑在土堆成的平台上的四周无壁的大茅草棚。[②] 基层又有乡校，如《左传·襄公三十一年》载"郑人游于乡校，以论执政"。

其二，公共生活。如社祭与蜡祭，此是彼时最著名的民间祭祀。社祭即祭土地神。祭社分春秋两次，春祭祈年，秋祭报成。这就是《礼记》所说的"报本反始"（《郊特牲》）。每逢祭祀之时，全村社之人集于社下，杀牛宰羊，琴瑟击鼓，载歌载舞，会饮尽欢。[③] 《礼记·杂记下》载：子贡观于蜡。孔子曰："赐也乐乎？"对曰："一国之人皆若狂，赐未知其乐也。"子曰："百日之蜡，一日之泽，非尔所知也。张而不弛，文、武弗能也。弛而不张，文、武弗为也。一张一弛，文、武之道也。"此蜡祭是村民一年之中关于农事的最大的祭典和欢庆的节日。"其在夏历的十二月举行。蜡祭的对象是人们认为曾经为自己赐福降祥的'百神'，如农神神农氏或后稷，是他们发明或推进了农业生产，造福于后人功德最深；'百种'，即各种农作物之神，它们供给人们衣食，使人类得以延续发展；各种道路亭舍之神，便利了人们的农业生产，帮人们储存了粮食、农具和肥料；各种禽兽之神，如猫、虎等，因为它们捕杀田鼠、野猪等害兽，有保护庄稼的功劳；各种水利之神，如坊（河神）、水庸（沟渠），这是为了报答它们防洪与排灌的功劳，赐给了人们丰收。总之蜡祭的对象十分复杂，只要人们认为对于农业生产有过一点贡献的鸟兽草木和古人，都设想一个代表它们的神灵，最后请来参加蜡祭，接受跪拜，享用祭胙。蜡祭的典礼非常隆重，每逢祭日，全村社之人集会，杀猪宰羊，击鼓奏瑟，歌舞欢庆，聚餐会饮，所谓'一国之人皆若狂'"。[④]

---

① 杨宽：《西周史》，上海人民出版社，2003，第 36 页。

② 杨宽：《西周史》，上海人民出版社，2003，第 201 页。

③ 徐扬杰：《中国家族制度史》，武汉大学出版社，2012，第 124～125 页。

④ 徐扬杰：《中国家族制度史》，武汉大学出版社，2012，第 124～125 页。

其三，商业。自由贸易在春秋时非常发达，如孔门高弟子贡货殖“亿则屡中”，越国范蠡也经商而为陶朱公。大商人更能影响诸国的军事政治，如《左传·僖公三十三年》载“郑弦高退秦师”。至战国商业更为发达，《庄子》载“宋人资章甫（帽子）而适诸越”（《逍遥游》），《韩非子》载“鲁人善织屦，妻善织缟，而欲徙于越”（《说林上》），由此两则可见当时贸易已遍及南北方。

以上分析可见，春秋以后，公权力不能完全控制社会，个人自封闭社会中溢出，拥有一定的自由空间。至孔子时代，则更甚，如《论语》诸隐者，有自己的田地和财产自给自足，普通人也有迁徙自由甚至求学、干政之可能。乡党本来就在那里，但是自孔子才开始发现，它已从家国中析出并具有了全新的性质——社会化。这一切仿佛是远古社群的再兴。

第三节　乡党之势的发展之二：作为名称的“乡党”之形成

需说明的是，一则《周官》乃后儒增撰，其中之乡党仅予参考；二则为了辨明字形演化，本节部分与“鄉”有关的字使用繁体。

一　“鄉”字字形之发展

综《甲骨金文字典》《说文解字》等，对“鄉”字甲、金、篆之演变做简单概括如下。

其一，甲骨文中，起始只有[illegible]，二欠相对，像二人张口相向之形，如董作宾《小屯·殷虚文字乙编》1277：“贞卜卯六人”，读作“饗”，以酒食款待人。

其二，后发展为新字，[illegible]（罗振玉《殷虚书契前编》4·21）、[illegible]（罗振玉《殷虚书契前编》4·22）字，乃是在中间增[illegible]（皀），皀为食器，遂似二人相“嚮”共食之形。此字字义有三：一是“宴饗”之“饗”。首先表“饗”祀先祖或上帝，如孙海波《甲骨文录》293“庚子，王饗于祖辛”（郭沫若《甲骨文合集》23003）；《中山王壶》“以饗上帝”。其次表“宴饗”，如董作宾《小屯·殷虚文字甲编》2734“甲寅卜，彭，贞其饗多子”（郭沫若《甲骨文合集》27649）；《麦鼎》“用饗多诸友”。二是卿士之“卿”，表相食之主体。首先是官名，即正长卿士，如《郘公䤹钟》

“用乐我嘉宾及我正卿”。其次是卿士，官名，总管王朝政事的大臣，为百官之长，如（郭沫若《甲骨文合集》）37468“辛未王卜，在召庿，隹执，其令卿事”；《小子䙷簋》“乙未卿事锡小子䙷贝二百”；《令彝》“公令延用卿事寮”。三是方向的“嚮”，表动作所对之方向，如曾毅公《甲骨缀合编》106“其北卿（嚮）”，《伊簋》“右伊立中廷，北鄉（向）”。

其三，此字字形后来有两大演化：一是依作“卿”，从卯，从皀，后世不变。二是作“鄉”。此字是篆书在金文的[illegible]、[illegible]上分别加口，各自成为[illegible]（邑）字，从而使[illegible]变成[illegible]。此字后来衍化为三字：首先表对食，篆书加“食”为“饗”，今简化为“飨”。其次表动向，隶书时方加“向”为“嚮”，今二字合并为“向”。最后是表行政单位，此义春秋时方产生，承用了“鄉”字原型，一直沿用至今，今简化为“乡”。①

由上可以看出，作为行政单位的“鄉”，其字义、字形的出现与稳定是很晚的事。在金文中，它尚与“卿”“饗”“嚮”使用同一个字体。至春秋时，“卿”“饗”开始独立出去，当鄉开始表行政单位且渐成主流后，隶书就在此字下面加上“向”来表达它的初义动作所向，嚮也独立出去，从此，鄉就开始单独指行政单位。

二　“鄉”字字义之发展

《诗经》为西周、春秋文献，《左传》为春秋文献，《论语》为春秋末期文献，我们即采此三部经典来看其中“鄉”义之演变。

其一，《诗经》。与金文比较，《诗经》鄉字包含的字义，一是不变义方向之“嚮”，二是增加义郊野，从中我们得出的最重要的结论就是《诗经》开始出现郊野之鄉。而表宴饮之义均已用“饗”来表达，如“朋酒斯饗”（《豳风·七月》）、“即右饗之”（《周颂·我将》），见表6。

表6

出处	原文	释义
《商颂·殷武》	维女荆楚，居国南鄉	同“饗”，指南方
《小雅·庭燎》	夜其何如？夜鄉晨	同“嚮”，鄉晨即近晓

① 以上“卯”“卿”“鄉”“饗”等字见方述鑫等《甲骨金文字典》，巴蜀书社，1993，第661、662、483、390页；（东汉）许慎《说文解字》，中华书局，1963，第187、136、107页。

续表

出处	原文	释义
《小雅·采芑》	薄言采芑，于彼新田，于此中鄉	和上一章的“于此中亩”相对应，鄉、亩，皆指野外之地
《小雅·桑中》	爰采唐矣，沫之鄉矣	“沫之鄉”例同其下两章的可以“采麦”“采葑”的“沫之北”“沫之东”，指的是沫邑的效野地区

其二，《左传》。“鄉”字共18见。一是旧义表朝向之“嚮”（向），共7见，占39%。二是新增义，表行政单位鄉里之“鄉”，共9见，占50%。三是新增义，表往昔之“曏”，共2见，占11%。《左传》与《诗经》相比：一是“嚮”义不变。二是增加义“曏”，表过去的时间的副词。最关键的第三点，由表郊野的“鄉”转变为表行政单位的“鄉”。具体见表7。

表7

出处	内容	释义	时间
隐公六年	《商书》曰：“恶之易也，如火之燎于原，不可鄉迩，其犹可扑灭？”	同“嚮”，面对	前717年
庄公十年	曹刿请见。其鄉人曰：“肉食者谋之，又何间焉。”	行政单位	前684年
庄公十四年	君子曰：“《商书》所谓‘恶之易也，如火之燎于原，不可鄉迩，其犹可扑灭’者，其如蔡哀侯乎。”	同“嚮”，面对	前680年
庄公三十二年	鄉者牙曰庆父材	同“曏”，刚才	前662年
僖公二十八年	鄉役之三月	同“曏”，往昔	前632年
僖公三十三年	秦伯素服郊次，鄉师而哭	同“嚮”，面对	前627年
宣公十一年	复封陈，鄉取一人焉以归	行政单位	前598年
襄公九年	令四鄉正敬享	行政单位	前564年
襄公十五年	小人怀璧，不可以越鄉	行政单位	前558年
襄公十八年	鲁人，莒人皆请以车千乘自其鄉入	同“向”，方向	前555年
襄公二十七年	托于木门，不鄉卫国而坐	同“嚮”，面对	前546年
襄公三十一年	郑人游于鄉校，以论执政	行政单位	前542年
昭公四年	有是三者，何鄉而不济	同“嚮”，面对	前538年
昭公十二年	南蒯之将叛也，其鄉人或知之，过之而叹……将适费，饮鄉人酒。鄉人或歌之曰……	行政单位	前530年
昭公十八年	乃毁于而鄉	同“嚮”，面对	前524年
哀公八年	且夫之行也，不以所恶废鄉	行政单位	前487年

其三，《论语》。“鄉”字共11见。一是作行政单位，共7见，占70%。二是作父老乡亲，共3见，占27%。三是作往昔，共1见，占9%见表8。

表8

出处	原文	释义
《雍也》	毋！以与尔邻里鄉党乎	父老乡亲
《乡党》	孔子于鄉党，恂恂如也	父老乡亲
《子路》	宗族称孝焉，鄉党称弟焉	父老乡亲
《述而》	互鄉难与言	行政单位
《乡党》	鄉人饮酒，杖者出，斯出矣	行政单位
《乡党》	鄉人傩，朝服而立于阼阶	行政单位
《子路》	子贡问曰：“鄉人皆好之，何知？”子曰：“未可也。”“鄉人皆恶之，何如？”子曰：“未可也。不如鄉人之善者好之，其不善者恶之。”	行政单位
《阳货》	鄉愿，德之贼也	行政单位
《颜渊》	鄉也吾见于夫子而问知	同“曏”，往昔

由上可见，《诗经》出现郊野之“乡”，至《左传》出现乡里之“乡”，至《论语》则新增了父老乡亲之义。

三　作为实体名称的“乡”之出现

乡制颇有争论，或以为西周有之，[①] 或以为否，[②] 愚以为，西周无“乡”，“鄉”由郊演变而来，“鄉”有其字，“郊”有其体，春秋合而为一。

其一，乡的出现。按周制诸侯国君调整区划等须上报周王，至春秋，周王式微、国君坐大，诸侯或兼并弱小邻国或没收旧臣采邑，始可无视共主，私自调整行政规划。如《国语·齐语》与《管子·小匡》说管仲“制国以为二十一乡”，管子生卒年约前723年或前716年至前645年，

① 杨宽：《西周史》，上海人民出版社，2003，第198页。

② 如杜正胜先生认为：“根据今日所见的西周史料，尚无任何关于鄉里之‘鄉’的痕迹。”见氏著《编户齐民》，台北：联经出版事业公司，1980，第115页。又如晁福林先生认为：“实际上作为系统的居民组织的鄉遂制度，无论是西周或是春秋时期都不曾存在。”“西周时期并没有《周礼》所云的鄉遂制度。不仅如此，而且连‘鄉’、‘遂’两个字也可能是不作居住单位名称来使用的。”见氏著《先秦社会形态研究》，北京师范大学出版社，2003，第410、426页。

《左传·庄公十年》首记“乡”出现的前684年正与之相当。于地点而言，乡不可能产生于西部王畿，[1]只能在东部封国产生，考之前引《左传》，鲁、宋、郑、陈等国均是。乡之产生不在城邑内，而从大型城邑的近郊划分出来，乡的实质与国、郊、野的郊相重合。如《诗经》的“硕人敖敖，说于农郊”（《卫风·硕人》）；“逝将去女，适彼乐郊”（《魏风·硕鼠》）与前引“于此中乡”“沬之乡”所指是完全重合的。又如《礼记·月令》“后妃齐戒，亲东乡躬桑”，此必在近郊，否则路途遥远后妃无法亲往。

其二，乡的发展。乡初建时，还有里、保、书社等下属行政单位。至春秋末期，乡的行政色彩淡化，变成同一地缘的概称。战国时，基本稳定为基层社会的概称，此在典籍中可以看出来。如孟子谓万章曰：“一乡之善士，斯友一乡之善士，一国之善士，斯友一国之善士；天下之善士，斯友天下之善士。”（《万章下》）庄子曰：“故夫知效一官，行比一乡，德合一君，而征一国者，其自视也，亦若此矣。”（《逍遥游》）荀子曰：“天子之丧动四海，属诸侯；诸侯之丧动通国，属大夫；大夫之丧动一国，属修士；修士之丧动一乡，属朋友；庶人之丧合族党，动州里；刑余罪人之丧，不得合族党，独属妻子。”（《礼论》）后来，乡有两种发展，一是儒者将之总结为后世《周礼》“乡遂”之乡，一是被虚化为某个地方，如庄子的“无何有之乡”。

四　党之形成与发展

乡偏于地理，党重在人情。《礼记·丧服》郑《注》：党“谓族类无服者”，则可见党基于同一血缘，乃由远亲组成之共同体。《礼记·曾子问》载孔子自言“吾从老聃助葬于巷党”，则当是孔子三十岁适周时事，则成周王畿亦有党制。《子路》载楚国叶公语孔子曰：“吾党有直躬者。”则南方楚国亦有党制。《宪问》载“阙党童子将命”，则鲁国亦有党制。由此可见，西部王畿与东部封国均有党制，则党制是非常普遍的。甲金并

[1] 一则因为王畿地区很多土地被赐给贵族，即至少是使用权归贵族所有；二则特别是到西周后期，贵族获赐的土地零星、交错，再加相互交易，形成了土地面积、归属错综复杂的局面。所以，周王在和平的背景下，不可能逆向地大规模调整土地，重新划分行政结构，改变三级邑制。

无“党”字。篆书“黨”，则从尚从黑。尚兼声形，表热衷。造字本义为不光明、偏私、偏袒。《尚书·洪范》“无偏无党”即是本义。

我们以《左传》《论语》《礼记》为例，来看春秋时“党”的含义与发展。首先看《左传》，见表9。

表 9

出处	内容	释义	时间
僖公九年	臣闻亡人无党，有党必有仇	党羽	前 651 年
僖公十年	皆里、丕之党也	党羽	前 650 年
文公六年	阳子，成季之属也，故党于赵氏	偏向	前 621 年
文公八年	皆昭公之党也	党羽	前 619 年
成公十七年	受君之禄是以聚党。有党而争命，罪孰大焉	亲族	前 574 年
襄公三年	举其偏，不为党	偏私	前 570 年
襄公二十一年	复讨公子牙之党	亲族	前 552 年
襄公二十一年	皆栾氏之党也	亲族	前 552 年
襄公二十三年	尽杀栾氏之族党	亲族	前 550 年
襄公二十四年	陈人复讨庆氏之党	亲族	前 549 年
襄公二十八年	卫人讨宁氏之党	亲族	前 545 年
昭公十二年	已乎已乎，非吾党之士乎	行政单位	前 530 年
昭公二十七年	尽灭郤氏之族党	亲族	前 515 年
昭公二十八年	其母欲娶其党	亲族	前 514 年
定公十四年	大子奔宋，尽逐其党	党羽	前 496 年
哀公元年	陈人从田，无田从党	亲族	前 494 年
哀公五年	师乎师乎，何党之乎	地方	前 490 年
哀公八年	安孺子之党也	党羽	前 487 年
哀公十二年	其欲来者，子之党也	朋友	前 483 年

《左传》“党”字21见，其中（1）动词，偏私，沿用本义，2例，占9%；（2）党羽，继续贬义词，名词化，指某纠合营私的小集团，共8例，占38%；（3）亲族，中性化，指具有某种血缘、婚姻关系的群体，共8例，占38%；（4）朋友，1例，占4%；（5）行政单位，居住地点，这是由上面的名词义发展而来，予以行政化，成为某个群体的居住地域的行政区划名称，1例，占4%；（6）进步虚化为某个地方，1例，占4%。其中“昭公十二年”所载尤需注意：“（南蒯）将适费，饮乡人酒。乡人或歌之曰：‘我有圃，生之杞乎！从我者子乎，去我者鄙乎，倍其邻者耻

乎！已乎已乎，非吾党之士乎！’”此事发生于前530年，距乡作为行政单位的前684年，已晚了154年。

从中可以看出，一则《周礼·大司徒》“五族为党”虽是战国人之理想化加工，但是以族人为党还是有坚实的历史支撑的；二则党为行政单位晚于乡；三则党偏指人，如亲族、党羽、朋友，其不限于血缘，特指因为某种独特关系而结合的团体。

《论语》内容属于春秋晚期，其中的“党”如下，见表10。

表10

出处	原文	释义
《里仁》	人之过，各于其党	居住地方
《公冶长》	吾党之小子狂简	居住地方
《子罕》	达巷党人	行政单位
《子路》	叶公语孔子曰：“吾党有直躬者，其父攘羊，而子证之。”孔子曰：“吾党之直者异于是，父为子隐，子为父隐，直在其中矣。”	行政单位
《宪问》	阙党童子将命	行政单位
《雍也》	毋！以与尔邻里乡党乎	父老乡亲
《乡党》	孔子于乡党，恂恂如也	父老乡亲
《子路》	宗族称孝焉，乡党称弟焉	父老乡亲
《述而》	吾闻君子不党，君子亦党乎	营私结伙
《卫灵公》	君子矜而不争，群而不党	营私结伙

《论语》“党”字12见。（1）表营私结伙3见，占25%。（2）表行政单位及由之而衍化的居住地方6见，占50%。（3）表父老乡亲3见，占25%。与《左传》相比，表行政单位以及超越亲族、党羽而指代父老乡亲的明显增多。

我们再以《礼记》为例，列表11。

表11

出处	原文	释义
《曲礼上》	故州闾乡党称其孝也……为酒食以召乡党僚友	乡亲父老
《曾子问》	吾从老聃助葬于巷党	乡亲父老
《内则》	与其得罪于乡党州闾	乡亲父老
《仲尼燕居》	射乡之礼，所以仁乡党也	乡亲父老

续表

出处	原文	释义
《曾子问》	归葬于女氏之党	亲族
《礼器》	父党无容	亲族
《丧服小记》	为君母后者，君母卒，则不为君母之党服	亲族
《杂记上》	女君死，则妾为女君之党服，摄女君，则不为先女君之党服	亲族（2）
《杂记下》	人食之，其党也，食之；非其党，弗食也。……姑姊妹，其夫死，而夫党无兄弟，使夫之族人主丧；妻之党，虽亲弗主。……或曰：主之而附于夫之党	亲族（5）
《坊记》	睦于父母之党，可谓孝矣	亲族
《奔丧》	哭父之党于庙，母妻之党于寝	亲族（2）
《服问》	母出，则为继母之党服。母死，则为其母之党服。为其母之党服，则不为继母之党服	亲族（4）
《投壶》	宾党于右，主党于左。……司射、庭长及冠士立者，皆属宾党。乐人及使者、童子，皆属主党	亲朋邻里（4）
《玉藻》	不退，则必引而去君之党	所坐之处
《学记》	古之教者，家有塾，党有庠，术有序，国有学	行政单位
《仲尼燕居》	辨说得其党……辨说失其党	类别（2）
《儒行》	谗谄之民有比党而危之者	结私
《月令》	审卦吉凶，是察阿党	党羽

《礼记》“党”字共32见。（1）表偏私、党羽、行政单位以及扩展义类别、所坐之处共6例，占19%。（2）表亲族共17例，占53%。（3）表父老乡亲、亲朋邻里共9例，占28%。

对比《左传》《论语》我们发现：（1）党的本义偏私及由本义引申的贬义词党羽，已显著下降。（2）表亲族明显增加。（3）表超越单纯的血缘，父老乡亲、亲朋邻里义的大幅提升，由《左传》的1例4%、《论语》的3例25%增加到9例28%。这是我们当特别重视的。表明党已成为地域性的社会共同体。当然，另外几个古义并未消失，仍在流通，如《庄子·马蹄》即有“一而不党，命曰天放”，此是用偏私之义。

五　乡党之形成

自孔子起，“乡”“党”二字开始连用，表明一个消解了行政色彩的遍布于城邑与农村的民间社会。如："毋以与尔邻里乡党乎"(《雍也》);"孔子于乡党，恂恂如也，似不能言者"(《乡党》);"宗族称孝焉，乡党称悌焉"(《子路》);"非所以要誉于乡党朋友也"(《公孙丑上》);"乡党莫如齿"(《公孙丑下》);"乡党之间，观其信惮也"(《大戴礼记·文王官人》);"故州闾乡党称其孝也"(《礼记·曲礼上》);"为酒食以召乡党僚友"(《礼记·曲礼上》);"与其得罪于乡党州闾，宁孰谏"(《礼记·内则》);"射乡之礼，所以仁乡党也"(《礼记·仲尼燕居》)。前文已述，是孔子首先发现了民间社会，又是孔子第一个以乡党来命名此实体，故至此，名实相符。

我们若追问一下，《墨子》多处"乡里"连用，为什么儒家会"乡党"连用？如果说乡里一词只具有明确的地缘色彩，仅仅指基层行政单位。则乡代表地缘、党偏在人情，乡党连用，即具有亲缘色彩，指代具有共同的"地缘—血缘"关系之共同体——民间社会，此虽出孔门之自觉，然亦是历史之必然。当然，乡党不仅代表农村，也代表城邑，指整个民间基层社会，与公权力之政府即朝廷对言。从此以后，乡党就开始成为一个精神图腾，指向皇权所不及或微弱之处。

第四节 化乡之一：教明其德、化成其俗

"君子如欲化民成俗，其必由学乎。"(《礼记·学记》)乡党之重要性已如前言，儒家既视之为中枢领域，则化乡一道，随着乡党的日益析出与壮大，渐渐成为儒家特别重视并努力耕耘之地。儒门之化行乡党，首在于教明其德、化成其俗。需要说明的是，《论语》虽有化乡之自觉(如"导之以政"章，表明儒家有一小共同体之理想，孔子导以礼乐而非政刑，即是因为后者乃就国家而言，前者则为社会)，亦须至孟子倡士的结构才真正使化乡概念化。

一 论教化

荀子云："儒者在本朝则美政，在下位则美俗。"(《儒效》)政、俗二字精准无误地区分了儒者上行与下行的任务——治国以政、化乡以俗。如果说人的工夫修为之标志是气象，则社会文明之标志则是风俗。风俗礼仪

标志着基层民间社会的发展程度，故荀子云："吾观于乡，而知王道之易易也。"（《乐论》）

既然调节社会的是一套风俗习惯，则如何养成之？有谓自然说，即让此民间共同体自然生长，依靠地理条件、生产方式等，在历史中共同培育出其风俗。有谓人为说，即依靠理性之设计，自上而下地全面规范民间共同体，明之以法令、监之以官吏，以赏罚二柄来保证此设计之完成。孔门则异于是，自然说是刻舟求剑，此只是人类初期上古之类型，随着气质浇薄，人心不古，早已无法返回。人为说，则迷信"理性"（规划）与"政府"（法令）之威力，此只是揠苗助长而已。唯一可行之方式，在于教化。教化不是墨守成规，亦不是用智徇私。与治国层面的硬的、方的、有形的刑政相比，化乡则是软的、圆的、无形的风俗习惯，要潜移默化、慢慢改变，以移风易俗，趋于善治。孔子识之，故曰："民可使由之，不可使知之。"（《泰伯》）

然而在这个教化里，是必须有一个主导力量的，就是儒士，他们代表了天地之性，是仁心之化乡阶段的载体。由儒士来化诱，使乡人温柔敦厚，共同成长。依《先进》，孔子早期弟子多为德、艺双修，如"德行：颜渊、闵子骞、冉伯牛、仲弓。言语：宰我、子贡。政事：冉有、季路"；而后期弟子则长于文献，如"文学：子游、子夏"。则可知，孔子一生可分为两大阶段：自30岁收徒至51岁出任中都宰，是在现行体制下出仕以谋当世事功为主要取向。然孔子经仕鲁、周游失意，既不能得君行道，改制之愿亦不行，[①] 故于68岁返鲁后，开创了下行路线——化行中枢之模式，并整理六经，保存经世大法，以教化为主要途径，有待后世。

二　教明其德

孔门教化之目的，在于庶民士化及士之纯化，使人民能走上属人的唯一正途，正所谓"周道如砥"。教学之内容，已见工夫之下学，此处只讨论其目的、形式与结果。

---

① 如孔子称许仲弓"可使南面""犁牛之子骍且角"（《雍也》），皆以其虽出身低贱然可位兼天子、诸侯言。

其一，教之目的。一是谋庶民之士化。此即教化民众，使民众士化。这里的民众，包括平民与贵族，不以出身，事实上，未经礼乐教化者，皆是自然意义上的人，而非真正的道德人。而只有道德人，才能成为真正的社会人。然而孔子教化之大义，非为一般所言的培养德性或为政技能等，此尤在小处言。盖孔门立教，如孔子言“有教无类”（《卫灵公》），孟子言“使先知觉后者，使先觉觉后觉”（《万章上》），《大学》言“亲（新）民”，等等，皆就全体民众下言。故在教化上，要人下学诸艺、[1]中发德性、上达天命，重在“成人”。故特重以礼仪组织训练民众，故特重民生，《论语》之“庶富教”，《孟子》“井田”“经界”，《礼运》之“老吾老”，等等，均是必须借国家权力方能经营者，儒家于此并无资源，然一有条件必然行之。儒家之本义是将政治主体理解为民众自身，而非所代表、所要拯救的对象，以及完成自我理想与价值的工具。其思路乃以儒士的首先突破以领跑在前，而后逐步完成儒家自身的民众置换，即由士更而为士农工商，将治权之主体由士置换为士农工商之全体。故需在中枢领域，改善民生、启蒙民智、培养民德、组织民力，以完成儒家的自我置换。二是纯化士阶层。孔子的理想模式本是“圣—士—民”三者互动，然而现实中既然圣王不立，君权专制，民众又为后知后觉，“风雨如晦，鸡鸣不已”，则在此现世中，创造理想人间的希望就落在了士阶层自己身上。故孔子竭力培养门人，所谓七十子之后学亦成功地将孔子之思想传播下来，此正如曾子云“士不可不弘毅，任重而道远”。孔子之政统失败，道统唯赖乎学统以保存。

其二，教之形式。孟子既云：“先知觉后知，先觉觉后觉。”（《万章上》）此说即揭示了儒门教化之本质乃是“觉”，也揭示了教学的形式。一是垂作典范，树其榜样。杰出人物对所在地区之影响是十分巨大的，如孟子的弟子淳于髡曰：“昔者王豹处于淇，而河西善讴。緜驹处于高唐，而齐右善歌。华周、杞梁之妻善哭其夫，而变国俗。”（《告子下》）对儒者来说，更是强调要主动地利用自己的力量，包括政治权力或者德行威望来影响民俗，使卑者正，野者文。以孔子为例，其自作典范有三方面。首先好的习俗则顺承之，如《孟子》云：“孔子之仕于鲁也，鲁人猎较，孔

① 孔门弟子多艺，如冉求、有若能战，子贡擅外交与经商，子路长于军赋，等等，均非后世腐儒可类。

子亦猎较。”（《万章下》）赵《注》曰：“猎较者，田猎相较夺禽兽，得之以祭，时俗所尚，以为吉祥。”其次好的品行则培养之，如荀子云：“（孔子）居于阙党，阙党之子弟罔不（罘）必分，有亲者取多，孝弟以化之也。”（《儒效》）《新序》亦云：“孔子在州里，笃行孝道。居于阙党，阙党之子弟畋渔分，有亲者多，孝以化之也。”再次恶行则杜绝之，以致“仲尼将为司寇，沈犹氏不敢朝饮其羊，公慎氏出其妻，慎溃氏逾境而徙，鲁之粥牛马者不豫贾，必蚤正以待之也”（《礼记·儒效》）。

二是兴办私学，广授门徒。儒家也向往真正的公权能“谨庠序之教，申之以孝悌之义，颁白者不负戴于道路矣”（《梁惠王上》），然在彼时“准公权”系统崩溃，旧式贵族教育凋零的背景下，此是不切实际的。故孔子在历史上第一个高跃起来，跳出公权力系统，结束学在王官时代，首开私学，进行民间自由讲学，培养精英才俊，开启中国文化史一大转向。首先有教无类。超越出身之贫贱或富贵，也不问个人之资质，如“柴也愚，参也鲁，师也辟，由也喭”（《先进》），“自行束脩以上，吾未尝无诲焉”（《述而》），甚至接纳互乡“洁己以进”之童子（《述而》）。其次因材施教。如子路问：“闻斯行诸？”子曰：“有父兄在，如之何其闻斯行之？”冉有问：“闻斯行诸？”子曰：“闻斯行之。”公西华曰：“由也问闻斯行诸，子曰有父兄在。求也问闻斯行诸，子曰闻斯行之。赤也惑，敢问。”子曰：“求也退，故进之；由也兼人，故退之。”（《先进》）再次学无常师。以孔子自己为例，圣人无常师，或向大师，如专门到洛阳向老子学习；或向贤能，如延陵季子；或向路人，“三人行，必有我师焉，择其善者而从之，其不善者而改之”（《述而》），甚至向一般的幼童，如达巷党人童子项橐学习。

三是开了后世书院之先河。所谓书院，书即诗书，乃儒家之典籍，院则周垣，即固定之场馆，故书院乃儒者修德进业、研究讲学、祭祀圣贤、藏刻书籍之场所。其在儒家之地位，类于佛教之寺庙、道教之宇观，又综西人学校与教堂之功能，是儒家文化发展的根据地、蓄水池、大本营。于儒者而言，江湖之远，庙堂之高，书院乃穷达之转折，儒者于此，阖户则独成一统，修身于密，开门则由居仁由义，兼济天下。就儒家工夫而言，三纲八目，此为中枢。就儒家经典之保存、义理之发展而言，四书五经，此为中坚。故学统赓续，端赖乎此，学优则仕，政统亦系于是，而后谋万世之道统，斯文不坠，厥功至伟。考孔门之讲学，乃有其实而无其名。孔子首创私人讲学，其杏坛可谓最早之书院，唯无此名而已。至于七十子之徒散居海内，此风流播，诸子百家，云从景集，蔚为大观，皆有书院性质之私人讲学。传之后世，汉晋之精舍、唐宋之书院，接武而生，对中国文化起到极大的推动作用，书院渐为自由讲学之机构，所谓究天人之际，察古今之变，成一家之言，执行讲学、议政、祭祀、自修、制艺、藏刻书、文化交流、经营学田等功能。而奉此最典型者，莫过于宋之乾淳诸老、明之湛王二门，一时风起云涌，席卷宇内，而此风潮，远溯先秦，实自孔子始也。

其三，教之结果。孔门教化的结果对社会的改造与推动是空前的。一是形成较稳定的士团体。儒家自己的集团开始成形、集结，孔子的弟子分前后两批，弟子三千，贤人七十二。如“子赣、季路故鄙人也，被文学、服礼义，为天下列士”（《大略》）；“子夏、子游、子张，皆有圣人之一体；冉牛、闵子、颜渊，则具体而微”（《公孙丑上》）。二是为社会树立了新的师弟一伦。孔子曰：“道不同，不相为谋。”（《卫灵公》）师生伦，以道合，此伦是全新的，超越血缘的，乃人类视野下仁心自觉之发挥。三是从道不从师。如果说荀子所云“从道不从君，从义不从父”，总结了儒家道统高于政统、道统高于亲情的观点，则孔子所云“当仁不让于师”亦表达了道统高于师统的宗旨。

三　化成其俗

化俗分成两个方面，规范旧礼仪，开出新伦理，然新风俗依是仁心的体现，辅仁而已。

其一，规范旧礼仪。一是正男女。如前“齐家”所述，在家庭此一命运场中，儒者从来不否认气质之性中的男女之实，认为其是人伦之始。那么，在乡党之中，儒者的态度又是如何呢？儒家认为社会中正常的男女交往是必需的，合理的。所以我们看到，孔子删《诗》，所保留的男女自由恋爱之诗比比皆是，此即是孔子态度之明证。只是儒家认为必须有所规范，不能放任之。首先在天道观上寻求根源。如云：“天道至教，圣人至德……大明生于东，月生于西。此阴阳之分，夫妇之位也。”（《礼记·礼器》）其次在人性上寻求根源。如认为“男女无辨则乱升”（《礼记·乐记》)，人“非特以二足而无毛，以其有辨也”(《非相》)。故制定礼仪以规范男女之交往，因为“非礼无以别男女”，所以从生活的许多方面入手，来规范男女之别，从小开始教育区别，[①] 在衣食住行等方面予以规范。[②] 二是正长幼。此指在乡党中对长幼之交际礼仪予以规范。孟子明言“天下有达尊三：……齿一……乡党莫如齿……”(《公孙丑下》)，所以正长幼主要是正幼者对长者之尊敬礼让。儒门对此屡作规范。如“乡人饮酒，杖者出，斯出矣”(《乡党》)；“谋于长者，必操几杖以从之。长者问，不辞让而对，非礼也”(《礼记·曲礼上》)；“年长以倍则父事之，十年以长则兄事之，五年以长则肩随之。群居五人，则长者必异席”(《礼记·曲礼上》)；等等。

其二，开出新伦理。此即朋友一伦。孔子云：“有朋自远方来，不亦乐乎?”《说文》云“同志为友”。友，甲骨文作[甲骨文字形]（罗振玉《殷虚书契菁华》1.1），金文作[金文字形]（《毛公鼎》），象征双手张开以拥抱。当同样的这两双手相遇而紧握时，天地间，超越血缘、地缘的全新人伦关系——“友”，就诞生了。朋友是血缘外新开出的人伦，其基于共同价值观，贯穿社会各种人伦关系，或为学习团体，“君子以朋友讲习”(《易·兑》)，《疏》云“同门曰朋，同志曰友”；或为劳动生活团体，如乡党之间，“乡田同井，出入相友”(《滕文公上》)；或是君臣关系，如“君臣，朋友，其择者也”(《郭店楚简·语丛一》)。

故儒家非常重视友伦，其交往原则如下。一则物质层面给予帮助或支持。如《论语》载子路曰：“愿车马衣轻裘，与朋友共，敝之而无憾。”(《公冶长》)又载：“朋友死，无所归，（子）曰：‘于我殡。’”(《乡党》)二则在精神层面共同趋善。荀子云：“友者，所以相有也。道不同，何以相有也?”(《大略》)朋友一道，不过是仁心分解的新形态，故曾子曰：“君子以文会友，以友辅仁。”(《颜渊》)朋友之间，主要讲诚信。《学而》载，曾子云：“与朋友交而不信乎?”子夏云：“与朋友交，言而有信。”有子云：“信近于义，言可复也。”此诚信推至全社会，为普遍的

---

① 如《礼记》载：“子能食食，教以右手，能言，男唯女俞；男鞶革，女鞶丝。六年，教之数与方名。七年，男女不同席，不共食。”(《内则》)

② 如《礼记》“道路，男子由右，妇人由左，车从中央”(《王制》)；“男女不杂坐，不同椸枷，不同巾栉，不亲授”(《曲礼上》)；等等。

立法方式。三则朋友之间要互相损益，孔子曰："益者三友，损者三友；友直，友谅，友多闻；益矣。友便辟，友善柔，友便佞，损矣。"（《季氏》）孟子也特别强调朋友交往要相互尊重，"不挟长，不挟贵，不挟兄弟而友；友也者，友其德也，不可以有挟也"（《万章下》）。

儒家朋友的视角，是天道生生、万物平等的完全表现，是动机义，也是结果义，但是在历史发展的过程中，此种平等、和平、互助是潜存的，它往往要在互相倾轧、争夺之摩荡中方能绽放其贞定之光，而这光，正是人类，也是万物的希望所在。

第五节 化乡之二：政治自主、民生互助

费孝通曾将我国农村社会中的"有机团结""无为政治"视若拱璧。此说法偏向老子，我们略做调整，则为儒家之原则，即政治自主、民生互助。无为只言其治道，自主则明其政道，乡党是自主下的无为。而儒家此模式即源自春秋封建解纽之时。

一 封建解纽之后的乡党

经典封建趋于解体，然基层组织并未完全涣散，则国家又重新设立了系列基层机构与官员来组织之。

其一，春秋乡党固有的基层组织。一是里。如《墨子·尚同》的行政秩序，由里而乡，由乡而国，由国而天下。而且乡里在墨家也是连用的，如《墨子·尚贤中》："入则不慈孝父母，出则不长弟乡里。"彼时"最小的居住单位叫里，贵族所居的都邑古时也有称为里者，有所谓里君。令彝、史颂簋、《尚书·酒诰》和《逸周书·商誓解》都曾提到田君（《酒诰》《商誓》今本误作里居），这种里君和诸尹、百官、百姓（贵族）连称，当时贵族所居'里'的官长。田原来应该是农民居住单位的名称，所以从田从土。"① 二是保。保即堡。《礼记》载："战于郎，公叔禺人遇负杖入保者息。"（《檀弓上》）"村落周围有泥墙保卫，称为保或都，所以《月令》说：孟夏之月'命农勉作，毋休于都'，又常说'四鄙入保'。在

① 杨宽：《西周史》，上海人民出版社，2003，第 197 页。

保或都的两头有门，叫作‘闾’，在‘闾’的旁边有个门房，叫作塾。在农忙季节，父老和里正就坐在塾里，监督人们早出晚归。[①] 三是书社。如《荀子》中提到齐桓公对管仲“与之书社三百，而富人莫之敢距也”（《仲尼》），杨倞注：“谓以社之户口书于版图。”《史记·孔子世家》司马贞《索隐》：“书社者，书其社之人名于籍。”《左传·哀公十五年》杜预注：“二十五家为一社，籍书而致之。”杨宽先生认为，“古书上把邑和里称为社和书社，这是由于里或邑中设有社或书社的关系。《战国策·齐策五》说：‘通都、小县、置社有市之邑’，可为明证。大概我国古代村社的大小是不一致的，最普遍的是十家，也还有百家的，千家的是极少数的，单位名称在各个地区也是不同的，有称邑和里的，有称社区或书社的，也有称乡的，又有称聚的，商鞅变法时就曾把乡、邑、聚合并成县。自从春秋战国间有县制的设立，就逐渐把这些乡里的组织统一起来”。[②] 四是乡学。古代地方乡遂所设立的学校，相对于国学而言。《礼记·王制》：“耆老皆朝于庠。”注：此庠，谓乡学也。《礼记·学记》：“古之教者，家有塾、党有庠、术有序、国有学。”注：“术，当为遂，声之误也。……周礼五百家为党，万二千五百家为遂。党属于乡，遂在远郊之外。”《文献通考·学校》：“夏曰校，殷曰序，周曰庠，皆乡学也。”[③] 又如乡校，《左传·襄公三十一年》：“郑人游于乡校，以论执政。”杜《注》：乡之学校，郑人谓学为校。[④]

其二，基层官吏。计有以下几种。一是乡大夫，“周地方官，掌郊内一乡的政教，春秋时各国都有设置，齐国称为乡良人，宋国称为乡正”。[⑤] 如《左传·襄公九年》记载春天宋国火灾：“……令隧正纳郊保，奔火所。……令四乡正敬享。”二是乡人，即“古代的乡大夫。《礼记·乡饮酒义》：‘乡人、士、君子。’《注》曰：‘乡人，乡大夫也。’”[⑥] 三是乡长，“即乡大夫，春秋齐置。《国语·齐语》：‘正月之朝，乡长复事，君亲问焉。曰：于子之乡，有居处好学，慈孝于父母，聪惠质仁，发闻于乡

① 杨宽：《西周史》，上海人民出版社，2003，第199页。
② 杨宽：《西周史》，上海人民出版社，2003，第198页。
③ 徐连达：《中国官制大辞典》，上海大学出版社，2010，第66页。
④ 徐连达：《中国官制大辞典》，上海大学出版社，2010，第66页。
⑤ 蒋建中：《古今官职诠释》，中国书籍出版社，2013，第207页。
⑥ 徐连达：《中国官制大辞典》，上海大学出版社，2010，第65页。

里者？有则以告。有而不以告，谓之弊明，其罪五。……’韦昭《注》：‘乡长，乡大夫也。复，白也。’”[①] 四是乡良人，“即乡大夫，春秋时齐国置。《国语·齐语》管仲作内政而寄军令，在国中‘十里为乡，乡有良人焉’，又曰‘十连为乡，故二千人为旅，乡良人帅之。’韦昭注：‘贾侍中云：良人，卿士也。昭谓良人，乡大夫也’”[②]。五是乡先生，“即卿大夫退休还乡教学者。《仪礼·士冠礼》：冠者‘遂以挚见于乡大夫、乡先生。’注：乡先生，乡中老人为卿大夫致仕者。《仪礼·乡射礼》‘以告于乡先生君子可也。’注：乡先生，乡大夫致仕者也。疏：云先生，谓老人教学者；云君子，有大德行不仕者。《乡射礼》注之‘乡（鄉）’当作卿，盖传抄所误”[③]。至于三老等，皆是汉人附会妄增，此略。

二　政治之自治

在此旧的封建制尚未完全解体，新的郡县制度尚未完全建立起来的历史空档期内，儒家获得了一个难得的思考民间社会构建方案的机缘。

然则这个刚从家国同构中挣脱出来的基层民间社会何去何从？一般说来，其发展有三种可能：一是一盘散沙，拒绝任何民间组织，倒退到上古之时，此是庄子的道路。二是铁板一块，完全由国家控制，被新的王权渗透、控制并组织起来（程度远超封建时代），此是法家的道路。三是既不能放任，也不能由王权自上向下地控制，让民间社会自由地组织为团体，予以基层自治，保留准权力真空下自我治理的“礼俗”状态，此为儒家的道路。儒家的目标，在于使基层社会成为一个温情脉脉、互助自主的共同体。这种共同体没有制度化、官方化，而是遵循着自发、自愿、分散的原则在民间展开。

孔子之春秋，虽然礼崩乐坏，但各级政权尚在，能够正常运行，故他并没有提到对基层社会组织化的相关看法。至孟子之战国，各级政权旧制分崩，在对社会进化重新组织化的方案中，孟子则明确表示，对于基层社会，当去公权化，力保其自治状态。仅从治道而言，简单的小农社会，无须太复杂的官僚机构予以治理，如果能够明其德行、增其知识，建构新的

① 徐连达：《中国官制大辞典》，上海大学出版社，2010，第65页。
② 徐连达：《中国官制大辞典》，上海大学出版社，2010，第66页。
③ 徐连达：《中国官制大辞典》，上海大学出版社，2010，第66页。

礼俗规范，则无官亦自行，无王亦可治。也就是说，针对基层乡党，不以官僚体系，而以新礼俗，则可事半功倍。增设基层官员只会扰乱乡间秩序，增加基层负担，徒增官民对立。故孟子设计了"乡田同井"之方案："卿以下必有圭田，圭田五十亩。余夫二十五亩。死徙无出乡，乡田同井。出入相友，守望相助，疾病相扶持，则百姓亲睦。方里而井，井九百亩，其中为公田。八家皆私百亩，同养公田。"（《滕文公上》）在孟子所构想的基层社会中，还是存在着传统的贵族阶级，所谓"卿以下必有圭田，圭田五十亩"，"公田""私田"之分。但是孟子十分警惕公权力的过度深入，将之限制在一定范围内。所以在基层社会中，公私分明，在私人领域，孟子坚持民间的非公权化，保持自由的活力，所谓"出入相友，守望相助，疾病相扶持"。我们在孟子这里也找不到任何对基层社会重建组织化的记录。可以说，孟子实则非常欣赏民间社会的自由，不愿重新组织之，而愿意让民间社会按照它天然的秩序——人心的仁义礼智信去自由运行。

然而至荀子之末世，天下涂炭久矣，表现出明显的重建基层组织的冲动，然其思想亦开始歧出，显示出典型的法家色彩，欲将公权力一捅到底，由君主控制民众。代表其理想国的《王制》中，对基层社会的描述即云："顺州里，定廛宅，养六畜，闲树艺，劝教化，趋孝弟，以时顺修，使百姓顺命，安乐处乡，乡师之事也。"这个"乡师"，是荀子特别安排的官职。荀子本已言"儒者在本朝则美政，在下位则美俗"，则何需此职，是以为民众低下不能自治，还是以为儒者无能不能化俗，还是将儒者安排为乡师从而纳入公权系统？

三　民生之互助

孔门既认定基层社会的发展无须王权之介入，依靠民众之自主予以治理，则民生方面亦是如此，不需要外来的力量拯救，自己互助足矣。其相关思想特别丰富。如《论语》载"子华使于齐，冉子为其母请粟。子曰：'与之釜。'请益。曰：'与之庾。'冉子与之粟五秉，子曰：'赤之适齐也，乘肥马，衣轻裘。吾闻之也，君子周急不继富'"；"原思为之宰，与之粟九百，辞。子曰：'毋！以与尔邻里乡党乎'"（《雍也》）。孟子一方面强调各户人家的独立劳动，如云："不违农时，谷不可胜食也；数罟不入洿池，鱼鳖不可胜食也；斧斤以时入山林，材木不可胜用也。谷与鱼鳖不可胜食，材木不可胜用，是使民养生丧死无憾也。养生丧死无憾，王道之始也。五亩之宅，树之以桑，五十者可以衣帛矣。鸡豚狗彘之畜，无失其时，七十者可以食肉矣。百亩之田，勿夺其时，数口之家可以无饥矣。”（《梁惠王上》）另一方面则强调互助，如前引之“死徙无出乡，乡田同井。出入相友，守望相助，疾病相扶持，则百姓亲睦”（《滕文公上》）。

四 化乡三俗

孔子云：“齐一变，至于鲁，鲁一变，至于道。”（《雍也》）朱子注曰：“孔子之时，齐俗急功利，喜夸诈，乃霸政之余习。鲁则重礼教，崇信义，犹有先王之遗风焉。”愚以为，齐、鲁、道三者，向上而言即指文明之形态，向下而言即指民间之风俗。与个体之境界与气象相类似，儒家化乡之效果当体现在民众之风俗上，其精神面貌、言行举止可分为三个层次。一是自然演进。每个邦国在自然、历史、政治、文化等多因素综合作用下，形成了自己的民俗，过或不及，未及中道，形形色色，不一而足。过者如齐国，因地理条件优良，经济繁荣，加上太公以“尚贤上功”治国，故形成独特风俗，所谓“急功利，喜夸诈”。[①] 又如孔子形容郑国即言“放郑声”，因“郑声淫”（《卫灵公》）。《礼记·乐记》也斥卫国多“桑间濮上之音”，乃“亡国之音也”。《汉书·地理志下》亦云：“卫地有桑间濮上之阻，男女亦亟聚会，声色生焉。”此亦是过。不及则如秦国，其民风朴实恭顺，荀子叙其入秦所见曰：“入境，观其风俗，其百姓朴，其声乐不流污，其服不佻，甚畏有司而顺，古之民也。”（《强国》）此是以外在的政刑管控而形成的民风。二是诗书宽大之气。针对上述自然演进之风俗，儒家则要教化之，由自发而为自觉，至朱子所云之“重礼教，崇

---

① 如《史记·货殖列传》云：“齐带山海，膏壤千里，宜桑麻，人民多文采布帛鱼盐。临淄亦海岱之间一都会也。其俗宽缓阔达而足智，好议论，地重，难动摇，怯于众斗，勇于持刺，故多劫人者，大国之风也。”《汉书·地理志》亦载：“太公以齐地负海潟卤，少五谷而人民寡，乃劝以女工之业，通鱼盐之利，而人物辐辏。后十四世，桓公用管仲，设轻重以富国，合诸侯成伯功，身在陪臣而取三归。故其俗弥侈，织作冰纨绮绣纯丽之物，号为冠带衣履天下。初，太公治齐，修道术，尊贤智，赏有功，故至今其土多好经术，矜功名，舒缓阔达而足智。其失夸奢朋党，言与行缪，虚诈不情，急之则离散，缓之则放纵。”

信义”，后来梨洲云：“使朝廷之上，闾阎之细，渐摩濡染，莫不有诗书宽大之气。”[①] 此语极好，通过教化，使民众由外而内发生整体转变，皆彬彬文质，复礼归仁。三是羲皇景象。这是在更高层次上回归自然人性，自由自在，无有人伪，《论语》所载之“风乎舞雩”即代表此面貌。

第六节　《大学》《中庸》化乡之缺失

依前文可知，先儒确有教化乡党之方案与实践，然《大学》八目、《中庸》九经[②]均由齐家直接过渡到治国、平天下，并没有化乡一目，其因何在？

一　现实政治之规范

其一，《学》《庸》之社会结构。《学》《庸》反映的是“乡党——民间社会”尚不发达、未从封建政治中析出时之情景。如前所述，在经典封建制下，统治贵族分为周王、诸侯国君、卿大夫、士四个阶层，前三者管辖区域分别对应天下、邦国（诸侯）、家（采邑）。所以，《学》《庸》中的家，并非寻常意义上的家庭或宗族，而特指卿大夫的采邑。国，也并非现代意义上的国家，而是特指诸侯之封国。天下，也不是全球、四海之类的地理概念，而是特指周王之统御范围。直至战国《孟子》尚记载“王曰：‘何以利吾国？’大夫曰：‘何以利吾家。’”（《梁惠王上》）“人有恒言，皆曰：‘天下国家。’天下之本在国，国之本在家，家之本在身。”（《离娄上》）可见彼时社会尚分家、国、天下三级结构。故在经典封建制下，根本没有乡党之独立存在，乡党只是它的原意，一个被王权所牢牢控制的区域，没有任何士民独立操作的空间。而《学》《庸》主要就是反映这样的社会政治结构，所以没有与乡党对应的化乡。

其二，《学》《庸》之主体。《学》《庸》的阅读对象首先便是以君王为代表的贵族阶层，而非儒士或普通民众，故只有修齐治平而无化乡。《大学》开篇即云：“古之欲明明德于天下者，先治其国。欲治其国者，

---

① （清）黄宗羲：《明夷待访录·学校》，中华书局，2011，第37页。

② 《大学》《中庸》以下简称《学》《庸》。

先齐其家。欲齐其家者，先修其身。欲修其身者，先正其心。欲正其心者，先诚其意。欲诚其意者，先致其知。致知在格物。”如果八目的顺序是格致诚正修齐治平，则还有儒士的可能性，现在顺序变成平治齐修正诚致格，这样的主体只能是君王贵族，而非一般的儒士。又如“宜其家人，而后可以教国人。……宜兄宜弟，而后可以教国人。……其为父子兄弟足法，而后民法之也。此谓治国在齐其家”等，也已明示此理。故朱子在注“一人贪戾，一国作乱”时云：“一人，谓君也。”①

包括《礼记》中的某些篇章也是如此，如“昔三代明王之政，必敬其妻子也，有道。妻也者，亲之主也，敢不敬与？子也者，亲之后也，敢不敬与？君子无不敬也，敬身为大。身也者，亲之枝也，敢不敬与？不能敬其身，是伤其亲。伤其亲，是伤其本。伤其本，枝从而亡。三者，百姓之象也。身以及身，子以及子，妃以及妃，君行此三者，则忾乎天下矣，大王之道也。如此，国家顺矣。”（《哀公问》）其对象依然是所谓三代明王。又如《礼运》云：“四体既正，肤革充盈，人之肥也；父子笃，兄弟睦，夫妇和，家之肥也；大臣法，小臣廉，官职相序，君臣相正，国之肥也；天子以德为车，以乐为御，诸侯以礼相与，大夫以法相序，士以信相考，百姓以睦相守，天下之肥也。”其依是修身、齐家、治国、平天下的内在结构，与《大学》完全相同。

甚至在《荀子》中，某些修身的对象亦只对君王而言，如《君道》云：“请问为国？曰：闻修身，未尝闻为国也。君者仪也，民者景也，仪正而景正。君者盘也，民者水也，盘圆而水圆。君者盂也，盂方而水方。君射则臣决。楚庄王好细腰，故朝有饿人。故曰：闻修身，未尝闻为国也。”若再上溯，即可知为政主体一直都是君王，

其实“修齐治平”乃是西周贵族之传统思想，如《诗》云：“刑于寡妻，至于兄弟，以御于家邦。”（《大雅·思齐》）此处之刑同型，做榜样之义。郭沫若在驳胡适《说儒》文中曾列举四段西周金文，尤可证明拙文观点，详录如下：

穆穆朕文祖师华父，冲让厥心，虚静于猷，淑哲厥德。肆克（故

---

① （宋）朱熹：《四书章句集注》，《朱子全书》第6册，上海古籍出版社、安徽教育出版社，2002，第23页。

> 能）恭保厥辟恭王，谏乂王家，惠于万民，柔远能迩。肆克友于皇天，顼于上下，贲屯亡敃（浑沌无闷），锡厘亡疆。（《大克鼎》）
>
> 丕显皇考惠叔，穆穆秉元明德，御于厥辟，贲屯亡敃（浑沌无闷）。……皇考严在上，翼在下，斅斅溥溥（蓬蓬勃勃），降旅多福。（《虢旅钟》）
>
> 丕显皇祖考，穆穆克哲厥德，严在上，广启厥孙子于下，擢于大服。番生不敢弗帅型皇祖考丕丕元德，用绸缪大命，屏王位。虔夙夜敷求不僭德，用谏四方，柔远能迩。（《番生簋》）
>
> 余小子嗣朕皇考，肇帅型先文祖，共明德，秉威仪，用绸缪奠保我邦我家。作朕皇祖幽大叔尊簋，其严在上，降余多福系釐，广启禹身，擢于永命。（《叔向父簋》）①

综上可知，《中庸》《大学》《孟子》《礼记》中均有的修齐治平体系是继承古老的西周贵族传统，所以没有化乡，《大学》之道在现实考量下主要为贵族之道，而非儒士之道，更不是儒家所要追求的人之道。

二　《学》《庸》之理想性

但是《大学》除了应对现实政治之外，还存有一理想主义之模式。我们可以对其做进一步之解读。

其一，主体的扩大。经典封建制下，王、君、卿大夫、民众是不能僭越的，所谓世卿世禄，没有人可以既齐大夫之家又治诸侯之国更平周王之天下的。周王只能平天下不能治诸侯之国齐大夫之家，国君只能治国不能平周王之天下，卿大夫只能齐家不能治诸侯之国遑论平周王之天下。然而，儒家的政治理想，又绝非贵族政治，其对象是全体民众，故《大学》才会说“自天子以至于庶人，壹是皆以修身为本”。庶人也在《大学》的视野中，其天下，是天下人的天下，国是国人的国，家是家人的家。合而言之，即天下为公。所以，在现实政治之外，《大学》又隐含着一个内在的转化，希望写给所有人，所以文中又用“君子”此一

① 郭沫若：《青铜时代·驳〈说儒〉》，载《中国古代社会研究》，河北教育出版社，2004，第355～356页。郭自注：为求易于了解起见，凡古僻文字均已改用今字，《史记》引《尚书》例如此。

通贯各阶层的称呼。如果你只是普通民众，则只诚正格致修身，是卿大夫再加上齐家，是国君再加上治国，是天子再加上平天下。各领天命，各司其职，维齐非齐，和而不同，如此而已。封建解纽后，儒家当然希望出现历史契机，有“君子”可以打通阶级，自庶人而至天子，三纲纵贯，八目俱备。故而孔子才会说“雍也可南面”，孟子才会说“平治天下舍我其谁”。

其二，《论》《孟》化乡之出现。随着东周现实中乡党已缓缓析出，儒家义理亦当与之相应。孔门本来就含有齐家、化乡、治国、平天下之目，此正如孔门所论：“子贡问曰：‘何如斯可谓之士矣?’子曰：‘行己有耻，使于四方，不辱君命，可谓士矣。’曰：‘敢问其次。’曰：‘宗族称孝焉，乡党称弟焉。’曰：‘敢问其次。’曰：‘言必信，行必果，硁硁然小人哉，抑亦可以为次矣。’”（《子路》）此章论述了士出处的四个递增级别——自修、宗族、乡党、邦国。又如孟子谓万章曰：“一乡之善士，斯友一乡之善士，一国之善士，斯友一国之善士；天下之善士，斯友天下之善士。”（《万章下》）荀子亦云：“天子之丧动四海，属诸侯；诸侯之丧动通国，属大夫；大夫之丧动一国，属修士；修士之丧动一乡，属朋友；庶人之丧合族党，动州里。”（《礼论》）甚至其他流派也如此，在结集早于孟子的简本《老子·乙本》云：“修之身，其德乃真。修之家，其德有余。修之乡，其德乃长。修之邦，其德乃丰。修之天下，（其德乃溥，以家观）家，以乡观乡，以邦观邦，以天下观天下。”今本《管子·权修》：“有人不治，奚待于家？有家不治，奚待于乡？有乡不治，奚待于国?”二者均表现出相同之结构，可见化乡非儒家独有，实为时贤共识，一种理想状态的表达，乃大一统长期之思想准备。

三 化乡之补阙

先秦儒家一方面要将传统的天下、国、家三级结构予以理论总结，一方面又要对新兴的天下、国、乡、家四级结构做出新的政治规划，故而《学》、《庸》甚至《孟子》都表现出这种二重性，只有《论语》较为纯粹。愚据孔门之立场，在大夫之家、诸侯之国中间补充“乡党”一环，加以“化乡”一目，此是顺乎孔门之义理，应乎彼世之时势。如此才能看出先儒超越周礼之所在，才能正确表达孔门之本来面目。

所以我们今天解读、发扬《学》《庸》之精神，需将其修齐治平体系完成一个转变，一是将其主体由贵族转为普通之人，二是在家国之间加入乡党此一社会结构，三是在齐家治国之间加入化乡一目，由此，更符合儒家发用之格局。《学》《庸》即从传统贵族的政治指南，变成普通民众的人生导航。

第十三章　上行·治国

子贡曰："夫子之文章，可得而闻也"（《公冶长》），此"文章"同于孔子赞美尧"焕乎，其有文章"（《泰伯》）之"文章"，指的是治理社群的原理与制度等。既然此"文章"子贡当时可得而闻之，则吾人今亦可据《论语》相关篇章，参后儒之追忆，还原孔门之初衷。

第一节　国家之理的规定

荀子云："川渊者，龙鱼之居也；山林者，鸟兽之居也；国家者，士民之居也。"又云："川渊深而鱼鳖归之，山林茂而禽兽归之，刑政平而百姓归之，礼义备而君子归之。"（《致士》）此说天才地揭示出，除了国家，人即无栖居之所。人与动物不同，国家是属人的，是吾人之最佳栖居地。人超越动物的地方也在于，人有国家此一栖居地，而动物只有数量意义上的"群"。

一　国家之起源

人为什么需要国家？就个体之人而言，有内外两个驱动。对内，是人性趋善的驱动；对外，是环境与资源的压迫。就群体而言，对外，有组织地解决生存资源的需要；对内，解决公共权力的需要。二者推动人结束自然状态，进入国家。

其一，自然状态的结束。前文已述，人的栖居从自然中析出，经历了家族、乡党此两阶段后，这是一个自然而然发展起来的过程。然而，人类并未就此止步，伟大的生克力量推动着乡党内部裂析，产生出新的实体——国家。一则群居为政权产生之前提。孔子云"鸟兽不可与同群，吾非斯人之徒与而谁与"（《微子》）；荀子承之云"草木畴生，禽兽群焉，物各从其类也”，“人生不能无群”（《王制》），即是认为人实际上是以群居此一社会化的方式走出自然并繁衍生息的，这是人当下的、唯一的生存方式。既是群居，则必然要处理人与人、人与社群之关系，则必然要产生代表公共权力之政权，以保证社群中个体生命的完成。二则自邦国起，人的群居形态开始进入自觉状态。虽说在家庭、宗族、乡党的基础上产生国家，但国家一开始就不同于家庭、宗族、乡党这三者。国家是一个异质者，是人的发明，是被创造出来的实体。当然，自觉不一定完美，止于至善是目的，自觉是性质。下面我们来看伟大的生克力量在此时段的具体内涵。

其二，内因——性三品。处于自然状态下的人，就算没有人口与资源的冲突，也不一定就会永远和平。因为“心使气曰强”，在生理属性的驱使下，也会产生矛盾。而天地之性昭示，只有化解彼此之矛盾，众人才能继续生存。那么如何体现此意，则须以智识之性来思考，如此必须产生公权力。

其三，外因——兴公利、除公害。关于国家产生的外因，有神创说，如《诗经・商颂・长发》“帝立子生商”，然此为人类幼年之理解；又有争夺说，由于生存的需要，共同体之间相互掠夺与反抗。此两种行为的实施都需要本共同体的“组织化”，此即产生“公权”。然而此种说法并不能解释以下的情况，当一个共同体处于人口、资源较为平衡，且无天灾及外来侵犯时，还是会产生国家的。故公共权力的产生，不是仅以私有制或阶级等为前提的，更不尽是阶级压迫的工具，它还可以只是公共管理的需要，此即儒家的观点。国家产生的外因，就在于“社会”的松散、无力，不能解决更大的危机以及提供更好的公共服务，即兴公利、除公害。国家的产生是为了应对公共危机，提供公共服务。公共危机的典型事件如大洪水（其事或伪，其理不误），面对这样的灾难，同居一个地方的“社会”，在当时是“氏族—宗族”，依其过去的松散状态是无法抵御的，必须产生一个强大的新实体——国家，故产生了禹这样的治水英雄，率领人民，高度组织化，依靠群体的力量来开天辟地，赢得继续生存与发展。此如《左传・襄公四年》载：“《虞人之箴》曰：‘芒芒禹迹，尽为九州，经启九道。民有寝庙，兽有茂草，各有攸处，德用不扰。’”此是说，上古之大禹将天下分为九州，开通诸多大道，为百姓建屋构庙，野兽亦有丰茂青草，万物各得其所，互不干扰。故荀子总结："用国者，得百姓之力者富，得百姓之死者强，得百姓之誉者荣。三得者具而天下归之，三得者亡而天下去之；天下归之之谓王，天下去之之谓亡。汤武者，修其道，行其义，兴天下同利，除天下同害，天下归之。"（《王霸》）

二　孔子之国家观

到了国家，人的栖居进入自觉阶段。国家的产生还有一个限制，那就是要有一定的共同基础，如血缘、文化、历史、地域等。孔子的国家理念可自"兴灭国，继绝世"推出，其理可以用"最小的国家就是最好的国家"来表达之。这里的小不是指外在的规模，而是说国家当是天然形成的、持续发展的、不以种族为界限、不以武力相兼并的这样一个共同体，它仅以文化作为相互区别的唯一标志，一个文化共同体即是一个国家。如周初分封的所谓邦国，绝大多数是极为古老的共同体——部落。如许倬云先生云："成王东征，平服商奄，有鲁齐镇抚东国，然而东国为古代著名部族的旧居，到春秋时犹有谭纪莒郲任宿句须不少小国，大都为大皞少皞等古族的苗裔。"[①] 如薛乃"夏所封，在周之前"（《左传·隐公十一年》）。又如最新出土的青铜器所载之倗国、霸国，均未见于古代文献。[②]老子的"小邦寡民"也是如此，故孔老所持乃是先秦古典的国家观。

三　政权与政道

孔子云："政者，正也。"（《颜渊》）正即天理。国家的本质，乃是政权，此群体生存发展之权本当为群体所公有，故政权之定义当为公共权力。人类采取群体方式以生存发展，即是政治（如非群居，则无政治）。则所谓政权当为每一个体所分持共享，此是恒常不变之理，此是天下为公义，所有与占有不同，所有是天道，占有是人伪。故孔子认为，尧舜时天下为公是行天道，而禹、汤、文、武、成王、周公此六君子天下为家则是人伪（《礼记·礼运》）。

其一，公共权力的潜存。家族事务只是一种准"公共事务"，因为它

---

① 许倬云：《西周史》（增补二版），生活·读书·新知三联书店，2012，第152页。

② 李峰：《西周考古的新发现和新启示——跋许倬云教授〈西周史〉》，载许倬云《西周史》（增补二版），生活·读书·新知三联书店，2012，第362～363页。

未超越出血缘所调整的利害，没能公共化。家族有权威，其来自血缘、辈分与年龄，往往只具有纵向的时间在前性，而没有横向的贤能优先性，故这并非公共权力。相比而言，乡党有公共事务，无权威。在乡党中，公共事务往往或者因为简单的分散的互助而杯水车薪、无济于事，或者因为自然产生的贤能未经授权，缺乏家族长辈那种绝对权威不能令行禁止而束手无策。所以在家族与乡党阶段，公共权力都处于潜存中。

其二，公共权力的产生。国家的产生是基于兴利除害，但是兴利除害贯穿于人的所有栖居形态中，自家族至乡党，均有此事，然则国家与家族、乡党有何区别？曰公共权力。当一些命运攸关的公共事务超出了先民社会中自由组合所产生的“互助”所能解决者，如公利、公害，这时就须“产生”公共权力（它一直潜在着）来兴利除害。所有共同体的合法成员将本来属于自己的完整的生存权中的某一部分（如自卫权）拿出来上交给某个人或某群人（如不这样，则这些合法成员的其他的生存权也会受到这些公共事务的影响甚至直至荡然无存，而且这种授权并不都是通过某种神圣仪式来完成的，甚至通常是采取默许与歌颂的方式），由他们来集中地代为行使，以期处理这些必要的公共事务。至此，那些本来潜存的公共权力便客观化出来，表现为由一群聪明睿智的圣贤所领导的、拥有全体成员所授权的、以处理必要的公共事务为唯一目的的组织——国家。

其三，公共权力的特点。一是公共性。公共性首先表现为其来源于全体成员的授予。其次，落实承载于公共事务，超越某个具体的单位事务（某个人或某个家族、某个区域等）。再次，其目的仅仅是兴公利、除公害，故公权力不得为某人或某集团所垄断、所窃取。二是抽象性。公共权力是人群所公有的一个抽象体，本来如此，恒定如此，如日月行空，并不落在人间，任何人不能去产生它、更改它，遑论争夺它。然它又普照人间，须臾不离，万古恒常。故后儒云“天下为天下人之天下”，“藏天下于天下”者，正表此义。三是客观性。这时仁心又经第二次否定，超越互助，而达公义，这个公义即客观化为法，此是仁心的第三种形态。四是强制性。公共权力具有合法的强制权力，对危害公共安全的行为及人员的阻止与惩罚权。此如《国语·鲁语》所载，“昔禹致群神于会稽之山，防风氏后至，禹杀而戮之”，到了春秋时期，“吴伐越，堕会稽，获骨焉，节专车。吴子使来好聘，且问之仲尼”（《国语·鲁语下》），孔子说这是防风氏的骨头。其事或伪，其理不误。五是有限性。公权的产生已述，则其范围应当根据同样的原则，兴公利、除公害。当此公权力超过兴利除害的原则，侵犯个人的生命、财产、教育等时，便不合法。六是清晰性。公权针对公共事务，不再是过去的混乱杂驳的自然状态，所以必须对各要素予以清晰化，如所包括的确切成员、地域疆界等。

其四，公共权力的职能。一是处理道德生活，礼乐刑政，二是处理经济民生，提供公共益品，如孟子云“同养公田”即表示他清晰地认识到公权力组织的运行建立在赋税之基础上。

其五，何谓政道。政权既为公共权力，如何体现（呈现）此公权即政道，故政道即是政权实现之道。此处之道取途径、方法之义，非道体之道。此如儒家所谓“天下为公”，如何去体现之？有直接的体现之道，如古代希腊之公民民主。有间接的体现之道，如产生于英国之代议制。然二者均是一个物化的组织，总有个体现。就中国而言，历史上一直没有这样的方法去体现“天下为公”这个原理，直至宋代“吕氏乡约”的出现，才破土而出，萌蘖渐广。而在此之前，历史一直都采取的是“天下为家”这样的异化形式。

其六，政道的几种“异化—僭越”方式。政权虽为公有，但现实中它有多种体现方式。由于人群被某些深刻的、往往超出我们智力所能把握的原因所推动，基于某种跃动的、或隐或现的标准（曰天命、曰势），统一的政权又被分割为数块。政道有三种形式，掌于一人，掌于精英，掌于全民。韩非言“上古竞于道德，中古竞于智谋，今世竞于气力”，此是指对政权之追逐，若稍做调整，则为“上古竞于血统，中古竞于圣王，近世竞于英雄，今日竞于全民”。上古时，政权由某一个人或家族（种族）独享，其自命为血统上的神圣阶层。中古时，政权则由某些对人类做出杰出贡献的圣王及其团体来分享。如象山所云：“唐虞之朝，禹治水，皋陶明刑，稷降播种，契敷五教，益作虞，垂作工，伯夷典礼，夔典乐，龙用纳言，各共其职，各敦其功，以成雍熙之治。”① 后世则由所谓英雄们分享政权，此特指拥有杰出武力与计谋的人杰，联合而占政权，视天下为自己之产业。

① （宋）陆九渊：《本斋记》，《陆九渊集》卷十九，中华书局，1980，第239～240页。

其七，政道的三大阶段。神权、强权、公权，此是人类权利展开的三个阶段。与在襁褓期内依赖神权一样，“历史”在少年期内依赖强权，祂一贯默许、采纳“鸠占鹊巢”“反客为主”的自我发展方式。封建制下，公首先是王公之私，而后方是公权之公，公权在漫长的野蛮期内不过是实现王公私利之工具而已，被以强者的名义僭越。因为历史需要强者的勇气和力量来推进自我的发展，故作为奖励，公权暂时被隐藏在强者的王冠之中。儒家在发用中，以公权来妥善安排神权与人权、强权与民权，一任之公，故而对儒家来说，最准确的不是民权，而是公权，以公权实行人权，同时也在高扬人权的过程中，实现了对神权的尊重。

四　治权与治道

我国古代政治，于政所言甚微，大体上只隆重地说个“治”字。

其一，何谓治权。治权即治理国家的公共事务之权。治权源自政权，治权的合法性必须由政权来授予、保证。然治权又不同于政权，政权强调为谁所有，治权强调由谁运用。此二权，合或双分，其途既殊，其果大异，合未必至善，分或至双伤。关键是看二者具体由谁来掌握、如何来运行。

其二，治权之主体——贤能。政权在本质上规定为全民所公有，但治权则不然，治权在本质上当为贤能者通过合法之程序所拥有以及执行。孟子云“以粟易械器者，不为厉陶冶”（《滕文公上》），此正如百工制器，医生治病，由于社会分工，治国成为某项专业工作。社会分工有两种，或是技术之分工，如“百工之事”，或是管理与技术之分工，如“劳心劳力”。所以，治权获得者最正确的选择是，选举一定比例的、拥有专业知识、能力并且受到足够训练的精英。墨家亦如此，要求“不党父兄，不偏贵富，不嬖颜色，贤者举而上之，富而贵之，以为官长；不肖者抑而废之，贫而贱之，以为徒役”，从而使“官无常贵，民无终贱”（《尚贤中》）。

其三，何谓治道。治道即治权的体现方式，具体的治理原则与方法，如何去展开、运行此治国之权。孔子立意最高，开口即说：“道之以政，齐之以刑，民免而无耻。道之以德，齐之以礼，有耻且格。”此是在天地之性上来说永恒义。孟子却反思道：“徒善不足以为政。”这明显是对孔子的回应，仁政不是说有了善人就可以建立起来的，还必须配以制度。但孟子又补充曰“徒法不足以自行”，此语令人深思。此是孟子认为，制度要有素质才能自行，还是感慨素质、制度二者之于善政都无济于事呢？依孟子原义，当是前者，此是在智识之性上说。但是如果我们跃出孟子彼时之语境就会发现后者其实更深刻，优良的素质与从仁心出发的制度均不足用，那么，儒家该如何？如此，则有荀子之回答——以利，则明分使群，此是从气质之性上而言。我们的讨论就按“善”“法”“分”分为三层。

其四，治道之三层内涵。治道的对象是公共事务，而非个人事务，它讨论的是治理国家之公共事务，即一个提供、生产公共益品的过程。治道在儒家看来，却是要由现实的公共事务中抽拔出来，去深入人性来直探根本，即性三品。儒家首先是利益论者，要求满足各阶层特别是基层平民的物质利益，如孔子之庶富教，孟子五亩之宅。所以治道的第一层核心就是利益——依据气质之性来运行。儒家其次是制度论者，其要求“正名”，明确社会各阶层的权利义务关系，建构一整套社会制度，因为利益的满足需要通过制度来实现，故孔子强调复礼，孟子强调井田等，荀子则有明分使群。所以治道的第二层核心是制度——调动智识之性来运行。儒家最核心的是素质论者，如“道之以德，齐之以礼”，“为政以德”，“克己复礼，天下归仁”，等等，此不赘述，所以治道第三层核心就是素质——调动天地之性来运行。

其五，治道的三种模式。儒家视野中有力治、法治、德治，三者对应国家产生的内在人性。如果由着人的气质之性，则势必产生力治，或曰霸道。如果完全由人的道德，则为德治，或曰王道。处于二者之间者，即鼓励德性而限制气质的，则为法治（此法非法家之法，而为制度义）。因为人是活体，所有的制度都是人来制定、执行的，制度制定得合不合理，国民执行得到不到位，都会影响善政的成功与否。所以唯制度论或唯素质论都是片面的，相比而言，制度为第二义，而素质是第一义，一个成功的治道当贯彻以仁摄智的原则，即以提升、维系国民的素质为主，其次适时制定合理的制度并严格执行之。

其六，政权与治权的关系。此有几种模式：贵族（王侯将相）式，贤能式，平民式。三个集团（阶级）在争夺政权与治权。理论上各自有三种情况：或政权、治权皆得，或得一失一，或二者皆失。但事实是彼此交叉，还须具体而论。

由上可见，最好的国家就是最小的国家。因为只有在最小的国家里，才能彻底保证人民主权的落实，保证人民的参政，在此之余，精英们的治理工作才能得到最有效的监督。此处之小，并不是政治参与程度之小，即领土和人口，而是这个共同体能保持在一个历史形成的天然规模上，而无侵吞或被侵吞，此谓最小。如两个族群，同文同种，一个领土大人口多，一个相反，则他们形成的国家都是针对他们自己而言是最小的。所以，这里的小，即是一个文化的共同体。所以，孔子是小国论者，兴灭继绝，近于老子的小邦寡民；而孟荀则是大一统论者，大国在“历史”中更符合英雄的扩张欲望，更能集中力量对抗外部竞争。

五　分配权与分配之道

儒家之分配问题，是针对社会资源如生产资料、劳动产品等的分配，其包括两个方面，即分配权与分配之道。唯先秦儒家对分配问题是混而言之，如荀子言“明分使群”“度量分界”，即杂上述的政权政道、治权治道以及分权分道而言，故拙文剥而析之。

其一，分配问题的产生。一是就整体而言，荀子认为人的自然属性趋于多欲，然资源在一定时空内有限，故必产生争夺，为防止由此而造成的社会失序，必须实行资源之有效分配。二是就个体而言，每人才智德行命运等历史地形成的差别不容忽视，其在社会生产与发展的作用、地位大不相同，按这些要素进行分配理所当然。故荀子不是从先天的仁性出发，而是自人性的幽暗出发，自现实的人类生存发展的资源分配压力出发，来看如何实现利益的分配正义，由此制定一套能够根据这些差别而规定相应的权利义务的利益分配方案，在这种分配正义的指导下，整个社会就公平而太平。

其二，明分之道。荀子认为达成善治不仅要出乎动机，发乎制度，更应执行于各等级利益分配的动态平衡，如此才能致成治世，而此利益的动态平衡，就是礼制。其云：“礼者，贵贱有等，长幼有差，贫富轻重皆有称者也。”（《富国》）所以，虽然是对西周、孔子之礼的重新提出，但荀子的礼与上二者皆不同。周礼是一种习惯法，类如“世卿世禄”之刻死程序，仅是利益集团自我修筑之堡垒，不对外开放，故是死物。孔子的礼则是仁的外部流露，孟子亦如是，礼为敬心。荀子之礼则是活的、开放的，且纯就政治设计而言，不涉及心性工夫，他要重新规划各大政治阶层，让他们的利益能达到动态平衡。它是开放的体系，如“虽王公士大夫之子孙也，不能属于礼义，则归之庶人。虽庶人之子孙也，积文学，正身行，能属于礼义，则归之卿相士大夫”（《王制》）。在这样的视野下，民生是对民众的利益保证，制度是对精英的利益保证，教化是对全民的利益保证，如此兴公利，使各有所归。这个动态平衡，就是荀子所云“陈万物而中县衡”（《解蔽》）。《荀子》以大量篇章反复说明了“明分使群”的格局，如“兼足天下之道在明分：掩地表亩，刺中殖谷，多粪肥田，是农夫众庶之事也。守时力民，进事长功，和齐百姓，使人不偷，是将率之事也。高者不旱，下者不水，寒暑和节，而五谷以时孰，是天下之事也。若夫兼而覆之，兼而爱之，兼而制之，岁虽凶败水旱，使百姓无冻餧之患，则是圣君贤相之事也”（《富国》），余则不赘引。荀子之本义，就是要建成一个“差别→分工→等级”之社会。相比法家代表君主，墨家代表平民，儒家则代表中道，其所追求的礼世界，以等级求秩序，是流动开放的，即梨洲所谓“藏天下于天下”。

其三，使群之局。只有实现了这样分配的方案，才是合乎仁义的方案。荀子认为，仁义的外化，即是明分，其云：“水火有气而无生，草木有生而无知，禽兽有知而无义，人有气、有生、有知，亦且有义，故最为天下贵也。力不若牛，走不若马，而牛马为用，何也？曰：人能群，彼不能群也。人何以能群？曰：分。分何以能行？曰：义。故义以分则和，和则一，一则多力，多力则强，强则胜物，故宫室可得而居也。故序四时，裁万物，兼利天下，无它故焉，得之分义也。”（《王制》）这里也是“维齐非齐”，以分为和，而非以和为和。义→分→群。明分是表面的，为什么要明分才是根本的，荀子答曰义。义是荀子政治学之基点，公义胜私欲，则此义即公义。为了实现整个社会的公义，就必须要明分，通过“维齐非齐”的辩证否定，达到群体和谐生存的目的。“明分”貌似是利益分配，实际上，它是仁义的发用。对荀子而言，实现了明分使群，才算得上“仁”。

六　元首

元首在古代，是治国一大重要环节，对神，他是人之代表，对人，他是神之代理。

其一，个人气质。元首开始由最杰出之人天然地承担。凡上古之元首，皆有远超凡庸之魅力，率为“卡里斯玛”型领袖。事实上，上古元首，大体有以下几类。一是能沟通神灵，验证圣迹，如舜入深山风雨不迷，此类历史悠久。二是现世中战斗力超群，如“古者桀纣长巨姣美，天下之杰也。筋力越劲，百人之敌也”（《非相》）。王字初义便如此，吴其昌《金文名象疏证》，从甲骨、金文及古文物、古文献中列八证以证明“王字之义，斧也”。[①] 林沄亦认为王字之本义象斧钺之形。[②] 故《韩非子·五蠹》云：“王者，能攻人者也。”以武力、狡计来实验人类之恶所能抵达之范围，破坏是一种不可或缺的对世界的认知方式，特别是在文明的幼儿期。三是德能配天，如神农尝百草、黄帝造车等，皆是对人类文明有极大推动者。正如王国维云：“盖古之有天下者，其先皆有大功德于天下，禹抑鸿水，稷降嘉种，爰启夏周。商之相土、王亥，盖亦其俦。”[③] 如禹这样的圣王：孔子曰：“禹，吾无间然矣。菲饮食而致孝乎鬼神，恶衣服而致美乎黻冕，卑宫室而尽力乎沟洫。禹，吾无间然矣！”（《泰伯》）孟子曰：“禹恶旨酒，而好善言。汤执中，立贤无方。文王视民如伤，望道而未之见。武王不泄迩，不忘远。周公思兼三王，以施四事；其有不合者，仰而思之，夜以继日；幸而得之，坐以待旦。”（《离娄下》）韩非子亦云：“禹之王天下也，身执耒臿以为民先，股无胈，胫不生毛。”（《辞过》）

其二，功能作用。元首对本族群之生存负极大之责任，甚至对天灾人祸要负主要责任。传说“成汤时岁久大旱。太史占之，曰：‘当以人祷。’汤曰：‘吾所以请雨者，民也，若必以人祷，吾请自当。’”（《淮南子·主术训》）后世学者多以为王以身为牺牲不近情理，不可信，[④] 但民族学资

---

① 吴其昌：《金文名象疏证·兵器篇》，三晋出版社，2009，第41~52页。

② 林沄：《说“王”》，《考古》1965年第6期。

③ （清）王国维：《观堂集林》卷九《殷卜辞中所见先王先公考》，中华书局，1959，第417~418页。

④ （清）崔述：《商考信录》，《续修四库全书》第455册，上海古籍出版社，2002，第448~449页。

料则证明了远古曾有“杀王”献祭的宗教习俗。[①] 当然，如果其领导非常成功，则会被后人当作天神来祭祀。

七 政体

所谓政体，指最终形成之政治实体中公共权力的表现模式。孔子以治理社群当有本然之理，此理首先即表现为，人的生理属性与道德属性是政权产生的阴阳两种动力，此动力交互为用则形成三种主要的政权模式。我们可借《尚书·周官》“论道经邦，燮理阴阳”来概括之。下详此义。

其一，政权产生的两大动力与三种主要模式。一则个体始有二性。孔子云“克己复礼”（《颜渊》），又云“为仁由己”（《颜渊》），即表明同是一己，已含二性。当人“首出庶物”（《易传》），走出自然后，既保留了与物相同的如食色等生理属性，又进化出“异于禽兽者几希”（《离娄下》）的道德属性。前者本为善，过或不及则为恶，故要克之。后者是仁义诸性，其纯善无恶，故要率性为之。二则人群终分三品。孔子云“唯上智与下愚不移”（《阳货》），即认为人群可分上智、下愚以及中人。其下“不移”二字，乃是褒定上智、下愚二者不为利欲而移嬗己性。上智指圣人，其“所欲不逾矩”（《为政》），已达自觉状态，故完全自由，纯是天地气象。下愚指纯朴赣直之愚夫愚妇，其依本性而行，时能暗合天地，是为自然状态。唯有中人，因后天之习染，暗合时少，过或不及为多，常常陷溺“罟擭陷阱”（《中庸》），处于异化状态。由此三品，故云“性近习远”（《阳货》）。当然，孔子认为生理、道德二性的区分是历史而非终极的，每个个体均可凭工夫，反躬性体，化此两橛于一归，更上达道体，体证天命流行境，故孔子频言“上达”（《宪问》）。从而“人皆可以为尧舜”（《告子下》），“涂之人可以为禹”（《性恶》）。但是现实中，工夫或由己悟，或因外缘，不能整齐划一，故个体始有二性，人群终分三品。三则政权形成之阴阳两种动力与三大主要模式。代表公共权力之政权乃辐辏而成，即每个政治单位（不一定是个人）为辐条，政府为车毂，辐条辏插车毂而成政权。此辐辏包括三种形成机制。既是群居，则人与人、人与社

① 郑振铎：《汤祷篇》，载《东方杂志》第 30 卷第 1 期，1933。转自宋镇豪主编，罗琨著《商代史》卷九《商代战争与军制》，中国社会科学出版社，2011，第 79 页。

群之间，即产生两层摩荡：生理属性之摩荡，此是利欲之争；道德属性与生理属性之摩荡，此是义利之争。由此形成三种结局：首先是道德属性胜，统率控制生理属性，让吾人之仁心向外推展为社群之公义，以义导利，并将此公义客观化为礼制，其组织即为公共服务之机构，其元首则为公推之圣贤，此种模式独阳无阴，在政权阴阳坐标上处于极左端，孔子称为“道之以德，齐之以礼”（《为政》）。其次是生理属性占优，彼此争斗，则或者强者胜出，或者诸方联盟，从而僭立公权，治以政刑，以任其私利，此种模式独阴无阳，在政权阴阳坐标上处于极右端，孔子称为“道之以政，齐之以刑”（《为政》）。再次是兼用二性，此种模式在政权阴阳坐标上居中，间以礼乐刑政，故孔子云“礼乐不兴则刑罚不中，刑罚不中则民无所措手足”（《子路》）。当然，在三点之间尚有无数之过渡状态，其在客观上亦局部地规范、调整并实现个体、社群之利益，不赘。此三种模式及其过渡，乃是普适的公式，每个社群都可在其中找到自己的位置，如齐重政刑而倾右，鲁崇礼乐而偏左。我们将之分为三种模式，变态政体（力治）、一般政体（法治）、理想政体（德治）。

上述本然之理，综如图11。

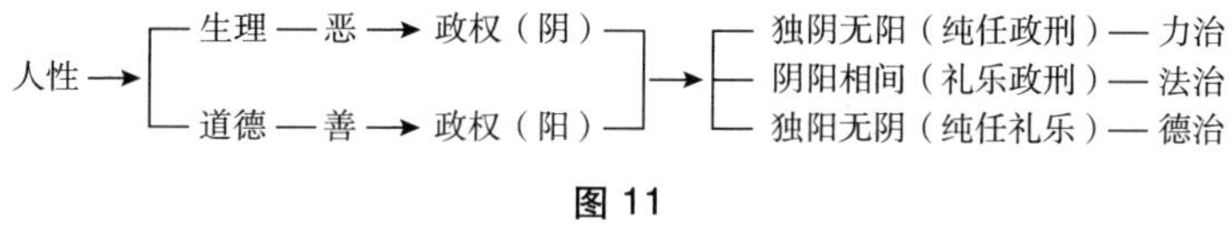

图11

八　国家与社会的关系

当国家诞生后，那种自然状态下的家庭、乡党即不能再维持自然状态，而受到了公权力的影响。在理想定义下，公权力对“家乡”是保护者、成全者，三代模式是这样的。但在现实情况下，“大道既隐，天下为家”，公权力沦为私器，即无限侵入“家乡”——而家乡其实是所有人，即人类的家乡。国家与家乡二者关系，以其力量对比，相应地有四个模式。一是强邦国、强家乡：这是由于国家与民间社会双方的力量均衡。二是强邦国，弱家乡：国家强大，大举入侵家乡，变成大邦国，小家乡甚至无家乡，人民的基本生存被异化，则这样的强大又是不可持续的，必将迅速灭亡。三是弱邦国，强家乡：国家弱而民间社会强，这样国家被过分限定，对内无虞，不会入侵民间社会，但是对外职能则受到负面影响。四是弱邦国，弱家乡：此在每一个王朝崩溃前后均如此。所以，如何保持公权力的适当强度，既能强大到对抗外敌，又能保持内部活力，即成为永恒的追索。

超出自然、社会状态，即是成立公权力之国家状态。如何处理三者关系是儒道法之分歧出发点。道家老子希望永保小邦寡民之自然，过幸福、知足之生活。法家则希望完全剔除自然之家乡，完全代之以国家，从而能集中所有人力物力之资源，并形成强大之动员能力，完全挖掘出战争潜力，从而富国强兵。儒家处于中道，既想保持家乡的独立、自然，毕竟这是人类生存的基本方式与目的，家、乡是人类的家乡；同时，又同意国家公权之建立，但希望将之限制在兴公利除公害的限度内。

至此，我们再来看著名的"吾与点也"，它其实是对回到家乡状态的渴望："莫春者，春服既成，冠者五六人，童子六七人，浴乎沂，风乎舞雩，咏而归。"（《先进》）当公权力诞生之后，人即处于被压迫、被异化状态，故无时不在怀念家乡，这里子路、冉有、公西华的理想其实都是加入公权力，而曾点是再进一层，回到家乡。

第二节 国家之势的发展

上古时代，国家是自然而然产生的，沿着血缘、地域，由部落而成联盟，故并没有一个明显的对政府起源的设计，先有图纸再去建设，这是近代的事。大都是自然产生一实体，连缀为一普遍现象，渐牢不可破，而后才有思想家去反思、解释之。国家本上古先民气质之展开，故不必囿于故儒以仁解史之曲说。然微子启封宋，至孔子不过五百年，已叹难征，遑论有夏；平王东迁，至孟子不过四百年，宗周王畿之政体竟已湮没无闻。[①]夏商周通称三代，此在春秋似为常识，然夏之有无，尚无确证，故予阙疑。本来"殷人亡国后，国与史料俱湮"，然幸有地下遗址及甲骨重见天光，故"今日治古史，当断自殷代始"。[②]

① 子曰："夏礼吾能言之，杞不足征也。殷礼吾能言之，宋不足征也。文献不足故也。足，则吾能征之矣。"（《八佾》）北宫锜问曰："周室班爵禄也，如之何？"孟子曰："其详不可得闻也。"（《万章上》）

② 徐中舒：《徐中舒历史论文选辑》，中华书局，1998，第652页。

一　先秦“国”之字义考察

国，繁体作“國”，考古显示西周城市都是没有城墙的，[①] 故金文“國”作“或”，如《毛公鼎》铭文：“迺唯是丧我或。”《说文》云：“或，邦也。从口，从戈以守一。一，地也。”[②] 待都市有城墙后，则在或外加囗，故春秋频写作“國”。国初义即为都城，如《孟子》有“遍国中无与立谈者，卒之东郭间之祭者”（《离娄下》）。《左传·隐公五年》载：“郑人以王师会之，伐宋，入其郛……公闻其入郛也，将救之，问于使者曰：师何及？对曰：未及国。公怒，乃止。”焦循据此，以为郭以内方为国，遂云：“国有三解，其一，大曰邦小曰国，如惟王建国，以佐王治邦国是也；其一，郊内曰国，《国语》《孟子》所云是也；其一，城中曰国，小司徒稽国中及四郊之都鄙夫家……是也。盖合天下言之，则每一封为一国，而就一国言之，则郊以内为国，外为野。就郊以内言之，则城内为国，城外为郊。”[③] 许倬云先生据此云，这三重意义，城邑为国的用法最早，而邦国的用法最晚。三重意义象征了封国成长的过程。第一步是殖民队伍的筑城邑自保；第二阶段扩充管内的领地到近郊；第三步则封国与封国接界了，界内的领土就都认为国中的土域。[④]

家字前章已析，国家连用在先秦文献中表示多义，一则指三代封建家国同构之政治实体；二则指本义城市，[⑤] 三则指战国时封建解纽后公权力得到进一步释放的政治实体。到孟子时，国家连用则开始偏指邦国之国，[⑥] 而非家国同构之国，如云：“贤者在位，能者在职，

---

① 参许宏《大都无城》，生活·读书·新知三联书店，2016，第5页。

② 方述鑫、林小安、常正光、彭裕商：《甲骨金文字典》，巴蜀书社，1993，第962～963页。

③ （清）焦循：《孟子正义》，中华书局，1987，第109～110页。

④ 许倬云：《西周史》，生活·读书·新知三联书店，2011，第301～302页。

⑤ 如《周礼》“上公九命为伯，其国家、宫室、车旗、衣服、礼仪，皆以九为节”（《春官》）。郑玄注：“国家，国之所居，谓城方也。”

⑥ 《说文》云：“邦，国也。”此例极众，如《尚书·尧典》“协和万邦”，《诗经·小雅·节南山》“以畜万邦”，《易·益》“利用为依迁邦”，《国语·周语》“后非众罔与守邦”，等等。邦国二者亦有区别。一是大者为邦，小者为国。如《周礼·天官·大宰》“以佐王治邦国”，《注》云：“大曰邦，小曰国，邦之所居亦曰国。”二是在金文中，西部王畿地区的封邑曰邦，东部诸侯封地曰国。故用“邦国”更符合本章所讨论的对象，“国家”只是中土家国一体的特殊产物，是“state”这一实体发展的特定阶段的产物，不能代表全体，但是既已约定俗成，再改成邦国，无疑庸人自扰，自生多事，然此理不可不明。

国家闲暇。及是时，明其政刑，虽大国必畏之矣。"（《公孙丑上》）至荀子时，此使用基本定型，如"之所以为布陈于国家刑法者，则举义法也"（《王霸》）；"君有过谋过事，将危国家、殒社稷之惧也"（《臣道》）。

二 殷商国家之势的发展

其一，商之建立。商为东夷古族，[①] 肇于辽东，[②] 迁居豫鲁，[③] 或曾游牧。[④] 其兴于上甲微，[⑤] 自始祖契至汤，共历十四世，[⑥] 都城经八迁。[⑦] 在

① 胡厚宣、胡振宇：《殷商史》，上海人民出版社，2003，第14~15页。

② 傅斯年、王国维、顾颉刚、蒴伯赞、金景芳、晁福林等人均主此说，不赘引。考古学亦支持此观点，如王明辉认为商族的起源可能与中国东北地区西部、西辽河流域的古代人群有关，见王明辉《商族起源的人骨考古学探索》，《华夏考古》2015年第4期。

③ 白寿彝先生认为，商人早期活动有两大中心，一是黄河下游的豫东地区，以商丘为中心，一是豫北漳河流域。商、章相通，故商人称商，大概是由于商人远族居于漳水，最早漳水就叫商水。见氏著《中国通史》第三卷上册，上海人民出版社，1999，第185~186页。

④ 其先公"王亥服牛"之传说或可证其为游牧之从业者。商代用于祭祀的牛数量惊人，胡厚宣据卜辞考，祭祀用掉1000头牛的有1次，用掉500、400、300头的各一次。见张光直《商代文明》，毛小雨译，北京工艺美术出版社，1999，第121页。又王国维云："然则王亥祀典之隆，亦以其为制作之圣人，非徒以其为先祖。"见氏著《观堂集林》卷九《殷卜辞中所见先王先公考》，中华书局，1959，第418页。

⑤ 商正式作为国家，自上甲微始，《商代史》引罗琨之说，认为王亥被有易氏君主绵臣所杀，王亥之子上甲微借河伯之师复仇成功，故其是商人国家的缔造者。另外根据甲骨卜辞，商人祭祀之祭谱自上甲微才完整有序。见宋镇豪主编《商代史》卷一《商代史论纲》，中国社会科学出版社，2011，第55页。上甲最早制定了一套完整的祭历，商王在商代祭祀表中所罗列的第一个商祖先是上甲，自其之后，王名都加以天干。见张光直《商代文明》，毛小雨译，北京工艺美术出版社，1999，第146页。

⑥ 《国语·周语》云："玄王勤商，十四世而兴。"《荀子·成相》云："契玄王，生昭明……十有四世乃有天乙，是成汤。"《史记·殷本纪》详列之，商先公至汤，共14人：契、昭明、相土、昌若、曹圉（《史记索隐》为粮圉，《汉书古今人表》为根圉，《礼记·祭法正义》为根国）、冥（《天问》曰季）、振（《楚辞》作该，《竹书纪年》作亥）、微（《国语·鲁语》作上甲）、报丁、报乙、报丙、主壬、主癸、天乙或成汤。详见王国维《观堂集林》卷九《殷卜辞中所见先公先王考》，中华书局，1959，第409~450页。张光直《商代文明》，毛小雨译，北京工艺美术出版社，1999，第5~6页。

⑦ 《尚书·帝告 厘沃·序》："自契至于成汤八迁，汤始居亳，从先王居。"王国维详考此八迁：亳→蕃→砥石→商→泰山下→商邱→殷→商邱→亳。见《观堂集林》卷十二《说自契至于成汤八迁》，中华书局，1959，第515~516页。

后人之叙事中，汤至仁，曾“网开一面”[①]“桑林祈雨”[②]等，故能以七十里而兴，[③]“十一征而无敌于天下”（《滕文公下》）。首征葛（《滕文公下》），继征有洛、荆、温等，[④]在征伐了夏的三个主要盟国韦、顾、昆吾后，[⑤]一举灭夏，[⑥]并剿灭余党，[⑦]从而建立了强大的商朝。当然，汤是否伐夏桀，甲骨文中完全没有记载。并且我们从《尚书·汤誓》“尔不从誓言，余则孥戮汝，罔有攸赦”可以看出，所谓“王师”亦是后儒所加。商之疆域，揆之《诗经·商颂·玄鸟》，则武丁时大致占有河南北半部，河北的南半部，山东西部，安徽最北部和江苏西北部；考古之盘龙城遗址可知商之南疆已达湖北境内。在此区域周围，商被诸方所包围：北部（山西省北部）有土方，西北部（陕西省北部）有𢀛方，陕西中部以西及其附近地区有羌方、周方、召方，在中汉水流域以南有雷方，淮河流域东部及江苏和山东两省的沿海地区有人方，河北中部东北有盂方。[⑧]

商之性质，乃是一建立在血缘基础上的氏族国家。出土甲骨显示，卜辞中殷人常自称大邑、大邑商、天邑商。彼时商只是初步的城邦国家，尚有其他相类似的城邦，只是商最大，它们共同组成一个城邦联盟——以商为名。商是商人用以指称其祖先聚居中心之名，[⑨]也是周人对大批驻扎在

① 《吕氏春秋·异用》：“汤见祝网者，置四面，其祝曰：‘从天坠者、从地出者、从四方来者，皆离吾网。’汤曰：‘嘻，尽之矣。非桀其孰为此也。’汤收其三面，置其一面，更教祝曰：‘昔蛛蝥作网罟，今之人学纾。欲左者左，欲右者右，欲高者高，欲下者下，吾取其犯命者。’汉南之国闻之曰：‘汤之德及禽兽矣。’四十国归之。人置四面，未必得鸟；汤去其三面，置其一面，以网其四十国，非徒网鸟也。”《史记·殷本纪》、刘向《新序》、贾谊《新书》《淮南子·人间训》等均载此事。

② 如《荀子·大略》载：汤旱而祷曰：“政不节与？使民疾与？何以不雨至斯极也！宫室荣与？妇谒盛与？何以不雨至斯之极也！苞苴行与？谗夫兴与？何以不雨至斯极也！”

③ 《孟子·梁惠王下》：“七十里为政于天下者，汤是也。”《管子·轻重甲》：“汤以七十里之薄，兼桀之天下。”《淮南子·泰族训》：“汤处亳，七十里。”

④ 今本《纪年》有：帝发“二十一年商师征有洛，克之，遂征荆，荆降”，“二十六年商灭温”。《逸周书·史记解》：“昔者有洛氏宫室无常，池囿广大，工功日进，以后更前。民不得休，农失其时，饥馑无食，成汤伐之，有洛以亡。”

⑤ 《诗经·商颂·长发》：“武王载旆，有虔秉钺，如火烈烈，则莫我敢曷。苞有三蘖，莫遂莫达，九有有截，韦顾既伐，昆吾夏桀。”

⑥ 今文《尚书·多士》云：“惟殷先人有册有典，殷革夏命。”

⑦ 《尚书·商书·典宝序》：“夏师败绩，汤遂从之，遂伐三朡，俘厥宝玉，谊伯、仲伯作《典宝》。”《典宝》后佚。

⑧ 张光直：《商代文明》，毛小雨译，北京工艺美术出版社，1999，第238页。

⑨ 陈梦家：《殷虚卜辞综述》，中华书局，1988，第255~258页。

有城墙的聚居中心的王朝统治者的称呼。[①]

其二，商之政权与政道——王族公有，轮流执政。商人的政权由商王族所垄断，其政道是通过王族各分支结为两组轮流执政来实现。张光直借鉴人类学的“轮流继承制”理论，提出轮流执政的“乙—丁”制度，即：商代的王权为子姓王族所掌握；其成员分为甲、乙、丙、丁、戊、己、庚、辛、壬、癸十群；此十群又结为A、B两组，甲、乙为A组，丁为B组，三者最有权势，其他也按一定规则加入两组；王位在两组中轮流；王由对方的重臣来辅政；十个干群族内通婚。[②] 当然这只是据商王干支名的规律性所做的推测，并无卜辞之实证。[③]

其三，商之治权与治道——早期的封建制。商人的治权是通过分封制在王朝控制的范围内实行的。[④] 殷墟甲骨文显示，殷商已有分封子弟之制，如商王武丁时有许多封国，封为“侯爵”者称“侯×”（如封在雀地的称“侯雀”），封为“子爵”者称“子×”（如封在宋地的称“子宋”）。商代封爵有侯、伯、子、男、任、田、亚、妇等。[⑤] 现代学者如胡厚宣、顾颉刚、晁福林等均论述商时已有分封。[⑥] 当然，也有学者对此予以保留。[⑦]

其四，商之政体。李峰综合吉德炜（David Keightley）、松丸道雄、

---

① 张光直：《商代文明》，毛小雨译，北京工艺美术出版社，1999，第3页。

② 张光直：《商代文明》，毛小雨译，北京工艺美术出版社，1999，第157～171页。

③ 许倬云：《西周史》（增补二版），生活·读书·新知三联书店，2012，第23页。

④ 有许多学者认为封建制从周始。如王国维：“中国政治与文化之变革，莫剧于殷、周之际。……欲观周之所以定天下，必自其制度始矣。周人制度之大异于商者，一曰立子立嫡之制，由是而生宗法及丧服之制，并由是而有封建子弟之制、君天子臣诸侯之制……”见氏著《观堂集林》卷一〇《殷周制度论》，中华书局，1959，第415页。劳思光亦尝言：“盖周以前，从无取土地而派遣某人为其地首长之事。各部落各据其地，皆非由‘封’得来。周人先胜殷人，然后又作大规模战争，战胜殷之同盟势力，其后乃创‘封土建君’之制度。周王不仅为共主，而实成为统治天下之天子。换言之，自此制度实行，中国始真有中央政府也。”见氏著《新编中国哲学史》第一卷，广西师范大学出版社，2005，第49页。

⑤ 冯天瑜：《“封建”考论》，中国社会科学出版社，2010，第15页。

⑥ 胡厚宣：《婚姻考》，《甲骨学商史论丛初集》，齐鲁大学国学研究所，1944，第133页。

⑦ 许倬云先生认为，商王的继承方式，至今尚不能有确切的解释，然而从传统的谱系看来，商王确定的并未实行周代那样嫡长子继承的规则，更不论所谓宗法制度了。若单从祭祀的系统看，商室似乎仍有一个“直系”的观念。也许这样的王室传承，重点在宗教意义而未必完全是政治权力的意义上。大约商周制度在王位承继上确有不同。见氏著《西周史》（增补二版），生活·读书·新知三联书店，2012，第42页。

白川静等人的意见认为，商代国家中，安阳地区的王族与承认商王统治的众多地方势力之间的政治关系是一种协商与权力均衡的关系，它的维系要求商王通过田猎与军事征讨行动来不断展示他的统治实力。商代国家由一些起初独立的族群组成，称为子族，他们或真是商王后裔，或只是其他族群被虚拟为商王后裔，商代国家是由这些起初独立的族群组成，这些地方势力基本上是自治管理，因此商代国家是由众多自治族群组成的集合体，在商王“霸权的”权力组织下成为一个松散的联盟。①

三　西周国家之势的发展

其一，周之立国。据文献记载，周之始，当舜禹之时，② 然周人若始于陕西，甚或晋南③，似乎均不会遇到洪水，故吾人不必纠缠于此传说，以为周人乃一西来之古老氏族，即可矣。周祖后稷，尊称曰后，④ 名衍为“弃”。⑤《诗经·大雅·生民》当是周人口耳相传之古诗，详载稷为神裔，成年后发明农业，后世被奉为神（或以为稷为官职，⑥ 皆可证其周人祖先曾对农业的发明推广有大贡献）。周人初为农耕民族，至不窋则弃农西窜，⑦

---

① 李峰：《西周的政体：中国早期的官僚制度和国家》，生活·读书·新知三联书店，2010，第30页。

② 《尚书·舜典》载：“帝曰：‘俞，咨！禹，汝平水土，惟时懋哉！’禹拜稽首，让于稷、契暨皋陶。帝曰：‘俞，汝往哉！’帝曰：‘弃，黎民阻饥，汝后稷，播时百谷。’”《诗经·鲁颂·閟宫》云：“奄有下国，俾民稼穑……奄有下土，缵禹之绪。”《左传·昭公二十九年》云：“周弃亦为稷，自商以来祀之。”故《史记》云：“后稷之兴，在陶唐、虞、夏之际。”见（汉）司马迁《史记》卷四《周本纪》，中华书局，1959，第112页。

③ 传统说法以周人始居泾渭，如后稷始生地邰在武功，公刘迁豳在三水，公亶父迁岐在岐山。钱穆则以周人始居晋南。详见许倬云《西周史》（增补二版），生活·读书·新知三联书店，2012，第34～35页。

④ 犹如土地神称为“后土”，后原是对地下神祇的尊称，如同帝原是对天下最高之神的尊称一样。见杨宽《西周史》，上海人民出版社，2003，第17页。

⑤ 《诗经·大雅·生民》中有稷诞生后“诞置之隘巷，牛羊腓字之；诞置之平林，会伐平林；诞置之寒冰，鸟覆翼之。鸟乃去矣，后稷呱矣。实覃实訏，厥声载路。”《史记》认为姜原开始对这些神迹不能理解，“初欲弃之，因名曰弃”。见（汉）司马迁《史记》卷四《周本纪》，中华书局，1959，第111页。

⑥ 《国语·鲁语上》：“昔烈山氏之有天下也，其子曰柱，能殖百谷百蔬；夏之兴也，周弃继之，故祀以为稷。”《礼记·祭法》：“是故厉山氏之有天下也，其子曰农，能殖百谷；夏之衰也，周弃继之，故祀以为稷。”

⑦ 《国语·周语上》祭公谋父云：“昔我先王世后稷以服事虞、夏，及夏之衰也，弃稷不务，我先王不窋用失其官，而自窜于戎狄之间。”

更为游牧。公刘时，恢复农业，[①] 自邰迁豳，[②] 创建国家。[③] 公亶父时，自豳迁岐，《诗经》之《绵》《皇矣》记其具体过程。特别是“作五官有司”标志着公共权力的形成。[④] 周人从此积蓄力量，“后稷之孙，实维大王。居岐之阳，实始翦商”（《皇矣》），故尊称太王，长子太伯、次子仲雍奔吴（或曰虞），遂传位幼子季历，季历传子昌，即文王。“文王诛四，武王诛二，周公卒业”（《仲尼》），[⑤] 克崇迁丰。武王则伐商迁镐。周人灭商后，又对东夷诸部予以征服。整个立国过程可谓杀戮极重，[⑥] 故孔子本对西周政权半以武力半被天命颇有微词，[⑦] 孟子亦叹曰：“以至仁伐至不仁而何其血之流杵也？”（《尽心下》）

其二，西周之国家结构——封建制。周代分封，金文斑斑，[⑧] 考古可证，[⑨] 至于传世文献记载极众，姑取一则，“昔武王克商，成王定之，选建明德，以蕃屏周。故周公相王室，以尹天下，于周为睦。分鲁公以大路、大旂，夏后氏之璜，封父之繁弱，殷民六族，条氏、徐氏、萧氏、索

---

① 《史记》云：“公刘虽在戎狄之间，复修后稷之业，务耕种，行地宜。”见（汉）司马迁《史记》卷四《周本纪》，中华书局，1959，第112页。

② 《诗经·大雅·公刘》详细记载了公刘自邰迁豳的过程。《史记》美之曰：“周道之兴自此始，故诗人歌乐思其德。”见（汉）司马迁：《史记》卷四《周本纪》，中华书局，1959，第112页。

③ 杨宽：《西周史》，上海人民出版社，2003，第33页。

④ 《史记》云：“于是古公乃贬戎狄之俗，而营筑城郭室屋，而邑别居之。作五官有司。民皆歌乐之，颂其德。”见（汉）司马迁《史记》卷四《周本纪》，中华书局，1959，第112页。

⑤ 杨倞注曰：“四，谓密也、阮也、共也、崇也。”俞樾注曰：“所谓诛二者，殆即《孟子》所称‘诛纣伐奄’与？杨倞注曰：周公终王业，亦时有小征伐，谓三监、淮夷、商奄也。”见（清）王先谦《荀子集解》，中华书局，2012，第108页。

⑥ 《逸周书·世俘解》载：“遂征四方，凡憝国九十有九国，馘磨亿有十万七千七百七十有九，俘人三亿万有二百三十。凡服国六百五十有二。”《史记》载：“（周公）伐诛武庚、管叔，放蔡叔……召公为保，周公为师，东伐淮夷，践奄，迁其君薄姑。”见（汉）司马迁《史记》卷四《周本纪》，中华书局，1959，第132~133页。

⑦ 如谓舜之《韶》乐“尽美矣，又尽善也”，谓周武王之《武》乐“尽美矣，未尽善也”（《八佾》），因其在根本上不认可以武力征伐而拥有的政权。

⑧ 李峰：《西周的政体：中国早期的官僚制度和国家》，生活·读书·新知三联书店，2010，第49页注3。

⑨ 张天恩先生认为，考古工作的开展，让许多周代遗址的性质得到彰显……这些发现显示，畿内采邑、畿外诸侯，高下分级的管理，是西周社会结构的基本结构，在相当大的程度上类似于后世地方社会的基层组织。正是有了这样一套较完备的社会结构的建立，周天子的礼仪政令赖以有效传递，西周国家机器得以正常运行。见张天恩《西周社会结构的考古学观察》，载《考古与文物》2013年第5期。

氏、长勺氏、尾勺氏。使帅其宗氏，辑其分族，将其类丑，以法则周公，用即命于周。是使之职事于鲁，以昭周公之明德。分之土田倍敦，祝、宗、卜、史，备物、典策，官司、彝器。因商奄之民，命以《伯禽》，而封于少皞之虚。分康叔以大路、少帛、綪茷、旃旌、大吕，殷民七族，陶氏、施氏、繁氏、锜氏、樊氏、饥氏、终葵氏；封畛土略，自武父以南，及圃田之北竟，取于有阎之土，以共王职。取于相土之东都，以会王之东蒐。聃季授土，陶叔授民，命以《康诰》，而封于殷虚。皆启以商政，疆以周索。分唐叔以大路、密须之鼓，阙巩、沽洗，怀姓九宗，职官五正。命以《唐诰》，而封于夏虚，启以夏政，疆以戎索"(《左传·定公四年》)。许倬云先生认为，"西周分封并不只是周人殖民队伍分别占有一片东方的故地，分封制度是人口的再编组，每一个封君受封的不仅是土地，更重要的是分领了不同的人群。杨希枚以为古代赐姓制度，实是分封民姓、族属，与胙土、命氏合为封建三要素，其说至确。赐姓是赐服属的人民，胙土是分配居住的地区，而归结为命氏，其中又包括给予国号（如鲁，如宜）、告诫的文辞（如康诰）及受封的象征（如各种服饰礼器）。命氏实系代表了由原有族属分裂为独立的次级族群。西周的分封制在族群衍裂以组成新族群的意义，大于裂土分茅别分疆土的意义。这制度的出现及发展，正是前承殷商以族为社会构成分子的阶级；新封的封国，因其与原居民的糅合，而成为地缘性的政治单位，遂逐渐演变为春秋的列国制度"。[①]

其三，西周之政权。或以为周是分权，为贵族共和；[②] 或以为周本独享，卓有成效地控制着全部封国。[③] 愚以为，周既分土建国，以屏宗周，则周当自视为一个国家存在，故视所有封国为辖区，周王享有完整之政权。一则周王与封国有着完整的契约关系，[④] 周王拥有处置封国国君之权

① 许倬云：《西周史》（增补二版），生活·读书·新知三联书店，2012，第167页。

② （清）王夫之：《读通鉴论卷末·叙论》，《船山全书》第十册，岳麓书社，2011，第1176页；费孝通：《皇权与绅权·论绅士》，生活·读书·新知三联书店，2013，第1~2页；周振鹤：《中国地方行政制度史》，上海人民出版社，2005，第12~14页。

③ 《国语·周语上》即云："诸侯春秋受职于王以临其民。"东汉贾逵《国语》注："临，治也。"则"临民"即统治人民。具体参李峰《西周考古的新发现和新启示——跋许倬云教授〈西周史〉》，载许倬云《西周史》（增补二版），生活·读书·新知三联书店，第384~385页。

④ 许倬云：《西周史》（增补二版），生活·读书·新知三联书店，2012，第192页。

力，如周恭王因为密康公不献三女而灭密（《国语·周语》），周夷王因齐哀公荒淫田游而烹之于鼎（《史记·齐太公世家》及《公羊传·庄公四年》）。二则改封改立时有发生。[①] 三则周王方有征伐权，周王讨逆伐异，封国军队每每应征。如在周初征讨东夷时，鲁侯伯禽就曾奉命“遣三族伐东国”（《明公簋》），并作《费誓》。四则土地归周王所有，如《诗》云：“溥天之下，莫非王土；率土之滨，莫非王臣。”（《小雅·北山》）《左传》云：“我自夏以后稷，魏、骀、芮、岐、毕，吾西土也。及武王克商，蒲姑、商奄，吾东土也；巴、濮、楚、邓，吾南土也；肃慎、燕、亳，吾北土也。”（《昭公九年》）诸侯对于封地拥有使用权，但没有所有权，周初“田里不鬻”，土地国有到了鲁国“初税亩”才改变。

其四，西周之政道。其政权乃通过周礼去实行。《左传》云：“先君周公制礼。”（《文公十八年》）“凡当时列国君大夫所以事上、使下、赋税、军旅、朝觐、聘享、盟会、丧祭、田狩、出征，一切以为政事、制度、仪文、法式者莫非‘礼’”。[②] 事实上，周本为落后民族，其文明与制度大率直承于商人，[③] 立嫡立长、同姓不婚则是自己的创造。[④]

其五，西周之治权。广域众民如周，以彼时之条件，只能通过代理制治理，故西周又是一“权力代理的亲族邑制国家”。其中较大几支是姬姓，[⑤]

---

① 迁国众多，姑举几例。如鲁国，姬姓，始封于河南鲁山，后迁至山东曲阜。卫国康叔始封于康，是王畿内国。后移封于妹土，是为卫国。滕国，始封于卫地之滕，后迁于山东滕县。杞，初封河南杞县，春秋以前迁鲁国东北与山东莒县及曲阜县相邻。申，初封在河南汜水，后迁至河南南阳。向，原在河南孟县之向城，后迁山东莒县。许倬云：《西周史》（增补二版），生活·读书·新知三联书店，2012，第168～169页。

② 钱穆：《国学概论》，台北：联经出版事业公司，1999，第41页。

③ 杨宽：《西周史》，上海人民出版社，2003，第106～107页。

④ 王国维认为：“周人制度之大异于商者，一曰立子立嫡之制，由是而生宗法及丧服之制，并由是而有封建子弟之制、君天子臣诸侯之制；二曰庙数之制；三曰同姓不婚之制。此数者，皆周之所以网纪天下，其旨则在于纳上下于道德，而合于天子、诸侯、卿、大夫、士、庶民以成一道德之团体。”见氏著《殷周制度论》，《观堂集林》第二册，中华书局，1959，第453～456页。

⑤ 周封建，《左传·昭公二十八年》载“武王克商，光有天下，其兄弟之国者十有五人，姬姓之国者四十人”，《荀子·儒效》载“兼制天下，立七十一国，姬姓独居五十三人”，司马迁《史记》卷十七《汉兴以来诸侯王年表》载“武王、成、康所封数百，而同姓五十五”。其中著名的，如封伯禽于鲁，山东西南部；武王子叔虞于唐（后改为晋），辖山西中南部；召公奭于燕；太伯后裔于吴；武王弟叔度于蔡；武王弟振铎于曹；武王弟叔绣于滕。

姜姓，[1] 殷商，[2] 以及先王之后。[3] 整个西周分为西部渭河平原的王畿地区与东部诸封国，西部主要是王都（大邑）——宗族贵族之族邑——属邑，东部则是国都大邑——土著族邑（后来还有诸侯子孙卿大夫采邑）——宗族控制之属邑。[4]

其六，西周之治道。据传世文献，西周实行的是直接的血缘宗法制，家国同构，依血缘亲疏来决定职位。在完全依据出土金文的基础上，许倬云先生综合各家意见，认为西周政制有以下几层，世官制、任官制、推荐制，[5] 可见君臣关系渐客观化。新王即位后，重新任命某人担任此人已在任职的工作，未尝没有肯定契约关系的意义。《尚书·顾命》记载康王即位，诸侯分班依次入见，献上贽币，正是为了确立新王与前王诸臣的关系。陈梦家认为《作册虢卣》与《顾命》类似，公大史率领“多正”，亦即各位正职官员，朝见新王。[6] 不但王与臣子有这样的再任命，诸侯贵族对于属下的官员，也有同样的仪式，如《卯簋》所载。

四　东周国家之势的发展

春秋时周已降为列国，故原本统一的政权土崩瓦解，为各诸侯国所分享。其政道、治道详下节。治权则世卿世禄开始崩溃，向选贤与能迈进。战国政权则要求重新统一，集中于君王。政道渐由郡县代分封。治权之世

---

① 如纪，封在山东寿光。申，河南南阳。向，河南孟县。吕，晋南。“周族始祖后稷之母乃姜嫄，姬姓的周族与姜姓之族世代联姻，太王（公亶父）之妻是太姜，迁居到周原时，是‘爰及姜女’的（《诗经·大雅·绵》及《毛传》）；武王之后是邑姜（《左传·昭公元年》）。周昭王时的令簋、作册睘卣等，都述及很有权力的‘王姜’。姬姜两姓是同一个部落联盟，直到西周时代，两姓贵族的关系还十分密切。”杨宽：《西周史》，上海人民出版社，2003，第27页。

② 传说商伐夏后，处置夏人时，依其旧。如《史记·殷本纪》：“汤既胜夏，欲迁其社，不可，作《夏社》。”《吕氏春秋·慎大览·慎大》：“汤立为天子，夏民大说，如得慈亲，朝不易位，农不去畴，商不变肆，亲郼如夏。”我们看到，周人处理殷顽时则完全不一样，剿抚并用，最后封归顺的微子启于宋，又在东夷旧地保留一系附庸小国。

③ 如《论语·季氏》载“季氏将伐颛臾”，颛臾，传说乃伏羲之后，风姓之国，本鲁之附庸。杞，姒姓，周初封在河南杞县，传说乃禹后。

④ 李峰：《西周的政体：中国早期的官僚制度和国家》，生活·读书·新知三联书店，2010，第300~301页。

⑤ 一是世官制度，二是任官制，三是推荐制。参许倬云《西周史》（增补二版），生活·读书·新知三联书店，2012，第228页。

⑥ 许倬云：《西周史》（增补二版），生活·读书·新知三联书店，2012，第228~229页。

袭彻底结束，白衣卿相频现。治道则富国强兵，以刑以法以兵。故东周是为天翻地覆。如刘向云：“仲尼既没之后，田氏取齐，六卿分晋，道德大废，上下失序。至秦孝公，捐礼让而贵战争，弃仁义而用诈谲，苟以取强而已矣。夫篡盗之人，列为侯王；诈谲之国，兴立为强，是以转相放效，后生师之，遂相吞灭，并大兼小，暴师经岁，流血满野；父子不相亲，兄弟不相安，夫妇离散，莫保其命，湣然道德绝矣。晚世益甚，万乘之国七，千乘之国五，敌侔争权，盖为战国。贪饕无耻，竞进无厌；国异政教，各自制断；上无天子，下无方伯；力功争强，胜者为右；兵革不休，诈伪并起。当此之时，虽有道德，不得施谋；有设之强，负阻而恃固；连与交质，重约结誓，以守其国。”（《战国策·叙录》）

在这样的理、势交错的背景下，我们来展开儒家的治国之道。

第三节 论政体：孔孟荀之政体观

虽然在理上，国家的产生是有内外因的，但是中土历史中，国家的产生是气质之性的直接推动，自由、原始、分散、质朴之气质越来越变化为自上而下之崇君与专制。儒家却以天地之性立论，执起政体之论，奇峰迭起，孔子有三种政体论，孟则为四，荀则为六。

一 孔子之政体

孔子论政有本然之理、实然之势和应然之道之分。本然之理指由人的道德属性、生理属性推出政权辐辏形成的三种模式：独阴无阳（纯任政刑）、阴阳相间（礼乐政刑相间）、独阳无阴（纯任礼乐），此见本章第一节之政体。

其一，本然之理的展开——实然之势与应然之道。一则，上述之理若客观化出去，则有实然之势。每个社群因先天条件（如地理人口等）不同，各自拥有特殊的政治产生、发展的规律与趋势。于孔子的世界而言，此实然之势，则表现为由政权阴阳坐标的中间向极右移动，从而产生两个结果：起点是西周，其乃阴阳相间的正常政体，礼乐刑政交错为用。终点则为春秋，其是正常政体下坠而成的变态政体，阴渐增而阳日减，礼崩乐坏，政刑见重。

二则，孔子于此实然之势外，又有应然之道。本然之理中本有纯阳无阴的礼乐之治，孔子即据此悬设理想政体，托名为唐虞之治，批判当下并标明人类政治所应臻进的理想状态。政治主体若建成，则由个体伦理之善进至社群政治之善易如反掌。因国中皆君子，满街咸圣人，此是人的完全自主、自觉、自由状态，则此大自在群体之生存唯行礼乐，何劳政刑。则社群之善政便至简至一，政道必"天下为公"(《礼记》)，以遂其"各正性命"(《易传》)之要求。治道必"礼让为国"(《里仁》)，以还原其公共服务之本义。故孔子言"大道之行也"(《礼运》)即是悬设此理想政体，言"大道既隐"(《礼运》)则是以此为标准来批判当下之实然政体。

故相应地，孔子便有正常、变态、理想三种政体观。此三政体均可分三个方面来看：一为政道，指政权之归属；二为治道，指政权之运行；三为实体，指政权之结果。总见表12。

表12

理势道		政体	政道	治道	实体
本然之理	实然之势	正常	天下为家	礼乐政刑	西周王道
		变态	僭越篡夺	政刑、征伐	春秋霸政
	应然之道	理想	天下为公	天下归仁	唐虞之治

其二，实然之势之一：一般政体西周。孔子的世界中，阴阳相间的正常政体号曰三代，然夏商难征，唯周郁郁，故实指西周。一则政道——天下为家。首先，何谓天下为家？人以群居的方式走出自然，其第一个社会化形式是以血缘为基础的"部落—宗族"之邦国，此即是家。第二个则是"邦国—天下"，即以强势部落为核心而组成的部落联盟——三代。如西周的政治单位即是家，此一小共同体，以之为辐，周王为毂，辐辏而成政权，形成纵向上自周王至各邦国等级有序、横向上邦国彼此"挈矩"的准"公天下"之格局，我们借用《礼运》"天下为家"来指称之。其次，何为西周之政道？第一，孔子明言最高政治权力当属周王，如云："天下有道，则礼乐征伐自天子出；天下无道，则礼乐征伐自诸侯出。"(《季氏》)细绎此权有二：制度的创作权，非天子不得制礼作乐；对违礼者的惩罚权，只有周王才能行讨有罪。第二，在各诸侯国内则要规范各阶层之权力，如云"君君，臣臣，父父，子子"(《颜渊》)，使不得僭越篡夺。其

目的，即是要保持周初封建原貌：自天子以至庶人各安其分，任何人不能将政权当作一物来篡夺；此政权之运行，如礼乐征伐，当皆依礼制，即程序正义，不能以武力、谋诈等非法方式来颠覆，从而保持此天下各自为家之秩序，以维持“部落—邦国”的天然生存发展权利，免遭并吞。故孔子要弟子止伐颛臾（《季氏》），又呼吁“兴灭国、继绝世”（《尧曰》），皆为此义。二则治道——政教并流。现实中，个体禀性有清浊，闻道有先后，证成有疾缓，故其性体现状有着极大的差异。孔子治道即针对此而为政教并流。首先，行礼乐之教化。此是德治之路线，其本质是“己立立人、己达达人”（《雍也》）之忠道的落实。若能“先知觉后知，先觉觉后觉”（《万章上》），完成一个社会整体的“明明德、新民、止于至善”（《大学》）的教化过程，则社群即可以道德的自觉，化约法度的他律，以礼分之，以乐和之。故孔子弘道首重教化，“有教无类”（《卫灵公》），教弟子为政亦言“庶、富、教”（《子路》），其理在此。其次，教化毕竟是一个历史的、发展的过程，为维护未完全实现的、成长中的社群正义，防止其被个人或集团损害，并在被损害后能有效惩罚行为者，孔子以政刑之法治为辅。其本质是“己所不欲，勿施于人”（《颜渊》）之恕道的落实。社群“己所不欲”之最大公约数为政策法令，以之对百姓予以规范与引导，故孔子云“谨权量，审法度，修废官，四方之政行焉”（《尧曰》）。若有违之者则以刑罚予以劝诫与膺惩。再次，政教二者的关系，则当以礼乐为主、政刑为辅，反对独任政刑。故孔子云“不教而杀谓之虐”（《尧曰》）。后来孟子言“徒善不足以为政，徒法不足以自行”（《离娄上》）可谓深得孔子之意。《礼记·乐记》亦总结云：“礼节民心，乐和民声，政以行之，刑以防之。礼乐刑政，四达而不悖，则王道备矣。”

其三，实然之势之二：变态政体春秋。此正常政体又非永恒不变者，一则于政道，此政权唯为各级贵族所垄断所私有，即成世卿世禄之僵死格局，只能免于速亡，不可逃于渐崩；二则于治道，其政刑见重，德教日衰，故终至周文疲弊，堕而为变态政体。一则，政道——僭越篡夺。首先，礼乐征伐出自诸侯，如“管仲九合诸侯”（《宪问》）。其次，政权逐级瓦解，以下克上普遍频繁出现，“臣弑其君者有之，子弑其父者有之”（《滕文公下》），如卫国庄、出父子相争（《述而》），齐则“陈恒弑君”（《宪问》）。再次，各国篡夺风行，大夫僭越，权臣弄柄，如郑之七穆、鲁之三桓、晋之六卿以及齐之国高二氏及后起之田氏皆此类也。最后，陪臣执国。如鲁之臧武仲“以防要君”(《宪问》),“公山弗扰以费畔”（《阳货》)，晋则有“佛肸以中牟畔”（《阳货》)。二则，治道——礼崩刑重。春秋已不复礼乐刑政四者兼重，而是偏于刑政。首先，礼乐崩坏。《微子》云：“大师挚适齐，亚饭干适楚，三饭缭适蔡，四饭缺适秦，鼓方叔入于河，播鼗武入于汉，少师阳、击磬襄入于海。”此章深刻而鲜活地描述了这是一个礼乐崩坏、花果飘零的时代。《论语》中对礼乐崩坏记载甚众，如鲁昭公娶同姓（《述而》)，三桓以“雍彻”（《八佾》)，季氏“舞八佾”（《八佾》)、“旅泰山”（《八佾》)，甚至孔门高弟亦有宰我改丧（《阳货》)、子贡去羊（《八佾》)。其次，对内统治政刑见重[①]，侵剥日盛，如鲁哀公“彻犹不足”（《颜渊》)，季氏“为长府”（《先进》)，臧文仲“居蔡，山节藻棁”（《公冶长》)、“窃位”（《卫灵公》)，甚至孔子高弟冉求亦为季氏聚敛（《先进》)。

其四，应然之道：理想政体唐虞。实然之势既堕落如此，故孔子即提出应然之道的理想政体以匡治之。此政体，孔子名为唐（尧）虞（舜）之治（《泰伯》)，它不仅仅是国家此一实体的指导原则，更是天下此一人的栖居场所的本质定义。一则，政道——天下为公。孔子于此处，则不似实然政体之平面地言，而是提撕上扬一步，先言天道，尔后言人道之当法天，得出政道之本质。首先，就天道言。孔子云：“天何言哉，四时行焉，百物生焉”（《阳货》)。此即《易传》“乾道变化，各正性命”之义。天道始终是一圆满者，其四时行、百物生，至公无私，使宇宙间“物各付物”，让每物皆如其所是而成其所是，遂其“元亨利贞”之生。此天道，即类于西方的自然法，其对人道有着永恒神圣之规范力。其次，就人道言。人道虽历史地久缺着，永远处在过程中，然人不能限隔宇宙，当法天命流行，以“洋洋乎发育万物”（《中庸》)，使人间每个个体都能成就自己的生命。若每人都能收拾良知，自作主宰，痛下工夫的话，则所谓政治，只是每个个体自己的分内事。则合所有个体，此人群自我治理、自我实现、自我完成之权力即是公共权力，则此公共权力我们借《礼运》之语表达之即是“天下为公”。再次，公共权力之本质。如前文所述，公共权

---

① 如前536年郑铸刑书，孔子时16岁；前513年晋铸刑鼎，孔子时39岁。

力是人群所公有的一个抽象体，故后儒云“天下为天下人之天下”，“藏天下于天下”者，正表此义。最后，政道之本质。所谓政权，本来即是此公共权力之客观化。故其本属于全社群所公用，任何人不能以强智争夺之，即如任何人不能以强智争夺日月一样。理想政体之政权，即当归众人所有。如最高元首之产生不能“大人世及以为礼”（《礼运》），而当是“唐虞之道，禅而不传”（《郭店楚简·唐虞之道》）。[1] 如此对比前两种实然政体，其政权只是公权力在人间扭曲的、局部的表现，其政府亦缺乏根本的合法性。二则，治道——为政以德。首先关于政权之形成。孔子弟子南宫适言：“羿善射，奡荡舟，俱不得其死然，禹稷耕稼，而有天下。”孔子赞曰：“君子哉若人，尚德哉若人。”（《宪问》）此德并非指元首个人之私德，而是指整个社群的价值取向。南宫适这里提出了两种政权产生模式，如羿、奡以武力夺取政权，最后均不得善终。如禹、稷以治水、耕稼之类提供公共益品而为民众推为元首从而组织政权。孔子赞同后者，其态度亦明矣。其当认为，民众为辐，圣人为毂，共建政权。而民众到圣人，是直接而顺畅的，无任何阻力。此如孟子所说，“以德服人者，中心悦而诚服也，如七十子之服孔子也”（《公孙丑上》）。其次，为政以德。孔子云：“为政以德，譬如北辰，居其所而众星共之。”（《为政》）此德亦非元首之私德，而是《大学》“明明德”之“德”。孔子认为为政的根本原则在于凡人群之生存、国家之治理，当以阐发民众的光辉德性为主要途径，即“新民”，以“至于至善”。德性是人群所以生存与发展之基础之核心，政治当以明民之明德为最高原则，其他的礼乐、政策、法令、制度、治术等均列而环之，就如同北极星居中为核心，而群星皆层而比之、递而外之。

孔子三种政体观既明，则其为政理念即分为两层：一是批判变态政体，要求拨乱反正，恢复正常政体；二是批判正常政体，要求超越周制，进至理想政体。

二 孟荀之政体

其一，孟子四种政体的划分——天道、王道、霸道和残贼之道。孟子

[1] 涂宗流、刘祖信：《郭店楚简先秦儒家佚书校释》，台北：万卷楼图书有限公司，2001，第40页。

曰："尧舜，性之也；汤武，身之也；五霸，假之也。久假而不归，恶知其非有也?"（《尽心上》）又曰："五霸者，三王之罪人也。今之诸侯，五霸之罪人也。今之大夫，今之诸侯之罪人也。"（《告子下》）他于此列出四种政体。一是天道，指尧舜二帝之政。此天道政治（或曰秩序），在孔子那里只是潜在的，而到了孟子，则把它明确表达出来。孟子之理想政体，乃是对本质的概括，并不一定能在彼时之人间找到完全对应者，是形上者。孟子似有两个世界的划分，他加天字，表示人物的本来义。现实的属人世界之上，还有一个属天的世界，他频言天吏、天爵、天民。孟子不承认现实政治的终极合法性。在此公权观的指导下，孟子对现实政治的批判，即有了形上义的立场，故深入许多。之所以天道与形下的王道不同，是因为天道从来恒常有序，不会如人间秩序那样一治一乱，循环不已，纷纭变化。此天道落实在人间的榜样，在现世中的对应政体，就是假托之唐虞。当然，它虽落在唐虞，但不必然就是唐虞，因为唐虞终究腐朽，而天国不会。二是王道与霸道。孟子云："以力假仁者霸，霸必有大国；以德行仁者王，王不待大，汤以七十里，文王以百里。"（《公孙丑上》）此是提出两种政权模式。一种是以德行仁政者，另一种是以力行霸政者。王道指的是夏商周三代统理天下之制，尤指周制；但是王制却不可避免地堕落为霸制。霸制指春秋五霸僭越代理天子之权，维持天下秩序之制："五霸者，搂诸侯以伐诸侯者也。故曰：五霸者，三王之罪人也。五霸桓公为盛。"（《告子下》）三是残贼之道。此指战国。孟子云："五霸者，三王之罪人也。今之诸侯，五霸之罪人也。今之大夫，今之诸侯之罪人也。"（《告子下》）"故善战者服上刑，连诸侯者次之，辟草莱任土地者次之。"（《离娄上》）也就是王、霸之后安排了一个更低的级别，我们可以借孟子所云"贼仁者谓之贼，贼义者谓之残"，将之命名为残贼之道。治乱循环，历史处于这样的下坠中。

其二，为政之道。孟子的为政之道很简单，就是批判现行政体战国乃至春秋，要求以西周为蓝本，直接实行王道，或曰仁政。一是合并帝王。由于彼时当务之急就是将战国驱回春秋、西周之正辙，至于唐虞，则甚为遥远，并且出于现实的考量，孟子又不得不暂时舍弃之，合并帝王，认为尧舜与三代同质，故云："唐虞禅，夏后、殷、周继，其义一也。"（《万章上》）当然，孟子之理想中，尧舜与三代还是有区别的。孟子往往将禹与三王并列，其处理与尧舜明显不同，如云："禹恶旨酒，而好善言。汤执中，立贤无方。文王视民如伤，望道而未之见。武王不泄迩，不忘远。周公思兼三王，以施四事。其有不合者，仰而思之，夜以继日；幸而得之，坐以待旦。"（《离娄下》）此表明，在孟子的视野中，禹是不能与尧舜相并的。后来《礼运》也将"禹、汤、文、武、成王、周公"归为一类，号"六君子"，与孟子若合符契。二是对西周的还原。孟子的最高理想就是三代，就是他加工过的西周。他要回到西周，但是战国礼乐彻底崩坏，时人已不知西周制度到底如何，故他在努力还原，被荀子斥为见闻杂博，案旧造说。如北宫锜问曰："周室班爵禄也，如之何？"孟子曰："其详不可得闻也，诸侯恶其害己也，而皆去其籍，然而轲也尝闻其略也。"（《万章下》）又如"毕战问井地。孟子曰：……此其大略也。若夫润泽之，则在君与子矣"（《滕文公上》）。当时人对周室的爵禄与经济税收等制度已经完全不了解，孟子也只是略知一二，今天的考古证明，孟子所说不尽符合西周事实。再如孟子曰："尽信书，则不如无书。吾于《武成》，取二三策而已矣。"（《尽心下》）故他对三代的还原，多出于己需，号称三代，实为自撰。

至于荀子的"政体"，又只是平面地言，没有上提起来，完全是在现实的安危中打转。因为荀子已处战国末期，此时不仅强弱已分，而且许多弱国都面临随时被吞灭之命运，如其"明分使群"，典型的是针对大一统的王国而言，已看不到温情脉脉的旧共同体。所以荀子的"政体"又多了危、亡两种。如《王制》提出了四种模式，一是王、强、安、亡，二是王、霸、存、亡，三是王、霸、强，四是王、霸、危，总结而云则是王、霸、强、安（仅存）、危、亡六种模式。

第四节　论政权：孟子公权观发微

大凡有人群之政治，则一定有公共权力的产生与运行，既有其实，则虽无其名亦可产生对它的认知与讨论，我们可称之为"公权观"。孟子之前，儒家也曾讨论过公共权力，如孔子云"天下有道，礼乐征伐自天子出，天下无道，礼乐征伐自诸侯出"（《季氏》），即是清晰地肯定作为公共权力内容之一的"礼乐征伐"是一个抽象体，不能为任何私人所擅自动用，而只能由其“合法的”执行者，即天子来运行。但是儒家第一个真正清晰地楬橥公共权力的产生与本质的人，则是孟子。

一　孟子之前的公权观

孟子之前，对公共权力的讨论主要围绕国家所有权的产生与运行而展开，相继形成了以至上神为核心的“神创—世袭”说以及以圣王为核心的“自然—禅让”说。

其一，至上神之“神创—世袭”说。先民认为世界的所有权属于创造它的至上神，至上神是人间一切权力的本源者与独有者，所以其公共权力的观点乃是“天下为神”说。此至上神在殷人为“帝”，在周人则为“天”。相比而言，殷人自认为是帝的嫡系后裔，周人则自认为是天之选民或曰代理人。前文已述，殷人以“帝令”为神谕，认为其始祖契乃其母吞仙鸟之卵而生，此说之实质是殷人以天之子的名义僭越，以独占、世袭对天下之所有权。小邦周克大邦殷后，一方面沿用殷人之帝，如《诗经·大雅·生民》云“履帝武敏歆”，此是周人以为其始祖后稷乃是其母姜嫄踩到天帝所留脚印的大拇指处遂怀孕而生。另一方面则将旧有的范畴“天”改造成新的至上神以取代“帝”，并以“命”来取代“令”，由是形成了“天命”此一新神谕，专门用来说明政权转移的必然性，此在五经系统中屡及之。此说法实质是认为至上神对天下的所有权是经由其选民（代理人）——周族之统治而实现的。

其二，圣王之“自然—禅让”说。然而至东周之际，作为至上神的“天”渐被祛魅，咒天、怨天之风大行。[①] 至孔子，则更是完全剔除了天的至上神色彩，将之还原为一个“乾道变化，各正性命”（《易传》）的大流行之宇宙，认为万物包括人类的生命于其中自然发生，如云“天何言哉，四时行焉，百物生焉”（《阳货》），与所谓至上神并无关系。如此一来，则曾经的最高权威在人间即处于一种历史的暂缺状态。此时，便由孔子用传说中的古圣王及时补上此位。因为古圣王以其不世出的德才对人类社会有极大的贡献，与殷周相比，仿佛是至上神在人间的真正代表，其更

① 参郭沫若《先秦天道观之进展》，《中国古代社会研究》，河北教育出版社，2004，第264页。

能遥契人格神的伟大。故围绕古圣王，儒家便形成新的关于公共权力的观点，“天下为圣”说。

一是政权产生之自然说。首先，孔子认为作为公共权力客观化的政治行为乃是以血缘为基础自然发生的，它分娩于血缘之宗族。如云：“《书》云：‘孝乎惟孝，友于兄弟’，施于有政，是亦为政。”（《为政》）其次，孔子认为，当人群超越血缘后，圣王就出现在历史的地平线上，他们迸发出经天纬地的创造力，领导人群形成超越血缘的政权。如弟子南宫适比较道：“羿善射，奡荡舟，俱不得其死然，禹稷耕稼，而有天下。”孔子即大为赞赏：“君子哉若人，尚德哉若人。”（《宪问》）其实南宫适在这里提出了两种政权的产生模式，一则如羿、奡以武力夺取政权，最后均不得善终；二则如禹、稷以治水、耕稼之类提供公共益品而为民众推为元首从而组织政权。孔子赞成后者，则其态度明矣，即政权产生于兴公利、除公害的历史进程。此义后来荀子总结云：“能用天下之谓王。汤武非取天下也，修其道，行其义，兴天下之同利，除天下之同害，而天下归之也。”（《正论》）

二是政权更迭之禅让说。首先，孔子针对政权的世袭制，虚构了另一套历史来对抗之，此即尧舜禅让的神话。孔子在《论语》中赞美、提倡此道，在《尧曰》中专门复述此禅让过程，并赞曰“巍巍乎，舜禹之有天下也，而不与焉”（《泰伯》）。而且孔子以之批判现实云“不能以礼让为国，如礼何”（《里仁》），又赞美泰伯“其可谓至德也已矣，三以天下让，民无得而称焉”（《泰伯》）。其后学亦据此义撰成《礼记·礼运》，以大同之世批判小康之世，特别区分了“天下为公”与“天下为家”两种政权模式。战国时，此说盛行，如早于孟子的郭店竹简《唐虞之道》云“唐虞之道，禅而不传。尧舜之王，利天下而弗利也”；“禅也者，上德授贤之谓也”。[①] 又如上海博物馆藏战国楚竹书《容成氏》认为从上古帝王到尧舜禹皆推行“不授其子而授贤”的禅让之道。[②]《子羔》篇亦言：“昔者而弗世也，善与善相受也。”[③] 其次，在此理论的影响下，战国中后期，亦

① 刘钊：《郭店楚简校释》，福建人民出版社，2005，第148页。

② 李零整理《容成氏》，见马承源主编《上海博物馆藏战国楚竹书（二）》，上海古籍出版社，2002，第249页。

③ 马承源整理《子羔》，见马承源主编《上海博物馆藏战国楚竹书（二）》，上海古籍出版社，2002，第183页。

曾有禅让之实例发生，如魏惠王两次让位于其相惠施（《吕氏春秋·审应览·不屈》），秦孝公亦曾欲禅让于商鞅（《战国策·秦策》），张仪甚至说魏王传位于己（《战国策·魏策》），等等。孟子之时，燕国亦发生过禅让（《公孙丑》）。

此一系列实验，不仅未致善政，反而造成不同程度的混乱，如燕国大乱，引出了诸国的干涉，险些亡国。当理想主义遭受现实的顽强抵抗而一败涂地时，势必会引起儒家的整体反思。如果就公共权力的产生而言，“神创”本为虚妄，“自然”乃是历史，其曲直是非了然。如果就公共权力的转移而言，世袭本为现实，禅让却是理想。禅让的提出，本来的目的是化解世袭的弊端，但是实践的结果，却是南辕北辙，甚至极为不堪。故而，是世袭更合现实，还是理想太过虚幻？此历史的纠缠与纽结是否另有化解之途？则打破此胶固就成为孔子之后，孟子所面临的时代问题。这才有了孟子对公共权力的全新思索与表达。

二　孟子对前两种公权观之批判

孟子敏锐地察觉到，上述二说只是在表面上讨论政权的转移，只是在为精英——不论其为人王还是圣王——独占天下的合法性做解释而已，并未触及公共权力的本质，其实质却是对公共权力的僭越，于是对此两种观点展开了批判。

其一，对“神创—世袭”说之批判。一是对天命之改造。首先，孟子变更周人的“天命”为综合之无限。如欲革去“神创—世袭”说，则革去其至上神为第一步。孟子继孔子之说，针对公共权力的产生，又将天命下拉一层，自价值上来界定之，其云：“莫之为而为者，天也；莫之致而至者，命也。”（《万章上》）此天命已完全不是至上神之旨意，而是综合之无限，即超出我们理性能力之上的一个必然性——超出自身力量所能认识、把握的异己的、外在的、先天的、综合的必然性。至上神既去，则人王合法性之神圣源头即荡然无存。由此，亦迫使人群将人王之合法性源头拉回人自身。其次，上提公权至天位。如前文所述，公共权力是人群所公有的一个抽象体，所以它本属天位，非在人王。孟子既更天命为综合之无限，又上提公权，以契于天位。故孟子虽未明确提出“公共权力”此一概念，却提出了与之暗合的冠以“天”的一系列概念，如公共权力的所有者是“天民”，执行人是“天吏”，职位是“天爵”，等等（此义详下）。孟子加“天”字，似有两个世界的划分，在现实的属人世界之上还设置了一个形上的如朱子所谓“洁净辽阔”的理世界，孟子将公权上提天位，使之暂时脱离人间的具体的、个体的人王，而让其公共义、终极义、究竟义、不迁义树立起来，最终还是要将其落实下来，化为民意。然则天义已立，孟子便以之批判人王。

二是对人王之批判。孟子此处之批判，并不是对国君为政的具体措施或者所谓绩效的批评，而是对国君似乎天经地义地对国家的所有权予以否定。孟子以天民批判王、臣，云：“何以异于人哉？尧舜与人同耳。”（《离娄下》）又借伊尹之口云：“天之生此民也，使先知觉后知，使先觉觉后觉也。”（《万章上》）孟子此是认为不论圣王还是庸众，皆是天生，故曰平等，差别只在德性上的先觉后觉而已，不存在任何人为的政治权利之高下。故没有任何人可以神的后裔或上帝选民自居，不存在任何先天或命定的人王。而且先知均负觉后知之责任，此是天赋之义务。故孟子不承认作为个体的元首（天子、国君）对天下、国家的所有权。如在与学生咸丘蒙讨论时，后者错误引用“溥天之下，莫非王土；率土之滨，莫非王臣”之诗，认为天下为人王所有，实际上这几句诗出自《诗经·小雅·北山》，若结合上下文来读，是表达一个小吏对王事繁多之抱怨。孟子即对这样的在民众中普遍存在的错误观念进行辨误：“是诗也，非是之谓也，劳于王事而不得养父母也。曰：‘此莫非王事，我独贤劳也。’”（《万章上》）

三是以天吏批判人牧。首先不承认现实政治的终极合法性，认为当下所有的统治者都不合法。如梁襄王问谁能统一天下，获得完整的对天下的所有权，孟子答云“不嗜杀人者能一之”，而“今夫天下之人牧，未有不嗜杀人者也”（《梁惠王上》）。春秋之时列国已是彼此征伐导致生灵涂炭，《左传》详载了彼时“侵六十、伐二百十有三、战二十三、围四十、入二十七”。至战国，则列国征战更甚，孟子痛心疾首云：“争地以战，杀人盈野；争城以战，杀人盈城：此所谓率土地而食人肉，罪不容于死！”（《离娄上》）故孟子否定人牧实际上是对整个的现实政治中的人王的否定。其次认为唯一合法的是天吏。如在孰可伐燕的问题上，孟子认为“为天吏则可以伐之”（《公孙丑下》）。当时周已降为列国，诸侯均又僭越恣肆，天下没有一个具备完全合法性的主体来执行此礼乐征伐之权，则孟子只有上提一层，将此权立起来，使不堕为任人宰割者，而后认为唯有天吏方可行之。此天吏，并非人格神，而是综合无限的下落，即获得完全民意的圣王，故曰“无敌于天下者，天吏也”（《公孙丑上》），孟子认为，天吏方是公共权力的真正代表，既是公权，焉有敌人。

四是以天爵批判人位。孟子首先虚构了所谓西周的“爵禄”之制，还原天子只是政府中的一个职位而已，其云：“天子一位，公一位，侯一位，伯一位，子、男同一位，凡五等也。”（《万章下》）孟子认为，天子既与诸位相同，则均属人间，并非永恒者，况既称为位，则可转移。其次提出天爵。既然人间至今所有的诸爵位只是一种暂时态，本质上是非法的、僭越的、不能长久的，则真正永恒之爵是为天爵，故孟子云：“仁、义、忠、信，乐善不倦，此天爵也。”（《告子上》）此是认为，仁义诸性乃道体下贯吾人之天衷，吾人修之，方为天民，乐善不倦，此方是永恒者。

最后，孟子认为人王既失去神圣性，若再失去民意，则可予以变置。一是摄政大臣可根据民意流放国君或王，如云伊尹“放太甲于桐，民大悦”（《尽心上》）。二是大臣可直接变置失职危政的国君，“诸侯危社稷，则变置”（《尽心上》）。三是民众可直接革去天子之政权，如齐宣王问曰：“汤放桀，武王伐纣，有诸？”孟子对曰：“于传有之。”曰：“臣弑其君，可乎？”曰：“贼仁者，谓之贼；贼义者，谓之残。残贼之人，谓之一夫。闻诛一夫纣矣，未闻弑君也。”（《梁惠王下》）仁义是为天爵，人王残贼之，则为独夫，则天吏可诛之。

其二，对“自然—禅让”说之批判。一是对自然说之继承。公共权力与政治共同体的产生，孟子继承孔子。在没有政府产生之前，公共权力处于形上的、零散的、偶然的状态。只是当人们在兴公利、除公害的过程中，自然联合形成共同体，依公意产生元首，并授权于他，任命各级官僚，从而产生代表公共权力之共同体时，公共权力才落实下来。我们举其中两类。

首先征服自然灾害。如云：“当尧之时，水逆行，泛滥于中国，蛇龙居之，民无所定，下者为巢，上者为营窟。《书》曰：‘洚水警余。’洚水者，洪水也。使禹治之，禹掘地而注之海，驱蛇龙而放之菹。水由地中行，江、淮、河、汉是也。险阻既远，鸟兽之害人者消，然后人得平土而居之。”(《滕文公下》) 面对洪水的天灾，当时作为元首的尧能识别、任用贤能，大禹成功地治水，为民众提供公共益品，从而获得天命，即在治理大型自然灾害的过程中，人们自然而然地运用了公共权力，组织成政府。

其次涤荡人间灾害。如云：“《书》曰：‘汤一征，自葛始。’天下信之。东面而征，西夷怨；南面而征，北狄怨。曰：‘奚为后我？’民望之，若大旱之望云霓也。归市者不止，耕者不变。诛其君而吊其民，若时雨降。民大悦。《书》曰：‘徯我后，后来其苏。’”(《梁惠王下》) 这是对汤之征伐的诠释，显示其得到民众的广泛认可和拥护。故这里并不见所谓禅让、世袭，孟子并不讨论这些权力传承的具体方式，而是探讨了公权产生、政府形成的本质，就是能为民众提供公共益品，获得人民的认可，从而组织形成政府。民众对圣贤的认可，不是因为他们的私德与个人能力，而是因为他们能够为人民提供公共益品。在这个过程中，他们得到公意的认可，从而自然而然成为元首。

二是对圣王之否定。如前文所述，在传统所论的“天下为神”、“天下为公”和“天下为家”之外，其实还隐藏着儒家的另一种公权模式——天下为圣，此并非只就治权而言，实质上甚多儒者认为天下的所有权当为圣王所有。如孔子云：“巍巍乎，舜禹之有天下也，而不与焉。”(《泰伯》) 荀子亦云：“天下者，至大也，非圣人莫之能有也。”(《正论》) 另外《逸周书·殷祝》所云更为典型：“天子之位，有道者可以处之。天下非一家之有也，有道者之有也；故天下者，唯有道者理之，唯有道者纪之，唯有道者宜久处之。”以上说法，皆将天下视为一私物，只是将主人由人王一家移至一个所谓圣贤的圈子而已。独有孟子，超拔开去，直接否定孔门盛传的尧舜禅让，认为天下所有权属于全体民众所有，以私相授受为非法。我们以《万章上》所载为例。首先，孟子否定天下所有权可以私相授受。门人万章问曰：“尧以天下与舜，有诸？”孟子答曰：“否，天子不能以天下与人。”这里孟子讨论了一个前人未曾深入的问题——禅让的合法性。此处之天下，并不是仅指有形的山川人物，以及其所有权与处理权，而是综言公共权力。孟子断然否认公权力可以私相授受，哪怕是在两个道德完美的人之间，如古圣王尧舜，圣王只是沤泡，民众方为沧海，此是对孔门义理的极大推进。其次，孟子认为天下所有权属于抽象的综合无限。万章继续问道："然则舜有天下也，孰与之？"孟子答曰："天与之。"表面上看，似乎是尧舜二人之间完成了公权的禅让，实质上是由一个综合的无限使然，即天。孟子不承认任何个体对天下所有权的占有，而将此权上付苍天，形成一个抽象的公有，这便是孟子"天与之"之天，至于此天，则是公意（此义详见后文）。

故我们可以得出孟子否认的是将公器私相授受，不管是以德行为借口抑或其他。同样地，对现实中的例子，当时燕国因禅让而造成动乱，齐臣沈同问曰："燕可伐与？"孟子答曰："可。子哙不得与人燕，子之不得受燕于子哙。"（《公孙丑下》）孟子认为燕国的禅让是非法的，因为公共权力不能在个体间进行转换、交易，故可伐之。相同地，孟子认为官职的私相授受亦在所禁，如云："有仕于此，而子悦之，不告于王，而私与之吾子之禄爵；夫士也，亦无王命而私受之于子，则可乎？"（《公孙丑下》）故孟子实际上将否定私相授受的范围推举到整个公权。孟子亦认为只有经民众授权产生的公共机构与其执行人员方才领有对违法者的惩罚权，如云："今有杀人者，或问之曰：'人可杀与？'则将应之曰：'可。'彼如曰：'孰可以杀之？'则将应之曰：'为士师则可以杀之。'"（《公孙丑下》）此说是，公权非私器，公器焉可私用。相比而言，孟子之前，儒家反对世袭，推崇禅让，但是不管世袭还是禅让，都是对政权的一种私相授受，不具合法性。故孟子之直接否定禅让，实是对公共权力空前深入的讨论。

三　公意说——孟子公权本质之形成

孟子在批判世袭、禅让之后，又超越二者，提出了公意说，以此为公权之本质，形成了自己的公权观。

其一，对禅让与世袭的超越——公意的提出。孟子既准确地认识到公共权力在其表现形式上，公共性是最重要的，则下面就更深入一步，界定公共权力的本质乃是人民之公意。孟子认为，不要纠缠于授受的主体有无与君王的血缘关系或者是否德行如圣王，而是要超越所谓禅让与世袭此两种形式，把握天下所有权的主体，在于民众此一根本，如果是人民公意所之，传子抑或传贤均为合法，否则均不合法。我们仍以《万章上》所讨论的相关内容为例。一则天命所在，子贤皆可。万章问曰："人有言'至于禹而德衰，不传于贤而传于子’，有诸?”孟子答曰：“否，不然也。天与贤则与贤，天与子则与子。”孟子认为，世袭是在血缘内部私相授受，禅让虽超出血缘而主德行，但依然是在一个小集团内私相授受，二者在罔顾民意的错误上是一致的，故均不具备合法性，是五十步与一百步的问题。天下的最终决定权在综合无限——天那里，天命若定，传子传贤，没有高低之分。二则天命即人民之公意。孟子云：“尧崩，三年之丧毕，舜避尧之子于南河之南。天下诸侯朝觐者，不之尧之子而之舜；讼狱者，不之尧之子而之舜；讴歌者，不讴歌尧之子而讴歌舜；故曰‘天’也。夫然后之中国，践天子位焉。”孟子详述尧死之后，上至诸侯，下至黎庶，整个公意均选择舜而非尧之子来接任元首。孟子又引《尚书·泰誓》“天视自我民视，天听自我民听”来解释此历史事件，认为天意即民意，从而将上提的天命最终引落下来，完成了“上提天命→剪除人王合法性→下落天命→树立公意合法性”之过程。故孟子引孔子之语，“孔子曰：‘唐虞禅，夏后、殷、周继，其义一也。’”本义就是要将问题的讨论转换一下角度，关键不在传给谁，而在如何传，即传的过程是否合法。

其二，得乎丘民为天子——“人民主权”的提出。所以我们看到，似乎自相矛盾的是，孟子前番否定世袭与禅让的合法性，此番却又肯定二者可以合法，仅只是由于其得到公意之认可与授权。所以，孟子就划时代地，从对公权运行的形式——传贤传子的争执过渡到了对公权运行的基础——公意之讨论，从而实现了公共权力的人民化。故孟子又对之总结云：“民为贵，社稷次之，君为轻。是故得乎丘民而为天子，得乎天子为诸侯，得乎诸侯为大夫。”（《尽心下》）首先，只有得到人民的认可与授权，天子才具有合法性。也就是说，天子对天下的所有权与执行权，是人民所授予的，他只是民众选出的代表而已。其次，元首既得以产生，而后即可由他任命公卿，再由公卿任命大夫……由此一层层的政府就可以构建起来。所有的政府的合法性就在于第一步，“得乎丘民为天子”！随后，历史合乎逻辑地将孟子的公权观点向前推进、向外扩展，从而超出儒家成为时人之共识，如《六韬》提出“天下非一人之天下，乃天下之天下也”[①]，

① 此见《六韬·武韬·顺启第十六》。1972年在山东临沂银雀山汉武帝初年的墓葬发掘出《六韬》残简，可证《六韬》一书，在汉武之前即广为流传。其大致可断定为战国末期学者托姜望之名而撰。

《吕氏春秋·贵公》也提出“天下，非一人之天下，天下人之天下也”，从而使此说在两千年的王权时代连续不断。

综上，孟子认为：一则公权产生于人民兴公利、除公害的生产生活的自然过程中。二则公权力不属于任何具体个人所有，不论是现实中的人王或理想中的圣王，而为整个社群所公有。三则公权的运行尤其是政府的更迭需以公意为基础得到人民之认可与授权。四则公权既立，则必有一定之程序与法定之执行者。此四点，标志着孟子已经触及了公共权力的本质，可谓形成了真正的公权观。此在儒家，甚至在中国历史上，可谓第一次。就此而言，孟子极有功于圣门。

当然，孟子的公权观尚是初步的，还有很多问题有待展开，比如公意没有具体的界定，也没有设计出相应的机构、制度、人员来具体地客观化此公意，等等。然孟子筚路蓝缕如此，其义正待后儒去继承与发展。

第五节　论政道：孟子之革命观

荀子云：“探筹、投钩者，所以为公也。”（《君道》）这不禁让人联想到古希腊的陶片放逐法。只是，这样的政治参与方式，在东周只是天才的火花，一闪即逝。儒家有“天下为公”的政权观，亦曾将政权上升于造物又下降于人民，所谓“天听自我民听，天视自我民视”，但是，儒家一直没有成熟的、操之可行的政道观，即将“天下为公”之公权力客观化出来，表现为一个和平的、稳定的、高效的制度，并形成一行动之组织。恰恰相反，儒家面对法家式专制君主，最终祭出的，是战争的、颠覆的、低效的“天命—革命”观。

一　“天命—革命”说之理论形成

自有文字以来，政权更迭最主要的方式——武力征伐，其合法性的解释体系，即为“天命—革命”说，其中孟子诠天命为民意，《易传》总结曰“革命”。①

其一，西周天命说。前文已叙周人形成“天命”此一新神谕，取代

① 《尚书·多士》已有“惟殷先人有册有典，殷革夏命”，然此为晚书，不取。

“帝令”，以之专门说明政权转移的必然性，此在五经系统中屡及之。天命之第一层下降是由人格神降至王德。相较殷人之于帝令的有恃无恐，周人由于目睹殷祚终结，故对所受天命充满忧患，如《尚书·咸有一德》“天难谌，命靡常”，《诗经·大雅·文王》“侯服于周，天命靡常”等。遂反思得出“以德配天”说，天命降于周王，是为人王之德（得），然人王须修明政治，造福民众，方可配天，否则将失去天命，如《尚书·蔡仲之命》“皇天无亲，惟德是辅”。此表示周人最终找到了新的解释体系。然此下降的直接结果，乃是人间力量之成长与人格神威力之削弱。[①]

其二，战国天命说。此天命至战国经孟子之手开始改变，从而形成了概念的形上化与载体的第二层下降。天命之第二义为超验之必然性。孟子在解释三代元首由禅让至世袭的转变时，认为政权产生与转移尚有着远超人力所可理解与控制的必然性，综合之无限，此必然性孟子依然用传统的天命来表示，如在论及夏启世袭时云：“莫之为而为者，天也；莫之致而至者，命也。”又如在教滕文公时云：“君子创业垂统，为可继也。若夫成功，则天也。”（《梁惠王下》）天命之第二层下降则为民意。孟子引《尚书·泰誓》“天视自我民视，天听自我民听”认为政权转移之超验必然性乃通过民意表现出来。[②] 此亦合乎当时社会思潮，随国季梁云：“夫民，神之主也，是以圣王先成民而后致力于神。”（《左传·桓公六年》）虢国史嚚亦云：“国之将兴，听于民；国之将亡，听于神。”（《左传·庄公三十二年》）至此，天命说已完全剔除了人格神的色彩。

其三，“天命—革命”说之形成。孟子认为，天命既为民意，则若黎庶虐于暴政、怨声载道，则此政权即失去合法性，则一个新的圣王雄主及同伴即有权代表民意革暴政之旧命，建立新政权，以完成天命之新转移，故其云“闻诛一夫纣矣，未闻弑君也”（《梁惠王》），又云“诸侯危社稷，

① 据郭沫若考，周代对天命的怀疑有两次，一次是周公时代，只限于一二杰出者的怀疑，另一次是夷厉之后，来自民间的普遍怀疑。见氏著《先秦天道观之进展》，《中国古代社会研究》，河北教育出版社，2004，第264页。徐复观亦云：“《诗经》时代，天命一直下坠。……至周厉王天的权威开始坠落，幽王后天权威扫地。”见氏著《中国人性论史·先秦篇》，上海三联书店，2001，第32～34页。

② 如其重新解释了传说中的尧舜禅让与夏启世袭，认为二者均以民意为基础。民意所适的候选人“使之主事而事治，百姓安之”，“民朝觐、讼狱、讴歌”均趋之。

则变置”（《尽心下》）。孟子尚未将此理论命名，直至《易·革》之《彖》传方将此义概念化，总结为“革命”，其云：“天地革而四时成，汤武革命，顺乎天而应乎人，革之时大矣哉！”

至此，“天命—革命”正式形成。此说认为某精英集团（君王及其官僚政府）代表民意，承受天命，修德治民，若旧政权失去天命（民意），则另一新的精英集团有权代表民意以武力革取之，重领天命，建立新政权。相比而言，周初的天命说是“天命某人作王或替换之”的缩写，而战国的革命说则是“新王革去旧王所领天命，替换其政权，从而重领天命”之缩写。前者是静止的，是由上而下的神授说，主体在天，天命的改变主要被视为神意之变更。后者是变动的，是代表民意的精英替代说，主体在人，天命由令人畏惧的人格神旨更为形上符号，其改变主要被视为人间力量的运作。

二　“天命—革命”说之现实背景

然此“天命—革命”说，还有着现实的政治社会源头。周王只是名义上的天下共主，政权为整个周王族共享，周王之权力受到贵族之卿甚至国人阶层的严重威胁，一王如此，积至一朝，也当如此。

其一，同姓贵族。前文已述，春秋后上下失序，同宗相互倾轧之事件层出，小宗夺大宗，如晋国曲沃武公攻击晋侯缗，小宗实际控制大宗，如鲁之三桓。可见孟子所云“诸侯危社稷，则变置”，此并非空穴来风，其来有自。又如《万章下》载，齐宣王问卿，孟子回答说有贵戚之卿与异姓之卿，齐王问何为贵戚之卿。孟子说：“君有大过则谏，反复之而不听，则易位。”所谓同姓之卿，即与国君同姓，其拥有权力如此，足令后者心惊胆战。故法家之重势，绝非无的放矢。

其二，国人阶层。国人前文已述及，其拥有特权，不仅可参政议政，甚至干预国君之废立放纳。最著名的是《史记·周本纪》所载共和元年（前 841）的国人暴动，国人不仅流厉王于彘，而且据《竹书纪年》记载，还“执召穆公之子杀之”。其他如《左传》记载甚众，如《襄公十四年》有一段经典之论述：“夫君，神之主而民之望也。若困民之主，匮神乏祀，百姓绝望，社稷无主，将安用之？弗去何为？天生民而立之君，使司牧之，勿使失性。有君而为之贰，使师保之，勿使过度。是故天子有公，诸侯有卿，卿置侧室，大夫有贰宗，士有朋友，庶人、工、商、皂、隶、牧、圉皆有亲昵，以相辅佐也。善则赏之，过则匡之，患则救之，失则革之。自王以下，各有父兄子弟，以补察其政。史为书，瞽为诗，工诵箴谏，大夫规诲，士传言，庶人谤，商旅于市，百工献艺。故《夏书》曰：'遒人以木铎徇于路，官师相规，工执艺事以谏。'正月孟春，于是乎有之，谏失常也。天之爱民甚矣。岂其使一人肆于民上，以从其淫，而弃天地之性？必不然矣。"此对政府之产生、元首之设立、公权之运作，均有一番不同于自然说、暴力说之见解，认为国君若不能恪尽职守，则国人可去之。可谓"变置""驱逐""革命"说之来源，甚至还是荀子"明分使群"的来源。至孟子时犹如此，如云"君之视臣如犬马，则臣视君如国人"(《离娄下》)，甚至鼓吹变置诸侯与革命。当然，孟子虽然认可臣民罢免君王的权利，但强调此必须出于公心而非私利，如云："有伊尹之志，则可。无伊尹之志，则篡也。"(《尽心上》)

三 "天命—革命"说之困局与病症

"天命—革命"说一经产生即获得神圣性，成为历代政权转移合法性的权威解释——政权产生于天命（人格神至王德至民意），转移于革命（武人领导、民众主力）。它在理论上以形上符号保证了人民对暴政的最终反抗权，并通过精英的代表承认了人民在政治运作中的隐于幕后的主体性，其利不须赘述。但是此说主宰政权更迭后，其结束了当下的暴政，却未能预防、根除暴政产生的基础，最终又迎来下一次暴政，也就是说，此说本欲终结暴政，结果却成为新的暴政之孵化器，它的实行，却使中国政治陷溺于"暴政→革命→暴政→革命"治乱循环的"罟擭陷阱"之中。[①]故我们此处要检讨的，即是此说之弊，革命对于暴政，是毒药，还是解药，抑或只是一剂麻药？

其一，就"革命说"本身的困局而言。一是主体。因"革命"为精英集团所领导，其终结暴政、解民倒悬，故民众对其充满感恩；而且在此过程中此集团特别是领袖所充分展示的德行与能力似乎亦能遥契彼天命之无限，故民众对其无比崇拜。此感恩与崇拜遂又成为动力之一，襄助产生

① 造成治乱循环的原因很多，此处只是从政治思想角度说。

两层圣化：首先元首与至上神（综合之无限）之间的关系被圣化，元首遂称天子；其次打江山者被视为天然的坐江山者，元首独占政权（对天下的所有权）与治权（通过政府）的模式亦被圣化（此制度的形成尚有其他原因，拙著只论精神层面）。至于民众永远只是被利用、被代表，在改朝换代后继续被奴役，始终只有工具的意义。二是对象。革命的目标是政权，依传统术语称为“天下”，革命即打天下，治权即治天下。然如前文所述，政权本是公共权力，是人群所公有的一个抽象体。而治权则为政权之体现，可通过人为方式来运作。历代精英却往往借“革命”之名，窃据神器，僭越而立伪公权，并出租治权，将天下视为一个唯在强力集团之间相互争夺的战利品，一个不断更换主人的私璧。三是过程。革命主要采取的是破坏式的战争流血或阴谋方式，政权产生无任何和平、稳定、透明的程序，对社会有机体造成巨大伤害，需要很长时间才能恢复。四是结果。“革命”后仍是武人凭强力自上而下建立一金字塔式中央集权政治，故“革命说”实质上只是披着神意的丛林法则而已。

其二，就权力结构与运行方向而言。“革命说”圣化了民众对统治阶层的颠覆权，却掩盖了权力结构方面的问题。在孟子乃至整个儒家的视野内，“革命说”只保证民众拥有唯一的自下向上的颠覆暴政权，却没有提供配套的自下向上的治理善政权，如创制、监督、问责、罢免等。也就是说，除了“革命”此一权之外，民众赤手空拳，所有的政权与治权皆自上而下地悉数掌握在皇帝（通过雇用官僚）手里。正因为没有配套的常态的自下向上的治权，政权失去了自下向上的、日常的、渐进的、和平的、透明的造血、更新与纠错能力，政权崩溃成为铁律与绝症，才又需要采取非常态的“革命”此一极端行为。

其三，就国民心理而言。此说首先鼓励了强者，其对丛林法则之崇拜长盛不衰，野心家更醉心于以阴谋、暴力逐鹿天下，将天下视为战利与私产，将人民视为实现此目标之工具与奴才。其次是酿成了弱者的两大心态，一是对圣君明主的极度崇拜与再度渴望；二是无奈的“时日曷丧？予及汝皆亡”（《尚书・商书・汤誓》）的“民粹主义”，总想革命后一起算总账，大不了同归于尽。再次是时人视治乱循环为唯一模式，形成了气数说，明知此政权将死并且无可救药，只能眼睁睁地看着其“衰败→乱象→战争→死亡→更新”，从而放弃了平时的改良与革新的努力。随着治乱循环导致革命越来越频繁，最后革命的神圣感必将消失，发动革命者渐由精英降为庶人，最终变成暴民政治。每有政治动荡，即不求他路，立刻祭出此大杀器，从而使革命变得最神圣又最便宜，最超越又最现世，最可怕又最诱惑，最遥远又近在眼前，口头支持的人最少，心里企盼的人最多。“革命”继天命成为一种图腾后，又成为一种宗教，一条实现人间天国的捷径。

其四，就文明肌体的素质与发展而言。从近处说，“革命说”是玉石俱焚的一次性消费，而非有机体可持续的发展。革命总是重复发展、崩溃、退回原点，再发展、再崩溃、再退回原点的机械往返，使当时的中华文明只能忙于量上的恢复，而不能获得稳定的积累而形成质的飞跃。从长远看，当时的国人无法解决暴政循环之困局，最后只能再度依靠此“革命说”，从而恶性循环，每况愈下，文明肌体政治之病越来越严重。好比某人生病，医生开出一方药，却只能暂时减轻症状而不能去除病根，且此药反倒助长此病，待此病又发，又只得服饮此药，如此恶性循环，导致肌体抗药性越来越强，自身免疫力彻底崩溃。

其五，就先秦儒家而言。面对暴政，法家饮恨于专制力度不够，道家则干脆不如无君，而儒家为推翻此暴政，就发展出“革命权”，以保留生存权、反抗权，此本是无奈。然而“革命说”不仅是暂时的解药，无法尽去暴政不停产生之毒，而且成了暴政不停产生的推手之一。儒家却不能跳出窠臼，研究制定新规则，以根治暴政之病，反陷溺于僵局，面对政治困境，只要求重新洗牌，而打破旧局，仍入旧局。①

自西周起，国人即自我警惕云“周虽旧邦，其命维新”（《诗经·大雅·文王》），但是治乱循环似乎成为中国旧政治的宿命与诅咒，牢不可破。难道古代中国政治始终不能摆脱治乱循环之魔咒，出生即死亡，步向必死吗？不然，至宋儒，其开出以《吕氏乡约》为代表的乡村自治运动，此后一脉相承，直至民国梁漱溟等先生又开展了乡村建设运动，他们共同开出了另一条全新的公共权力产生、运行的新法则，此是后话，不赘。

① 古代中国政治此病不能仅由儒家来负责，儒家亦不能仅由此革命说来检讨。囿于主题，拙著只论革命说此一途，并非罔顾其余。

第六节　论治权：治权在贤

儒家首先认可社会分工引起的治国专业化。其次否定两种模式，一是治权在民，此是由人数定是非，乃假公平；二是治权在贵，此是由血统判正负，必无效率。再次确定治权在贤，治权之主体乃开放之精英，而非世袭之贵族，亦非普通之民众。

一　社会分工

普遍历史演进，社会分工产生，每个个体再也不像以前那样无所不能，而是被命定之手分配为王侯将相、士农工商。社会被此惯性裹挟前进，个体唯有在分工合作的食物链——国家中各就各位，才能繁衍下去。

其一，社会分工。社会分工为两种，一是管理分工，孔子所谓谋道谋食之辨、孟子所谓劳力劳心之别；二是技术分工，所谓百工之事。由于社会分工，治国成为某项专业，是为社会正常运行之必须。此点孟荀均与墨家对立，讨论得最为详备。《孟子·滕文公上》载，墨者许行认为贤良应该和人民一起劳动，自食其力。孟子即问他是否自耕自食，许行答是，孟子又问他是否自己织衣制帽，许行答否，乃用粮食换得，且家中的日用品等也是如此交换得来。孟子由此得出结论，一个正常的社会要分脑力劳动和体力劳动，只要收付相当，并不可耻。掌握治权之士人，其公共服务与治理可使国家经济稳定繁荣、民众精神和乐健康，其薪水理所当然。此段循循善诱，反驳墨者肤浅之自给自足，深入说明社会分工之必要性。《荀子·王霸》亦指出，墨家貌似高尚，然只能是一人之独善，而非天下之至善，若行墨道，则整个社会将要崩溃，相反，越是分工充分运行，社会就发展得越好。所以一个正常的社会，就应该是“农分田而耕，贾分货而贩，百工分事而劝，士大夫分职而听，建国诸侯之君分土而守，三公总方而议，则天子共己而已矣”。孟荀所论，皆认为一个流动的、开放的分工体系才是健康的社会所必需者。

其二，社会既分工，则治国无虞已成专业。此如荀子云：“主道知人，臣道知事。故舜之治天下，不以事诏而万物成。农精于田，而不可以为田师，工贾亦然。”（《大略》）擅长种田之农夫不一定可以成为合格的农业管理者，工贾相同，则治国亦不例外。治国理政之君子，在某项事务上的知识能力可以不及专业人士，然此并非缺陷，而是职业使然，因为“论德使能而官施之者，圣王之道也，儒之所谨守也”（《王霸》）。由此再看“樊迟请学稼”之典故即可知道，孔子并非轻视农民，而是认为社会分工不同，士以治平为任，无必要具体学习生产知识，而应专注于政治。

二 选贤与能

先秦儒家治权观相当集中，他们在追求一种能普遍立法的模式，是由一个天下为公的开放体系通过选贤与能来吸纳民间精英掌控治权。

其一，对传统贵族的否定。周制是世卿世禄，此如《管子·小匡》云：“公修公族，家修家族，使相连以事，相及以禄。”公指国君，家指大夫，事指政事，禄指俸禄。儒家自孔子始即反对之，如子贡问曰：“今之从政者何如？”孔子答曰：“噫！斗筲之人，何足算也。”（《子路》）孔子又痛恨窃位者，如批评“臧文仲，其窃位者与？知柳下惠之贤，而不与立也”（《卫灵公》）。儒家反对世袭有两大理路。一则自仁义说之。如孟子云：“是以惟仁者宜在高位。不仁而在高位，是播其恶于众也。上无道揆也，下无法守也；朝不信道，工不信度；君子犯义，小人犯刑，国之所存者幸也。”（《离娄上》），荀子亦云：“虽王公士大夫之子孙也，不能属于礼义，则归之庶人。虽庶人之子孙也，积文学，正身行，能属于礼义，则归之卿相士大夫。”（《王制》）二则自治理的效率说之。如《荀子·王霸》说，“人主欲得善射，射远中微者”，“欲得善驭速致远者，一日而千里”，一定会“县贵爵重赏以招致之”，并且“内不可以阿子弟，外不可以隐远人，能中是者取之”，同样的道理，治国求贤难道不也是这样吗？所以“明主有私人以金石珠玉，无私人以官职事业”，因为世卿世禄尸位素餐，何能言治，欲治，必待公选之贤能。

其二，对基层平民的否定。孔子绝无鄙视平民之心，其本身出自没落贵族，幼时丧父，少时丧母，做过会计，掌过牛羊。孔子所反对者，乃是由未经学习与训练从政之平民贸然执掌治权。孟子亦云：“或劳心，或劳力。劳心者治人，劳力者治于人。治于人者食人，治人者食于人；天下之通义也。”（《滕文公上》）当然，选贤与能并非孔门之孤帜，而是时贤之共识。如墨子有《尚贤》，即明确主张“列德而尚贤，虽在农与工肆之人，有能则举之，高予之爵，重予之禄，任之以事，断予之令”（《墨子·尚贤》上）。法家强调效率，更将官吏资格由出身更换为能力。

三 治权在贤

故治权获得者最好是德能兼备、拥有专业知识、能力并且受到足够训练的精英，圣君贤臣，此是精英政治的典型。

其一，儒家之精英主义。儒家特别强调精英阶层——士对社群进步之责任与作用，但儒家之士并非一世袭阶级，而是四民之一，是由民众中产生出来之代表。尊君是精英制的集中表现，此君并非世袭者，而是人类之菁华。儒家推崇圣王，就是因为圣王对人类社会的巨大推动作用，此是平民所无法比拟的。孔子开始提出禅让，孟子承之，将天子设为一位，下一位字，即表示其非神圣不迁者，有道者处之，流动不居，此是守住儒家“天下为公”之根本原则。正如《逸周书·殷祝》云：“天子之位，有道者可以处之。天下非一家之有也，有道者之有也；故天下者，唯有道者理之，唯有道者纪之，唯有道者宜久处之。”

其二，理想的圣君贤臣。此是通过对唐虞的“还原”而实现的。如孔子感叹：“舜有臣五人而天下治。”（《泰伯》）孔《注》曰：“禹、稷、契、皋陶、伯益。”此是孔子对上古黄金时代传说之糅合加工以为君臣之典范，禹则治水，稷主农业，契主教化，皋陶主刑，伯益掌畜牧狩猎。此段所谓唐虞之治，后儒述之更加充分，如象山云：“唐虞之朝，禹治水，皋陶明刑，稷降播种，契敷五教，益作虞，垂作工，伯夷典礼，夔典乐，龙用纳言，各共其职，各敦其功，以成雍熙之治。”[①] 而达此理想之道，孟子曰：“欲为君尽君道，欲为臣尽臣道，二者皆法尧、舜而已矣。不以舜之所以事尧事君，不敬其君者也，不以尧之所以治民治民，贼其民者也。”（《离娄上》）。故而必然要超越血缘，以才德用人。此早期的典型正是尧舜。“舜发于畎亩之中，傅说举于版筑之间，胶鬲举于鱼盐之中，管夷吾举于士，孙叔敖举于海，百里奚举于市。”（《告子下》）后期有布衣卿相，如范雎、苏秦、张仪、白起、乐毅等人。但是先秦儒家颇为忽视治权之产生途径。彼时之白衣卿相，主要靠在上者的目光等偶然性，如何在

---

① （宋）陆九渊：《陆九渊集》卷十九《本斋记》，中华书局，1980，第239~240页。

和平时代，以一种制度性的办法产生之，此在后儒解决之，如察举至科举。

第七节 治道之一：恒产如何可能——经济及其限度

先秦之四民，墨家重视“农与工肆之人”，法家重农贱商，儒家则持中，士不论，余三者中，儒家对农最为重视，然在商言商，亦完全承认其作用，未如后世一味贬低、否认之，于工虽肯定其作用，[①] 则所论甚少。儒家之于民生，孔子提出相应之原则，李悝（克）则有尽地力之教，至孟子则丰富深刻许多，其开天辟地之处是为井田之创制，其次是通工易事的工商业思想。

一 孔子经济民生之原则

《易》云“聚人曰财”，《洪范》八政，一曰食，二曰货，孔子亦曰庶富教。先秦儒家都是清醒的理性主义者，都要面对治平天下之现实，故极重视经济民生。

其一，批判君富民穷。孔子对王侯贵族与细民百姓之间贫富悬殊绝对不能容忍。《先进》载：“季氏富于周公，而求也为之聚敛而附益之。子曰：‘非吾徒也，小子鸣鼓而攻之可也！’”孟子承之云：“今之事君者皆曰‘我能为君辟土地，充府库。’今之所谓良臣，古之所谓民贼也。君不乡道，不志于仁，而求富之，是富桀也。”（《告子下》）又强力批判“狗彘食人食而不知检；涂有饿莩而不知发”（《梁惠王上》）；“庖有肥肉，厩有肥马，民有饥色，野有饿莩，此率兽而食人也”（《梁惠王上》）；“凶年饥岁，君之民老弱转乎沟壑，壮者散而之四方者几千人矣；而君之仓廪实、府库充，有司莫以告，是上慢而残下也”（《梁惠王下》）。

其二，践行有效措施。一则在于开源富民，指为民众提供生活生产资料，使其能拥有良好的生存条件。孔子之对策“殆不出裕民生、轻赋税、惜力役、节财用之数事”。[②] 荀子则要求充分解放生产力，以制度来求效

① 孟子主要强调的是士、农、商，荀子在此之外还涉及“泽人”“山人”和工匠。故而，先秦儒家对士、农、工、商四民都是有所考量的。

② 萧公权：《中国政治思想史》，新星出版社，2010，第44页。

率："墨子之言，昭昭然为天下忧不足。夫不足非天下之公患也，特墨子之私忧过计也。今是土之生五谷也，人善治之，则亩数盆，一岁而再获之。然后瓜桃枣李一本数以盆鼓；然后荤菜百疏以泽量；然后六畜禽兽一而剸车；鼋、鼍、鱼、鳖、鳅、鳣以时别，一而成群；然后飞鸟、凫、雁若烟海；然后昆虫万物生其间，可以相食养者不可胜数也。夫天地之生万物也，固有余，足以食人矣；麻葛茧丝、鸟兽之羽毛齿革也，固有余，足以衣人矣。夫有余不足，非天下之公患也，特墨子之私忧过计也。"（《富国》）二则使民有制，指治理、役使四民要合理、适度、抱有敬畏之情。如"使民以时"（《学而》），"使民敬忠以劝"（《为政》），"使民也义"（《公冶长》），"使民如承大祭"（《颜渊》），"劳而不怨"（《尧曰》）等。孟子则云："易其田畴，薄其税敛，民可使富也。食之以时，用之以礼，财不可胜用也。"（《尽心上》）荀子亦承之，将孔门"百姓足，君孰与不足？百姓不足，君孰与足"概括为"下贫则上贫，下富则国富"，其具体之论述亦与孟子相同，详《富国》等篇。

二 李悝（克）尽地力之教

李悝（前455～前395），一作"李克"，魏国人。《史记》之《货殖列传》及《平准书》皆云李克务尽地力，而《孟荀列传》则作李悝。《汉书·艺文志》儒家类中有"李克七篇"（原注："子夏弟子，魏文侯相"），在法家类中有"李子三十二篇"（原注：名悝，相魏文侯，富国强兵）。[①] 崔适《史记探源》谓"悝克一声之转"，实一人也。[②] 其著作尚有《法经》以及兵书《李子》十篇，然均亡佚，仅残见于后人引用。

其一，农业政策——"尽地力之教"。"尽地力"即利用国家力量来加强农业生产。一是劝农。班固《汉书·食货志》载："李悝为魏文侯作尽地力之教。以为地方百里，提封九万顷，除山泽、邑居参分去一，为田六百万亩。治田勤谨则亩益三升，不勤则损亦如之。地方百里之增减，辄为粟百八十万石矣。"[③] 从中我们可以看到，通过清量土地总数与收成，

---

① （汉）班固：《汉书》卷三十《艺文志》，中华书局，1962，第1724、1735页。

② 崔适：《史记探源》，中华书局，1986，第224页。钱穆肯定崔适，并对此问题进一步论证，详见氏著《先秦诸子系年》，商务印书馆，2005，第153页。

③ （汉）班固：《汉书》卷二十四上《食货志》，中华书局，1962，第1124页。

李悝得出治田勤劳与懒惰两种情况下收成最多可以损益三分之一。既然如此，则务必使农民勤于劳作，故其强化农官读法。据桓谭《新论》引用："魏三月上祀，农官读法，法曰：'耒无十其羽，锄无泥其涂。春田如布平以直；夏田如鹜；秋田惕惕，如寇来不可测；冬田吴、敌视。上上之田收下下，女则有罚，下下之田收上上，女则有赏。'"[①] 二是平籴法。班固《汉书·食货志》详载之，主旨为国家当介入粮食流通过程，丰年平价收进，灾年低价售出。郭沫若云："他把收成好的年辰分为上中下三等，把收成不好的年辰也分为上中下三等。收成好，政府便将米谷购上，收成不好便将所购上的米谷平价发卖。中国以后的均输、常平仓等办法，事实上就是导源于这儿的。这是最有实质的惠民的办法，无怪乎'行之魏国'而'国以富强'了。"[②] 此平籴法源头则在管仲所行之"敛散法"。

其二，开垦荒地，地尽其用。魏"土狭而民众"[③]，"山泽、邑居参分（三分）去一"，故李悝要求全力挖掘潜存的地力："种谷必杂五种，以备灾害。力耕数耘，收获如寇盗之至。还庐树桑，菜茹有畦，瓜瓠果蓏，殖于疆场。"[④] 在品种上，要尽量多地套种作物，在地点上，房屋周围，甚至戍边的疆场上都要见缝插针种上蔬菜。于农一道，李悝颇能以身作则，自谓有先圣遗风。《水利拾遗》云："李悝以沟洫为墟，自谓过于周公。"[⑤]《周礼·考工记》说："九夫为井，井间广四尺深四尺谓之沟；方十里为成，成间广八尺深八尺谓之洫。"宋高承《事物纪原·利源调度·水利》引《沿革》云："井田废，沟浍堙，水利所以作也，本起于魏李悝。"以李悝废井田，此诚误解。此句当如《论语》孔子所说的禹"卑宫室而尽力乎沟洫"，墟乃墟里、村落之义，李悝勤于农事，以田作里，自谓过于周公。

其三，禁民奢靡，重视耕织。《说苑·反质》载李克曰："雕文刻镂，害农事者也；锦绣纂组，伤女工者也。农事害则饥之本也，女工伤则寒之源也。饥寒并至而能不为奸邪者，未之有也。男女饰美以相矜而能无淫佚

① （明）董说：《七国考·魏食货》，中华书局，1956，第99~100页。
② 郭沫若：《前期法家的批判》，《十批判书》，人民出版社，2012，第297页。
③ 《商君书·徕民》云："秦之所与邻者三晋也……彼土狭而民众。"
④ （唐）杜佑：《通典·食货二·水利田》，岳麓书社，1995，第20页。
⑤ 董说云："《水利拾遗》云：'李悝以沟洫为墟，自谓过于周公。'"见（明）董说《七国考·魏食货》，中华书局，1956，第104页。

者，未尝有也。故上不禁技巧则国贫民侈。”后来《商君书·壹言》曰：“民壹则朴，朴则农，农则易勤，勤则富，富者废之以爵，不淫；淫者废之以刑而务农。”可谓得其真传。

三　创建井田——孟子之农业政策

孔门之农业政策，前文已述李克之尽地力，此处则述孟子之田制与税法。

其一，田制改革。商周之田法，颇不易断论，然战国行授田制此无疑义。[①] 其可提高生产效率，民众亦暂有生活生产资料，然仍有诸多弊端。一是授田的性质依然是国有，要轮换重新分配，民众不能自由买卖。如《韩非子·诡使》：“夫陈善田利宅所以厉战士也，而断头裂腹播骨乎平原野者，无宅容身，身死田夺。”直至汉时犹如此。[②] 国家的本意是为了公平，但是这样降低了民众的生产积极性与生产效率，并且阻碍了农业技术的改进等。故而民心要求分地实占之，如《商君书·徕民》云：“意民之情，其所欲者田宅也。”《吕氏春秋·审分》亦云：“今以众地者，公作则迟，有所匿其力也；分地则速，无所匿迟也。”二是分田置产的数量不够维系正常生活。孟子云：“今也制民之产，仰不足以事父母，俯不足以畜妻子；乐岁终身苦，凶年不免于死亡。”（《梁惠王上》）这里孟子明确提出授田数量太少，平时尚不足温饱，凶岁死亡比比皆是。此并非孟子一己之管见，秦国曾就分田的数量予以调整，《商君书·算地》云：“故为国分田数，小亩五百，足待一役，此地不任也。”[③]

故孟子予以田制改革，此开天辟地处，就是分别公私，从而终结强权对公权之“鸠占鹊巢”模式。一是以私田作为恒产。首先，明确恒产的性

① 最早提出战国授田制这一概念并加以系统论述的是刘泽华先生的《论战国时期“授田”制下的“公民”》，载《南开学报》（哲学社会科学版）1978 年第 2 期。

② 如《汉书·食货志》载授田云“民年二十受田，六十归田。”（汉）班固：《汉书》卷二十四上《食货志》，中华书局，1962，第 1120 页。又如 1972 年山东临沂出土的银雀山竹简《田法》中就有“二岁而均计定，三岁而壹更田赋，十岁而民毕易田，令皆受田美亚（恶）口均之”，用早期隶书，约写于公元前 179 年至公元前 118 年（西汉文、景至武帝初期）。

③ 可以说，早在商鞅变法以前，秦田就已经有了将国有土地分配给农民耕种的制度，只是这样的制度还不系统明确，国家对于这些土地的控制较严，农民还不能随意买卖。参晁福林《战国授田制简论》，《中国历史文物》1999 年第 1 期。

质。孟子田制思想的核心是“易其田畴”，赵岐注云：“易，治也。畴，一井也。”误。易者，变易之易也。此是孟子要求改变国家授田模式，而为民众个人所有。孟子又云：“夫以百亩之不易为己忧者，农夫也。”（《滕文公上》），农夫所担忧的是百亩之地要收归国有。依儒家本义，天生地养，天下乃天下人之天下也，并非王之独有，故孟子明确地下“恒产”二字，“民之为道也，有恒产者有恒心，无恒产者无恒心”，“若民，则无恒产，因无恒心。苟无恒心，放辟邪侈，无不为已”（《梁惠王上》）。产与心对言，心为己物，则产亦相同，方可曰恒。赵岐注云：“恒，常也。产，生也。恒产则民常可以生之业也。”① 故恒产即是房屋田舍树畜之类民众赖以长期生存、生活的产业。孟子既下“恒产”二字，就是主张民众对土地的实际占有权，此是无可疑义的。其次，明确恒产的范围。孟子划出其下限：“明君制民之产，必使仰足以事父母，俯足以畜妻子。乐岁终身饱，凶年免于死亡。”又划出其正常的标准：“五亩之宅，树之以桑，五十者可以衣帛矣；鸡豚狗彘之畜，无失其时，七十者可以食肉矣；百亩之田，勿夺于时，数口之家可以无饥矣。”（《梁惠王上》）即田地、住宅以及里面的私人财物。二是以公田作为税源。封建制下，公田只是王公之私产而已，如《诗经·魏风·伐檀》云：“不稼不穑，胡取禾三百廛兮？”公侯从分封的田中收取农作物，而耕种之农民，却“无衣无褐，何以卒岁”。孟子井田中的公田，不再是封建制下的“贵族—邦国”之公，而是新的公共权力之公，这样的一个转化，具有开天辟地的意义。所谓“无君子莫治野人，无野人莫养君子”，这里的君子、小人不再是先天的以强力与血统而定的社会地位，而是后天的以才德而定的社会分工之角色。孟子的方案，以公田作为税源，以供公共权力之需，从而将私人之恒产与公权之税源清晰公开。三是具体的实现方式。首先正经界，孟子云：“夫仁政必自经界始；经界不正，井地不均，谷禄不平。是故，暴君污吏，必慢其经界。经界既正，分田制禄，可坐而定也”。（《滕文公上》）其次分田，具体方法是“方里而井，井九百亩，其中为公田。八家皆私百亩，同养公田”。再次是生产，“公事毕，然后敢治私事”，在其私田中“树之以桑”养“鸡豚狗彘之畜”，五十者可以衣帛矣、七十者可以食肉矣、数口之家

① （清）焦循：《孟子正义》，中华书局，1987，第93页。

可以无饥矣。

其二，税制改革。旧税制弊端甚多。三代税制，所谓助、贡、彻，[①]历来解释纷纭，以今语言之，一是劳役地租（助），二是实物地租，后者又有定额与比例，定额就是数年之常（贡），[②]比例就是什一税（彻）。[③]东周税制中，春秋税收非常高。孔子之时，哀公“二犹不足”，冉求支持季康子聚敛，孔子要求弟子鸣鼓而攻。《左传·昭公三年》载，前538年齐国税赋“民参其力，二入于公，而衣食其一；公聚朽蠹，而三老冻馁”。战国则更高，“至秦……一岁力役，三十倍于古，田租口赋，盐铁之利，二十倍于古”，[④]远超过古代什一之税。其结果导致平民的普遍贫困，如孟子屡言“狗彘食人食”，“涂有饿莩”；“庖有肥肉，厩有肥马，民有饥色，野有饿莩，此率兽而食人也”；“凶年饥岁，君之民老弱转乎沟壑，壮者散而之四方者几千人矣”。故孟子提出新方案。首先反对税高。孟子明言“有布缕之征，粟米之征，力役之征。君子用其一，缓其二。用其二而民有殍，用其三而父子离”（《尽心下》），要求轻徭薄赋，不违农时，此不须赘述。其次也反对轻税。国家正常运行需赋税支持，故孟子也不赞同无原则的轻税政策，如魏国大臣白圭主张减轻田赋，降为二十分之一。孟子认为此是欠发达的貉国的办法，不适用于大国，因为大国有更庞大的公共管理与服务需要。再次认为当取之有制。孟子的赋税政策不是十税一，也不是二十税一，而是根据实际情况，经权合一，取之有制，随时损益，既要保证政府运转，又要藏富于民。其一般性方案如下：“耕者，助而不税，则天下之农皆悦，而愿耕于其野”（《公孙丑上》）；“请野九一而助，

---

① 孟子比较夏商周三种税制：“夏后氏五十而贡，殷人七十而助，周人百亩而彻。其实皆什一也。彻者彻也，助者藉也。龙子曰：‘治地莫善于助，莫不善于贡。’贡者挍数岁之中以为常。乐岁粒米狼戾，多取之而不为虐，则寡取之；凶年粪其田而不足，则必取盈焉。为民父母，使民盻盻然，将终岁勤动，不得以养其父母，又称贷而益之，使老稚转乎沟壑，恶在其为民父母也？”（《滕文公上》）

② 郑玄《考工记·匠人》注云：“贡者，自治其所受田，贡其税谷。莇者，借民之力以治公田，又使收敛焉。彻者，通其率以什一为正也。”所谓“贡”，即“挍数岁之中以为常”，就是取数年收成之中间数，以之为标准，然其缺点是收成好时不能多收，遇到灾荒无收成还是要收。

③ 《论语·颜渊》郑玄注曰：“周法什一而税谓之彻，彻，通也，为天下之通法。”所谓“彻”，即说什一税是彻底、普遍的通行税法。

④ （汉）班固：《汉书》卷二十四上《食货志》，中华书局，1962，第1137页。

国中什一使自赋”（《滕文公上》）。其方案非常清晰，分国中与野外，国中用什一税的彻法，而在野外，则依井田，行助法。孟子之所以选择助法，托名在殷，其实是表达他自己的方案。民众以力役方式，同种公田，以供国用，除此之外，不再向私田征任何税用，这样，不论丰歉，民众的生活都不会受到影响。

四 通功易事——孟子之工商制度

儒家于工商，虽无专论，然子贡货殖，已先躬行，孔孟与其功用，又有弘扬。

其一，通功易事。孟子认识到社会分工与商品流通的重要性，明确肯定“通功易事”，百工易事，商业则通其功，其与彭更讨论云：“子不通功易事，以羡补不足，则农有余粟，女有余布。子如通之，则梓匠轮舆皆得食于子。”（《滕文公下》）孟子之不同于后世“平时袖手谈心性，临难一死报君王”者，还在于他对商品之价值问题已有认识，此可从他与农家许行弟子陈相的讨论中得出。陈相认为，从许子之道，则货物市价相同，国中无伪，孟子则答曰：“夫物之不齐，物之情也。或相倍蓰，或相什百，或相千万；子比而同之，是乱天下也。巨屦小屦同贾，人岂为之哉？从许子之道，相率而为伪者也，恶能治国家？”（《滕文公上》）大鞋与小鞋怎么可能同价呢，其成本差别很大，而不同商品能够互易，正是因为其价值之相同，价格可计量。

其二，税收政策。一是不征工商税。孔子极力反对大夫臧文仲“置六关”以阻碍商品交换，提出“入山泽以其时而无征，关讥市廛皆不收赋”（《孔子家语・王言解》），并使鲁哀公“废山泽之禁，弛关市之税”（《孔子家语・五仪解》）。孟子同样主张通过免征商业赋税、放松工商业管制等手段促进工商业发展。如认为“廛，无夫里之布，则天下之民皆悦，而愿为之氓矣”；“市廛而不征，法而不廛，则天下之商皆悦而愿藏于其市矣。关讥而不征，则天下之旅皆悦而愿出于其路矣”（《公孙丑上》）。并且要求尽快实施，“如知其非义，斯速已矣，何待来年！”（《滕文公下》）二是反垄断。孟子之时，虽不可谓商品经济高度发展，却已产生垄断现象，故孟子云：“古之为市也，以其所有易其所无者，有司者治之耳。有贱丈夫焉，必求龙断而登之，以左右望，而罔市利。人皆以为贱，故从而征之。

征商，自此贱丈夫始矣。”（《公孙丑下》）

五　经济民生的限度——恒产如何可能

先秦儒家的民生政策，孔子发其端，荀子殿其后，主要的贡献则来自孟子。然孟子的田制与税制，又有着诸多局限。

其一，对产权问题具有极大模糊性。此并非强求古人。现代经济学常常将古代所有制冠以“产权破缺”，[①] 孟子对此问题，以井田为突破口，虽然极有深入，作全新之探讨，但结论毕竟不清晰。若论所有制的形式，公有公用公享，公有私用分享，私有私用私享。前后两种我们都很熟悉，就是经典的公有制与私有制。前文已述孟子以私田为恒产，综而考之，其当是提倡第二种，此为一种混合所有制。首先，土地在所有权上是国家的，这突出表现在公田与私田的并存上；其次，民众以家庭为单位，享有对所领土地即私田完整的使用权；再次，公田无偿劳动并上缴所有产品，私田上劳动产品则归民众完全支配。

其二，往往忽视授田之后续问题。孟子之井田仅仅针对一世而言，完全忽略了家族繁衍、土地传承、社会变迁的复杂性。《管子·国蓄》云：“分地若一，强者能守；分财若一，智者能收。”此是揭示了所有均分土地的问题所在，私田是为了保障生产、生活资料并提高生产效率，但是无法杜绝再次产生贫富差距和土地买卖，因为开始时对生产资料的平均分配，并不能改变最终的劳动产品生产的不平衡，且人的能力有大小、时运有否

---

① 张波认为，在礼制秩序下，人与人之间形成的是以“义”为纽带的伦理关系，所谓“父子有亲，君臣有义，夫妇有别，长幼有序，朋友有信”（《孟子·滕文公上》），在这种人际关系中，物由谁所有和支配取决于“礼制”下的控制人与被控制人的主观意志，所以很难确定物权关系究竟是私有产权性质的，还是公有产权性质的。孟子在《孟子·梁惠王下》中打了一个比方，恰如其分地揭示了礼制秩序中这种“特有”的产权状态，他将为政者治国比作拥有一座园林，园林归其所有，但是里面的财富却“与民同之”。当政者对整个园林拥有所有权和支配权，但是他又并不必要，也不可能完全占有和使用。当政者可以在任何必要的时候支配一切，也可以在不必要的时候“一无所有”；而民众在平时可以将园林的某个部分作为私产去占有和使用，但随时存在被剥夺权利的可能性。长期以来，这种令人熟知的状态一直被现代经济学冠以“产权破缺”，实际上，这恰恰是中国特有秩序观的必然产物。答案已很明显，正是因为礼制下无法形成明晰的私有财产关系，儒家才没有接受市场机制。见张波《人本主义、国家秩序与经济增长——试论孔子、孟子、荀子经济思想中的“人本经济学”研究范式》，《经济评论》2009 年第 3 期。

泰等。[①] 社会也必然要再次产生围绕土地之田主与佃户之阶层。[②] 为了避免之，则只有再回收土地，在国有的名义下，反复授田。即如后来《公羊传·宣公十五年》何休注“司空谨别田之高下善恶，分为三品：上田一岁一垦，中田二岁一垦，下田三岁一垦。肥饶不得独乐，墝埆不得独苦，故三年一换主易居，财均力平”。然而这样只能使生产力的发展在原地反复，这将是一个困扰后世儒家两千年的问题。

其三，对税收之短视。孔孟之不征，盖因彼时商业在经济生活中无足轻重。然时过境迁，不能一成不变。征与不征，征多征少，均应与时损益。孟子发现垄断现象，但完全将它的产生斥之于某些商人品德败坏，在互通有无之外，追逐暴利，故他认为征收商业税正是由垄断而生。此是孟子对经济之肤浅理解，然他将垄断之产生归为动机，此却是儒家义利之辨与“资本”的第一次正面交锋，然此时的中土商业，尚是幼儿假扮成人的游戏，故此交锋仅仅是擦肩而过，对工商的功能性质的认识还有待深入。

当然，上述皆为儒家之方案，在现实政治中，社会资源皆掌握在强权、利益阶层手里，其能否实践仅能依靠王权的自觉，即格君心，若王侯不愿意，则此方案甚难实现。

第八节　治道之二：恒心如何可能——教化及其限度

孟子云“有恒产者有恒心”（《滕文公上》），又云“饱食暖衣，逸居而无教，则近于禽兽”（《滕文公上》），此正表明自恒产至恒心并不是必然的，尚需生养而成，而此生养于治道而言，即是教化，有此建设，“恒心”方可形成。此理荀子全同，其云：“不富无以养民情，不教无以理民

---

① 如《韩非子·外储说左上》：“中牟之人弃其田耘，卖宅圃而随文学者邑之半。”《史记·廉颇蔺相如列传》：“今括一旦为将，东向而朝，军吏无敢仰视之者，王所赐金帛，归藏于家，而日视便利田宅可买者买之。”《汉书·食货志》：“秦用商鞅之法，改帝王之制，除井田，民得卖买，富者田连阡陌，贫者亡立锥之地。”这三条是经常被提到的关于战国土地买卖的文献材料。

② 如《韩非子·外储说左上》：“夫卖庸而播耕者，主人费家而美食，调布而求易钱者，非爱庸客也，曰：如是，耕者且深，耨者熟耘也。庸客致力而疾耘耕者，尽巧而正畦陌畦时者，非爱主人也，曰：如是，羹且美，钱布且易云也。”

性。故家五亩宅，百亩田，务其业，而勿夺其时，所以富之也。立大学，设庠序，修六礼，明七教，所以道之也。《诗》曰：‘饮之食之，教之诲之。’王事具矣。”（《大略》）

一　教化之本质、组织与内容

黄宗羲《学校》云：“使朝廷之上，闾阎之细，渐摩濡染，莫不有诗书宽大之气。”[①] 此正儒家教化之目标。

其一，教化的本质——自由精神。治道讨论的是公共事务，而非个体之私事私德。孔子立意最高，其云：“道之以政，齐之以刑，民免而无耻。道之以德，齐之以礼，有耻且格。”（《为政》）孟子继之曰：“善政，不如善教之得民也。善政民畏之，善教民爱之。善政得民财，善教得民心。”（《尽心上》）此是提出两种治道方式——政刑与礼乐。在变态政体中，往往只用政刑，如秦政。在正常政体中，强调礼乐与政刑的互动，以获得良好秩序，“故礼以道其志，乐以和其声，政以一其行，刑以防其奸。礼乐刑政，其极一也，所以同民心而出治道也”（《礼记·乐记》）。在理想政体中，则政刑退位，唯余礼乐。

儒家治道之目标是和而不同、维齐非齐，最终实现各阶层的和谐，即自由。而自由，除了物质之外，更重要的是精神。如果仅仅是果腹、性、安全等，则人何必“首出庶物”，走出自然状态。天地之性在人心中苏醒，一直在呼唤人类以属人的方式走出物质的坚壳。然则在漫漫的由兽及人、由人及圣的回归途中，历史通常采取两种方式展开，一是继人与物分之后，人又分为统治者与被统治者，后者被培养成听话能干的机器，或是顺从无怨的工具奴隶，此是法家的进路。一是自由分工，和而不同，共同成长，让人超越气质，打通茅塞，使天地之性能主宰社会人生，此正是儒家治道的本质要求。

就治国之策略而言，法家认为仅需通过王权的力量来强制执行，儒家认为，要以社会的自我调整、自我净化、自我发展能力为主，通过教育净化心灵，通过周全、严密的仪式来培养社群居民对天命的敬畏、对彼此的尊敬、对正义与和谐秩序的向往等，从而以最和平的、潜移默化的方式来

---

① （清）黄宗羲：《明夷待访录》，中华书局，2011，第37页。

实现人的宜居场域，即善政。如果说法家以刑赏二柄获得秩序，此是根源气质之性，则儒家是由天地之性出发，以自由和谐来获得秩序。就儒家而言，自由与秩序从来都是不矛盾的，二者互为目的与途径。当然，儒家并未否定政府与制度的作用，只是后者为次要的。

其二，教化的组织方式——公共教育机构。关于组织形式，儒家认为当以公共教育机构为主，私学辅之。然彼时官学解体，“国家”处于脱胎换骨之中，还来不及对教育做出整体的复兴安排。儒家针对此时代背景，一是对以往的教育机构进行还原总结，认为西周“学在官府”，有小学、大学之设，当然，以上不排除有部分属“虚构”；二是对当下的公共教育机构予以设计，如孟子云：“设为庠序学校以教之。庠者，养也。校者，教也。序者，射也。夏曰校，殷曰序，周曰庠，学则三代共之，皆所以明人伦也。”（《滕文公上》）荀子理同。然孔门并非纯任官学，其尚高度认可民间私人办学之必要性。

其三，政治主体之建设。一则，政治主体之分类。相比正常政体之世袭，理想政体却要凭德取位，自由流动。因人在现实中有“先觉”“后觉”（《万章上》）之分，而且工夫或由己悟，或因外缘，不能整齐划一，故个体始有二性，人群终分三品（《阳货》）。在儒家的理想社群中，政治主体主要由三类人组成：圣—士—民。三者形成一种自下而上的流动态，圣是君师一体之主于政教者，士为民中之精粹者，“选贤与能”而组成政府，其中圣者为王（《雍也》）。三者社会地位有差别，但政治权利与人格尊严完全平等，见图12。

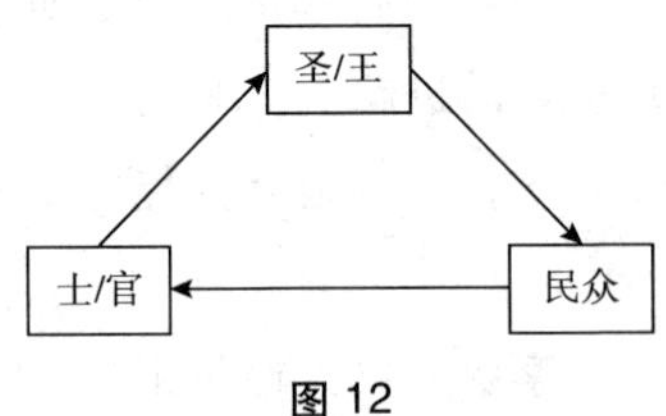

图 12

二则，政治主体之培养。首先是教育，孔子首倡私学，“有教无类”（《卫灵公》），故冉有仆卫有庶富教之得（《子路》），子游治武遂闻弦歌之声（《阳货》）。其次是议政，孔子极力提倡庶人的议政参政精神，云“天下有道，则庶人不议”（《季氏》），言下之意，只要天下无道，则庶人就要批判、抗议之。最后是从政，孔子之时，世卿世禄尚未掊亡，庶人绝少机会从政。孔子的弟子多是贫贱之人，孔子却教他们六艺，而“此是士人从政干禄的本领”[1]，足见孔子之理想，欲以士的率先突破，进而为士农工商的整体突破。虽然现实中他的许多弟子只能作家臣、私宰，如“仲弓为季氏宰”（《子路》），“子夏为莒父宰”（《子路》），“季氏使闵子骞为费宰”（《雍也》）。

二　孔门四科

孔门之教学内容，舍传统六艺外，又有专门之四科。

其一，德行科。此是指心性工夫一目。刘宝楠《正义》曰：“颜子好学，于圣道未达一间；闵子骞孝格其亲，不仕大夫，不食污君之禄；仲弓可使南面，荀子以与孔子并称。冉伯牛事无考，观其有疾，夫子深叹惜之。此四子，为德行之选也。”[2]

其二，言语科。主要指外交辞令，如孔子曰：“诵《诗》三百，授之以政，不达，使于四方，不能专对，虽多，亦奚以为？”（《子路》）《正义》云：“《公孙丑篇》：‘宰我、子贡善为说辞，冉伯牛、闵子兼之。曰：我于辞命，则不能也。’是言辞以辞命为重。《毛诗·定之方中·传》：‘故建邦能命龟，田能施命，作器能铭，使能造命，升高能赋，师旅能誓，山川能说，丧纪能诔，祭祀能语。’此九言，皆是辞命，亦皆是言语。皇《疏》引范宁曰：‘言语，谓宾主相对之辞也。’范以当时最重邦交，故言语当指此事，亦是举彼一端，以例其余。《弟子列传》‘宰予利口辨辞，子贡利口巧辞’，是宰我、子贡为言语之选也。”[3]

其三，政事科。孔子自己有政治理论与制度设计，如子贡曰：“夫子之文章，可得而闻也。”（《公冶长》）此文章即礼乐等政治制度。孔子欲拨乱反正，其对理想政体有全盘之考量，如语颜渊“行夏之时，乘殷之辂，服周之冕，乐则韶舞”（《卫灵公》），即是糅合四代之制。其周游列国，即欲实现此制度，故门人高弟皆得闻之。

其四，文学科。此指对古典文献的整理、传承与学习。曾子所谓“传

---

① 陶希圣：《中国政治思想史》，中国大百科全书出版社，2009，第57页。

② （清）刘宝楠：《论语正义》卷十四，中华书局，1990，第441页。

③ （清）刘宝楠：《论语正义》卷十四，中华书局，1990，第442页。

不习乎”正对此言。孔子晚年整理六经，授诸子夏、子游等人，又是早年高弟所未能俱闻者。六经是历史之经验、文明之典范，由夫子之手，焕然天地。荀子有深刻之讨论，其云：“故《书》者，政事之纪也；《诗》者，中声之所止也；《礼》者，法之大分、类之纲纪也。故学至乎《礼》而止矣，夫是之谓道德之极。《礼》之敬文也，《乐》之中和也，《诗》《书》之博也，《春秋》之微也，在天地之间者毕矣。”（《劝学》）又云：“故《诗》《书》《礼》《乐》之归是矣。《诗》言是，其志也；《书》言是，其事也；《礼》言是，其行也；《乐》言是，其和也；《春秋》言是，其微也。”（《儒效》）自逻辑而言，此四者由内及外，由本及末，层层递出。自时间而言，其又展现了孔子一生所授之先后不同。

孔门所授，除上述六艺、四科之外，还有如军事等，各弟子均有所成，名动天下，说明其教学具有极高的效率与可复制、可推广性。当然，此并非说每人只习一科，只是以此为主而已，如对颜回，不仅“博之以文”，而且告之损益四代之制。

三　“徒善不足以为政”——素质及其限度

孟子云：“三代之得天下也以仁，其失天下也以不仁。”（《离娄上》）《管子》云：“凡国之亡也，以其长者也。人之自失也，以其所长者也，故善游者死于梁池，善射者死于中野。”（《枢言》）。前者乃以仁解史，后者则是对历史的检讨，长于力者终亡于力。后者自然好理解，然而前者，这个仁就是兴公利除公害，为什么至善之事业却坚持不下去，或者主动或者被迫放弃呢？故而孟子说“徒善不足以为政”，这是非常深刻的。有了上述的民生所得之恒产与教化所得之恒心，美政是否可以遽成？非也。好的动机不一定能达成好的结果，这样的例子比比皆是，故还须有好的制度来配合。

其一，以仁摄智，而非以仁灭智。孟子曾批评郑子产主政郑国，“以其乘舆济人于溱、洧”，认为：“君子平其政，行辟人可也；焉得人人而济之？故为政者，每人而悦之，日亦不足矣。”（《离娄下》）孟子所言极是。子产类政治家，未晓个体之行善事与公权力之为政不同，若混淆之，终将一事无成。以善心看待整个世界与人生，此本不错，然而不知辩证否定之理，事事亲为，最后必使政治停滞，满盘尽墨。善心还要服从于每个专业的基本规律与专业知识，要在技术上具有操作性，可大众化，能市场化，否则此仁心与素质只能是个别精英的思想风暴、书斋游戏而已。儒家要对中人立法，就必须运用客观的理性精神，来为善心找到好的实现方法与承载形式。故儒家一方面注重教育平等、创造优先；另一方面，又偏重于道德与实用知识（治国、农工等）的积累传承与学习。

其二，治标与治本的冲突。孟子讥子产，然而他自己周游列国，大小诸侯其实都给过他机会，礼遇有加，但是他最后皆被“迂阔”之讥而告退。这其中的原因，又在不能合理地调整善心的冲动，忽略了治标与治本的不同。如对于大国魏国，孟子开出的振兴对策为：“地方百里，而可以王。王如施仁政于民，省刑罚，薄税敛，深耕易耨；壮者以暇日修其孝悌忠信，入以事其父兄，出以事其长上，可使制梃以挞秦楚之坚甲利兵矣。彼夺其民时，使不得耕耨，以养其父母；父母冻饿，兄弟妻子离散。彼陷溺其民，王往而征之，夫谁与王敌？故曰‘仁者无敌’。王请勿疑。”（《梁惠王上》）在激烈的诸侯争霸中，强弱形势此消彼长，孟子为魏国所开出的国策，不可谓非，然而远水难解近火，所谓仁政，起码需要一代人的时间，而魏国面临暴秦的攻击，如何能等那么长的时间。大国如此，况乎小国。

其三，善心的极限。其实孟子自己也知道，“徒善不足为政”。在当时的天下，最急迫的是小国之生存危机，如滕国。《梁惠王下》就记载了孟子对其国运的一筹莫展、无计可施。战国形势，小国日亡，齐国逼迫滕国日甚，故滕文公以国运问于孟子，孟子只能列出两套方案：一是学周人，主动转移，若重觅新地依然行善，后世子孙或可渐强，至于能不能一定成功，则视天意，即综合的无限。二是死守。滕国现在迁又不能迁，天下无无主之地。那么余下能做的，就是死守且为善了，说不定会有好报。由此我们知道，孟子此时对“善”也没有了信心，故曰“强为善”，对存亡之可能只有托于天命，不亦悲乎。

第九节　治道之三：制度如何可能——徒法不足以自行

儒家对制度建设从未忽略。三代之礼产生、运行于血缘、熟人之宗法社会，适封建解纽之春秋，兼并日盛，征战日繁，礼乐崩沮，不断有不同血缘的陌生人群被纳入治理，则在此礼之外，时代亟须制订一套新的社会、政治规范来取代宗法礼乐崩溃之真空。故李悝应运而起，制定了我国第一部法典——《法经》六篇，内容详备并广布天下，使悉知之。此是他自觉立在历史之高度，走出血缘人情的模糊含混，追求治国方式的客观化，此是历史之进步。推广至整个儒家，则均有制度之重建。

一 对周制之超越

前文已言，孔子为政有两大步骤，拨乱反正，恢复周制，然后超越周制，阶及唐虞。

其一，周制之君道与臣道。周制下，政治主体为君、臣、民三者，前二者构成世袭的统治阶层，后者为被统治者。一则君道。统治阶层自身负有重大的正民任务，此在周朝本为共识。如《国语·鲁语上》载“君也者，将牧民而正其邪者也”；《左传·襄公十四年》载“天生民而立之君，使司牧之，勿使失性”。故孔子要求每一上级对下级皆有示范表率作用，此即“政者正也，子帅以正，孰敢不正”（《颜渊》）。因为当时的权力结构乃是自上向下，欲对权力拥有者进行限制、调整，超验的天道并不起作用，平民之革命亦是非常之举。《论语》与此相关者甚众，不赘。二则臣道。此分两层。首先君臣之间要互相遵守契约，“君君，臣臣”，于君要“君使臣以礼”（《八佾》），于臣要“事君以忠”（《八佾》），“事君，能致其身”（《学而》），“事君，敬其事而后其食”（《卫灵公》）。要严防僭越，“不在其位，不谋其政”（《宪问》），“君子思不出其位”（《宪问》）。若君行君道，则臣行臣道，反之则变置或革命。其次臣与臣之间，要同心协力，和衷共济。①

其二，对周制之超越。《论语》中孔子否定周制者甚众，姑分三层来看。一是隐而不发，如“子曰：‘殷因于夏，礼所损益，可知也；周因于殷，礼所损益，可知也。其或继周者，虽百世，可知也’”（《为政》）。其时周祚未亡，孔子言“继周者”当继殷、周之损益，创制之心毕露。二是明确否定，如“公山弗扰以费畔，召，子欲往，子路不说，曰：‘末之也

① 如在讨论郑国制定政命盟会之辞时，孔子称道其分工合作之流程：“为命，裨谌草创之，世叔讨论之，行人子羽修饰之，东里子产润色之。”（《宪问》）在讨论卫灵公无道却未丧政权则曰：“仲叔圉治宾客，祝鮀治宗庙，王孙贾治军旅，夫如是，奚其丧？”（《宪问》）

已，何必公山氏之之也！’子曰：‘夫召我者岂徒哉！如有用我者，吾其为东周乎’”（《阳货》）。此“其”为“岂”义，孔子自言，如吾得用，岂能在东方重复周之旧辙，当辟地自为而王天下也。三是提出方案，如“颜渊问为邦。子曰：‘行夏之时，乘殷之辂，服周之冕，乐则韶舞。’”（《卫灵公》）此是糅合虞夏商周四代而立新制，典型的超越周制。

二　唐虞之君道

儒家对理想社会的政治制度设计托于唐虞之治。唐虞之君道有以下几则。

其一，君之本质，乃一职位。此君已非周制之有土地者，而是国家元首之义。《左传·文公十三年》云：“天生民而树之君，以利之也。”孟子已述此义。君是提供公共益品者，如孔子云：“禹，吾无间然矣。菲饮食而致孝乎鬼神，恶衣服而致美乎黻冕；卑宫室而尽力乎沟洫。禹，吾无间然矣。”（《泰伯》）

其二，君之任职资格，圣者为王。孔门已完全打破血统、种族等限制，要求取消世袭，只有德才最优之圣人，才能成为合法的元首，孔子甚至欲自立为王。《论语》中此例甚众，如颜问为邦，雍可南面，此是认为自己的学生颜回、仲弓均可为天子，足见其志在于天下也。荀子亦如是：“大儒者，天子三公也；小儒者，诸侯、大夫、士也；众人者，工农商贾也。”（《儒效》）这里说大儒可作天子，或证他的法后王就是法孔子。孟子完全没有儒者可以为王的观点，在此问题上，荀子是超出孟子的。

其三，元首产生与转移之一，禅让。孔子以唐虞为最高理想，并塑造出一种迥异于周的嫡长子继承制的禅让制，即国家元首及其治理权不世袭，而在圣王与其继任者之间和平传递。此完全是孔子的创造。孟子继之，认为元首的产生要基于民意之认可，“得乎丘民而为天子，得乎天子为诸侯，得乎诸侯为大夫”，此义已如前述。荀子亦云：“故近者歌讴而乐之，远者竭蹶而趋之，四海之内若一家，通达之属莫不从服。”（《儒效》）后儒所撰之《尧典》《舜典》即塑造了尧舜以天下相禅的理想原则与具体过程。出土竹简也如实记载七十子后学均能守护此。如云：

> 尧是以视臣又（贤）：履地戴天，竺（笃）义与信，会才（在）

天地之间，而包才（在）四海之内，毕能亓（其）事，而立为天子。尧以天下壤（让）于臣又（贤）者，天下臣又（贤）者莫之能受也。万邦之君皆以亓（其）邦壤（让）于臣又（贤）。……而臣又（贤）者莫之能受也。(《上博简·容成氏》)

唐虞之道，禅而不传，尧舜之王，利天下而弗利也。禅而不传，圣之盛也，利天下弗利也，仁之至也，古昔贤仁圣者如此。身穷不困，损而弗利躬，仁矣。必正其身，然后正世，圣道备矣。古唐虞之道如此也。……禅也者，上（尚）德授贤之谓也。上德则天下有君而世明，受贤则民兴教而化乎道，自生民未之有也。……之正者，能以天下禅矣。(《郭店简·唐虞之道》)

此二简皆于20世纪出土，沉睡地下两千余年，详备地记载了七十子后学歌颂尧舜选贤禅让之事。考虑到《论语》在流传过程中尚有衍误，故此简更能真实地反映出孔子及其后学对最高权力转移之真实态度。我们看到，就在孔子及其后学还在津津于唐虞禅让时，尧舜其实已经是数千年前的传说人物，而商周之封建制已经建立了数百年。儒家顽强地保护着这个传说，就是保护着理想永不熄灭。

其四，元首的产生与转移之二，革命。至战国，禅让因公义不足，操作性不强，加上在实践中屡屡失败，[①] 故世袭之主流已不可撼动。于是孟子对于国家元首转移之办法有所转变，其依然鼓吹尧舜高于汤武，如言“尧舜性之，汤武反之”，然而又否认禅让，希望另辟蹊径，建立一整套转移之制度。一是问责。如《梁惠王下》载，孟子谓齐宣王曰：“士师不能治士，则如之何？”王曰：“已之。”曰：“四境之内不治，则如之何？”王顾左右而言他。二是罢免（变置）。如孟子云“诸侯危社稷，则变置”(《尽心下》)。三是革命。孟子鼓吹“诛一夫”，“汤武革命，顺乎天而应乎人”。荀子全同，其曰：“臣或弑其君，下或杀其上，……无它故焉，人

① 据姜广辉先生研究，早期法家文献中也不贬低“禅让”，《商君书·修权》所谓“论贤举能而传焉”实指禅让……此思想在法家治天下的秦国并非大逆不道，《战国策·秦策》中即有秦孝公“疾且不起，欲传商君，辞不受”的记载，在商鞅死后二十年（前318年），燕王哙受蒙让国于相国子之，结果造成国家内乱，国破君亡的悲剧，此后便无人禅让。见《郭店楚简与原典儒学》，《中国哲学》第21辑，辽宁教育出版社，2000，第267～268页。

主自取之也。”(《富国》) 又云:“夺然后义,杀然后仁,上下易位然后贞。”(《臣道》)

三　唐虞之臣道

其一,官吏的任职资格。在孔门视野中,臣的担任者已是社会之中坚、国家之栋梁。孟子所推重的典型有三人,伯夷、伊尹、柳下惠。如云:“居下位,不以贤事不肖者,伯夷也。五就汤,五就桀者,伊尹也。不恶污君,不辞小官者,柳下惠也。三子者不同道,其趋一也。一者何也?曰:仁也。”(《告子下》)

其二,官吏产生之道。春秋时孔子已有所发。首先对周制“世卿世禄”十分不满,痛恨窃位者,如认为“臧文仲,其窃位者与?知柳下惠之贤,而不与立也”(《卫灵公》)。即便是自己的弟子,不贤弗能,亦不用,如不许子羔为费宰(《先进》),而称赞漆雕开不仕(《公冶长》)。其次要求选贤与能、举直错枉。如“樊迟问仁”,孔子答曰:“举直错诸枉,能使枉者直。”子夏听后说道:“富哉言乎!舜有天下,选于众,举皋陶,不仁者远矣。汤有天下,选于众,举伊尹,不仁者远矣。”(《颜渊》) 又如“仲弓为季氏宰,问政。子曰:‘先有司……’”(《子路》),此是要求为政者必须先顺应民意而选拔“有司”。[①] 战国社会剧变,白衣卿相屡见,故儒家更是大声呼吁之。[②] 孟子首先更强调从民间选拔人才,如推崇“舜发于畎亩之中,傅说举于版筑之间,胶鬲举于鱼盐之中,管夷吾举于士,孙叔敖举于海,百里奚举于市”(《告子下》) 还特别为伊尹、百里奚、孔子等人的选拔辩护。其次,强调要有一定的考察任用程序:“国君进贤,如不得已,将使卑逾尊,疏逾戚,可不慎与?左右皆曰贤,未可也?诸大夫皆曰贤,未可也;国人皆曰贤然后察之;见贤焉,然后用之。”(《梁惠王下》)《礼记》亦云:“凡官民材,必先论之。论辨,然后使之。任事,然后爵之。位定,然后禄之。”(《王制》) 此皆说明制度已经开始客观化。

---

① 晁福林:《从上博简仲弓篇看孔子的“为政”思想》,《齐鲁学刊》2004年第6期。

② 如《荀子》云:“贤能不待次而举,罢不能不待须而废,元恶不待教而诛,中庸民不待政而化。分未定也,则有昭缪。虽王公士大夫之子孙,不能属于礼义,则归之庶人,虽庶人之子孙也,积文学,正身行,能属于礼义,则归卿相士大夫。”(《王制》)

其三，官吏的职责，各司其职，恪尽职守。如《孟子》载，子思在卫国时，遇到齐国来侵犯，有人问他："齐寇已至，为什么还不逃走？"子思回答道："我如离开了，谁来守护国家社稷？"（《离娄下》）

其四，官吏的问责与处置。问责如《梁惠王下》载，孟子到平陆，问地方长官孔距心道，如果你手下的卫士一天之内三次失职，你会不会开除他？孔距心说，等不到三次，早就开除他了。孟子说，既然如此，你作为地方长官更加失职，"凶年饥岁，子之民，老羸转于沟壑，壮者散而之四方者，几千人矣"，此应该如何处理？此是问责，至于官员的罢免与处置并非君主孤意可决，当遵守一定之流程。孟子云："左右皆曰不可，勿听；诸大夫皆曰不可，勿听；国人皆曰不可，然后察之；见不可焉，然后去之。左右皆曰可杀，勿听；诸大夫皆曰可杀，勿听；国人皆曰可杀，然后察之；见可杀焉，然后杀之。"（《梁惠王下》）

四 君臣关系

其一，从道不从君。在封建制下，君臣关系的原则是礼，而在理想政体中，则是道（义）。此可以荀子所云"从道不从君"来总结之。孔子认为君臣之属，乃是以义而合。"所谓大臣者，以道事君，不可则止"，君有违于道者，则当止之，故事君当"勿欺也，而犯之"（《先进》）。君臣之属，乃是以义而合，臣绝非君之私聘，君臣同为人间福祉，故从道不从君，此义为儒家所一直坚守。

其二，倡臣权之独立。孔子时封建尚有遗绪，无须如此，荀子时代君权已绝对强大，不能如此。孟子一则反对君对臣之严密控制，认为臣当有一定的自由空间；[①] 二则批判以顺为正；[②] 三则强调臣对君之

---

① 如孟子见齐宣王曰："为巨室，则必使工师求大木。工师得大木，则王喜，以为能胜其任也。匠人斫而小之，则王怒，以为不胜其任矣。夫人幼而学之，壮而欲行之；王曰：'姑舍女所学而从我。'则何如？今有璞玉于此，虽万镒，必使玉人雕琢之。至于治国家，则曰：'姑舍女所学而从我。'则何以异于教玉人雕琢哉！"（《梁惠王下》）

② 如弟子景春曰："公孙衍、张仪，岂不诚大丈夫哉！一怒而诸侯惧，安居而天下熄。"孟子曰："是焉得为大丈夫乎！子未学礼乎？丈夫之冠也，父命之；女子之嫁也，母命之。往送之门，戒之曰：'往之女家，必敬必戒，无违夫子。'以顺为正者，妾妇之道也。居天下之广居，立天下之正位，行天下之大道；得志与民由之，不得志独行其道；富贵不能淫，贫贱不能移，威武不能屈，此之谓大丈夫。"（《滕文公下》）

尊严；[①] 四则强调臣对君之反抗；[②] 五则强调臣对君之变置。[③]

其三，君臣朋友。如《郭店楚简・语丛一》云："君臣，朋友，其择者也。"[④] 以为君臣只是朋友之关系。后来黄宗羲云："夫治天下犹曳大木然，前者唱邪，后者唱许。君与臣，共曳木之人也。"[⑤] 可谓深得孔门之旨。

五　地方之重建

封建既解，则地方之重建亦是儒家所思考者。唯孔子时旧制尚未完全解体，故其推崇兴灭继绝，荀子时新型郡县已蔚然风行，故其趋向天下一统，唯孟子适当其中，容有深思之条件。

其一，反思现有之弊病。一则授田制不能解决灾荒歉收的生活问题，单纯依靠国家力量效果并不明显。如魏国是战国最早实行授田制的国家，然问题不遑多让。如梁惠王曰："寡人之于国也，尽心焉耳矣。河内凶，则移其民于河东，移其粟于河内；河东凶，亦然。察邻国之政，无如寡人之用心者。邻国之民不加少，寡人之民不加多，何也？"（《梁惠王上》）

---

① 如孟子引曾子曰："晋楚之富，不可及也；彼以其富，我以吾仁；彼以其爵，我以吾义；吾何慊乎哉！"又认为："夫岂不义而曾子言之，是或一道也。天下有达尊三：爵一，齿一，德一。朝廷莫如爵，乡党莫如齿，辅世长民莫如德。恶得有其一，以慢其二哉！故将大有为之君，必有所不召之臣；欲有谋焉，则就之。其尊德乐道，不如是，不足与有为也。故汤之于伊尹，学焉而后臣之，故不劳而王。桓公之于管仲，学焉而后臣之，故不劳而霸。今天下地丑德齐，莫能相尚；无他，好臣其所教，而不好臣其所受教。汤之于伊尹，桓公之于管仲，则不敢召。管仲且犹不可召，而况不为管仲者乎！"（《公孙丑下》）

② 如孟子告齐宣王曰："君之视臣如手足，则臣视君如腹心；君之视臣如犬马，则臣视君如国人；君之视臣如土芥，则臣视君如寇仇。"王曰："礼为旧君有服，何如斯可为服矣？"曰："谏行言听，膏泽下于民；有故而去，则君使人导之出疆，又先于其所往；去三年不反，然后收其田里。此之谓三有礼焉。如此则为之服矣。今也为臣，谏则不行，言则不听，膏泽不下于民；有故而去，则君搏执之，又极之于其所往；去之日，遂收其田里。此之谓寇仇，寇仇何服之有！"又曰："无罪而杀士，则大夫可以去；无罪而戮民，则士可以徙。"（《离娄下》）

③ 如齐宣王问"卿"。孟子曰："王何卿之问也？"王曰："卿不同乎？"曰："不同：有贵戚之卿，有异姓之卿。"王曰："请问'贵戚之卿。'"曰："君有大过则谏；反覆之而不听，则易位。"王勃然变乎色。曰："王勿异也。王问臣，臣不敢不以正对。"王色定，然后请问"异姓之卿"。曰："君有过则谏；反覆之而不听，则去。"（《万章下》）

④ 刘钊：《郭店楚简校释》，福建人民出版社，2005，第194页。

⑤（明）黄宗羲：《明夷待访录・原臣》，中华书局，2011，第17页。

小国如邹国更是如此，“凶年饥岁，君之民老弱转乎沟壑，壮者散而之四方者几千人矣”（《梁惠王下》）。二则旧式基层政治使国民凝聚力差，对国家认同不够。如“邹与鲁哄，穆公问曰：吾有司死者三十三人，而民莫之死也。诛之，则不可胜诛；不诛，则疾视其长上之死而不救。如之何则可也?”（《梁惠王下》）

其二，重建基层共同体。上述揭示国君一捅到底的模式有问题，一抓就死，使基层丧失精神认同与民生活力，故孟子提出乡村之小共同体，温情脉脉、相互扶助，减轻国家负担，及时准确赈灾。其方案是“五亩之宅”（《梁惠王上》），“死徙无出乡”（《滕文公上》）。这个“死徙无出乡”，并非无人身自由，其实是针对当时杀人盈城、盈野的大背景下，草民如何苟全性命于乱世，放弃对“国家”公权力的奢望，转而恢复、依靠家族、乡党的力量，来生存下去。孟子最终所要的“五亩之宅”，是一种小的农村公共体，所谓“疾病相扶持”，根本看不到官方力量之涉入，则孟子是要求基层社会王权之退出，如果有，也仅仅保持在尽可能少的管理服务上。

可以进行儒、法基层共同体的对比。相比而言，法家的基层管理有以下特点。一是身份固化，严禁转业，世代相袭；[①] 二是居所囚牢化，按四大职业划定聚居地；[②] 三是日常生活全面予以管理、监视；[③] 四是管理上

---

① 如《国语·齐语》载，管仲将齐分为二十一乡，“工商之乡六，士农乡十五”，将“鄙”分为五属，每属三十乡，规定四民职业世袭，“士之子恒为士”“农之子恒为农”“工之子恒为工”“商之子恒为商”。

② 如《国语·齐语》载桓公曰：“成民之事若何?”管子对曰：“四民者，勿使杂处，杂处则其言哤，其事易（变）。”公曰：“处士、农、工、商何?”管子对曰：“昔圣王之处士也，使就闲燕；处工就官府，处商就市井，处农就田野。”

③ 如《管子·立政》云：“分国以为五乡，乡为之师。分乡以为五州，州为之长。分州以为十里，里为之尉。分里以为十游，游为之宗。十家为什，五家为伍，什伍皆有长焉。筑障塞匿，一道路，博出入，审闾闬，慎管键，管藏于里尉。置闾有司，以时开闭。闾有司观出入者，以复于里尉。凡出入不时，衣服不中，圈属群徒，不顺于常者，闾有司见之，复无时。若在长家子弟臣妾属役宾客，则里尉以谯于游宗，游宗以谯于什伍，什伍以谯于长家，谯敬而勿复。一再则宥，三则不赦。凡孝悌忠信、贤良俊材，若在长家子弟臣妾属役宾客，则什伍以复于游宗，游宗以复于里尉，里尉以复于州长，州长以计于乡师，乡师以著于士师。凡过党，其在家属，及于长家。其在长家，及于什伍之长。其在什伍之长，及于游宗。其在游宗，及于里尉。其在里尉，及于州长。其在州长，及于乡师，其在乡师，及于士师。三月一复，六月一计，十二月一著。凡上贤不过等，使能不兼官，罚有罪不独及，赏有功不专与。”

要求“利出一孔”；[①] 五是最终目的是使人工具化。[②] 故而，法家要求对人实施动物化管理。儒家则强调人的自由，要求将人自由化、市场化、宗族化、乡党化，也即社会化，而警惕法家之国家化，其目的是打造自给自足、自主自治的基层共同体。然则这种田园牧歌，是回不去的黄金时代记忆，还是对天翻地覆大时代的清醒良方？是难以跳出的窠臼，还是最适合大河灌溉小农经济文明的最终归宿？

六　制度之限度

其一，对儒家来说，独任制度是危险的。因为法本身是有限度的。法永远是旧的，跟随在鲜活的生活背后。若片面追求“法”治，容易一法生，一弊除，然另一弊又生，又须另立一法，如此循环，最后法网恢恢，人被彻底异化，法亦被异化者异化。

其二，儒家制度之最大缺陷是对民众权利落实之不足。儒家主要是对中下人立法，上根之人则游戏于六合之外，无所谓制度，中人束缚于也是依赖于制度，而下根之人，则要以制度来帮助他、照顾他。先秦儒家的制度设计，虽然不像法家工程师之于机器的关系，但囿于时代条件，还是将设计者——圣贤们当成发动机，尚不能将中下之人视为行为、权利之主体。我们无权强求古人超越他们的时代，提出民权等，但是要客观地看到，先儒们的主观愿望，在当时没有办法使之客观化出来，如治道的选材制度的缺失。但是顺着此一脉发展，战国时游士，两汉察举制，直至后来的科举，才使选贤与能有了具体的途径。对民众的参政之不足，这要等到科举制造成的治权之第二次下移，甚至“吕氏乡约”之第三次下移才行。

其三，儒家的法都是依附性的。儒家提出了原则，也初步提出一些切实可行的制度，但是没有掌握核心权力，只有干君一途。《荀子·王霸》

---

① 如《管子·国蓄》云：“利出于一孔者，其国无敌。出二孔者，其兵不诎；出三孔者，不可以举兵；出四孔者，其国必亡。”此是要求国家垄断民众所有的生存资源，使民众唯有服从国家才能苟活。后来商鞅便依此，将民众驱入农战，打造成无情的战争机器。

② 如《国语·齐语》载，管仲还主张在国中“令夫农萃而州处”，以达“农之子恒为农”的目的，并“令勿使迁徙”，以便使其“人与人相畴，家与家相畴。世同居，少同游，故夜战声相闻，足以不乖，昼战目相见，足以相识，其欢欣足以相死。居同乐，行同和，死同哀，是故守则同固，战则同强”。

云："国者，天下之制利用也，人主者，天下之利势也。"又云："法者，治之端也，君子者，法之原也。"此完全沦于匍匐君主脚下。

第十节 分配权：公平与效率之平衡

一个健康、文明的人类共同体，要克服假平等、死平等，如与民同劳同食，此是假仁；要克服假等级、死等级，如世卿世禄，此是假义；而建成真平等、真等级，乃一个开放社会，此是真仁义。如此，即需论及分配。

一 生产与分配

一阴一阳之谓道，人类社群作为有机体，其生产与分配亦为阴阳，二者处于永恒的动态平衡中。其协调之机制，效果不一。优秀者可使产出相允，民生无虞，并且社会成员完整地获得属于自己的尊严与自由。蕪败者则入不敷出，产品为少数人以谋诈、谎言与暴力所掠夺，刀矛即是自由，尊严栖于丛林，大多数人降为物的存在。庸常则在二者间苦苦周旋，物质上的救灾与精神上的救亡，无不在界定暴殄天物的定义。此良好之机制在孔门，曰王道，曰仁政，反之则曰霸道，曰力政。对于生产，墨者倡自给自足，法家醉心驱农为奴，儒门则主有序"竞争—合作"，总体分工合作，个体自由竞争。对于分配，墨者自给自足；法家则以一孔分配资源、二柄强化控制，丛林法则，弱肉强食，赢者通吃，垄断一切资源；儒门则主维齐非齐，既照顾弱势群体，又尊重个体差异。

二 治道之限度

前文已论治道的三个环节，民生（恒产）、教化（恒心、善）与制度（法），是否具此三者即肇善政？非也，反例甚众。如孔子云："文武之政，布在方策。其人存，则其政举；其人亡，则其政息。"（《中庸》）虽然此语本义是凸显元首之重要，但我们可转换角度，文武之策于此三者不可谓不精良，然无法避免人亡政息之窠臼，因其完全凭主导者之威信推行，一朝威慑土崩，政策即告瓦解。故孟子之"徒法不足以自行"极其深刻，制度不会自动执行，还需要解决人的主动性问题。然而凭什么来调动人民的主动性呢？

治道是有局限的，其三大环节——创造物质财富、提升精神素质、优化政治制度，都必须接受最后一个要素——分配正义——的检验，此三者只有切实分配合理——使各阶层得到与他们的身份、地位、劳动、成本、风险、贡献、作用等相匹配的收益分配，并协调一致和谐发展，这样才能合乎社会之正义，才能激发人民的积极性与主动性。故孟子“徒善、徒法”并未说完整。完整的应该是：徒善不足以为政，须以法助之，徒法不足以自行，须以利驱之。这样就形成了一个从动机到方法到结果一致的方案。

三 分配对象——属人世界之资源

分作名词有名分、归属、分工、职分等义。经典封建，世卿世禄，俟其解纽，典礼失范，诸家才会讲到分。如慎到云：“一兔走，百人追之，分未定也。积兔满市，过而不顾，非不欲兔，分定不可争也。”（《慎子》）商鞅也认为：“圣人”为了“止乱”而“定分”，所谓分，就是“土地货财男女之分”（《商君书·开塞》）。

分作动词时是分配之义。《礼运》云“男有分”，指成年男子在社会分工体系中获得一定的位置，此分是连着责任与分配一起说。荀子的明分，实是此思想的展开。荀子屡云“分”，如云“人何以能群？曰：分”；又云“度量分界”（《富国》），即指个体之分别、职业之分工、身份之分界与资源之分配。故而所谓分，就儒家而言，就是基于身份的权利义务之规定。当然，此思想更可上溯孔子的正名，就是确定各阶层的权利义务。

广义上的儒家分配对象，并非仅针对劳动产品，而是对所有属人世界中资源的分配，包括生产生活资料、社会地位等，如孔子之正名、荀子之明分，但在狭义上，还是指劳动之产品之分配。

四 分配资格——主体与权力

分配资格，即分配之主体与相应之权力，是按何种标准来定？在儒家的视野中，大率有以下三层。

其一，自然状态。在社会之自发阶段，彼时或按血缘之亲疏，行宗族内部之分配，如《左传·庄公十年》载“衣食所安，弗敢专也，必以分人”；或依地缘之远近，行乡党间之互助，如《论语》载“原思为之宰，与之粟九百，辞。子曰：‘毋，以与尔邻里乡党乎’”（《雍也》）？又载子路“愿车马、衣轻裘，与朋友共”（《公冶长》）。

其二，现实状态。然而历史进入现实中的国家阶段后，分配成为征服者及其后裔的世袭饕餮，此与《礼运》所谓“天下为家”相对应，其以血缘为基础，设置礼制进行分配，所谓“大人世及以为礼”，垄断了所有资源之分配，如孟子云“涂有饿莩而不知发”（《梁惠王上》）等。

其三，理想状态。故儒家提出自己之标准，废除特殊的统治阶层渔利之模式，将君侯四民均纳入一个完整的分配体系，使之均拥有分配之资格。如孟子有“分田制禄”之方案：“大国地方百里，君十卿禄，卿禄四大夫，大夫倍上士，上士倍中士，中士倍下士，下士与庶人在官者同禄，禄足以代其耕也。次国地方七十里，君十卿禄，卿禄三大夫，大夫倍上士，上士倍中士，中士倍下士，下士与庶人在官者同禄，禄足以代其耕也。小国地方五十里，君十卿禄，卿禄二大夫，大夫倍上士，上士倍中士，中士倍下士，下士与庶人在官者同禄，禄足以代其耕也。耕者之所获，一夫百亩，百亩之粪，上农夫食九人，上次食八人，中食七人，中次食六人，下食五人；庶人在官者，其禄以是为差。”（《万章下》）此方案并非西周之史实，[①] 仅是托古改制的理想还原，且是根据社会分工而制定的相应的利益分配方案。另《礼记·王制》亦与孟子义同，不赘引。凡天下之人，皆天然地具有分配之权利，此与“天下为公”相对应。既然民有、民治，则民必然享之。只有充分实现了“社会分工”才能实现“天下为公”，而天下为公又必然包括分配之完全，后儒所谓“藏天下于天下”也。故在社会分工体系里，各个劳动者各领天命、各司其职，均享有平等之分配权，此即儒家分配权之圭臬。

---

① 如李峰先生认为，这五个称谓在西周金文中都出现过，但问题是它们并不能构成一个系列，即一种制度，而是各有其意义。……只是到了东周初年，由于陕西王畿的贵族宗族纷纷东迁及东部地区的民族融和，原处于外围的异族小国纷纷涉入中原地区的政治，这几种秩序才在地理上变得混杂起来。于是，由于“霸”的体制的兴起，这五种称谓被重新编排成一个系列，并与对霸主国的贡赋制度结合，形成整齐的“五等爵”制度。李峰：《西周考古的新发现和新启示——跋许倬云教授〈西周史〉》，载许倬云《西周史》（增补二版），生活·读书·新知三联书店，2012，第 388 页。

五　分配正义——本质与原则

儒家分配之标准，打破前述单一的血统地缘与征服世袭，而采取多元一贯之分配制，如“德必称位，位必称禄，禄必称用”（《富国》），德、位、禄、用，此谓多元，“不患贫而患不均”（《季氏》），此谓一贯。朱子云：“均，谓各得其分。”平均的本义是性质的公平而非数量的相等。如“男有分，女有归”，不是说每人都有同样的工作与归宿，而是说每个人都有正好适合自己的工作。“故制礼义以分之，使有贫富贵贱之等，足以相兼临者，是养天下之本也。《书》曰：‘维齐非齐’此之谓也。”（《王制》）

一个正常的社会，每个人既在自己的专业领域充当管理（服务）者，又在其他领域充当参与（消费）者，这样就会形成一个流动、开放的阶层，而无固化的阶级。贵贱尊卑，一个正常的社会必须承认它们，因为人的条件各异，贡献有所不同，故收获的社会地位与分配的劳动成果应该有不同，只要这种不同未妨碍社会公正，不成为自我封闭的堡垒，走到开放社会的对立面即可。故而儒家之分配原则，既非均分，又非垄断，而是按各阶层的权利义务，以及在社会分工中之贡献，在荀子所言“度量分界”之动态平衡格局下，兼顾公平、效率予以分配，如上述孟子之分田制禄。

第十一节　分配之道：度量分界之具体方案

分配之道，历来在公平与效率、精英与平民之间反复移动。儒家基于名分，有一套综合分配方案。力求尽可能照顾到三大阶层之利益，在精英阶层，主要按职位分配；在四民阶层，主要按劳动分配；对于弱势群体，则由国家救助。

一　贤能之分配

儒家所谓贤能，绝非血统论，前文已明。则在分配一道中，要求充分保障其权益。儒家实事求是，既不赞许墨家之纯为平民，亦不附和法家之独拥君主，要求切实保障“劳心者治人”之权利。如荀子用大量篇幅来描写君王的物质待遇，已见前文，此处不再赘引。而一般之大臣，也有相应之待遇，如“颜渊死，颜路请子之车以为之椁。子曰：‘才不才，亦各言其子也。鲤也死，有棺而无椁。吾不徒行以为之椁。以吾从大夫之后，不可徒行也。’”（《先进》）因为一个正常的社会里，不能以财产或受教育多少来区别是非。如果从动机良知出发，追求公平，设计出一套制度，但是这套制度没有匹配各阶层特别是精英的利益，或者说，只照顾到笼统上的民众的利益，未能细化，并且只照顾民众而忽略精英，一则于理不合，二则在现实中必然要遭到精英的抵触最后失败，故而要承认精英阶层的德位以及与之相匹配的利益分配。相反，如果仅仅要求均贫富、等贵贱，则社会无一例外地都会第二次野蛮。

二 平民之分配

儒家主要是反对以下三点。

其一，分配渠道。反对法家式“利出一孔”，即一切资源掌握在君主、国家手中，由后者来进行统一分配。此点我们在孟子的基层城乡共同体中已经讨论过，民众自由生产，自由决定、支配劳动产品。

其二，分配方式。对墨家绝对平均主义的警惕，此是儒家一贯重视者。前文已述，儒家之平均乃质的公平而非量的等同。墨家式均贫富极具危害。一则均贫富只是分配财富，并不产生新的财富，更重要的是，一个鼓吹、热衷并执行制度化均贫富的实体，往往会丧失产生新财富的能力，此无异于自杀。一个正常的社会，其最宝贵者不是分配正义，而是创造财富。二则本次均贫富后，不到一代人的时间必将重新产生新的贫富分化。三则制度化的定时均贫富只能将生产力维系在低位徘徊，而且必然扼杀文明发展最宝贵的创新精神与竞争体系，社会永远被拉低在下限。人口与资源之间的矛盾，并不能用墨子的绝对平均主义来解决，相反，只有克服了墨家式的绝对平均主义，也即绝对贫穷主义，人类社会才能迈入更高的文明形态。故儒家提倡根据其实际贡献予以分配，如孔子收束修，孟子受万钟。

其三，对以理想为名，忽略普通个体权利者，儒家亦持反对态度。不能混淆民众与士之界限，对凡庸提出过高要求，强拔凡庸至圣贤之境界，甚至要求民众普遍做自我牺牲，以成就所谓的理想。这种动机论，否认个体正常的物质欲求与享受，正同于墨家，此是儒家坚决反对的。《吕氏春秋·察微》有著名的“子贡赎人”与“子路受牛”之故事，可视为儒家之原则：“鲁国之法，鲁人为人臣妾于诸侯，有能赎之者，取金于府。子贡赎鲁人于诸侯而让其金。孔子曰：‘赐失之矣！夫圣人之举事，可以移风易俗，而教导可施于百姓，非独适己之行也。今鲁国富者寡而贫者多，取其金则无损于行，不取其金，则不复赎人矣。’子路拯溺者，其人拜之以牛，子路受之，孔子喜曰：‘鲁人必多拯溺者矣。’”公义不必伤害私利，正当的利私能在最大限度上促进公义的成长。

三　弱势群体之国家救助

法家认为弱势群体既然不能纳入君王之农战，则毫无存在必要，要全部消灭之。儒家却强调分配正义，要在按劳分配的基础上，兼及公平，照顾弱势群体，即《礼记》所云之“老吾老，以及人之老；幼吾幼，以及人之幼，故人不独亲其亲，不独子其子；使老有所终，壮有所用，幼有所长，矜寡、孤独、废疾者皆有所养”（《礼运》）。这类思想儒家非常丰富，舍恻隐之心外，则是国家之救助。

其一，老安少怀。孔子云：“老者安之，少者怀之。”（《公冶长》）但是安、怀的力量何是，后学讨论甚众。一种认为当靠民众自己，如孟子云：“五亩之宅，树墙下以桑，匹妇蚕之，则老者足以衣帛矣。五母鸡，二母彘，无失其时，老者足以无失肉矣。百亩之田，匹夫耕之，八口之家，足以无饥矣。所谓西伯善养老者，制其田里，教之树畜，导其妻子，使养其老。五十非帛不暖，七十非肉不饱，不暖不饱，谓之冻馁。文王之民，无冻馁之老者，此之谓也。”（《尽心上》）此是说国家提供良好的制度，保障家庭拥有足够的生产生活资料，使民众自己养老。相比而言，《礼记》认为国家公共权力的职能之一，就是养老，教育推广孝道，如云“长民者，朝廷敬老则民作孝”（《坊记》），此例甚众，不赘。

其二，对残疾者的关爱，此主要由国家力量来进行。如荀子认为：“五疾，上收而养之，材而事之，官施而衣食之，兼覆无遗。”（《王制》）五疾指喑、聋、跛躄、断者、侏儒。各当其材用之，谓若蒙瞽修声、聋聩司火之属，然后官为之施设所职而与之衣食。此四者都是没有家庭予以庇护，故要以国家公权力来照顾。《礼记》认为“少而无父者谓之孤，老而无子者谓之独，老而无妻者谓之矜，老而无夫者谓之寡。此四者，天民之穷而无告者也，皆有常饩。喑、聋、跛躄、断者、侏儒，百工各以其器食之”（《王制》）。

治国既毕，第十四章则进入平天下之讨论。

第十四章　上行·平天下

儒家之理想，相较于最终目标——参赞化育而言，平天下操作性较强，几乎触手可及，儒家对此特别看重，故“天下”一词，《论语》共二十三见，《孟子》共一百七十五见，《荀子》共三百七十见。然平天下乃“历史”之高级阶段，殊非易事，故先秦儒家对此又多是价值设准与理想召唤。

第一节　天下之理的规定

在儒家的视域中，天下有两种，一是现实中的列国而成之世界，二是理想中的万邦协合之人间。故平天下亦有两阶，一是初级的建立和谐的国际关系，二是终极的建立大同之价值实体。前者为国际政治，无须赘言，此处主要讨论后者。

一　何谓天下

其一，第四实体。前文已述，走出自然后，人历经家族、乡党、国家此三大栖居之命运场，家庭乃血缘之实体，乡党乃地缘之实体，国家乃公权之实体。而超出国家，人的栖居形态就是天下，天下是高于国家的阶段，仿佛是社会在更高层面的重现，或说是完成。[①] 文明之展开，乃性三品之运作，家庭基于血缘，是亲情（仁的第一种形态）在调节气质之性，

---

① 如钱穆先生曾云：“周初封建，兴灭国，继绝世，在当时，已有一历史大传统之存在，天下观念则常在国之观念之上。实即社会观念常在政府观念之上。”又说：“近人又多称政府为上层，社会为下层。实则中国乃以社会组成政府，非以政府组成社会……顾亭林言：‘国家兴亡，肉食者谋之。天下兴亡，匹夫有责。’言天下，即犹言社会，其地位尚远高于政府之上。”见氏著《现代中国学术论衡·略论中国社会学》，《钱宾四先生全集》第25册，台北：联经出版事业股份有限公司，1998，第230、233～234页。

乡党基于地缘，是社会伦理道德（仁的第二种形态）在调节气质之性，国家基于理性，是公义（仁的第三种形态）在调节气质之性。相比而言，天下则是仁的第四种形态，是人类栖居的价值实体。

其二，超越公权。天下不是另一种超级“国家”，不采取以强大的公权机构来维护正义秩序之模式。故即便全球一统，只要它还凭借类似于国家的公权组织来运行，它的性质依然还是国家，不是天下，只不过它的数量为一，是一个超级国家而已。于理而言，国家是理性的，天下是价值的。国家是人的大规模组织化公权化生活的最高范式，其大体经历了君权神授、暴力工具、社会契约等发展阶段，最终形成了共同的政治经济文化基础——高度一致的国家认同之上的共同体。而天下是超越国家的，不会采取国家那样的公权组织范式，即，天下不能模仿国家，更准确地说，不能退回国家。天下乃是对理性的有为状态之超越，是大同价值（仁的第四种形态）在调节气质之性。国家只是人力强为之辟异求同，而天下则是理一分殊、并行不悖之同，即大同。它要超越人种、血缘、地域、政治体等诸多对待，安排全人类的生存，然则，天下如何可能。

其三，万邦协和，价值联合。在儒家视域中，国家发展之结局必是打碎坚硬的外壳壁垒，只以文化来区分彼此的天然疆域，则在理想状态下，终有一日，世界乃由此无数文化共同体组成，那么这些新邦组成的天下，即以人类共约的理想价值来联系、运行。既要尊重各文化共同体发展的差异性、阶段性，不能强制统一、牺牲多元，又要看到在人类各兄弟之间各自为政的表面独立下，又保留着源自同一个母胎——天命之谓性——而得到的共同性，或浅或深，或显或暗，正是此物，可以使人类以万邦协和的方式联合起来。大成若缺，大巧若拙，同样，大同若别，同则不继，和则生物。大同是和，而不是毫无区分的统一。大同在本质上，是对共同价值——仁义礼智信的遵从。然而在表现形式上，则千差万别，多姿多彩，从而达到“万物并育而不相害，道并行而不相悖”（《中庸》）。

其四，天下只能悬设。人类目前依然处于国家阶段，欲将国家“还原”为一文化共同体，再超越之，形成一套为诸多文化共同体一致遵奉的价值，即由分殊至理一，此绝非易事。无论如何，国家——不管是其本质的绽放还是歧出的僭越——在历史中总在成长，虽然尚未完成其使命。相比而言，天下的理想从来没有实现过，当我们在讨论天下时，其实是在说一件从来没有在人类历史中真正形成过实体的东西，我们不是“白头宫女在，闲坐说玄宗”（元稹《行宫》），而是在去往它的途中。就中土而言，其远古的自然状态是前天下，它有一种内在相生的动力在激情澎湃，形成了各个古老人群“自由”之栖息。自然状态结束，国家产生后，此时之世界，大率处于各国争夺征伐混乱不止之无序状态，偶有超级领袖，如传说中的大禹（详见后文），依其不世出之德才，促成地区性的国家联盟，并短暂维系之，此类皆属对天下之偶然触及，并非真的平治天下。只有待天地之性跃出，完全控制气质之性，二者生克达到平衡，人方可超越国家阶段，形成一个超然的价值联合体。

其五，儒家之三重天下。一是地理之天下。天下与“上帝”相对，上帝所辖无限，故下方之地亦对应为无限，指全部之苍茫大地。二是实体之天下。在历史的具体展开中，天下往往表现为狭义的呈现，先秦时代仅指东亚地区，而且又往往特指相对四夷而言的华夏核心文明区域。三是价值之天下。广义上，儒家永远在追求泛之四海而皆准的普遍价值、超然价值，故儒家理想中的天下，包括所有人所有区域，如孔子认为“虽之夷狄不可弃也”，又“欲居九夷”，可见其理想指向乃是全世界，故虽然先秦儒家视野所及仅为东亚地区，但其所谓天下之实质乃普天之下，就是今日之全球，故云“四海之内，皆兄弟也”（《颜渊》），“四海困穷，天禄永终”（《尧曰》）。

其六，平天下。此“平”当是和平、太平，平天下就是致天下之和平、太平。“乾道变化，各正性命”，对个体来说，即是“男有分，女有归”，每个人获得一种最适合他的天性的职分，“风乎舞雩”，本色地生存着；对群体来说，就是天理流行，物各付物，文化共同体之间依共约之价值运行，共享繁荣昌盛，天下太平。

二　天下之主体

国家是为了强化共同体内部的同一性，故推行“车同轨、书同文”等是必然结果。天下是为了保存共同体彼此之间的差异性，所以它的主体其实并不是国家——国家往往堕入势的偶然而非理的必然，而是独立的、发育成熟的文化共同体。在先秦之东亚地区，此大的文化共同体可以先分为两大类——农耕与游牧，各自又可再细分若干小者。

在东亚古典时代的视域中，所谓华夷之辨只是以华夏为中心的亲疏远近之分，并不能准确地揭示文化共同体的区别。在人类历史的大尺度上，东亚的天下，依胡焕庸线，有两类主要的文化共同体——农耕与游牧。《中庸》云："子路问强。子曰：'南方之强与，北方之强与，抑而强与？宽柔以教，不报无道，南方之强也，君子居之。衽金革，死而不厌，北方之强也，而强者居之。故君子和而不流，强哉矫！'"此南北即暗合之。东亚北部即是欧亚大陆最辽阔的草原大漠，此万里风霜之地，各个古老游牧民族轮番走上历史前台，或聚或散，或和或战，构成了对南部的农耕文明生存的最大压力。所以，如何处理与北部游牧文明的关系，即构成中土农耕文明最主要的外交内容。如以文质相喻，则游牧民族为质朴，其逐水草而居，一直守候在走出自然状态不远的地方，在与自然角力的过程中，充分保留了天然成分，情感上直率天真，艺术上长于歌舞，生活中惯饮刀血。然而与低纬度的人群一样，由于受制于气候与地理，其文明程度无法达到量的多样性与质的飞跃。其与农耕文化之间的关系有三种：不相往来，和平交流，战争掠夺，故我们可以用孔子的"质胜文则野"来概括之。农耕民族则较为文雅。他们本亦由狩猎采集而来，只是在农业发明后方走上不同道路，温带气候宜人、土地肥沃，农耕生活又静止与稳定，在此基础上建立起来的政治组织也强调礼制与秩序，这些都慢慢地改变了农耕民族本来的特征，使之文雅化。他们在优良的自然环境、稳定的农业收成的基础上，已初步摆脱了基本生存的烦恼，所以可以有更多的时间去发展文学、艺术、哲学，甚至是纯粹的工具理性。这些精神上的新状态让其渐渐习惯于新的生存方式。故而他们与原先的质朴越来越远，仿佛变成了两种人。然风雅超过平衡点，即堕落入所谓的"周文疲弊"，即孔子所说的"文胜质则史"。故游牧民族在文明的质与量上先天不足，无法与农耕文明相比，处于次要地位，但是对于人类文明的整体而言，它又是不可或缺的，时刻对农耕文明保持生存压力，以逼迫他保持正道，并持续创新前进，日日新，又日新。而孔子所谓"文质彬彬，然后君子"，所谓"君子和而不流"正是强调文质的辩证统一。一个文明，只有达到仁智勇的和谐发展，才是健康正常之状态。

三 平天下之模式

先秦儒家对于平天下并无成规，唯以仁心为司南去探索之，共同体分合之途径大率有以下三者。

其一，倒退与静止。此如前引庄子之“至德之世”。但是人类受驱于两种动力：一是气质之性，生存的压力，资源的匮乏，逼迫人群向远方迁徙。二是天地之性，冒险精神、探索未知空间的好奇感，以及对未来幸福的希望等——这是人区别于其他生物的特征之一。由此，宣告庄子道路之失败。

其二，丛林法则之零和博弈。此如彼时历史记载的传说，一是东西之战：炎黄联手与蚩尤之战，擒杀蚩尤于冀州之野（《淮南子·天文训》《逸周书·尝麦解》《山海经·大荒北经》）。二是西部内战：黄帝与炎帝有阪泉之战（《史记·五帝本纪》，《大戴礼记·五帝德》作赤帝，《左传·僖公二十五年》）。三是南北之战：炎黄对三苗，《左传》“虞有三苗”，《吕氏春秋》“尧战于丹水之浦，以服南蛮”，今文《尚书·舜典》“流共工于幽州，放欢兜于崇山，窜三苗于三危，殛鲧于羽山，四罪而天下咸服”，《吕刑》“皇帝哀矜庶戮之不辜，报虐以威，遏绝苗民，无世（嗣）在下”，又说“上帝不蠲，降咎于苗，苗民无辞于罚，乃绝厥世”。

其三，四海之内皆兄弟之非零和博弈。孔子曰：“道二，仁与不仁而已矣。”（《离娄上》）人的分际，只有仁与不仁两条路径。能不能超越血缘、超越种族，实现人的类本质的生存？也即是，平天下如何可能？平天下其实就是仁心在人类层面的终极体现，不同的种族、血缘、地域、民族、文化等共同体之间，可否超越仇恨、歧视、伤害、战争，而真的如兄弟姐妹一样生活。孔门凭仁心，反身而诚，尽心知性知天，即呼喊出“四海之内皆兄弟也”，“兴灭继绝”，其乃是上达道体，知道人为天生，故天生平等，理当和平共处，超出华夏，推行仁。故中土天下的历史，就是由不同的种族共同体融合为一个文化共同体的过程。其过程以两种模式展开，主要是非零和的和平交流，间以至仁讨不仁之武力征伐。

第二节 天下之势的发展：青铜时代

鸿蒙初辟，上古之石器时代不予讨论。丢掉石头，拿起青铜，人，方可僭越，自许为神的后裔，而后这些半人半神的英雄开始上演一场“刻奇”（Kitsch）的正剧。“有虔秉钺，如火烈烈”（《诗经·商颂·长发》），气质亦随天地阖辟而出。青铜时代——三代，道体则从自然中“借”给人以工具——所谓技术的“发明”，火、剑、车，使人获得前所未有的能力，去探索自然秩序的边界，让气质去放肆地自燃至尽，而后玩坏玩具的孩子忽然长大，反身而诚，水落石出，“仁”在心里被逼了出来。

一 商之“四方”

“相土烈烈，海外有截”（《诗经·商颂·长发》），商人的天下就是甲骨文中的“四方”，《周易·既济》云：“方，国也。”故商与“四方”，即当时中土的国际关系。商人在宗教精神上，自信为帝之后裔，有恃无恐。在对外关系上，非我族类，即为敌人，兵锋所及，四面征伐。故我们通过战、和来看之。

其一，征战。综传世文献与甲骨卜辞，武丁曾“龙旗十乘”（《诗经·商颂·玄鸟》），南讨西淮，北伐河套，西征渭汭，与周族接壤。[①] 商王习将敌国如鬼方、人方、羌方、虎方、共方、土方等统称多方。[②] 综张光直、李学勤等先生，[③] 商向四方之征伐如下：一则东方有人方，其位于淮河流域中下游，当今之江苏与山东南部。《小臣艅犀尊》载商末伐人方。帝辛在八年、十年两次亲自指挥征伐人方，颇伤元气，遂为周人所乘。二则南方则有雷方，约在武丁之时，位于商的南土，李学勤认为在湖北之汉水流域。三则西方有较多之方国。首先是羌方。商人常投入大量兵力与羌方作战，对于俘虏，或为牺牲以祭祖，或为农奴以耕种，俘羌此二功能在四方中独一无二，或许出于商羌之间生产生活方式之相近。而此羌方最终也参与灭商。其次周方，此即吾人熟知之周族，不赘述。再次是召方，位于商西，与羌为邻，可能在陕西中西部。四则北方更是方国众多。首先是𢀛方，约在陕北或更北之鄂尔多斯地区，其时常袭击商人。按董作宾，其为牧人。其次是土方。张光直认为，可能位于晋北，后被武丁征服。李学勤

① 白寿彝：《中国通史（第二版）》，上海人民出版社、江西教育出版社，2015，第196页。

② 日本学者岛邦男认为，第一期甲骨有33个方名，第二期2个，第三期13个，第四期23个，第五期8个。其中，𢀛方和土方出现最为频繁：𢀛方出现486次，土方出现92次；第三是人方，在第五期中出现28次。见氏著《殷墟卜辞研究》，濮茅左、顾伟良译，上海古籍出版社，2006，第384～385页。

③ 张光直：《商代文明》，毛小雨译，北京工艺美术出版社，1999，第234～238页；李学勤：《殷代地理简论》，科学出版社，1959，第61～76页。

认为土方、舌方为一组，地望为在晋中，与商人之接触，冲突规模不大，不过侵犯若干田邑，俘走十余人而已。再次是盂方，距安阳东北不甚远，可能冀中，此处商王常去狩猎，其或是一位诸侯，在甲骨第五期，明显有叛乱，从而导致商人对其之征伐。最后是危方、鬼方与微方，此是另一组方国。危方与鬼方常常出现在卜辞中同时卜问的题目上。危方当在晋西南，鬼方邻近。危方时服时叛，有一次战事，被俘以千计，当是不小的部落。鬼方则是商的劲敌，《周易·既济》云："高宗伐鬼方，三年克之。"《未济》云："震用伐鬼方三年有赏于大国。"其令商人困扰可知。

其二，和平交流。舍征伐外，商人尚与周围族群和平交流。如贝是商人最基本的货币，在妇好墓中发现大约四千枚贝壳，皆从南方长途运来。[①] 又如书写之甲骨，胡厚宣认为包括刻辞的和无刻辞的在内，在安阳出土的甲骨至少有十六万片。通过鉴定，所发掘出来的龟壳属于海龟的有中国胶龟、兴地龟、马来龟。除兴地龟在北方有少量外，其他都分布于南方。[②] 在龟甲上，会注明"某某入"多少的字样，表明一批多少数量的龟壳是从哪个人或部落或国家输入的。再如马匹。马被广泛地用于拉车，它可能不是当地饲养的，不得不进口。甲骨文中曾提到"入"马，胡厚宣认为它们是从西北地区输入的。[③] 所以，李济认为，中国早在公元前第二千年纪就不仅完成了华北的统一，把新石器时代和青铜时代早期曾区分为若干部落单位的华北合为一体，而且还有能力吸收来源于南方的许多重要的种族成分。商代的人种植稻米，发展丝织，进口锡锭、贝壳，在皇家苑林中豢养象、孔雀和犀牛。楚国的祖先曾与这个王朝的宫廷有接触，有证据表明，商代的某些题材曾成为楚人祖先文身的内容。四川和南方另一些地区的乐师可能在殷朝宫廷乐队里参加演奏。以上种种，再加上明显的西伯利亚和蒙古来的北方成分，以及远至西亚乃至更远地区的西方成分，使安阳成了一个国际性的文化中心，成了青铜时代中期东方的一个极其独特

---

① 张光直：《商代文明》，毛小雨译，北京工艺美术出版社，1999，第132页。

② 胡厚宣：《殷代卜龟之来源》，《甲骨学商史论丛初集》，齐鲁大学国学研究所，1944，第5页。张光直：《商代文明》，毛小雨译，北京工艺美术出版社，1999，第134页。

③ 胡厚宣：《武丁时五种记事刻辞考》，《甲骨学商史论丛初集》，齐鲁大学国学研究所，1944，第51页。张光直：《商代文明》，毛小雨译，北京工艺美术出版社，1999，第120~121页。

的世界性城市。[①]

二 西周之“天下”

周人在与境外蛮夷相处时始有“天下”概念。西周四境甚为明确，如《左传·昭公九年》所记：“我自夏以后稷，魏、骀、芮、岐、毕，吾西土也。及武王克商，蒲姑、商奄，吾东土也；巴、濮、楚、邓，吾南土也；肃慎、燕、亳，吾北土也。”因周人本为商人施暴之受害者，故对外关系上，先取联盟弱小之势，翦商后在国内又能存二王后、兴灭继绝，基本能保证被征服民族的基本生存权利，甚至平等对待，类于诸族之共和。

其对外之征伐与开拓，大率有以下几个方向。西方之主要对手为戎狄，西周最终亦亡于其手。北方则有宿敌猃狁与鬼方。东南主要是泰伯奔吴，对江南予以开发。南方则主要面对楚人之兴起，周楚力量之消失是为主要之脉络。舍此之外，又有与荆、鄂、百濮等之争。东方，西周初期曾征服东夷故地，然与东南夷、淮夷、徐夷则一直互有交替，纠缠不休。至于东北，则有肃慎等，《国语·鲁语下》载武王灭商之后，“肃慎氏贡楛矢、石砮”，孔子认出肃慎之事，说明一直有交流。

至东周，则进入了儒家的时代，我们在下文中讨论之。

第三节 平天下之一：上古之悬设唐虞

对平天下一事，孔门首先即是托古塑造出上古之黄金时代，[②] 孔子当时连夏、商二代的政治文明都很难验证，故唐虞之治当是其对人类政治应然之悬设，而非对历史实然之总结，其托古本为刺今，立名以图改制。

---

① 李济：《中国文明的开始》，江苏教育出版社，2005，第88～89页。

② 康有为认为，孔子以前的历史均无据可考，孔子于是“塑造”出尧舜等上古圣贤之事迹，以行改制之愿。见氏著《孔子改制考》，中国人民大学出版社，2010，第4～10页。顾颉刚先生则厘清了禹的由来以及尧舜的杜撰。见氏著《古史辨自序·与钱玄同先生论古史书》，河北教育出版社，2003，第3～6页。牟宗三先生亦认为此是先儒立象之义。其云：“孔子删书断自《尧典》，而寄托其政治上之深远理想于尧舜之禅让，极称尧舜之盛德与无为而治。孟子道性善，亦言必称尧舜。儒家称尧舜是理想主义之言辞，亦即‘立象’之义也，未必是历史之真实。此说正反显当时之史实不可得而确解也。”见氏著《政道与治道》，广西师范大学出版社，2007，第3页。

一　黄金时代——“大禹治水”

黄金时代始于大洪水，故本段所论，一则大洪水之传说，二则儒家整理之，“还原”出治水之天下，三则儒家整理传说的意义所在。

其一，“大洪水”之有无。世界许多文明都有上古大洪水之传说，中国古代典籍更是斑斑可见，[①] 然而大洪水至目前不仅缺乏地质学的证明，也缺乏相关的考古遗存支撑。故只能推测上古时可能并未发生席卷东亚大陆的大洪水，只在华北地区发生过区域性的大水灾，或以为洪水淹作九州（岛屿），[②] 或以为洪水唯在兖州，豫、徐略及而已。[③] 正是由于彼时局部洪水之存在，先民方以大禹为治水之天神。而儒家对此传说予以改造，塑造出尧舜禹的圣王道统与天下之理想。

其二，儒家视野下还原的治水之天下。在先秦儒家的视域中，中土历史的现实展开里，天下是早于国家出现的。洪水或为华北之地区事实，则治水抑或不虚，虽然不必如传说中规模之大。我们假设文献记载的主要领袖与参加族群是存在的。比如禹，既为后世各族奉为天神以祭祀歌咏，则我们可以将他视为古代治水英雄之符号，不必追求此名与人的完全一致。由此，我们还原此黄金时代之天下。中土天下的形成，由大洪水揭开序幕。本来北方黄河流域的广袤大地上，东西夷夏两大族群的无数古老氏族

---

① 西周恭王时《豳公盨》铭文曰：“天令（命）禹尃（敷）土、堕山、浚川。”是今见西周实物。后世文献对此记载更众：《尚书》载“禹别九州，随山浚川，任土作贡。禹敷土，随山刊木，奠高山大川”（《禹贡》）。《诗经》载“丰水东注，维禹之绩”（《大雅·文王有声》）；“奕奕梁山，维禹甸之”（《大雅·韩奕》）；“洪水芒芒，禹敷下土方”（《商颂·长发》）。《孟子》云：“当尧之时，水逆行，泛滥于中国；蛇龙居之，民无所定；下者为巢，上者为营窟。《书》曰：‘洚水警余。’洚水者，洪水也。使禹治之。禹掘地而注之海，驱蛇龙而放之菹；水由地中行，江、淮、河、汉是也。险阻既远，鸟兽之害人者消；然后人得平土而居之。”（《滕文公下》）《荀子》云：“禹有功，抑下鸿，辟除民害逐共工。北决九河，通十二渚，疏三江。禹傅土，平天下，躬亲为民行劳苦。”（《成相》）

② 吕思勉先生云：“州洲本系一字，亦即今之岛字。《说文》川部：‘州，水中可居者。昔尧遭洪水，民居水中高土，故曰九州。’此系唐、虞、夏间九州的真相，绝非如《禹贡》所述，跨今黄河、长江流域。”见氏著《吕思勉讲中国政治·中国政治史》，九州出版社，2008，第15～16页。

③ 徐旭生先生云：“洪水的发生区域主要的在兖州，次要的在豫州、徐州境内。其余各州无洪水。禹平水土遍及九州的说法是后人把实在的历史逐渐扩大而成的。”见氏著《中国古史的传说时代·洪水解》，文物出版社，1985，第139页。

自由生活。[1] 在大洪水来临之前，他们都分散在华北大地上，互不相遇或相安无事，直至大洪水袭来。故《尚书·尧典》云："汤汤洪水方割，荡荡怀山襄陵，浩浩滔天。"《盘庚下》又云："古我先王将多于前功，适于山。用降我凶，德嘉绩于朕邦。"这是祖先们留下的迁往高地避水的集体记忆。因为治水是整个流域的事，只顾封堵本族之水必将失败，此如鲧（共工之快读）之壅防。而如大禹那样联系疏通整个江河流域，从上游至下游，才能够彻底成功，将水疏流入大海。大洪水这样的公共危机，打破了地域和人群的自然限隔，逼着大河上下的古老族群团结起来，应对共同灾难，这样就产生了一个全新的实体——天下，此是"兴公利，除公害"的直接体现。正是由于大洪水席卷黄河流域，扰动了东西上下几乎所有古老族群，他们在治水此一中心任务面前相互认识、联系、合作，共同成立了大洪水的临时领导机构，由此产生了新的栖居形式——天下，传统的自然状态即告终结。

如此还原所得的大洪水时代的共同体是天下，而非国家，是托古悬设的历史上唯一存在过的超国家实体（当时还没有国家，用国家这个词是与后世对比而言），它是由大洪水成立的临时实体，包括了后世所谓三代的共同祖先（禹、契、稷同时代），其首领则是超级元首大禹。这个超国家的天下实体，也是中国历史唯一的合法的天下实体，唯一的一次有道人间的完整绽放。

其三，儒家还原大洪水的意义。正是大洪水使各部落——文化共同体，空前团结，又各自独立。而治水之后，各族群又回到传统的栖息地，所谓西邑夏、天邑商、大邑周，天下重告平静，依然是自治的天下。这个由治水而组成的临时的超级实体——"天下"，便结束使命，从此历史上再没有出现过这个具有彻底合法性的实体，中土一直湮于气质的陷溺，故天下永远成为回忆——黄金时代。

如此整理还原的历史却造成了一个奇妙的结果——天下先于国家。各归各位后，诸族群各在其祖居地上生活，各自发展出早期的国家，夏、商是氏族，周是宗族。这就进入真正的政治实体——国家的产生阶段。与正

① 后世所谓夏商周三代，在我们大洪水的悬设下，可以解释为并不是三个前后兴起相继的国家，实际上都是源自黄帝的三个在年代平行（至少重叠）的政治集团。参张光直《商代文明》，毛小雨译，北京工艺美术出版社，1999，第326页。

常的家、乡、国、天下的文明发展顺序不同，儒家正是通过虚构的“天下先于国家”这一史前环节，寄托其终极之理想，更以黄金时代为坐标，批判青铜时代以及后青铜时代。

二　圣王之改编

后世习称尧舜禹，然尧舜未见于孔子之前，禹则至迟于商时已存在，并且是一位著名的天神。此三圣王之次序与事迹实乃出于先秦儒家之集体加工。此分为两步，一是改编禹，二是塑造尧舜。对三者加工重点又不相同。尧乃开天辟地第一位大圣王，乃天纵，故而甚至不需要过多强调其品德与事功。舜则重其德行，特别是孝悌之道。禹则是事功，特别是治水。但是在时间顺序上，则是先对禹的传说进行改编，而后再在他之前塑造出尧舜二圣。

其一，对禹之改编。据童书业先生，禹在孔子之前，演有两种不同的形象，商人视为治水之天神，周人改作耕稼之人王，[①] 孔子则承周人而进一步改编之。一是商人之禹。禹在商人的传说中是一个治水的天神，《诗经·商颂·长发》载：“洪水芒芒，禹敷下土方。外大国是疆，幅陨既广。有娀方将，帝立子生商……帝命式于九围。”《殷武》载：“天命多辟，设都于禹之绩。”《玄鸟》载：“奄有九有。”《逸周书·商誓》载：“登禹之绩。”此均是写禹治水而拯救商人。《尚书·盘庚下》云：“古我先王将多于前功，适于山。用降我凶，德嘉绩于朕邦。”此是商人回忆他们的祖先遇到过洪水，躲到高山上才避免。并且商人除崇拜禹之外，还认为先祖契与禹一起平水土。二是周人之禹。周初，周人依然承接商人，将大禹视为治水之天神，如《诗经·大雅·文王有声》载：“丰水东注，维禹之绩。”《韩奕》载：“奕奕梁山，维禹甸之。”西周恭王时《豳公盨》铭文亦曰：“天令（命）禹尃（敷）土、堕山、浚川。”然至鲁僖公时，禹则被改编为耕种之人王，《诗经·鲁颂·閟宫》云：“是生后稷，……俾民稼穑；……奄有下土，缵禹之绪。”此是说周族始祖稷之耕稼乃是继承了禹的事业，则禹即由治水之天神变成古圣王。三是儒家之禹。在战国初年屈

---

① 顾颉刚：《古史辨自序·与钱玄同先生论古史书》，河北教育出版社，2003，第3~6页。另见童书业著，童教英整理《童书业史籍考证论集》，中华书局，2005，第134~141页。

原的《天问》中，禹还是神话人物，“鲧何所营，禹何所成”，“禹之力献功，降省下土四方”，也就是说，南方文化系统中，禹还保留着他原来的样子，而在《天问》之前的春秋时代，禹已经被北方的儒家改造完毕。孔子本为殷人之后，但在这商周两种形象中，却舍弃了前者，继续将禹打造为一位耕稼之圣王，并将重点转移到他对政治事务的处理上，其云：“禹、稷躬稼而有天下。”（《宪问》）又云：“禹，吾无间然矣。菲饮食而致孝乎鬼神，恶衣服而致美乎黻冕，卑宫室而尽力乎沟洫。禹，吾无间然矣。”（《泰伯》）很明显，这里的禹不再仅仅是治水，更多的是治理天下。后儒亦承之，如上博简《容成氏》云：“禹既已受命，乃草服、箁箬帽、芙蓻，手足骈胝，面干皵，胫不生之毛。口湝湝流，禹亲执畚耜，以陂明都之泽，决九河之阻”，“禹然后始行以俭，衣不鲜美，食不重味，朝不车逆，舂不毇米，炊不折骨……禹乃建鼓于廷，以为民之有讼告者鼓焉，撞鼓，禹必速出，冬不敢以寒辞，夏不敢以暑辞。”此后，各家对禹，各取所需，描摹刻画，或崇其治水之伟大，或敬其治国之劬苦。

其二，祖述尧舜。时至春秋，南北方已开始文化之一体化（如前述孔子之评价南人北人），共享神话体系。但儒家已经开始了全新的圣王创作，故《天问》的神话系统中，并无尧舜的踪迹，因尧舜根本就是邹鲁缙绅之托古。孔子之前，根本就没有尧舜之说，如钱玄同云：“尧舜二人一定是无是公、乌有先生。尧，高也；舜，借为俊，大也（《山海经》的《大荒东经》作帝俊），尧舜底意义，就和圣人、贤人、英雄、豪杰一样，只是理想的人格之名称而已。尧舜这两个人，是周人想象洪水以前的情形而造出来的，大约起初是民间传说，后来那班学者便利用这两个假人来托古改制。”[①] 正是自孔子开始，儒家精心创造并大力宣播尧舜此两个古圣王之形象。

对于尧，儒家突出宣传其开天辟地、天纵圣王，并不过多涉及其具体品德事功，直接说“克明俊德，以亲九族；九族既睦，平章百姓；百姓昭明，协和万邦。黎民于变时雍”（《尚书·尧典》）。并以最高级的修辞来赞美其“大哉，尧之为君也。巍巍乎，唯天为大，唯尧则之。荡荡乎，民无能名焉。巍巍乎，其有成功也。焕乎，其有文章”（《泰伯》）。倒是后

① 钱玄同：《答顾颉刚先生书》，见《古史辨》第一册，上海古籍出版社，1982，第67页。

儒，会增色加工一番，将之具体化。如上博简《容成氏》说尧“不劝而民力，不刑杀而无盗贼，甚缓而民服”。再往后《韩非子・五蠹》亦认为“尧之王天下也，茅茨不翦，采椽不斫”。

对于舜的塑造，孔子一则强调其排斥武力、礼让天下之模式，“舜禹之有天下也，而不与焉”（《泰伯》）；“子谓韶：‘尽美矣，又尽善也”（《八佾》）。二则赞美其治理清明：“舜有臣五人而天下治。……唐虞之际，于斯为盛。”（《泰伯》）孔子之后，儒家对舜的塑造有两大方向。一则是孟子将舜凡人化。首先塑造舜对父兄极尽孝悌，推为人间的极致典型，此详《孟子》，不赘引。其次开始将舜内圣化，[1] 这是儒家的一个新方向，从而将自己与其他流派区别开来。因为孟子要为中人立法，则尧、禹皆不可学，一是天纵，一是事功，非寻常可遇，唯有舜，修德进业，起于垄亩，所谓“自耕稼陶渔以至为帝，无非取于人者”（《公孙丑上》）。二则是神圣化。后儒对其补充，使其丰满若许，突出其在民间时即拥有超凡能力，并赞美其即位后卓越的执政能力。但如此一来，这个充满神迹的典型就不具有可推广性，因为凡人学不来，故而这样的塑造与孟子一片良苦用心是背道而驰的。

三　道统之构建

前文第二章第九节，已反思过圣人为一理想人格，乃悬设之事，不能落在某一具体之人或职分上，且圣人崇拜易引起以王为圣之歧出。然儒家既以平天下为志，则塑造出圣人为代表——已非现实之人而是被加工过的对象，以超越悬设之圣人付诸超越悬设之天下，构建出一脉相传之道统——道即天下之文明，统即传统，亦甚相合。故我们在此意义上来看儒家之道统。

道统之名，自昌黎始，实则启于孔子。上文已述，尧舜禹既已构建，孔门谱系中的下一个圣人是商汤，如子夏曰：“舜有天下，选于众，举皋陶，不仁者远矣；汤有天下，选于众，举伊尹，不仁者远矣。”（《颜渊》）汤之后则是文王，最著名的莫过于“子畏于匡，曰：‘文王既没，文不在

① 如《孟子》云：“子路，人告之以有过，则喜。禹闻善言，则拜。大舜有大焉：善与人同，舍己从人，乐取于人以为善；自耕稼陶渔以至为帝，无非取于人者。取诸人以为善，是与人为善者也。故君子莫大乎与人为善。”（《公孙丑上》）

兹乎'"(《子罕》)。此完全是以文王之道的继承人自居。孔子对武王以武力伐商颇有微词，但还是客观承认武王的历史地位。武王之后，则是周公，孔子对周公满是崇敬与思念，"郁郁乎文哉"，"久矣吾不复梦见周公"。所以，孔子已经暗暗建立起了尧、舜、禹、汤、文、武、周公此一道统之架构，只待孟子来点破。

孔子之后，后儒则有三大构建努力方向。首先，纳孔子于道统，孔子逝世后，如叔孙武叔之流毁之，子贡则为师辩护，以孔子为日月（《子张》)，此已是宋儒"天不生仲尼，万古长如夜"之先声。其次，孟子主要延续了孔子的道统，只是做了若干细节的塑造与补充，并且归纳出五百年必有王者出这样的"时间规律"。另外，后儒又在尧舜之前几乎无限制地安排了若干圣王，此如上博简《容成氏》所载，不赘引。荀子则在尧舜之前加入三人，以成五帝之说，并坚决制止这种不停添加的游戏，表明"五帝之外无传人"。[①] 最后，这种塑造与筛选一直到唐韩昌黎选用孔子之版本并加上孟子才确定下来，从而完成了儒家道统之权威版本。

故由孔子发其端，后儒增其彩，尧舜禹即成为圣王的标准，成为儒家乃至整个中华文化的理想符号。同样，唐虞之世作为一个坐标，亦成为儒家永恒的理想家园，历代儒家不断回到那里，在理论上予以诠释、还原、建构，以批判现实、指导此在世界的进路。

第四节　平天下之二：当今之天下定于一

上节所述乃是孔门对上古之塑造，则本节讨论儒家现实之方案，虽孔、孟异时，方策不能无变，然天人未更，仁衷依可维持。

一　东周之天下

东周天下，继续承接华夏与四夷之关系，唯原先周人之内政变而为外交。

① 《荀子·非相》："五帝之外无传人，非无贤人也，久故也。五帝之中无传政，非无善政也，久故也。禹汤有传政而不若周之察也，非无善政也，久故也。传者久则论略，近则论详，略则举大，详则举小。愚者闻其略而不知其详，闻其详而不知其大也。是以文久而灭，节族久而绝。"

其一，内部之变化。一则平王东迁后，周室日微，周天子渐失天下共主之地位，降为列国。郑庄公言“王室而既卑矣，周之子孙日失其序”，又言“天而既厌周德矣”（《左传·隐公十一年》），自此统一的王权不复存在，为各国分享，原来西周国家内部事务亦变为国与国之外交，即由国家变而为天下。近则周郑交质,[①] 鲁不朝聘,[②] 远则郑人射肩（《左传·桓公六年》）、晋文请隧（《左传·僖公二十五年》）、楚子问鼎（《左传·宣公三年》）。前有吴楚僭王，后有齐秦互帝（《史记·田敬仲完世家》）。故而，列国关系就演而为新的天下。并且从裂析的第一天起就面临重新统一之问题，鲸吞蚕食，万国仅余七雄，远交近攻，暴秦重纳一统。

二则相互征伐。春秋无义战，诸侯征伐频仍，《左传》详载了彼时“侵六十、伐二百十有三、战二十三、围四十、入二十七”[③]。首先是灭国无数。各国彼此争霸，均以灭亡他国为目标。《史记》总结“《春秋》之中，弑君三十六，亡国五十二，诸侯奔走，不得保其社稷者，不可胜数”[④]，可能不止于此数。《吕氏春秋·观世》载：“周之所封四百余，服国八百余。”据许倬云先生统计，武王伐国九十九，服国六百五十二，共七百五十一国。《周本纪》武王孟津观兵有诸侯八百，则殷、周各有近八百友邦或服属的小国。[⑤] 据顾栋高《春秋大事表五·列国爵姓存灭》统计，西周初有八百诸侯，春秋仅余一百四十八国。有学者详细考证灭国之事。[⑥] 老牌强国如晋国自是首当其冲，如《韩非子·难二》载，晋献公“并国十七，服国三十八”。秦楚此类后进自然不遑多让，秦穆公灭国十二（《史记·秦本纪》），楚庄王灭国二十六（《韩非子·有度》），晋楚城濮之战中，栾枝说“汉阳诸姬，楚实尽之”（《左传·僖公二十八年》）。即

---

① 《左传·隐公三年》：“郑武公、庄公为平王卿士。王贰于虢，郑伯怨王。王曰：‘无之。’故周郑交质。王子狐为质于郑，郑公子忽为质于周。王崩，周人将畀虢公政。四月，郑祭足帅师取温之麦；秋，又取成周之禾。周郑交恶。”

② 据《春秋》记载，242 年中，鲁君朝王仅 3 次，鲁国大夫聘周仅 4 次。鲁尚如此，他国可知，宗法分崩离析。

③ 李梦生译注《左传译注·前言》，上海古籍出版社，2004，第 3 页。

④ （汉）司马迁：《史记》卷一百三十《太史公自序》，中华书局，1959，第 3297 页。

⑤ 许倬云：《西周史》（增补二版），生活·读书·新知三联书店，2012，第 129 页。

⑥ 详参徐扬杰《中国家族制度史》，武汉大学出版社，2012，第 130 页注 1。

便东方齐鲁这样的先进，亦多灭人之国。《荀子·仲尼》载齐桓公“并国三十五”。赵佑《四书温故录》云：“鲁属国之邦域者多矣，自向为莒入，宿被宋迁，邾与鲁世相仇杀。鲁又灭项，取须句，取邿，取鄟，取鄫，取卞，皆附庸而不克保。”[①] 如前721年鲁灭极国（《左传·隐公二年》），前643年鲁灭项国（《左传·僖公十七年》）。《论语》亦载“季氏将伐颛臾”（《季氏》），春秋时风姓的任、宿、须句、颛臾是太皞的后代（《左传·僖公二十一年》）。我们可以举一个小例子，《左传·哀公十七年》（前478）载，“十一月，卫侯自鄄入，般师出。初，公登城以望，见戎州。问之，以告。公曰：‘我姬姓也，何戎之有焉？’翦之。”从此例可以看出，华夏已渐被蛮风。至战国，列国争霸白热化，正如孟子所云，“杀其父兄，系累其子弟，毁其宗庙，迁其重器”（《梁惠王下》）；“争地以战，杀人盈野；争城以战，杀人盈城”（《离娄上》），最后仅余七雄与中山等小国。

其次是屠戮生民。周人伐商时屠戮已众，致孟子不信《武成》所载，其以仁解史，认为以至仁伐至不仁，怎么会流血漂杵呢，其实依《逸周书·世俘解》，真实的死亡应该差不多。[②] 如果说春秋时，尚保留“君子不重伤，不禽二毛”之古风，则商鞅佐秦，践踏此道，开尚首功之风，涂炭天下。[③] 据太史公所记，仅秦将白起即斩首近九十万众。[④] 当然，此统计并未穷尽。

其二，外部之变化。此包括两个方面，一是旧时落后方国逐步华夏化。如秦、楚、越等加入了诸夏集团并得到认可。二是西北夷狄依然屡屡侵犯，齐国出来带领诸夏抵抗。前663年山戎攻燕，燕求救于齐。前661年狄人侵卫、侵邢，管仲云：“戎狄豺狼，不可厌也。诸夏亲昵，不可弃也。”（《左传·闵公元年》）后助卫复国。

---

① 引自（清）刘宝楠《论语正义》卷十九，中华书局，1990，第646页。

② 许倬云：《西周史》（增补二版），生活·读书·新知三联书店，2012，第128～129页。

③ （汉）司马迁：《史记》卷八十三《鲁仲连邹阳列传》，中华书局，1959，第2460～2461页。

④ 《史记》载：秦国大将白起于昭王十四年在伊阙击败韩魏联军，斩首24万；三十四年，攻魏，斩首13万；与赵将贾偃战，沉赵卒2万于黄河。四十三年，攻韩国陉城，斩首5万。四十七年，与赵军长平一役，坑俘虏40万，此役加斩首共灭赵军45万余人。见（汉）司马迁《史记》卷七十三《白起王翦列传》，中华书局，1959，第2331～2335页。

二　孔子之方案

针对现实之暴力世界，孔孟荀各有与时之因应。孔子之方案尚不出于保守、温和之路线，其意欲使春秋之国际关系恢复为西周之内部政治，继而开出一种崭新之天下格局。

其一，反战。若在和平时代，孔子将军备降为最低需求，所谓足食、足兵、民信之矣，三者之间，首先去兵，这是在“足”的前提下。孔子极力反对诸侯争霸而用兵，故“卫灵公问陈于孔子。孔子对曰：‘俎豆之事，则尝闻之矣。军旅之事，未之学也。’明日遂行”（《卫灵公》）。但事实上孔子并未轻视甲兵，自己曾说“以不教民战，是谓弃之”（《子路》），弟子多有从其学习军事者，如孔子晚年返鲁正因冉求战功之机缘。

其二，尊王。孔子疾呼最高政治权力当属周王，如云“天下有道，则礼乐征伐自天子出；天下无道，则礼乐征伐自诸侯出”（《季氏》），其目的是“兴灭继绝”，保护“部落—邦国”的天然生存发展权利，维系此天下各自为家之秩序。故齐屡召诸侯以尊周王，孔子赞之曰：“桓公九合诸侯，不以兵车，管仲之力也。如其仁，如其仁！”（《宪问》）

其三，攘夷。孔子于夷狄，并无种族上的歧视，故孔门高举“四海之内皆兄弟也”（《颜渊》）之帜。孔子认为凡人都服从于同一的道德标准，故樊迟问仁，子曰：“居处恭，执事敬，与人忠，虽之夷狄，不可弃也。”（《子路》）又推许四夷之政治稳定，如云：“夷狄之有君，不如诸夏之亡也。”（《八佾》）甚至“欲居九夷”（《子罕》）。孔子所反对的，只是其侵略战争。纵周之世，西北之戎狄屡犯华夏，西周即亡于彼。故孔子反对夷狄侵犯与反对华夏之间的相互征伐性质完全相同。他继承了子产“诸侯修盟，存小国也”（《左传·昭公十三年》）之精神，要求华夏各诸侯患难相共，彼此救亡，共御戎狄。如鲁闵公二年（前660）“冬十二月，狄人伐卫”，此战卫灭，鲁僖公二年（前658），齐桓公封卫于楚丘，重建卫国。孔子盛赞主持此事的管仲，曰：“管仲相桓公，霸诸侯，一匡天下，民到于今受其赐。微管仲，吾其被发左衽矣。”（《宪问》）

三　孟子之方案

孟子所面对者，乃争于气力之丛林时代。天下犹如疯牛狂奔，如何能将之制止下来是第一步，然后步入正途是第二步。孔孟均看到天下大病的症结在于无政府状态，故孔子在周室尚存之时，一则兴灭继绝，二则礼乐征伐出自天子，以恢复秩序；孟子之时，天下全无权力中心，故一则反征战，二则大一统，期重建公权，以恢复秩序。

其一，天下重定于一。天下进入弱肉强食丛林法则时代，尊王一道已被彻底抛弃，孟子彻底不再提到周室，而是斩钉截铁地认为天下“定于一”（《梁惠王上》）。以列国之一来统一天下，已是大势所趋，所未定者，由谁来统一，以何种方式来统一。

其二，孟子的答案很清晰，由大国来统一。一则，虽然孟子自己也说：“如欲平治天下，当今之世，舍我其谁也。《公孙丑下》“待文王而后兴者，凡民也。若夫豪杰之士，虽无文王犹兴。”（《尽心上》）实则孟子已经完全丧失了孔子自立为王的勇气、视野与努力，一生唯在格君心的幻想中栖栖惶惶，一方面强调士对君的尊严“说大人则藐之”，另一方面又完全依赖于君主，传食于诸侯。二则，当年周人以百里之地兴起的历史条件已经一去不复返，小国在大国争霸中度日如年、风雨飘摇，就算行仁政，也很难免于被吞并的命运，如回答滕文公时云：“君子创业垂统，为可继也。若夫成功，则天也。”（《梁惠王下》）充分显示了孟子的悲观。当时情况下，各大诸侯国保持均势，“今天下地丑德齐，莫能相尚”，只能在诸雄中选择一个大国以行王道，最后一统天下。

其三，仁者无敌。孟子的方案很明确，就是大国行仁政来统一天下。一则，他坚决反对军事征服。其见梁襄王曰：“王知夫苗乎？七八月之间旱，则苗槁矣。天油然作云，沛然下雨，则苗浡然兴之矣。其如是，孰能御之！今夫天下之人牧，未有不嗜杀人者也。如有不嗜杀人者，则天下之民皆引领而望之矣。诚如是也，民归之，由水之就下，沛然谁能御之！”（《梁惠王上》）他的理由是，现实情况下，以战争方式且以一敌八来统一天下肯定不行。他曾教育齐宣王曰：“邹人与楚人战，则王以为孰胜？”齐宣答曰：“楚人胜。”孟子继云：“然则小固不可以敌大，寡固不可以敌众，弱固不可以敌强。海内之地，方千里者九，齐集有其一；以一服八，何以异于邹敌楚哉！”（《梁惠王上》）孟子充分肯定齐宣王欲王天下之心，只是不赞同他的方法，认为不能凭战争军事手段，并且举例说明，以一敌八必输无疑，故要超越此法，另辟途径，即以仁政的方式来王天下。仁者无敌，故要放弃春秋五伯之旧路。如齐宣王问曰：“齐桓晋文之事，可得闻乎？”孟子对曰：“仲尼之徒，无道桓文之事者，是以后世无传焉，臣未之闻也。无以，则王乎？”曰：“德何如则可以王矣？”曰：“保民而王，莫之能御也。”（《梁惠王上》）又强调现在齐国的条件比当年文王要好得多，自身实力强，外部机遇好，故行仁政王天下可事半功倍。又如对梁惠王说：“地方百里而可以王。王如施仁政于民，省刑罚，薄税敛，深耕易耨；壮者以暇日修其孝悌忠信，入以事其父兄，出以事其长上，可使制梃以挞秦楚之坚甲利兵矣！彼夺其民时，使不得耕耨以养其父母，父母冻饿，兄弟妻子离散。彼陷溺其民，王往而征之，夫谁与王敌！故曰：仁者无敌。王请勿疑。”（《梁惠王上》）孟子之方案，是仁者统一，和平统一，大中至正，然迂阔不切时用，无法应对于当下之急症，故被抛弃，世界在巨大的惯性中前冲至荀子时代。

四 荀子之方案

面对滔滔历史洪流，荀子亦无能为力，其时秦国以一种完全不同于以往的模式——富国强兵——取得了吞并天下的先机。其亦只能以仁义议兵，而不能解民倒悬（《议兵》），并极力阐释国是有限的、现实的，故可争夺，而天下是无限的、抽象的，故不可争夺（《正论》）。每个时代，犹如万马奔腾，其势既起，则断断无法急止，只有待其在巨大的惯性下慢慢耗完原始的冲动，这时圣王出，才能扭转乾坤。故战国这个时代，已非儒家这样的只有理想与悲愿而手无寸铁的一个士人团体所能立即拨乱反正。故荀子只能放弃悬设之黄金时代，提出“法后王”，承认王者为圣，以一匡天下。

五 《春秋公羊传》之方案

《公羊传》虽托名公羊高，[①] 然应是战国时齐地儒者共同之创作。[②] 其基本思想之一就是从《春秋》得出最重要的政治观念，以文王为正的大一

① 东汉戴宏序：“子夏传与公羊高，高传与其子平，平传与其子地，地传与其子敢，敢传与其子寿。至汉景帝时，寿乃其弟子齐人胡毋子都著于竹帛，与董仲舒皆见于图谶。”

② 因传中先师尚有“子沈子曰”“子司马子曰”“子女子曰”“子北宫子曰”，又有“高子曰”“鲁子曰”。

统。战国儒者面对群雄逐鹿的乱局，希望出现一个像周文王一样的圣王，以力挽狂澜，终结乱局，重新实现天下之一统。①

孔子尚标注兴灭继绝，孟子却要定于一，此是正常的代谢还是历史的病变？此是辩证否定的发展阶段还是理性的狡计？欲达到真正的天下为公，必须经由中央集权的天下为家，来打碎以原始血缘、地缘为基础的状态，将农业时代的政治资源在王权的名义下进行统一调配，从而促进文明的发展。否则，人类永远满足于仁心之浅显阶段。故统一本亦不误，诸国是同质的农耕文明，作为一个文化共同体而存在，此是最佳局面。但是统一的方式以及运行的状态则大有讲究。孟子一辈看到天下大乱的悲剧，特别强调要在建立一个强有力的公权力的基础上，才能保持各族群的天然生存发展权利，所以极力拥护重新“王权化”，通过王权化来天下化、和平化，荀子进而推崇王权之专制化，则为歧出。故而在儒家内部，孔子是兴灭继绝，孟子是定于一，荀子是尊君集权。在实现有道天下的途径上，孔子有担当的勇气，欲自立为王。孟子则是治乱循环的天下观，没有办法跳出来，虽然也有“如欲平治天下，当今之世，舍我其谁也”的气魄，然而又不得不在严峻的现实面前低头，一方面格君心，一方面又期待圣王出现，“五百年必有王者出”。至荀子则又更落一层，法后王，直接承认王者为圣，这不得不说是现实之无奈。而此大一统，对儒家来说即是重建天下之秩序，然则此种秩序之性质，是全新的法家所追求的集权式君主专制，还是那个存在共主的兴灭继绝的唐虞之治？此是两大路线，孟子介乎其中，荀子偏向前者，而孔子则坚持后者。

第五节 平天下之三：未来之协和万邦

在平天下的视域中，何者方是儒家最关心的核心价值？曰“兴灭继绝”“协和万邦”，此是最准确的表达，包括（当下的）自由与（未来的）发展。既有万邦之存在，则独立与自由是前提，又言协和，则和平与联合也是必须。然则如何达到此自由与发展？其主体如何界定，是保持（各自的）独立或是（有限度的）联合？其方式是战争（兼并）或是和平（交

① 黄开国：《公羊学发展史》，人民出版社，2013，第89~90页。

流融合)？在这样的问题中，我们展开儒家未来天下的讨论。儒家的天下之道包括以下几者：一是人类不分种族，四海之内皆兄弟也，反对战争杀戮，兴灭继绝；二是强调以文化价值观来统一；三是建立一个超越国家的文化共同体。

一　兴灭继绝之公天下

孔子针对东周之现实，于旧传统中剔抉出"兴灭国，继绝世"（《尧曰》）此一原则，极力反对当时之兼并战争，要求保存古老的文化共同体之独立生存。

其一，万邦之天下。梁任公曰："夏殷以前所谓诸侯，皆邃古发生之部落，非天子所能建之废之。"[①] 天下曾是万邦林立于江湖林莽之间。如姜姓在中原所建部落，在殷周之际或以前已发展为强大部落，其重要而可考者，如申在今河南唐河县境，吕在今河南南阳市境，许在今河南许昌市境，厉山在今湖北随县，临近河南省，共在今河南辉县境，齐在今山东临淄县境，州在今山东城阳，向在今山东莒县。[②] 又如周初分封的所谓邦国，绝大多数是极为古老的部落，"四海之内分为万国，城虽大无过三百丈者，人虽众无过三千家者"（《战国策·赵策下》）。

其二，周人之古风。周人去古未远，尚留天地开辟、四海一家之质朴，未染后世屠戮太甚之风。一则存二王后。对于被征服的王朝，不赶尽杀绝，只是剥夺其天下共主之地位，去除其爪牙羽翼（武装），依旧让其袭享爵邑人民，承奉祭祀。《礼记·乐记》载："武王克殷，反商，未及下车，而封黄帝之后于蓟，封帝尧之后于祝，封帝舜之后于陈；下车而封夏后氏之后于杞，投殷之后于宋，封王子比干之墓，释箕子之囚，使之行商容而复其位。"最典型的就是封夏后裔于杞、商后裔于宋。[③] 丁山先生亦云："殷商之际，已有杞侯，杞侯之封，远在殷际。殷封夏后于杞，盖犹武王封武庚于殷，周公封微子于宋，宋殷俱为殷人故都。古之革命者，

---

① 梁启超：《先秦政治思想史》，天津古籍出版社，2003，第49页。

② 白寿彝：《中国通史（第二版）》，第三卷上册，上海人民出版社、江西教育出版社，2015，第143页。

③ 夏虽可疑，然杞之存在却为事实，或为服从久远神话（夏后存在）之需要，或为服从周人德政之需要。

斫其权不绝其世，移其民不改其都。殷人封夏后于杞，亦因于帝宁之故都。”[①] 二则恢复灭国。子产有“诸侯修盟，存小国也”之说，齐桓公也因为“存邢救卫”，才建树了霸业。前659年狄人侵邢，“诸侯救邢。邢人溃，出奔师。师遂逐狄人，具邢器用而迁之，师无私焉。夏，邢迁夷仪，诸侯城之，救患也。凡侯伯救患分灾讨罪，礼也”（《左传·僖公元年》）。前660年，“冬十二月，狄人伐卫”，此战卫灭（《左传·闵公二年》）。“僖公二年，齐桓公封卫于楚丘”，重建卫国，时人云：“邢迁如归，卫国忘亡。”（《闵公二年》）前598年，楚灭陈，县之，然因申叔之谏，复封陈（《宣公十一年》）；前531年，楚灭蔡，县之，二年后还国（《昭公十一年、十三年》）；许也是灭而复封，几经反复。说明这个旧传统在春秋时还有着相当的约束力。

其三，孔子之兴灭继绝。上章已述，孔子的国家理念可自“兴灭国，继绝世”（《尧曰》）推出，其理可以用“最小的国家就是最好的国家”来表达之。这里的“小”不是指外在的规模，而是说国家当是天然形成的、持续发展的、不依种族为界限、不以武力相兼并的这样一个共同体，它仅以文化作为相互区别的唯一标志，一个文化共同体即是一个国家。故此“兴灭继绝”与老子“小国寡民”不同，老子强调数量，孔子则为性质。“兴灭继绝”就是保留各“氏族—国家”的本体，不强迫大一统。其初衷首先是为了保护各族群的自由，即独立的生存、发展之权利。故孔子要弟子止伐颛臾，亦出此义。所以在纯天然的理想状态中，天下即由无数乡党组成，乡党即邦国，故孔子的“兴灭继绝”就是类似于“地方自治”。孔子绝非主张后世法家式的君主独裁与集权，相反，其本义是欲保护天然产生形成的各个族群，以文化共同体为最小的国家，维系此上千个小国，也就是基层社会共同体，以诸多权力中心，形成对列制衡之局，絜矩之道，而后在此基础上，共同组成一个公天下。此正是后来《中庸》所云“万物并育而不相害，道并行而不悖”客观化之一环节。

二 普遍价值之交流

但是如果仅仅停留在天下万邦的自然浅演之中，天下大同又是不可能

---

① 丁山：《由三代都邑论其民族文化》，《古代神话与民族》，商务印书馆，2015，第36页。

达到的，因为文化共同体彼此之间又有不可逾越的鸿沟。所以儒家的办法还是要通过教化，来形成一种普遍的价值之推广，最终超越各自文化的樊篱界限。

其一，提出人道之普遍价值。儒家的视野永远是全人类，故而其努力终是要人文化成整个世界，所谓“声名洋溢乎中国，施及蛮貊。舟车所至，人力所通，天之所覆，地之所载，日月所照，霜露所队，凡有血气者，莫不尊亲”（《中庸》）。一则人文之转向。巫觋时代，以神鬼为中心。孔子则延续周公之努力，敬鬼神而远之，大踏步走出神话时代，专门关注人的存在，以“道德”统摄人的存在，高扬道德主体，并且将人类的生存活动与自然界的运行协调一致，如《礼记·月令》所揭示者。二则塑造出尧舜禹之圣王，对古典文化进行提炼与总结。整理六经，保存圣王经世大法。所谓删《诗》《书》，定《礼》《乐》，修《春秋》，此是由孔子完成。三则孔子提出仁智勇“三达德”，孟子提出仁义礼智“四端”，此是泛之四海而皆准的人的内在规定性，可以说是儒家的价值，并且通过对德政、力政之辩，提出人类理想政体之模式。此已在前文具体阐述。

其二，倡导民间文化之和平交流渐而形成统一价值。以民间文化相融合是渐进而有效的方法，至孔子之时，周人与殷商以及东夷文化的融合已经有长足进步。周人上层颇为主动地融入东夷文化，此如《史记·齐太公世家》载：“盖太公之卒百有余年，子丁公吕伋立，丁公卒，子乙公得立。乙公卒，子癸公慈母立。癸公卒，子哀公不辰立。”① 此一世系是依庙号记载下来的，是以天干纪名，和殷商相同，而不同于周，可证齐国对殷人文化多有接受。儒家则进一步做文化之互动，一方面主动学习其他族群之文化，如孔子之洛邑学礼于老子，又观吴季札习葬礼；另一方面，又努力推广东方之文化，“亲亲为仁”源自东夷，又如“三年之丧”本亦是仅存邹鲁洙泗之一隅而已，孔门高弟尚明言拒绝，孟子教滕文公亦颇费周折。又如古代只埋不封，变而为埋且封，这些礼制都是文化交融的结果。甚至最后儒家以东夷巫觋之名，作为自己学派之称谓。此皆是文化融合之结果，假以时日，自然演化，则本来相互隔碍之族群渐而形成统一遵奉之价值。

---

① （汉）司马迁：《史记》卷三十二《齐太公世家》，中华书局，1959，第1481页。

三 圣王领导下的各族共和

在组织上，儒家强调建立圣王领导下的各族共和。

其一，旧的王霸式和平的软弱性。前文已述，西周政体，其政权只是公权力在人间扭曲的、局部的表现，其政府亦缺乏完整的合法性，其唯为各级贵族所垄断所私有，形成“世卿世禄”之僵死格局，只能免于速亡，不可逃于渐崩。而后春秋建立起来五伯式和平——盟誓、交质、弥兵，其联合是偶然的，其和平是脆弱的。

荀子云：“诰誓不及五帝，盟诅不及三王，交质子不及五伯。”（《大略》）诸侯之间通过盟誓，制定共同纲领，是春秋时自然发展出来的平息争端、友好交流的屡见范式。前656年，齐桓公以蔡亲楚，会集诸侯于召陵（河南郾城），问罪楚国，为何“包茅不入”，以致“王祭不供”，以及周昭王“南征不复”原因何在，迫楚结盟（《左传·僖公四年》）。前651年，齐桓公在葵丘（河南兰考）会盟诸侯，周王派宰孔来参加，赐给桓公“彤弓矢、大路”，承认其霸主地位，使齐获得征伐之权，自此礼乐征伐不自王者出（《左传·僖公九年》）。前562年，郑亦与诸侯盟约（《左传·襄公十一年》）。另外针对兵戎相见、生灵涂炭的情况，在敌对国之间又产生了弥兵会议此一形式。春秋时代，先后召开过两次“弥兵”会议。第一次在前579年，由宋国执政华元发起，约合晋楚，于宋相会，订立了彼此不使用武力，共同讨伐违命诸侯的盟约。第二次是前546年，宋大夫向戌奔走于晋、楚之间，取得了诸侯同意，在宋都（河南商丘）举行了有十四个国家参加的弥兵大会。但是这些努力并没有建立起类似后世欧洲威斯特伐利亚模式的国际体系，确定以平等、主权为基础的国际关系准则，因为在中土，统一逐渐成为唯一的选项，在囚徒困境中，盟誓、弥兵却成为休养生息、回头再战的伎俩。所以，这些形式的失效，反映了天下没有公共权力，一直处于定约—破坏—再定约—再破坏的状态之中。如果我们从这个角度理解孟子、荀子等人追求的一统，其实有历史之大势所趋。

其二，圣王领导下的各族共和。一则建立公共组织。孔子反对暴力统一，要求兴灭继绝，保持各文化共同体的独立性，故不欲成立一个类似于超级国家的强力组织。但在万邦咸宁之后，人间还是存在公共服务与管理之需要，故而还是要建立一个公共组织。二则其功能是兴利除害。首先是兴公利，传播礼乐，保证和平，涵养文明；其次是除公害，处理公共危机和灾难，制止侵凌，维护正义。三则其领袖由圣王来出任。此同于国家阶段，彼此之间行禅让之规则。四则其性质乃各族共和。孔子已塑造过“舜有臣五人而天下治……唐虞之际，以此为盛”，孟子则将之拓展扩充，其云：“舜使益掌火，益烈山泽而焚之，禽兽逃匿。禹疏九河，瀹济、漯而注诸海；决汝、汉，排淮、泗，而注之江，然后中国可得而食也。当是时也，禹八年于外，三过其门而不入，虽欲耕，得乎？后稷教民稼穑，树艺五谷，五谷熟而民人育。……尧以不得舜为己忧；舜以不得禹、皋陶为己忧。”（《滕文公上》）这里将后稷、益、禹、契、皋陶并列为舜臣，此诸人皆为族长，故表面上看是君臣制，实则代表的是各族共和，并无族际之压迫。《荀子·非相》记载“闳夭之状，面无见肤”，据《史记》所载可知闳夭是周初智囊团十大功臣之一，如果他的脸部长满毛发，那么我们很容易就把他当成虾夷祖先的近亲，而虾夷族是亚洲原始的人种之一。[①] 这种古老人种都在周人伐商建国中起到过重要作用，无疑可以佐证儒家的各族共和理想。此各族共和之道，孟子又总结为：“天下有道，小德役大德，小贤役大贤；天下无道，小役大，弱役强。斯二者天也，顺天者存，逆天者亡。”（《离娄上》）

四　平天下之实现

儒家平天下之终极目标当不自画于圣王领导下的各族共和，而是由此再往前进，最终，圣王退，大道显，即如天命流行，万物遂长，根本没有任何组织来领导一样，人类的各个族群也原始返终，回归大道，依此自由交往，和谐相处，是其所是，为其所为。以此，由人而国，由国而天下，以成一有道之人间。孔子以其参赞化育之视域与使命，发此理想，此在当时之中土，断无成功之可能，即使今日之世界，亦未能实现。然正因其是大道之本然，故无论其多么高远，亦是吾人努力之方向。

孔子云：“朝闻道，夕死可矣！”（《里仁》）此道乃苍生之道，故下言参赞化育。

---

① 李济：《中国文明的开始》，江苏教育出版社，2005，第10页。

第十五章　上行·参赞化育

于儒家原始反终、峻极于天的视野、气魄与使命而言，在平天下之后，便是参赞化育，故孟子云仁民而爱物，《礼记》亦由《王制》而《月令》，如此方组成完整的发用格局，并最终由仁民爱物境抵达天命流行境。然参赞化育一事于先秦儒家只是启其端而已，未若后世儒者《天工开物》《梦溪笔谈》《农政全书》等之发达，故本章唯以《礼记·月令》之生态思想为代表来考察先秦儒家对其之思考。

第一节　《礼记·月令》成书及背景

关于《礼记·月令》的产生时代以及与其他类似著作的关系，汉以来众说纷纭，杨宽先生曾做辨析，认为《礼记·月令》上承《诗经·豳风·七月》《夏小正》，是战国末期阴阳五行家之作，作者是晋人后裔，《吕氏春秋·十二纪》之首章及《吕氏春秋·音律》是吕不韦宾客据与《月令》相同的底本改编而成，《淮南子·时则训》也据《月令》而来。蔡邕作"章句"之《月令》，《说文》所引之《明堂月令》，即《礼记·月令》，郑玄所说的《今月令》是汉代通行的《月令》，非《礼记·月令》。王锷认同此说并增补两则证据。[①] 愚以为，《礼记·月令》乃儒家著作，一则其被收入《礼记》，即是儒者之书的最好证明，其主旨精神、内容逻辑与《孟子·梁惠王上》、《荀子·王制》以及《周礼》等一脉相承，完全合乎儒者之标准；二则以阴阳五行学说配天文地理及人间事务，《左传》《国语》《墨子》已有，战国广为流行，将此风格算在晋人后裔头上殊为不当。《月令》实是战国儒者参阴阳五行学说为未来大一统之国家所

---

① 王锷：《〈礼记〉成书考》，中华书局，2007，第268～274页。

作之政书，而其中尤为可贵者为其参赞化育之思考。

先民首出庶物，仰俯苍黄，其参赞化育主要表现为一种大格局的生态思想，追求包括天地人物在内的整个宇宙之和谐发展。此大生态思想的宇宙论基础即是大化流行之生生不息，如孔子云：“四时行焉，百物生焉。”（《阳货》）《中庸》云：“万物并育而不相害，道并行而不相悖。小德川流，大德敦化，此天地之所以为大也。”《易传》云“生生之谓易”，“天地之大德曰生”，“天地细缊，万物化醇。男女构精，万物化生”。简言之，经典儒家认为大化流行，革故鼎新，生生循环，息息相通。其中之生命同根同源，在此大流行中，万物本无贵贱，人与万物之异者“几希”，人与人、人与自然万物之间是骨肉相连、唇亡齿寒的手足同胞，故要燮理阴阳，和谐发展。故《礼记·月令》在理论基础、实践主体以及实践路向上对此展开反思，并形成相关论述。

第二节　时之纵贯：理论基础之宇宙论

《月令》以天时纵贯天地人，建立有机完整的生态思想。

一　“时”的引入

此时指天时之四季十二月，经典儒家已言之，如孔子云“四时行”，《中庸》云“上律天时”“四时之错行”，但他们只是笼统地说，《月令》则明白无误地以天体运行形成的三个标志——太阳在黄道十二宫运行位置所出现之星宿，以及彼时黄昏与拂晓时南天正中各自出现之星宿——来确定春夏秋冬之孟、仲、季，从而形成一套极为严整的天时表。如表13所示。

表13

季节	月份	太阳运行之星宿	黄昏南天之星宿	拂晓南天之星宿
春	孟春之月	日在营室	昏参中	旦尾中
	仲春之月	日在奎	昏弧中	旦建星中
	季春之月	日在胃	昏七星中	旦牵牛中
夏	孟夏之月	日在毕	昏翼中	旦婺女中
	仲夏之月	日在东井	昏亢中	旦危中
	季夏之月	日在柳	昏火中	旦奎中

续表

季节	月份	太阳运行之星宿	黄昏南天之星宿	拂晓南天之星宿
秋	孟秋之月	日在翼	昏建星中	旦毕中
	仲秋之月	日在角	昏牵牛中	旦觜觿中
	季秋之月	日在房	昏虚中	旦柳中
冬	孟冬之月	日在尾	昏危中	旦七星中
	仲冬之月	日在斗	昏东壁中	旦轸中
	季冬之月	日在婺女	昏娄中	旦氐中

在四季十二个月中，太阳运行依次经过营室、奎、胃、毕、东井、柳、翼、角、房、尾、斗、婺女此十二宫。与之对应，黄昏时，南天正中依次出现，参、弧、七星、翼、亢、火、建星、牵牛、虚、危、东辟、娄此十二星，拂晓时南天正中则依次出现尾、建星、牵牛、婺女、危、奎、毕、觜觿、柳、七星、轸、氐此十二星。以春为例，孟春正月，太阳运行至营室，黄昏时参星位于南天正中，拂晓时尾星位于南天正中；仲春二月，太阳运行至奎宿，黄昏时弧星位于南天正中，拂晓时建星位于南天正中；季春三月，太阳运行至胃宿，黄昏时七星位于南天正中，拂晓时牵牛星位于南天正中。

此天时，如号令，如旗帜，如马达，乃是第一推动，天道运转，四时更替，阴阳交替，五行生克，盛衰循环，大地与人间事务因之而有一整套的调整。正是由于此天时的引入，使先儒生生不息之宇宙论脱离了形而上学的悬设，由概念获得现实，由静止转为运动。

二 天地人时有机系统的建立

《月令》引入了时间维度，将其与经典儒家传统的天地人三才共同作为宇宙中的基本要素，以之纵贯，将宇宙划分为天道、地理、人纪三个层次。日月星辰的运转标志着天道运行；地理则以物候变化为特征，如风雨雷电、花草树木、鸟兽虫鱼等地球上一切物象的变化都与天体运转相对应；人纪是指君王按照天道地理的规律，颁布“顺阴阳，奉四时”的法令，规划君臣百姓每季每月宜行和禁止之事。在此三者之中，时间维度贯穿始终，人事活动须严格遵循“天道月令”而“象天法地”，即遵循天体自然有序运动的内在规律。它涉及人类生产生活领域的各个层面，凡天文、历法、阴阳、节气、物候、律吕、政令、礼法、祭祀、农事、养老、慈幼、生态、禁忌、刑罚，乃至百姓日用等，构成了一个生生不息的大自然生命共同体运行体系，展示了一幅“天人感应、整体联通”的时空结构图示。

三　循时

故人间一切行动，均以“循（天）时”为基本依据，此是整个生态系统生生不息的关键所在。先儒已言循时，如《孟子》“斧斤以时入山林”（《梁惠王上》），《荀子》“养长时，则六畜育；杀生时，则草木殖；政令时，则百姓一，贤良服”（《王制》）。《月令》则将其系统化、规范化，通过整合天地、阴阳、五行，完全遵从十二月四季节令之自然规律，开展劳作生息。如春季万物复苏，君主须布德和令以行庆、惠生、救济，“安萌牙，养幼少，存诸孤”；夏季万物滋长，人事以助长相应，“命农勉作，毋休于都。是月也，驱兽毋害五谷，毋大田猎”。秋季万物成熟，人事以敛藏为主，“筑城郭，建都邑，穿窦窖，修囷仓”，“趣民收敛，务畜菜，多积聚”等；冬季万物藏伏，人事以闭藏、固养应之，“修键闭，慎管籥，固封疆，备边竟，完要塞，谨关梁，塞徯径”。此时阴阳相争，万物生气运作，“君子齐（斋）戒，处必掩身，身欲宁，去声色，禁耆欲，安形性，事欲静，以待阴阳之所定”，即收心养性，自做工夫。

如果违逆时运，则自然环境、国计民生均会遭遇灾难。以春季为例：“孟春行夏令，则雨水不时，草木早落，国时有恐；行秋令，则其民大疫，猋风暴雨总至，藜莠蓬蒿并兴；行冬令，则水潦为败，雪霜大挚，首种不入。”“仲春行秋令，则其国大水，寒气总至，寇戎来征。行冬令，则阳气不胜，麦乃不熟，民多相掠。行夏令，则国乃大旱，暖气早来，虫螟为害。”“季春行冬令，则寒气时发，草木皆肃，国有大恐；行夏令，则民多疾疫，时雨不降，山林不收；行秋令，则天多沉阴，淫雨早降，兵革并起。”

这样，《月令》以人为中心，时间为经，天地为纬，万物为辅，构建了生生不息的宇宙模型，由此方可组成下文循环有序的有机整体系统。

第三节 令之统摄：实践主体之公权力

《月令》欲在有为公权之全面统摄下，构建循环有序、有机整体的生态系统。

一 实践主体之多元

儒家之生态重建，在实践主体上具有多元性。或在道德心性基础上强调仁爱之推发，推己及人，推人及物。如孔子云："断一树，杀一兽，不以其时，非孝也。"（《礼记·祭义》）孟子因齐宣王不忍衅钟之牛之恐惧故以羊易之，遂认为："君子之于禽兽也，见其生，不忍见其死；闻其声，不忍食其肉。是以君子远庖厨也。"（《梁惠王上》）或个体予以示范呼吁。如孔子"钓而不纲，弋不射宿。"（《述而》）孟子云："不违农时，谷不可胜食也；数罟不入洿池，鱼鳖不可胜食也。斧斤以时入山林，材木不可胜用也。"（《梁惠王上》）或欲设立专门人员来掌握农林渔牧，如荀子云："修火宪，养山林薮泽草木鱼鳖百索，以时禁发，使国家足用而财物不屈，虞师之事也。"（《王制》）《月令》在此基础上，欲以公权力系统之"令"来统筹生态之发展。前文已述，"令"本是殷人上帝之神谕，《月令》承接古老的神谕说，以"令"上承天命之神圣，下启人王之德政，以成苍生之元亨利贞。故《后汉书·律历志》云："若夫用天因地，揆时施教，颁诸明堂，以为民极者，莫大乎《月令》。"①

二 "令"的公权力属性

《月令》四季十二月所颁之"令"，虽然是借"王"之口，但此"王"并非一介贵胄，而是代指大一统之中央政府。此系统中，除去最高元首天子或王之外，还有负责监天、祭祀等的太史，有高级官员三公、九卿、诸侯、大夫等，有普通基层官员，如管理农业的田峻、林牧的野虞、教化的乐正、刑粮的有司等，以及兆民。故《月令》之"令"，完全是公共性的、制度性的、普遍性的乃至于强制性的公权力行为。其欲在有为政府的

---

① （晋）司马彪，（梁）刘昭注补《后汉书·律历志下》，中华书局，1965，第3057页。

领导下，统一布局，整体部署，在尊重自然节律的前提下，井然有序地布政、耕作、休养、生息，从而构建有机社会、有序苍生之至善生态。

三　“令”的内容

《月令》严格记述了四季十二月令行禁止之事，遍及人间事务，如帝王饮食服色、颁布法令、教化民风、止兵刀戈、保护土地、兴修水利、发展民生、保护动植物等。以春季为例：一是举行祭祀。孟春之月，“天子乃以元日祈谷于上帝”，此是祈丰收；仲春之月，“玄鸟至，至之日以大牢祠于高禖”，此是祈生育；季春之月，“天子乃荐鞠衣于先帝”，“荐鲔于寝庙，乃为麦祈实”，此是祈农桑。二是制定颁布大政方针、落实重要事项。孟春之月“命相布德和令，行庆施惠，下及兆民；庆赐遂行，毋有不当。乃命太史守典奉法，司天日月星辰之行，宿离不贷，毋失经纪，以初为常”。仲春之月，“安萌牙，养幼少，存诸孤。择元日，命民社。命有司省囹圄，去桎梏，毋肆掠，止狱讼”。“日夜分，则同度量，钧衡石，角斗甬，正权概”，校正度量衡。三是开展礼乐教化，如孟春之月“命乐正入学习舞”。四是部署经济生产。孟春之月，“乃择元辰，天子亲载耒耜”，“王命布农事，命田舍东郊，皆修封疆，审端经术；善相丘陵、阪险、原隰，土地所宜，五谷所殖，以教道民，必躬亲之。田事既饬，先定准直，农乃不惑”；仲春之月，“耕者少舍，乃修阖扇，寝庙毕备。毋作大事以妨农之事”；季春之月，王命司空曰：“时雨将降，下水上腾。循行国邑，周视原野，修利堤防，道达沟渎，开通道路，毋有障塞。”又曰：“命野虞毋伐桑柘。鸣鸠拂其羽，戴胜降于桑，具曲植籧筐。后妃齐戒，亲东乡躬桑，禁妇女毋观，省妇使，以劝蚕事。蚕事既登，分茧称丝效功，以共郊庙之服，无有敢惰。”五是保护动植物，此详见下文。六是防治传染病，孟春之月，“毋聚大众，毋置城郭，掩骼埋胔”；季春之月，“命国难，九门磔攘，以毕春气”。七是反对战争，孟春之月“不可以称兵，称兵必天殃。兵戎不起，不可从我始”。

第四节　物之完成：实践路向之参赞化育

儒家生态思想的实践路向为参赞化育。先儒认为，人乃五行之秀气，既首出庶物，其天职乃参赞化育，立在天地的高度来安排苍生之慧命，其过程是“亲亲而仁民，仁民而爱物”（《尽心上》）。前者如《大学》修身、齐家、治国、平天下之架构。后者如《论语》“子钓而不纲，弋不射宿”（《述而》）；《孟子》“斧斤以时入山林”（《梁惠王上》）；《荀子》“鼋鼍鱼鳖鳅鳣孕别之时，罔罟毒药不入泽，不夭其生，不绝其长也”（《王制》）。《月令》继承之，视域极为宏大，统摄天地万物，既保持了爱有差等的原则，又超越人类中心主义，将实践的对象从人的领域惠及“鸟兽山林”，拓展到苍生万物，延伸到整个自然生命，从而夯实了参赞化育的最后一环，是为生物取物以成物。

一 生物

爱物首先体现在对物之生养。《月令》对动物的生存繁衍做出了周全的安排。在动植物繁衍的季节，采取禁猎、禁伐规定。如孟春时节，“牺牲勿用牝”，“毋覆巢，毋杀孩虫、胎夭、飞鸟，毋麛毋卵”。仲春之月，“祀不用牺牲，用圭璧，更皮币”，此时是万物生长的季节，不可用雌性动物作祭祀之牺牲，以使之可以哺育幼崽，还要保护幼牲，禁止猎杀幼小的动物，要给予它们安全生长的空间。季春时节，“田猎罝罘、罗网、毕翳、餧兽之药，毋出九门”，罝罘、罗网、毕翳即捕兽网一类的猎具，餧兽之药即毒杀野兽的药物，此类猎具和药品一并禁止使用。并“合累牛腾马游牝于牧”，即让公牛公马与母牛母马在放牧中自然交配。夏季，孟夏之月则“驱兽毋害五谷，毋大田猎”，赶走偷食、破坏谷苗的动物而不伤害它们；仲夏之月“游牝别群，则絷腾驹”，将母马与公马分开另外放牧，以便备孕；季夏之月“大合百县之秩刍，以养牺牲”，以四方所贡之优质草食饲养祭祀所用之动物。《月令》对植物资源保护也有相关规定。春天是树木“复苏萌生”的季节，所以孟春之月“禁止伐木”，仲春之月要“毋焚山林”，季春之月则“命野虞无伐桑柘”，以备蚕事。孟夏是树木“继长增高”的时期，所以“毋伐大树”。季夏之月，“树木方盛，乃命虞人入山行木，毋有斩伐”，为禁止砍伐树木或焚烧山林，要专门安排专职官员巡查管理山林。

二 取物

爱物的另一面是取物，其原则是取之有度、用之有节。《月令》反对过度捕捞和杀戮，禁止砍伐幼苗和捕获幼崽，并不意味着人们只能养护树木不能使用材木，只能养育动物而不可以捕食，在适当的季节，人们可以采伐树木、开山狩猎以备日用和祭祀等。如季夏之月“命渔师伐蛟、取鼍、登龟、取鼋，命泽人纳材苇”，夏末时可以在河流中捕捉鱼类，并收割芦苇等。季秋之月“草木黄落，乃伐薪为炭”，“天子乃厉饰，执弓挟矢以猎，命主祠祭禽于四方”，秋末草木枯落，可以收为柴火，并取木烧炭，为冬天取暖做准备。仲冬时节，“山林薮泽，有能取蔬食、田猎禽兽者，野虞教道之”，冬季则可以在官员教导下在大自然中获取动植物。这些安排符合生态的可持续发展，既保持了生态的平衡发展，又没有限制人对大自然的各种正常索求。

三　成物

《月令》对物之爱，是辩证否定的大爱，养物取物最终以成物。大化流行，矿植动人，均为其中一个环节。物只有在此大化流行中才成其为物，完成自己。然而人首出庶物后，却常蔽于欲望和私智，对物或取之无度或弃而不用，此二者皆是对大化之截断。《月令》养物取物，一本于公，恪守中道，控制人的蓬勃欲望和私心用智，尊重自然规律，将物自被人类戕害中解救出来，使物付物。这样，物通过人，以属人的方式完成了自己的天职，回归大化流行之生生不息。而人也通过与物的互相塑造，履行自己作为天地宗子之本分。

综上，《月令》分别以时的纵贯、令的统摄、物的完成，形成了一个相互联系、相互融合、相互促进的有机统一体系，从而将古典儒家生态思想推上一个新的高峰。其描绘了一幅融洽的自然万物参赞化育图式，在此模式下，万物皆沉浸于仁爱祥和、其乐融融的境域之中，此正是《中庸》所云：“能尽物之性则可以赞天地之化育，可以赞天地之化育则可以与天地参矣。”

结　语

洚水警余，若禹何？禽兽大作，若周公何？邪说暴行，若诸子何？天生一世，常有治乱之虞。人禀二气，难逃善恶之迹。封建既解，百家匡之。故全性葆真，倡自然、为无为，从天而去人，道家之流亚也。二柄一孔，竞政刑、争气力，主君而奴民，法家之孙裔也。天志明鬼，等贵贱、均贫富，兼爱而非攻，墨翟之信徒也。原始反终，修道德、参化育，民胞而物与，儒者之本分也。此四者，天之历数，俱在尔躬。然则，何为儒也。

一　义理总结

拙著以十五章之讨论，企以体用为框架，还原孔门一贯之道，“建构”儒学基本的原始反终之体系，即道体生生不息、大化流行，下贯演为性体、心体，仁心首出庶物，自做工夫，下学而上达，上达而存养，存养而践履，发用经历下行之修身、齐家、化乡，上行之治国、平天下、参赞化育后，峻极于天，复归道体，如此就形成了本体→工夫→发用此一从无间断、首尾循环、上下对流、内外共生之宇宙生命模式，可以图 13 表之。

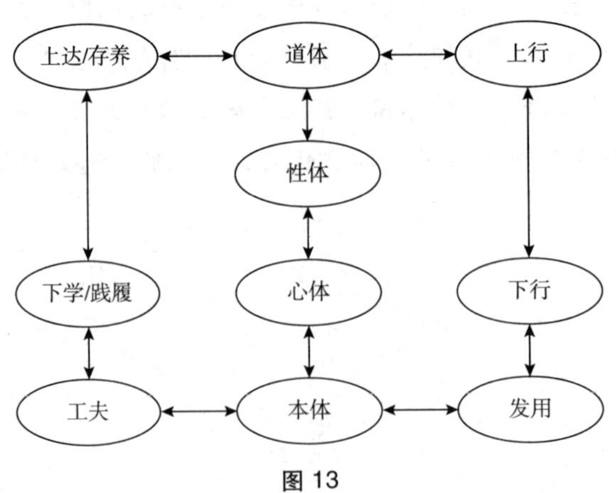

图 13

然此只是为说理方便而强设之标准流程，执之则支离，本体即工夫即发用，此过程在吾人之生命中或暗合、或自觉，各任机缘，随时随地展开，不断循环，永无间断，自不必墨守。

在此视域下，拙著虽以“原儒”为名，然尚遗留诸多环节未予讨论，其中之原因，除去拙著并非完满整全之儒学史外，亦因先秦儒学只是初立一规模，其具体内涵并未得到充分发育或不甚发达，故留待儒家后期之发展再做讨论，唯在此依政统与学统之划分对之作一展望。

二 儒家之政统

其一，理想状态。儒家政统之核心在公权，由其所有而论则公天下，由其治理而论则选贤与能，由其分配而论则明分使群，以人文化成一有道人间、大同社会，使人各司天职，各因其能，各安其业，有伦彝而无亲疏，有君臣而无尊卑，有分工而无贵贱，乃一有机生长、和谐有序之圆满整体，正合《易》云之“乾道变化，各正性命”。然现实政治之演进，虽不至离的万里，又别有涂辙。

其二，现实演进。周制演为秦制，此势之必然，如前文所言，乃抵抗游牧之压力，非仅出于秦之暴也。而后随中央集权效率之高下，我国政统竟开出两脉。常论皆以古代唯周制、秦制，此只是粗说，自汉至清，可分汉制之君臣与胡制之主奴两种政治，秦制弱而为汉制，强则为胡制。

汉至两宋乃中原政权独立、正常之发展，间有五胡坐大，然犹奄有半壁，政统得以始终。汉制所谓阴法阳儒，可以萧公权先生所言之“君主臣治”四字概括，即君臣政治，公权之所有独享于君，而治权则由世卿世禄之贵族逐渐下放至普通士人。彼时封建解而为郡县，世卿既涣，门阀继矣，至隋唐前，其经常表现为君主与贵族共治，东晋“王与马，共天下”即为典型。唐宋之后，藩镇毕而为科场，武乱既消，士人兴矣，君主“与士大夫共治天下”，君臣虽有尊卑，然如曳大木，本质还是共治关系。此类政治两宋臻其巅，王权相当克制，士权相当自觉，率先迈入近代社会。

秦制虽二世而亡，然鲜卑南面，亡秦却借之还魂，其将游牧之主奴制施于北方，后女真亦效仿之。[①] 俟蒙元奄有天下，则以皇室奴仆怯薛之骨干组成整个官僚阶层。[②] 清则变本加厉，主奴政治甚至延伸到州县地方形成宗法性的主奴集团。[③] 此主奴政治之性质与气质已与汉宋格格不入。其全面推行诸如“种姓制”、匠籍制、文字狱等，从社会等级、世袭职业和思想精神等层面，冻结了社会的流动性、开放性和活力，人伦关系全面主奴化，同时纲常亦片面化、极端化。[④]

明则半汉半胡制。明初承元统未复宋规，行主奴政治，去宰相以收士权，定匠户以约四民，王权专制化。中晚期，内则皇权稍弱，士权微苏，外则经济、科技等皆在未察觉中被纳入全球化。域中工商迅猛发展，市民阶层雏成，四民观变迁，认为“工商皆本”（黄宗羲语），士商异业而同道，并无尊贵卑贱之分，[⑤] 士商互动，有儒家弃儒经商，以财富开拓民间社会，[⑥] 又有商而优则学，所谓“良贾何负闳儒”（汪道昆语），如王艮之崛起并非孤例，社会风气也有所变化，注重个体存在、反叛本质主义的思潮形成，故李贽之出现亦非偶然。[⑦] 更向欧洲文明学习，西方之宗教、科技汹涌而入。彼时真可谓一足已踏入全球化，然又为清政府所截断。

---

① 如北魏法律明定社会等级，于孝文帝太和五年（481）定良贱等级，列工匠于杂户，与奴婢同入贱籍，另《剑桥中国辽金西夏史：907～1368年》指出，金国区别于宋朝的一个特点是使用奴隶，这是其本来社会制度影响下的产物，奴隶的使用构成金朝社会中的一个特征。奴隶位于金朝社会的最底层，但是在这个“遭遇悲惨的贱民”内部，按照财产的多少又可明显分出不同阶层。事实上，奴隶并不意味着在任何情况下都是绝对贫穷地生活于最低生活水准之下的。有时候，一个奴隶可能以大管家的身份获得某些影响和地位。而除了战争情况以外，百姓沦为奴隶有一个普遍原因，每逢遇饥荒或因贫穷不能糊口时，便卖身或卖子女为奴。〔德〕傅海波、〔英〕崔瑞德编《剑桥中国辽西夏金元史：907～1368年》，史卫民等译，中国社会科学出版社，1998，第294～296页。

② 屈文军：《论元代君臣关系的主奴化》，《江海学刊》2004年第1期。

③ 魏光奇：《清代州县的“主奴集团”统治——透视“秦制”的根本特征》，《北京师范大学学报》（社会科学版）2011年第1期

④ 乐爱国：《儒家“三纲五常”的本义、演变及其辨正——以朱熹理学的诠释为中心》，《学习与实践》2018年第12期。

⑤ 如王阳明就认为“古者四民异业而同道”，“其归要于有益生人之道，则一而已”。见（明）王守仁《王阳明全集》卷二十五《节庵王公墓表》，上海古籍出版社，1992，第941页。

⑥ 参见余英时《士商互动与儒学转向》，《余英时文集》第三卷，广西师范大学出版社，2004，第163页。

⑦ 杨国荣：《王学通论——从王阳明到熊十力》，华东师范大学出版社，2009，第60～61页。

三 儒家之学统

其一，理想状态。儒家学统之核心在体仁，王伯圣贤，常麟凡介，与命与仁，服膺天命之无限，修证德性之尊严，挺立主体，豁醒承担人在宇宙间的权利、责任、义务和作用、价值、意义。而后以仁摄智，格物致知，开出知识系统，再以智助气，去安排苍生的慧命。然在现实演进中，其随时势而有一相应的调适。

其二，现实演进。儒学体用一贯，于体而言，本有宗教、哲学、政治、法律、史地、文学、科学、军事等诸多向度；于用而言，则为修身成己，齐家化乡，治国平天下，爱物成物，直至参赞化育；体用间则以工夫贯穿，是为下学而上达、上达而存养、存养而践履。然每代之学术，仅亭毒一二而已，由此形成学术史之现实演变链条，是为先秦子学→汉唐经学（中有魏晋玄学、隋唐佛学夺嫡）→宋明道学（理学→心学→气学）→清代实学（清初实学→乾嘉汉学→今文经学→西方新学）。下略言之。

儒学就其荦荦大者，可分为四期。先秦为第一期，其时孔门基于一个世界之观点，立下儒学原始反终的基本原则与范式，而后道术为天下裂，后学或赓续，或支离，或歧出，儒学遂进入一多之变，然均能守体用一贯之规模。

汉唐为第二期，儒学则进入有无空之三变。秦火煨烬，汉儒拾掇修补，西汉重今文经，东汉重古文经，此亦现实之需，其以训诂名教等为鹄的，是为有。然其诟病，一在世界观不够圆融，完全在经验界打圈；二在缺乏心性本体与修身工夫，完全偏在发用一路，大悖孔门体用一贯之规模，故无法与释道抗衡。因此，由两汉名教之僵滞，则有魏晋玄学之锄剪，欲破其胶固也，故魏晋则厕玄学之高潮，是为无。由五胡末世之纷乱，则有释迦解脱之究竟，欲安身立命也。至隋唐，则佛学鼎盛，是为空。本期儒学在此三阶中摩荡向前，有用而无体是为其蔽。

宋明为第三期，其又有理心气之三变。洎乎宋儒习二氏之长，补两汉之短，在三教合一基础上，外则开出形上之天理世界，内则开出具体之心性工夫，由此道学立焉。程朱理学以天理为本体，个体之生存是为第二序列，此是以本质优先，压倒存在，其突出人的普遍本质，在理性之层面区分人禽，冀由此理性之主导，超越感性之存在，使内圣成为可能。然则，本质即封闭之堡垒，天理即强制之囚牢，存在的个体性、多样性、现实性、过程性、有限性，皆被忽略、抹杀、囚禁、放逐；所谓成圣之过程亦为命定，是为天理对个人之外铄。① 就工夫而言，朱子蔽在预设先天（验）、超验合一之本体，陷入形上之独断，其天理遂成孤悬天宇之强制规范。其所谓上达工夫，其实是向一个不证自明的本体之回归。故此由本体说工夫，遂成天堑无法打通，且无涉主体之个体性、现实性、过程性，遑论其又采取外向格物之知识路线。故阳明对其有哥白尼之转向，以存在与本质之辨，出本体论转向，由超绝天理至真吾良知；以本体与工夫之辨，出工夫论之转向，由程朱之本体说工夫转为本体工夫相即之知行合一。② 但是阳明心学仍囿于先验论范围内，其本体之天赋性又使其工夫具有封闭性。故王门后学又将之发展为由工夫说本体，如李贽提出“德性日新论”，黄宗羲云“心无本体，工夫所至，便是本体”。至船山，则远绍横渠，以气学超越理学、心学，提出“性日生日成”，遂击破先天超验之囚牢，展开现实之过程，使主体获得了空前的历史性，从而跳出二重性转为一元论，开出全新之意义与价值世界。③ 本期儒学依内在的逻辑链条在此三维中转向深沉邃密，然体明而用晦是为其蔽。

而后为第四期，整理旧学，会通新学，是为中西之变。宋明道学是为哲学化之儒学，清初儒学则予以整体批判，或由体转用，或由哲学转经史，或由虚言转实行，是为实学，此派分支众多。④ 但在政治高压下，实学迅速缩小为朴学，学者为避刀俎，遂转宗汉儒，以考据、训诂之法研究经史，是为反宋学之乾嘉汉学。然汉学崇东汉之古文经，反东汉则有今文经学之兴起，其求通经致用，则又回应清初实学之宗旨，孰料两千年中半

---

① 杨国荣：《心学之思——王阳明哲学的阐释》，中国人民大学出版社，2009，第2～3页。

② 杨国荣：《王学通论——从王阳明到熊十力》，华东师范大学出版社，2009，第72页。

③ 分见杨国荣《心学之思——王阳明哲学的阐释》，中国人民大学出版社，2009，第58、132页。

④ 清初实学气象极大，包括王船山之哲学、顾炎武之经史、颜元之力行、阎（若璩）胡（渭）之考据等。

隐道教、半传畴人[1]之科技，如天文、历法、算学、机械、化学等，勃然重兴，又因缘际会，正与欧美传来之西学相接轨。其体用之际，至今尚在发展之中。然则既济未济，其可待乎！

① 清乾隆年间阮元撰《畴人传》四十六卷，是为历代科技学者传记集，后道光年间罗士琳撰《续畴人传》六卷，光绪时诸可宝撰《畴人传三编》，后又有黄钟俊撰《畴人传四编》，皆是对《畴人传》之增补。

参考文献

一　古代文献

（西汉）司马迁：《史记》，中华书局，1959。

（东汉）班固：《汉书》，中华书局，1962。

（东汉）许慎：《说文解字》，中华书局，1963。

（西晋）陈寿撰，（南朝宋）裴松之注《三国志》，中华书局，1959。

（东晋）葛洪：《抱朴子》，上海古籍出版社，1990。

（南梁）萧子显：《南齐书》，中华书局，1972。

（唐）欧阳询：《艺文类聚》，上海古籍出版社，1965。

（唐）杜佑：《通典》，中华书局，1988。

（唐）韩愈：《韩愈集》，岳麓书社，2000。

（唐）孔颖达：《周易正义》，中国致公出版社，2009。

（宋）程颢、程颐：《二程集》，王孝鱼点校，中华书局，2004。

（宋）张载：《张载集》，中华书局，1978。

（宋）郑樵：《通志》，中华书局，1987。

（宋）朱熹：《朱子全书》，上海古籍出版社、安徽教育出版社，2002。

（宋）王应麟：《困学纪闻》，辽宁教育出版社，1998。

（明）王夫之：《船山全书》，岳麓书社，2011。

（明）王守仁：《王阳明全集》，上海古籍出版社，1992。

（清）曹寅等：《全唐诗》，上海古籍出版社，1986。

（清）陈确：《陈确集》，中华书局，1979。

（清）崔述：《商考信录》，《纽修四库全书》第455册，上海古籍出版社，2002。

（清）段玉裁：《经韵楼集》，上海古籍出版社，2008。

（清）黄宗羲：《明夷待访录》，中华书局，2011。
（清）顾炎武：《顾炎武全集》，上海古籍出版社，2011。
（清）郭庆藩：《庄子集释》，中华书局，2016。
（清）焦循：《孟子正义》，中华书局，1987。
（清）刘宝楠：《论语正义》，中华书局，1990。
（清）孙希旦：《礼记集解》，中华书局，1989。
（清）孙诒让：《周礼正义》，商务印书馆，1982。
（清）王先谦：《韩非子集解》，中华书局，2013。
（清）王先谦：《荀子集解》，中华书局，2012。
（清）颜元：《颜元集》，中华书局，1987。
（清）朱骏声：《说文通训定声》，武汉市古籍书店，1983。

二　现代著作

白钢主编，王宇信、杨升南著《中国政治制度通史》，社会科学文献出版社，2011。

白寿彝总主编《中国通史（第二版）》，上海人民出版社、江西教育出版社，2015。

北京大学《荀子》注释组：《荀子新注》，中华书局，1979。

蔡仁厚：《孔孟荀哲学》，台北：学生书局，1984。

蔡仁厚：《孔子的生命境界》，吉林出版集团，2010。

晁福林：《先秦社会形态研究》，北京师范大学出版社，2003。

陈伯君校注《阮籍集校注》，中华书局，1987。

陈方正：《继承与叛逆：现代科学为何出现于西方》，生活·读书·新知三联书店，2009。

陈来：《古代思想文化的世界：春秋时代的宗教、伦理与社会思想》，生活·读书·新知三联书店，2002。

陈来：《古代宗教与伦理——儒家思想的起源》，生活·读书·新知三联书店，1996。

陈梦家：《殷虚卜辞综述》，中华书局，1988。

程树德：《论语集释》，中华书局，2013。

丁山：《古代神话与民族》，商务印书馆，2015。

杜正胜：《编户齐民》，台北：联经出版事业公司，1980。

方授楚：《墨学源流》，上海书店、中华书局，1989。

方述鑫、林小安、常正光、彭裕商：《甲骨金文字典》，巴蜀书社，1993。

费孝通：《费孝通全集》，内蒙古人民出版社，2009。

冯时：《文明以止：上古的天文、思想与制度》，中国社会科学出版社，2018。

冯时：《中国天文考古学》，中国社会科学出版社，2007。

冯天瑜：《“封建”考论》，中国社会科学出版社，2010。

傅斯年：《傅斯年全集》，湖南教育出版社，2003。

高亨：《商君书注译》，清华大学出版社，2011。

高亨：《诗经今注》，上海古籍出版社，2009。

高尚榘：《论语歧解辑录》，中华书局，2011。

高正：《荀子版本源流考》，中华书局，2010。

顾德融、朱顺龙：《春秋史》，上海人民出版社，2003。

顾颉刚主编《古史辨》，上海古籍出版社，1981。

郭沫若：《郭沫若全集》，科学出版社，1982。

郭沫若主编，胡厚宣总编辑《甲骨文合集》，中华书局，1999。

侯外庐、邱汉生、张岂之主编《宋明理学史》，人民出版社，1984。

胡厚宣、胡振宇：《殷商史》，上海人民出版社，2003。

胡厚宣：《甲骨文合集释文》，中国社会科学出版社，1999。

胡厚宣：《甲骨学商史论丛初集》，齐鲁大学国学研究所，1944。

胡适：《胡适文集》，北京大学出版社，1998。

黄怀信、张懋镕、田旭东：《逸周书汇校集注》，上海古籍出版社，2007。

黄开国：《公羊学发展史》，人民出版社，2013。

江灏、钱宗武译注《今古文尚书全译》，贵州人民出版社，1990。

蒋建中：《古今官职诠释》，中国书籍出版社，2013。

金启华译注《诗经全译》，江苏古籍出版社，1984。

康有为：《康有为全集》，中国人民大学出版社，2007。

李承贵：《德性源流——中国传统道德转型研究》，江西教育出版社，2007。

李峰：《西周的灭亡：中国早期国家的地理和政治危机》，上海古籍出版社，2016。

李峰：《西周的政体：中国早期的官僚制度和国家》，吴敏娜等译，生活·读书·新知三联书店，2010。

李济：《中国民族的形成》，江苏教育出版社，2005。

李济：《中国文明的开始》，江苏教育出版社，2005。

李零：《上博楚简三篇校读记》，人民大学出版社，2007。

李梦生译注《左传译注》，上海古籍出版社，2004。

李绍昆：《墨学十讲》，台北：水牛出版社，1990。

李学勤：《中国古代文明研究》，华东师范大学出版社，2005。

梁启超：《先秦政治思想史》，天津古籍出版社，2003。

梁启雄：《荀子简释》，中华书局，1983。

廖名春：《〈荀子〉新探》，中国人民大学出版社，2014。

刘俊田、林松、禹克坤译注《四书全译》，贵州人民出版社，1988。

刘师培：《刘申叔遗书》，江苏古籍出版社，1997。

刘钊：《郭店楚简校释》，福建人民出版社，2005。

吕友仁：《礼记全译》，贵州人民出版社，1998。

吕友仁：《周礼译注》，中州古籍出版社，2004。

罗振玉：《殷虚书契考释三种》，中华书局，2006。

蒙文通：《古史甄微》，巴蜀书社，1999。

牟宗三：《道德的理想主义》，台湾学生书局，1992。

牟宗三：《历史哲学》，广西师范大学出版社，2006。

牟宗三：《名家与荀子》，吉林出版集团，2010。

牟宗三：《现象与物自身》，台湾学生书局，1984。

牟宗三：《心体与性体》，上海古籍出版社，1995。

牟宗三：《圆善论》，吉林出版集团，2010。

牟宗三：《政道与治道》，广西师范大学出版社，2006。

牟宗三：《智的直觉与中国哲学》，中国社会科学出版社，2008。

牟宗三：《中国哲学的特质》，上海古籍出版社，2007。

牟宗三：《中国哲学十九讲》，上海世纪出版集团，2005。

庞朴：《帛书五行篇研究》，齐鲁书社，1980。

庞朴主编《20世纪儒学通志》，《纪年卷》、《纪事卷》、《学案卷》上下，浙江大学出版社，2012。

钱穆：《国史大纲》修订本，商务印书馆，1994。

钱穆：《先秦诸子系年》，商务印书馆，2001。

钱穆：《中国历代政治得失》，生活·读书·新知三联书店，2001。

任继愈：《中国哲学发展史》（先秦），人民出版社，1983。

容庚：《金文编》，中华书局，1985。

宋立林：《出土简帛与孔门后学新探》，中国社会科学出版社，2018。

宋镇豪主篇《商代史》，中国社会科学出版社，2011。

孙翊刚：《中国赋税史》，中国税务出版社，2003。

汤一介、李中华主编，王博著《中国儒学史·先秦卷》，北京大学出版社，2011。

唐君毅：《哲学概论》（上、下卷），中国社会科学出版社，2005。

唐君毅：《中国哲学原论·导论篇》，中国社会科学出版社，2014。

唐君毅：《中国哲学原论·原教篇》，中国社会科学出版社，2014。

唐君毅：《中国哲学原论·原性篇》，中国社会科学出版社，2014。

陶希圣：《中国政治思想史》，中国大百科全书出版社，2009。

童书业：《春秋史》，上海古籍出版社，2003。

童书业著，童教英整理《童书业史籍考证论集》，中华书局，2005。

涂宗流、刘祖信：《郭店楚简先秦儒家佚书校释》，台北：万卷楼图书有限公司，2001。

王锷：《〈礼记〉成书考》，中华书局，2007。

王国维：《王国维全集》，浙江教育出版社、广东教育出版社，2009。

王辉：《商周金文》，文物出版社，2006。

王利器集解《颜氏家训集解》，上海古籍出版社，1980。

王连龙：《〈逸周书〉研究》，社会科学文献出版社，2010。

王守谦等译注《战国策全译》，贵州人民出版社，1992。

王天海校释《荀子校释》，上海古籍出版社，2005。

王延林：《常用古文字字典》，学林出版社，2012。

王玉哲：《中华远古史》，上海人民出版社，2003。

夏甄陶：《中国认识论思想史稿》上卷，中国人民大学出版社，1996。

萧公权：《中国政治思想史》，新星出版社，2005。

谢浩苑、朱迎平译注《管子全译》，贵州人民出版社，1996。

刑兆良：《墨子评传》，南京大学出版社，1993。

熊公哲注译《荀子今注今译》，台湾商务印书馆，1977。

熊十力：《熊十力全集》，湖北教育出版社，2001。

徐复观：《中国人性论史·先秦篇》，上海三联书店，2001。

徐复观：《中国思想史论集》，上海书店出版社，2004。

徐连达：《中国官制大辞典》，上海大学出版社，2010。

徐旭生：《中国古史的传说时代》，文物出版社，1985。

徐扬杰：《中国家族制度史》，武汉大学出版社，2012。

徐中舒主编《甲骨文字典》，四川辞书出版社，1989。

徐中舒：《先秦史论稿》，巴蜀书社，1992。

许倬云：《西周史（增补二版)》，生活·读书·新知三联书店，2012。

杨伯峻译注《论语译注》，中华书局，1980。

杨国荣：《王学通论——从王阳明到熊十力》，华东师范大学出版社，2009。

杨国荣：《心学之思——王阳明哲学的阐释》，中国人民大学出版社，2009。

杨国荣：《再思儒学》，济南出版社，2019。

杨宽：《西周史》，上海人民出版社，2003。

杨柳桥：《荀子译诂》，上海古籍出版社，2017。

杨希枚：《先秦文化史论集》，中国社会科学出版社，1995。

于省吾主编《甲骨文字释林》，中华书局，1996。

余英时：《余英时文集》，广西师范大学出版社，2004。

张岱年：《中国哲学大纲》，江苏教育出版社，2005。

张光直：《青铜时代》，台北：联经出版事业公司，1990。

张国利主编，王利华著《中国家庭史》第一卷《先秦至南北朝时期》，广东人民出版社、人民出版社，2013。

张觉译注《荀子译注》，上海古籍出版社，1995。

张远山：《玉器之道：解密中国文明的源代码》，中华书局，2018。

章太炎：《章太炎全集》，上海人民出版社，2017。

章太炎著，王小红编《章太炎儒学论集》，四川大学出版社，2011。

章学诚：《文史通义详注》，叶瑛注，中华书局，1985。

赵世超：《周代国野制度研究》，陕西人民出版社，1991。

钟泰：《庄子发微》，上海古籍出版社，2002。

周振鹤：《中国地方行政制度史》，上海人民出版社，2005。

朱凤瀚：《商周家族形态研究》，天津古籍出版社，2004。

朱凤瀚、徐勇：《先秦史研究概要》，天津古籍出版社，1996。

邹衡：《夏商周考古学论文集：续集》，科学出版社，1998。

邹衡：《夏商周考古学论文集：续集》，文物出版社，1980。

三 汉译著作

〔美〕班大为：《中国上古史实揭秘：天文考古学研究》，徐凤先译，上海古籍出版社，2008。

〔日〕岛邦男：《殷墟卜辞研究》，濮茅左、顾伟良译，上海古籍出版社，2006。

〔美〕狄百瑞：《亚洲价值与人权：以儒学社群主义立论》，陈立胜译，正中书局，2003。

〔德〕恩斯特·卡西尔：《人论》，甘阳译，上海译文出版社，1985。

〔德〕傅海波、〔英〕崔瑞德编《剑桥中国辽西夏金元史：907～1368年》，史卫民等译，中国社会科学出版社，1998。

〔英〕J. G. 弗雷泽：《金枝》，徐育新等译，新世界出版社，2006。

〔美〕张光直：《商代文明》，毛小雨译，北京工艺美术出版社，1999。

〔日〕佐竹靖彦主编《殷周秦汉史学的基本问题》，吕静等译，中华书局，2008。

后 记

愚之习儒学，以公元二〇一〇年为一关键，是年秋，经过对《论语》初步之研习，愚于先秦儒家义理形成粗浅之理解，认为其乃体用一贯、本末不二之圆教，是为“原始反终”之体系。遂定下《原儒》研究计划，拟分先秦、汉唐、宋元、明清和现代五卷。随后博士论文主要厘定两宋，次年毕业后，即着手先秦卷之写作，至二〇一七年初具规模，便申请了国家社科基金后期资助，立项后又一直修改，于二〇二二年底方提交出版社，从正式动笔至今，凡十五稿，已逾十载矣。

拙著之初衷，在于克治先秦儒学研究中支离、歧出、遮蔽诸病，欲在诸多绳墨唇吻背后，楬橥其本来面目，还原其有机整体，恢复其主体精神，最终落实于其“客观”体系之重建。拙著之写作原则，冀以《易传》为首，《论语》为心，《大学》为骨，《庸》《孟》为血脉，《荀》《礼》为四肢，《春秋》为衣冠，呈现“一片赤骨所立之天理”。故孔门已说而当，则复其初；说而未当，则正其谊；隐而未明，则发其奥；本无踪迹者则绝不强行揠拔，唯付阙如。拙著之最终呈现，在于建构起先秦儒家体用一贯之道，一元之宇宙实体是为道体，道体生生不息、大化流行，下贯演为性体、心体，仁心“首出庶物”，自做工夫，下学而上达，上达而存养，存养而践履，发用经历下行之修身、齐家、化乡，上行之治国、平天下、参赞化育后，峻极于天，复归道体，如此就形成了“本体→工夫→发用”此一从无间断、首尾循环、上下对流、内外共生之宇宙生命模式。以此，不仅可以“登东山而小鲁”，以全新之范式梳解秦汉以降之儒学，研究三教之互动，他日亦可“登泰山而小天下”，参与世界性的哲学、宗教、文化之对话，解决历史性的权力、资本、技术之问题，付诸现实中的政治、社会、人生之建设。

然拙著之问题如下。一则要不要，即客观上是否有此必要。众所周知，先秦儒学人多理杂，处于一种自发而又自洽、散漫无章而又井然有序，即形散神不散的原生状态，将其整理建构为一体系，或为暴殄天物，不如任其自然。对此而言，愚只是勉力作一尝试，其必要性则见仁见智。二则能不能，即主体能否胜任。愚素驽钝，虽临深履薄、焚膏继晷，终井蛙夏虫、闭门向壁，所谓空诸依傍、自家体贴者亦颇有妄自尊大、鴃舌造论之嫌，且苦心孤诣、斡旋捃缀之余，是否又造成新的支离、歧出与遮蔽，甚至是索隐行怪，此亦大有可能。三则是不是，即最终成果是否达到预期。此项工作体系庞大，义理深沉，实已超出愚力所及，故写作过程中反复修改，甚至数度欲火其稿、弃其事，然课题既立，终有结项时间，不可以无限期拖延。故此番提交版本，尚有诸多文本解读不精准、义理思考未圆融、文字表述欠清晰之处，乃至负暄献曝、狗尾蛇足，不值一哂，唯乞师友多多批评指正，再作修改。

最后感谢一直关心帮忙愚之师长友人。感谢申请至结项各环节中的诸位评审专家提出宝贵意见，感谢业师李承贵教授百忙中赐序，感谢社会科学文献出版社卫羚编辑从始至终的专业指导以及对我屡屡拖稿的包容，感谢王军、包佳道诸兄的鼓励，感谢李丛宇、陈紫阳、何远长诸君的校对。

崔海东

二〇二三年三月十日如如堂